本辑出版受到下列经费资助：

· 国家社科基金青年项目：《乾隆皇帝御制藏、满、蒙、汉四体合璧 < 首楞严经 > 第九、十卷对勘与研究》（15CZJ022）

· 中央高校基本科研业务费项目教育部创新团队培育项目：《< 大佛顶如来密因修证了义诸菩萨万行首楞严经 > 之第九、十卷蒙、汉文本对勘及考述》（N152301001）

中华历史与传统文化研究论丛

第 ③ 辑

主办单位：东北大学秦皇岛分校

主 编　董劭伟　柴冰

ZHONG HUA LI SHI YU
CHUAN TONG WEN HUA YAN JIU
LUN CONG

中国社会科学出版社

图书在版编目（CIP）数据

中华历史与传统文化研究论丛. 第3辑／董劭伟，柴冰主编.
—北京：中国社会科学出版社，2017.12
ISBN 978 - 7 - 5203 - 1444 - 2

Ⅰ.①中…　Ⅱ.①董…②柴…　Ⅲ.①中国历史—文集
②中华文化—文集　Ⅳ.①K207 - 53②K203 - 53

中国版本图书馆 CIP 数据核字 (2017) 第 280185 号

出 版 人　赵剑英
责任编辑　宋燕鹏
责任校对　冯英爽
责任印制　李寡寡

出　　　版　中国社会科学出版社
社　　　址　北京鼓楼西大街甲 158 号
邮　　　编　100720
网　　　址　http://www.csspw.cn
发 行 部　010 - 84083685
门 市 部　010 - 84029450
经　　　销　新华书店及其他书店

印　　　刷　北京明恒达印务有限公司
装　　　订　廊坊市广阳区广增装订厂
版　　　次　2017 年 12 月第 1 版
印　　　次　2017 年 12 月第 1 次印刷

开　　　本　710 × 1000　1/16
印　　　张　31
插　　　页　2
字　　　数　498 千字
定　　　价　98.00 元

谨以本辑向东北大学秦皇岛分校30周年校庆致意

编委会

（按拼音顺序排列）

学术顾问

（按拼音顺序排列）

目 录

唐史专论

宗教文化研究

古代文献研究

民国档案整理与研究

秦皇岛分校文史专论

秦皇岛地域文化专栏

征稿启事

唐史专论

《唐韦君靖碑》研究

——兼论晚唐藩镇幕职的阶官化

李文才[*]　祁　强[**]

（扬州大学　社会发展学院）

一　弁　言

　　晚唐五代藩镇幕职的阶官化，主要表现为藩镇幕职业已成为一种表示身份的阶官，其实际职掌由其所兼任之使职、将职、地方官职等其他职务决定，这些已经阶官化的幕职包括都头、押衙、兵马使（正、副、散）、虞候、正将（散将、副将）、讨击使（副使）等。藩镇幕职的阶官化有一个历史过程，自"安史之乱"以后，藩镇幕职阶官化的进程即已开始，但藩镇幕职的"实职"性依然较为明显。随时间流逝，到晚唐时期，藩镇幕职尽管仍存在"实职"性的现象，但相对于"阶官化"来说，已然微不足道，也就是说，藩镇幕职的阶官化到中晚唐时期已经完成，乃是无可争辩的事实了。

　　研究晚唐五代藩镇幕职阶官化问题，所依据的史料，仍以石刻文献所载为主体，盖因"正史"文献虽有相关记载，但过于零落分散，不易萃集梳理为系统的观察载体。在有关晚唐五代的众多石刻史料中，记载藩镇

---

　　[*] 李文才（1969—），男，江苏东海人，历史学博士，扬州大学社会发展学院教授，博士生导师，从事魏晋南北朝隋唐史研究。

　　[**] 祁强（1994—），男，甘肃通渭人扬州大学社会发展学院中国古代史专业硕士研究生。

幕职信息者颇多，其比较典型者，为今重庆市大足县《韦君靖碑》①。该碑系保存下来的大型摩崖刻石，位于大足北山，刻于唐昭宗乾宁二年（895），系时任静南县令胡密所建。该碑上半段为赞扬韦君靖功德之颂词，下半段刻有东川节度使及昌州各级将校人员名单，共计150多人，包括节度使辖区内诸军镇山寨之军事使职、当州军府武官、军曹司孔目院诸职、地方各级官员，充任这些职务者，主要来自东川节度使府中的节度押衙、节度先锋兵马使、节度副兵马使、节度散兵马使、节度衙前虞候、节度十将、四厢散副将、节度先锋将、节度总管、节度讨击使、同节度副使等藩镇幕职，亦有部分来自军事押衙等州府军院系统的幕职人员；兼任县官等地方官员者，则主要来自昌州军院系统的军事判官、军事衙推等幕职。②

本文拟对韦君靖碑作专题考察，上篇综述历代著录情况，及现代学人之相关研究；下篇以碑文所载内容为核心史料，对晚唐五代时期的藩镇幕职阶官化问题试加分析。

---

① （清）刘喜海撰：《金石苑》卷二《唐韦君靖碑》，清道光刻本。又，（清）陆耀遹撰《金石续编》卷一二亦有收录，作《韦君靖建永昌寨》，清光绪癸巳（十九年）上海醉六堂石印本。

② 按：此处所用"军院系统"等名词，来自严耕望氏的概念，严耕望氏在所著《唐代府州僚佐考》一文中，将唐代府州僚佐分为"州院"和"军院"两个系统，略云："《唐六典》记府州僚佐组织至详，然往往仅存形式；至于天宝以后之演化，更非《六典》所能限……凡此皆唐初以来之编制，为中央任命之品官，宋人称之曰'州院'。后期之制颇有衍革……此州院组织之演化也。又以刺史本承南北朝有'持节诸军事'之虚衔，中叶以后因军事需要，乃增置军事僚佐，如军事判官、军事推官、押衙、虞候之属，皆为使职，非品官。此为另一系统，可与'州院'对称为'军院'。方镇之任，本以刺史兼充节度观察使，其僚佐除'州院'外有'使府'诸职。属州'军院'之职即方镇使府之具体而微矣。惟属州政事以民事为主，故行政核心仍在'州院'，不在'军院'耳……唐代刺史之职衔例为'持节某州诸军事、某州刺史。'此承南北朝之惯称而来，实不持节管军也。故在前期其僚佐亦但有上佐、录事参军、六曹参军等有品阶之职官一系统，即'州院'一系统，无所谓军事官佐。惟边疆诸州往往特置职官……安史乱后，节度观察等方镇使府逐渐建立，而一般巡属诸州刺史之僚佐，除前述'州院'品官一系统外，亦因'持节诸军事'之名，而置军事僚佐与军将，比于方镇使府。后引李详《条奏州衙前职员疏》，即为明证。其职名常冠'军事'为称，故今即以'军院'称之。方镇使府僚佐有文职僚佐与军将两系统，今于府州亦分别述之。"（严耕望撰：《唐代府州僚佐考》，《严耕望史学论文集》（上），第339—340、388页，上海古籍出版社2009年版）

二　《唐韦君靖碑》的著录暨研究情况

　　《唐韦君靖碑》（以下简称韦碑），实系一摩崖刻石。韦碑自刻成以后，宋、元、明、清乃至近代以来，一直有人著录，今人也曾对此进行过校补考释。兹先屡述历代著录情况如下。

　　以笔者之寡见，较早关注韦碑者为南宋人王象之（1163—1230）。王氏在所撰《舆地记碑目》中，于"昌州碑记"条下，简单著录了此碑的相关信息。① 此外，王氏在所撰《舆地纪胜》中，也曾两次言及韦君靖及其修永昌寨事，如《潼川府路·昌州》"古迹"条注云："寨山，在州北三里，有永昌寨，唐景福时刺史韦君靖以防寇。今废。"② 又，同卷"官吏"条注云："韦君靖，刺昌，集永昌寨以什，任其民有可称者，像在北山，《永昌寨记》云：充昌、普、渝、合四州都指挥使、静南军使，唐僖宗中和间也。"③ 按，景福（892—893）为唐昭宗第三个年号，中和（881—885）为唐僖宗第三个年号，据此可知，韦君靖出任昌州刺史，充昌、普、渝、合四州都指挥使、静南军使，是在唐僖宗中和年间；修建永昌寨的时间稍后，已是唐昭宗景福年间，结合韦碑内容可知，修永昌寨之起因就在于防范黄巢之乱。

　　元代武功鼎盛，文化相对不昌，金石之学亦随之不显，故检索未见有人关注此碑。时至明代，韦碑再度引起学者瞩目。明末曹学佺（1574—1646）曾撰《蜀中广记》，述巴蜀地区风物人情、历史典故及舆地沿革等，其中不止一次言及韦君靖及韦碑的相关情况。如，在"重庆府·荣昌县"条下云："唐史载大历中韦君靖为荣昌令，值黄巢兵起，君靖引兵从征，动以信义，所向克捷，累官尚书仆射矣。"④ 按，其中所说"大历"，当为"大顺"之误，大历（766—779）系唐代宗年号，大顺

---

① （宋）王象之撰：《舆地记碑目》卷四《昌州碑记》"唐韦君碑"条："在北山，乾宁二年靖南令胡密所作。"（清文渊阁四库全书本）

② （宋）王象之撰：《舆地纪胜》卷一六一《潼川府路·昌州》"古迹"条，清影宋钞本。

③ 《舆地纪胜》卷一六一《潼川府路·昌州》"官吏"条。

④ （明）曹学佺撰：《蜀中广记》卷一七《名胜记·上川东道》"重庆府·荣昌县"条，文渊阁四库全书本。

（890—891）为唐昭宗年号，黄巢之乱即在此前后。① 又，同书"重庆府·大足县"条有云："北岩在治北三里，唐韦君靖建砦其上，曰永昌，有石刻，沿岩皆浮图像……《碑目》又云：唐韦君靖碑在北山，乾宁二年静南令胡密所作。按，胡密《永昌寨碑》云：永昌寨者，君靖韦公所建也。顷乾符之际，天下骚然，旱蝗相仍，兵戈四起，公睹兹遐僻，民不聊生，遂合置义兵，安户口……乾宁二年乙卯十二月朔日癸未十九日辛丑记。"② 按，曹氏对韦君靖及修建韦碑相关事迹的著录，最值得关注者为后面"按语"部分，经过与后来清人陆耀遹（1771—1836）《金石续编》、刘喜海（1793—1853）《金石苑》所载韦碑碑文内容之比对，可知曹氏所录颂德文字与陆、刘之录文大致相同，有些还可以用来校补刘、陆录文之阙。从这个意义上来说，曹学佺所录韦碑上半段文字乃是目前所能见到的有关韦碑碑文的最早录文。③

　　清代为金石学大盛的时期，故金石学著作蔚为大观。就韦碑的著录及记述情况来说，在清人的相关著述，特别是金石学著作中，每有提及。此外，在相关的地方志文献及清人所编文集中，也每有记述韦碑者。以言金石学著作，如端方（1861—1911）《陶斋藏石记》至少两次提到韦碑④；他如赵之谦（1829—1884）《补寰宇访碑录》⑤、胡聘之（1840—1912）《山右石刻丛编》⑥、叶昌炽（1849—1917）《语石》⑦，也都提及韦碑。以言著作或文集，如顾祖禹（1631—1692）在《读史方舆纪要》中，不仅

---

　　① 按：大历、大顺时间相距甚远。依常理言，曹学佺学识不应如此鄙陋，因此，所见四库本《蜀中广记》误"大顺"为"大历"，很有可能是刊刻失误所致。

　　② 前揭《蜀中广记》卷一七《名胜记·上川东道》"重庆府·大足县"条。

　　③ 按：曹学佺所录碑文，仅为其中一部分。据今人研究指出，曹氏所录仅为碑文上半部分第14—44行，且字多讹脱。（重庆大足石刻艺术博物馆、重庆市社会科学院石刻艺术研究所编：《大足石刻铭文录》第一编《尖山子·圣水寺·北山石窟》"二、碑碣"，重庆出版社1999年版，第43页）

　　④ （清）端方撰：《陶斋藏石记》卷三三《赵建遂夫人董氏王氏合祔墓铭》、卷三四《振武节度使李君墓志》，均提及韦碑。（清宣统元年石印本）

　　⑤ （清）赵之谦撰：《补寰宇访碑录》卷三，清同治三年刻本。

　　⑥ （清）胡聘之撰：《山右石刻丛编》卷九《乐氏二女父母墓碑》，清光绪二十七年刻本。

　　⑦ （清）叶昌炽撰：《语石》卷二"右四川三则"条，清宣统元年刻本。

简要记述永昌寨之修建历史，还缩引碑文内容，对其周围地形地势加以描述。① 又如，陆心源（1834—1894）《唐文拾遗》，转引刘喜海《金石苑》录文，著录碑文的前半段，后半段东川节度使府及昌州军府僚佐人员名称，则略而不书。② 再如张澍（1776—1847），在所著《养素堂文集》卷五、卷八、卷九、卷十九，多次提及韦碑。③ 后来，张氏又因韦碑而赋诗一首，以咏其事。④ 盖因张氏曾任大足县令，将韦碑从尘土湮没中清理出来，并将碑文首次录入《大足县志》。⑤ 以言地方志文献，则有黄廷桂（1691—1759）《（雍正）四川通志》⑥、穆彰阿（1782—1856）《（嘉庆）大清一统志》⑦，对于韦君靖或其所建永昌寨事，均有所记述。此外，道光、光绪、民国《大足县志》，亦相继录载韦碑时存之文。⑧

韦碑为如此之多的著述所关注，从某个方面恰好说明此碑在史料文献和史学研究方面所具有的重要价值。然而，在上述众多金石学、文集或地方志文献中，对于韦碑虽每有关注，但多数著作对于碑文并无全文著录。对韦碑全文加以著录者，只有陆耀遹的《金石续编》，以及刘喜海的《金石苑》。本故以下文凡所征引韦碑文字内容，主要参考陆、刘之录文，并核以近人今人之相关校录文字。

陆、刘二人关于韦碑之情况著录，略有差异。主要体现在两个方面（所据版本：《金石续编》，光绪癸巳（十九年）上海醉六堂石印本；《金石苑》，清道光刻本）：

---

① （清）顾祖禹撰：《读史方舆纪要》卷六九《四川四》"重庆府·大足县"条："永昌砦在县西北，唐乾宁二年昌州守韦君靖所建，静南令胡密作碑，以纪其事。略云：景福元年，韦公卜筑，当镇之西北，维沿冈建寨，上摩掩霭，下抗平原，矗似长云，崒如断岸，岩巘重迭，磴道崎岖，一夫荷戈，万人失据，峥嵘一十二峰，周回二十八里云。"

② （清）陆心源编：《唐文拾遗》卷三三《唐韦君靖碑》，清光绪刻本。

③ （清）张澍撰：《养素堂文集》，清道光刻本。

④ （清）张澍撰：《养素堂诗集》卷一四《书唐乾宁二年昌州刺史韦君靖碑》，清道光二十二年刻本。

⑤ 按：张氏所以多次提及此碑，并赋诗吟咏此事，主要原因即在于他担任大足县令期间，偶登北山，使此尘封近千年之碑重见天日，并将碑文首次录入其主纂之《大足县志》。（前揭《大足石刻铭文录》第一编《尖山子、圣水寺、北山石窟》"二、碑碣"，第43页。）

⑥ （清）黄廷桂撰：《（雍正）四川通志》卷六，清文渊阁四库全书本。

⑦ （清）穆彰阿撰：《（嘉庆）大清一统志》卷三八八，《四部丛刊续编》景旧钞本。

⑧ 前揭《大足石刻铭文录》第一编《尖山子、圣水寺、北山石窟》"二、碑碣"，第43页。

❶ 韦碑之著录题名：陆作《韦君靖建永昌寨》；刘作《唐韦君靖碑》。

❷ 韦碑之形制尺寸：陆——"高六尺，广丈二尺，五十三行，行二十九字，正书左行，在四川重庆府大足县北山摩。"刘——"高约八尺，广九尺四寸，上下两列，上列五尺，下列三尺。上列五十三行，行三十字，字径寸六分；下列一百一行，行字数不等，字径五分。正书左行，上端泐缺，下方裂痕。"

按：刘、陆二人对于韦碑之著录题名，自无孰是孰非之分。唯关于韦碑尺寸形制之差异，却需略加说明。前揭《大足石刻铭文录》，韦碑"方形，高260，宽310"①，虽不言长度单位，但可知为厘米，即韦碑之尺寸折算为高2.6米、宽3.1米，与刘喜海"高约八尺，广九尺四寸"更为接近，因此刘氏著录的尺寸洵得其情。另外，行列字数，与《大足石刻铭文录》相校，亦以刘氏"行三十字"为是。

接下来说近代以来的研究情况。

自南宋王象之《舆地记碑目》首次著录韦碑名目之后，尽管历代金石学家每有著录或言及，但真正意义上的研究，却是到了近代以后。就笔者所见，在史学研究中较早关注韦碑碑文者，为现代史家严耕望氏。他在《唐代方镇使府僚佐考》一文中，论"都虞候、虞候"诸职时，曾征引碑文相关内容，时间在20世纪60年代初期。② 不过，对韦碑进行专题研究者，却首推日本学者，如栗原益男于1960年7月发表《唐末の土豪的在地勢力について——四川の韋君靖の場合》一文，对唐末割据势力的问题作专题考察，依据的核心史料就是韦碑。③ 这是笔者所见中外学术界专题探讨韦碑的最早一篇学术论文。与栗原益男同时代，日野开三郎也发表了一篇研究韦碑的论文，对韦碑所载人名、官职所蕴含之历史信息加以探研，通过对韦君靖势力集团的武力构成，及军将中亲属关系等内容的考

---

① 前揭《大足石刻铭文录》第一编《尖山子、圣水寺、北山石窟》"二、碑碣"，第37页。

② 前揭氏著《唐代方镇使府僚佐考》下篇：《军将》，《严耕望史学论文集》（上），第443—444页。按：据作者文后补注，该文初稿于1964年夏，1965年再稿，1968年九月增订，至1969年收入新亚研究所《唐史研究丛稿》。（第452页）

③ ［日］栗原益男撰：《唐末の土豪的在地勢力について——四川の韋君靖の場合》，《歷史學研究》243號，（1960：東京），第1—14页。

索，对唐末五代地方藩镇势力与土著势力之间的密切关系进行了剖析。①
此外，佐竹靖彦、北进一等日本学者在其论著中，也分别从地域史、佛教
史等不同方面，对韦碑铭文的内容进行了关注或展开讨论。②

从 20 世纪 80 年代以后，韦碑引起越来越多的关注，中国学者围绕韦
碑先后撰写了一批论文，兹依时间先后条列如下：

❶刘豫川，《〈韦君靖碑〉考辨》，《重庆师范学院学报》1985 年
第 1 期，第 74—81 页；❷刘蜀仪、张划，《有关〈韦君靖碑〉中的
几个疑点浅析》，《四川文物》1986 年第 1 期，第 32—34 页；❸陈明
光，《略论大足石刻在中国石窟史上的地位和作用》，《社会科学研
究》1986 年第 4 期，第 67—71 页；❹李胜，《浅谈〈韦君靖碑〉的
历史价值》，《内江师专学报》1986 年创刊号，第 107—110 页；❺陈
汝宽，《韦君靖名讳考辨》，《四川文物》1991 年第 2 期，第 45 页；
❻龙腾，《大足唐代韦君靖摩崖碑探讨》，《四川文物》1996 年第 3
期，第 36—41 页；❼陈灼，《北山石刻〈韦君靖碑〉"颍川"辨》，
《四川文物》1999 年第 2 期，第 39 页；❽龙腾，《大足北山石刻〈韦
君靖碑〉"颍川"、"河内"辨》，《四川文物》2000 年第 5 期，第
68—69 页；❾王家祐、徐学书，《大足〈韦君靖碑〉与韦君靖史事考
辨》，《四川文物》2003 年第 5 期，第 58—62 页；❿王滔滔、雷娟，
《大足石刻〈韦君靖碑〉题名研究》，《重庆交通大学学报》2006 年
第 1 期，第 71—75 页；⓫陈明光，《唐韦君靖"节度使"辨证——与
〈大足石刻《韦君靖碑》题名研究〉作者商讨》，《重庆交通大学学
报》2007 年第 2 期，第 32—35 页；⓬唐志工，《韦君靖碑反映的晚唐
地方行政机构与职官》，《唐史论丛》第 12 辑，第 100—115 页（三
秦出版社 2010 年版）。

---

① ［日］日野开三郎撰：《唐韦君靖碑の応管諸寨節級についての一考察》，原刊和田博士
古稀紀念東洋史論叢編纂委員會編《和田博士古稀紀念東洋史論叢》第 769—780 頁，東京講談
社，1961。后收入氏著《唐代藩鎮の支配體制》。東京三一書房，1980，第 518—528 頁。

② ［日］佐竹靖彦撰：《唐代四川地域社會の變貌とその特質》，《東洋史研究》44 卷 2 號，
第 203—241 頁，京都，1985。此文后收入氏著《唐宋變革の地域的研究》，第 391—439 頁，京
都，同朋舍，1990。［日］北進一撰：《毗沙門天像の變遷》，收錄于田辺勝美、前田耕作編《世
界大美術全集東洋編 15》，第 316 頁，東京小學館，1997。

在上述中国学者的相关论著中，既有对碑文内容的考释、校补，也有对碑文所涉历史、所反映的社会情况及韦君靖本人事迹之考述或研究。从总体情况来看，上述论著偏重于韦碑本身的讨论，多数就碑而论碑，至于对韦碑所涉史实、史事乃至所反映唐代制度等问题的探讨，则以刘豫川、唐志工二氏所撰论文较为深入。

以上十余篇论文均是对韦碑进行专题研究的论著。另外，还有一些论著虽非专题探讨韦碑，但在涉及韦碑碑文的内容研究上，却更为深入和专业，其中具有代表性的一篇论著为冯培红氏《晚唐五代藩镇幕职的兼官现象与阶官化述论——以敦煌数据、石刻碑志为中心》① 一文，该文主旨探讨晚唐五代藩镇幕职的"兼官现象"与阶官化问题，韦碑乃是该文引以为据的重要史料，但是在所涉相关问题的分析上，研究深度甚至超越了前述专题讨论韦碑之著作。

三　韦碑所录题名之分类整理

为便于下文分析，兹据前揭刘喜海、陆耀遹所录韦碑碑文，并参诸近人今人之相关校录文字，将韦碑所载东川节度使府及昌州军府下属幕职人员具衔情况，列表整理如表1。

表1　　　　　　　韦君靖碑所见幕职人员简况

藩镇幕职	兼职	幕职人员姓名	备注
节度押衙	□□义军镇遏使	何荣、王彦昌	东川藩镇系统
	静南军先锋都知兵马使兼三州捕盗使	韦君政	同上
	葛仙寨义军使前陵荣州捕盗感化军使	李行瑄	同上
	龙水义军镇遏使	罗宗权	同上
	柳溪义军镇遏使	梁公环	同上
	南峰义军镇遏使	王元照	同上

①　冯培红撰：《晚唐五代藩镇幕职的兼官现象与阶官化述论——以敦煌数据、石刻碑志为中心》，（韩）《敦煌学研究》2006年第2期，第1—22页。

藩镇幕职	兼职	幕职人员姓名	备注
节度押衙	东流义军镇遏使	龙着	同上
	董市义军镇遏使	伏进芝	同上
	永川界义军镇遏使	梁文备	同上
	摄永川县令充义军使	杜元立	同上
	凌云寨义军镇遏使	牟省立	同上
	云门寨义军镇遏使	张雅	同上
	四州指挥都虞候进云寨都团练义勇镇遏使	韦君迁	同上
	军府都勾官	王□□	同上
	左厢衙队使	梁贵俨	同上
	右厢衙队斩斫等使	李志	同上
	左后院随身衙队使	韦和铢	同上
	摄昌元县令充牢城使	韦宝	同上
	左厢将	□士章	同上
	右厢将	□□德	同上
	左亲近将	□□	同上
	宴设将兼主兵十将	□伯铢	同上
	左元随都押衙	韦益铢	同上
	右元随都押衙	赵师恪	同上
	义军使	韦君□、王彦芝	同上
	主兵十将	任□、赵文、何□□、赵元进	同上

以上"节度押衙"兼他官，共计：31 例

节度左押衙	四州都指挥副兵马使安溪镇遏使	贾文洁	同上
	四州军副押	冯义简	同上

以上"节度左押衙"兼他官，共计：2 例

节度先锋兵马使	甘泉义军将	杜元立	同上
	来凤义军（镇）遏使	韦君芝	同上
	昌元县界游奕义勇使	罗元直	同上
	军州都押衙	韦寿	同上
	右亲近将	□君幸	同上

续表

藩镇幕职	兼职	幕职人员姓名	备注
节度先锋兵马使	后曹将	韦铢	同上
	义军将	何璠	同上
	龙水镇将	王伯章	同上
	左元随副将	韦宝铢	同上
	右后院随身将	谢公彦	同上
	内院随身副将	韦公铢	同上
	右后院副将	韦宗铢	同上
	修造将	王□□、□□□、韦迪铢、韦彦铢、韦君贞、何彦鲁、韦建铢、王伯球、谯珙、杨鲁章	同上
	客将	王彦昌、王彦□	同上
	左厢兵马虞候	吕演	同上
	右厢兵马虞候	杜文选	同上
	牢城都虞候	吴士伦	同上
	壕寨将	任公约	同上
	知市将	□□□、袁贞懋	同上
	州补军事押衙充通判官	杨义贞、崔孟余	双重幕职
以上"节度先锋兵马使"兼他官,共计:32例			
节度散兵马使	防城将兼来苏镇	高孟球	东川藩镇系统
	安溪镇副将	王公进	同上
	进云寨镇义军都虞候	罗从顺、韦义丰	同上
	进云镇判官	母从政、赵乾逸	同上
以上"节度副兵马使"兼他官,共计:6例			
节度散兵马使	龙归义军将	何月寻	同上
	横冲将	何德、韦君要	同上
	右厢队副将	李□□、蒋文和	同上
	左厢衙队副将	杨思庆、□□义、董□	同上
	右亲近副将	韦君□	同上
	左亲近副将	韦公□、胡全	同上
	厅头开拆书状孔目官	丰珀	同上

藩镇幕职	兼职	幕职人员姓名	备注
节度散兵马使	书状孔目官	李延祚、杜罔休	同上
	厅头开拆孔目官	潘延嗣	同上
	军事押衙专知回易务	郭宗	双重幕职

以上"节度散兵马使"兼他官，共计：16例

藩镇幕职	兼职	幕职人员姓名	备注
节度衙前虞候	□□□义军将	李思儒	东川藩镇系统
	赖甘斜崖义军将	廖居瑶	同上
	两厢都衙官	杜审言、钦文胜	同上

以上"节度衙前虞候"兼他官，共计：4例

藩镇幕职	兼职	幕职人员姓名	备注
节度十将	千□□□义军将	卢井胜	同上
	龙□□□□□将	唐叔仪	同上
	□□镇遏将	罗行舒	同上
	□□义军镇遏将	赵公武	同上
	□□义军镇遏将	袁义遵	同上
	安溪义军将	袁公会	同上
	拥阵将	马三连、□公立	同上
	都城局	张□□、□□□、李文礼、杨南照、王才顺、韦延、鲜道仙、韦太仙、罗公举、卢□□、□□□、□王士	同上

以上"节度十将"兼他官，共计：20例

藩镇幕职	兼职	幕职人员姓名	备注
四厢散副将	虞候	陈忠武、陈敬钊、赵鉴、王文纵、罗守雅、□□□、□□□、□□□、□□□、□□□、□□□、□□□、罗贵方、李琛、赵全、曹居艺	同上

以上"四厢散副将"兼他官，共计：16例

藩镇幕职	兼职	幕职人员姓名	备注
节度先锋将	□□义军将	袁南瀚	同上
	进云镇副兵马使	韦君意	同上
	主兵十将	□伯仙、梁广	同上

以上"节度先锋将"兼他官，共计：4例

续表

藩镇幕职	兼职	幕职人员姓名	备注
节度讨击使	历山义军镇遏使	杨思及	同上
以上"节度讨击使"兼他官，共计：1例			
节度衙前总管	□□□义军将	杜元备	同上
	□□滩镇将	梁德昌	同上
	驱使官	阎行溢、刘珪、文献直、贾较	同上
以上"节度衙前总管"兼他官，共计：6例			
节度总管	□□□□各义军镇遏将	韦君球	同上
以上"节度总管"兼他官，共计：1例			
同节度副使	军事押衙充左右厢都虞候牢城判官	苏家□、李卓□、李德周	双重幕职
以上"同节度副使"兼他官，共计：3例			
军事押衙	□□义军镇遏将	赵沛	东川藩镇系统
	通判官	杨义贞、崔孟余	同上
	左右厢都虞候牢城判官	苏家□、李卓□、李德周	双重幕职
	专知回易务	郭宗	双重幕职
以上"军事押衙"兼他官，共计：7例			
军事判官	前守静南令	胡密	昌州军院系统
	摄录事参军	裴镇	昌州军院系统
以上"军事判官"兼他官，共计：2例			
军事衙推	前摄录事参军	文廊	昌州军院系统
以上"军事衙推"兼他官，共计：1例			

四 韦碑所载昌州军院系统幕职之阶官化

表1所列最后三职"军事押衙""军事判官""军事衙推"，为昌州军院系统之幕职，与前述东川节度使府之13种幕职，在理论上分属两个不同系统，前者系东川节度使府的藩镇幕职，后者属昌州地方政府"军院"之幕职。

　　根据表 1 所载进行分类统计，来自昌州军院系统之幕职人员，共计 10 人，其余人员均属东川节度使府之藩镇幕职，共计 142 人。不过，需要指出的是，因为东川节度使府治所位于昌州，故藩镇幕职与州府军院幕职容有兼任者，证诸表 1 所载，上述任职者中，杨义贞、崔孟余、苏家□、李卓□、李德周、郭宗，共 6 人，就是同时拥有节度使府、州府军院之双重幕职。东川节度使府的情况如此，推此及彼，唐末五代其他节度使府的藩镇幕职中，想必也存在同样情况，即节度使府治所所在之州府，其下属军院系统之幕职，应当普遍存在身兼节度使府、州府军院双重幕职之现象。

　　两相比较，来自节度使府的藩镇幕职人员，远远多于州府幕职人员，即便身兼双重幕职的人员也全部计入州府军院系统，其比例也是 142∶10，前者是后者的 14 倍强。藩镇幕职人数远超地方州幕职的情况，正是晚唐五代社会政治状况的直接反映，乃是"安史之乱"以后节度使府日趋重要，逐渐取得地方军政支配权的必然结果，直观地反映出中晚唐以后地方政权实际操诸藩镇之手的社会现状。正如严耕望氏所指出的那样，唐代前期（"安史之乱"以前），地方行政大权操诸刺史之手，作为地方府州之最高长官，刺史僚佐原本只有一套"州院"系统的品官系统，包括上佐、录事参军、六曹参军诸职，协助其处理地方政务。然而，"安史之乱"以后，由于军事事务的重要性日渐上升，并逐渐超过行政事务，从而造成刺史持节管军，其治下除原来的"州院"系统外，又新出现一个包括多种军职在内的"军院"系统武职。[①] 如果是节度使同时兼任刺史，则其"州院""军院"系统僚佐与藩镇幕职系统便多有重合或出现兼任情况，乃是应有之义。但总体来看，只要"军事"重于"行政"的政治局面依然，则属于地方官府系统之"州院""军院"人员，必定少于节度使府系统之藩镇幕职，乃是毋庸置疑之事实矣。

　　在上述昌州地方政府幕职中，除杨义贞、崔孟余、苏家□、李卓□、李德周、郭宗 6 人，同时拥有节度使府、州府军院之双重幕职，此处不予讨论外。余者赵沛、胡密、裴镇、文廓 4 人，皆是以昌州地方"军院"系统之幕职，兼任州府之军政职务，分别任"□□义军镇遏将""守静南令""摄录事参军"诸职，上述四人的"军院"幕职分别为"军事押衙"

"军事判官""军事衙推"。因此，上述四人的结衔方式，可以概括为："军院"幕职＋府州使职（或文职、地方官）①。上述四人的结衔中，具有实际作用者，为其兼任之府州使职（或文职、地方官），如此，则他们所任之"军事押衙""军事判官""军事衙推"，只是一种政治身份或地位的象征，也就是说，他们所带之"军院"幕职，实际上只是一种用以区分职级的阶官。如果再联系晚唐时期藩镇幕职基本已经完成了阶官化的社会现实，那么我们完全可以得出结论：时至晚唐，无论是以节度使为主帅的方镇，还是以刺史为长官的地方州府，其下属之武职军将，绝大多数已演变为一种表示身份的阶官了。

五　藩镇幕职阶官化程度之分析：基于 东川节度幕职之排序与构成比例

上述东川节度使府幕职（不包括昌州军院系统以及双重兼职者在内），共142人，包含13种幕职，即：节度押衙、节度左押衙、节度先锋兵马使、节度副兵马使、节度散兵马使、节度衙前虞候、节度十将、四厢散副将、节度先锋将、节度讨击使、节度衙前总管、节度总管、同节度副使。

在东川节度使府13种藩镇幕职中，只有"同节度副使"为文职，其余12种均为武职军将。以言种类比较，文、武职之比例为1：12；以言数量比较，文、武职之比例为3：139（亦即1：46）。因此，无论是从种类，还是绝对数量之对比来说，在东川节度使府的藩镇幕职中，文职与武职之间的差距都十分明显，在其幕职构成中，武职远远多于文职。这种情况正从某个方面，反映出晚唐五代时期一个突出的政治特点，在藩镇割据的时代背景和社会条件下，军事实力的强弱实为政治成败的决定性因素，其中一个具体表现就是，以节度使为首的武职军将系统，在政治上的重要性大大超过文职系统，武职在藩镇或地区的社会政治构成中，已然成为主导性力量，由此促进重武轻文社会风气之形成。

---

① 按：赵沛所任"□□义军镇遏将"的性质，为府州下属之军事使职；胡密所任"守静南令"，性质为地方文职事官；裴镇、文廓所任"摄录事参军"，为地府官府僚佐，属地方文职官员。

（一）晚唐五代藩镇幕职阶官排序

首先，让我们对东川节度使府幕职的排序稍加分析。以本文重在探讨藩镇幕职中的武职军将，故"同节度副使"等文职不予讨论。因此，上述东川节度使府幕职中，除去3例"同节度副使"之后，共139例幕职，分为12类。

上述东川节度使府12类藩镇幕职，是否严格按照官阶高低进行排列呢？如前所言，中国传统政治文化背景下，记述职官的惯例，一般都是按照阶级序列由高到低排列，而很少采用相反的排序方式。因此，韦碑所载东川节度使府幕职人员，应当也是遵循由高到低的次序排列。不过，如果完全按照碑文所载，对东川节度使府武职军将进行排序，则12级的序列显然太过于琐碎，很难据之总结出一个相对规律性的排序。

经过对韦碑所列人员幕职名称的反复斟酌，笔者认为可将上述12类幕职作"合并同类项"处理，将其归并为如下六类：❶押衙（包括节度押衙、左押衙）；❷兵马使（包括节度先锋兵马使、节度副兵马使、节度散兵马使）；❸虞候；❹十将（包括节度十将、四厢散副将、节度先锋将）；❺讨击使；❻总管（包括节度衙前总管、节度总管）。如此一来，我们可以十分清楚地看到，韦碑记述东川节度使府武职军将的排序，乃是按照上述6类军职逐次分类排列，即先述"押衙"类，次述"兵马使"类，次述"虞候"类……尽管每一类幕职中可能包含不止一种军职，但类与类之间却是层次分明、秩序井然。对于韦碑所述东川幕职的排序，如果不作这样的理解，则碑文所记述之东川幕职阶官就显得芜杂凌乱而无章可循。兹将东川节度使府武职军将，按上述六类排序如下：

> 押衙（节度押衙、左押衙）→兵马使（节度先锋兵马使、节度副兵马使、节度散兵马使）→虞候→十将（节度十将、四厢散副将、节度先锋将）→讨击使→总管（节度衙前总管、节度总管）

在此基础上，我们进而将东川节度使府武职军将的排序及各种军职的内涵作进一步扩充，或可总结概括为晚唐五代藩镇幕府武职军将的通用性排序（以下简称"通用排序"）。兹列之如下：

❶押衙（节度［左、右］都押衙、押衙、左押衙、右押衙、同押衙）→ ❷兵马使（都知兵马使、左·右厢兵马使、节度［正、先锋］兵马使、节度副兵马使、节度散兵马使）→ ❸虞候（［衙前］都虞候、左虞候、右虞候）→ ❹十将（节度［正］十将、副十将、散十将、四厢散副［十］将、节度先锋［十］将）→ ❺讨击使（［衙前、先锋］讨击使、讨击副使）→ ❻总管（节度衙前总管、节度总管、节度副总管）

那么，这个带有假设性的"通用排序"，距离历史真相究竟有多远呢？

对于"通用排序"的可信度，我们可以通过与其他相关排序之对比加以考察。前揭冯培红氏在所撰文中，总结出晚唐五代藩镇幕职的阶官排序为（以下简称"冯氏排序"）：

都头（都知兵马使）→押衙→兵马使→副兵马使→虞候→十将→副将

又，我们根据《金石萃编》卷六十六《田仸等经幢》，也总结出一个晚唐五代藩镇幕职的阶官排序（以下简称"田仸排序"）：

节度押衙→衙前兵马使→讨击使→同经略副使→随军→衙前虞候→同正将→散将→都勾当散兵马使→同勾当随□使将副将→（同勾当随□使将）散将

又，白居易曾拟订过一道为卢龙军幕职人员请求奖赏的制书，云："敕：卢龙军押衙、兵马使、什将、随军某等，夫爵赏行于上，则忠劳劝于下，有国之典，其可废乎？吾思蓟北首将及吏，合众聚力，镇宁一方，绵以岁年，积成勤效。今以朝右贵秩，言坊清班，举为宠章，用申酬奖。"①据此我们也拟出一个晚唐五代卢龙军节度幕职排序（以下简称"白氏排序"）。

押衙→兵马使→什将→随军

又，日本学者渡边孝氏，在所撰文章中，根据张季戎墓志，也列出一个晚唐五代藩镇幕职阶官排序②（以下简称"渡边排序"）：

正押衙→同押衙→同防御副使→讨击使→衙前将 ③

按：以上 4 个排序中，渡边排序系根据张季戎墓志铭所得，仅表明张季戎个人任职履历，排序中阶官职级阙略，自是不难理解。但与"通用排序"相较，其中"押衙→讨击使"的次序由高到低排列，与"通用排序"中"押衙→讨击使"相同。但二者之间似乎也存在矛盾之处，在渡边氏排序中，"讨击使→衙前将"的次序与"通用排序"中的"十将→讨击使"，可能正好相反，盖"衙前将""十将"很可能相同，俱为"衙前十将"或"衙前（正、正十）将"之简称也。关于讨击使与十将或衙前将之位序排列先后，"田佚排序"中表现为"讨击使→同正将"，在"同正将"之前是否还存在一个"正将"，不得而知，但依理而论，既有"同正将"，自然就应该同时置有"正将"，果尔，则渡边氏"讨击使→衙前将"的排序，就与"田佚排序"中的"讨击使→同正将"位序排列相近。

将"通用排序"与上述四种排序相比照，可知其与"冯氏排序""白氏排序"更为接近，主要表现为"押衙→兵马使→十将"的位序排列完全一致，所不同者，在于每两个阶官之间都容有其他层阶插入。相

① （唐）白居易撰：《白氏长庆集》卷三五《张伟等一百九十人除常侍中丞宾客詹事等制》，《四部丛刊》景日本翻宋大字本。

② ［日］渡边孝撰：《唐・五代の藩鎮にぉける押衙について（上）》，《社會文化史學》第 28 號，1991 年 8 月，第 33—55 頁；《唐・五代の藩鎮にぉける押衙について（下）》，《社會文化史學》第 30 號，1993 年 2 月，第 103—118 頁。

③ 按：渡边孝氏之排序，原系由低到高排列，与本文所列其他排序均由高到低，故本文此处将其次序颠倒过来即成。

较之下，"通用排序"与"田伫排序"、"渡边排序"之间，则有差别相对较大，但"押衙→兵马使"，或"押衙→衙前（十）将"由高到低的次序排列，却也完全相同。从这个角度来说，根据韦碑所总结之藩镇幕职"通用排序"，不仅为上述四种排序的真实性提供了进一步的论证，进而，通过将其与上述四种排序之间的相互对比与验证，也让我们对晚唐五代藩镇幕府武职军将的官阶排序，有了更加明确的认识。

这里需要指出的是，无论是"通用排序"，还是上述四种排序，在每两个阶官之间，可能都容有其他一个或多个职级的插入，从而造成彼此之间的差异甚至是相互牴牾。就石刻文献所显示的信息来看，通常情况下，它们所记述的藩镇幕职阶官，都是按照官阶的高低由高到低进行排列，但由于藩镇幕职构成的多样化，每一种幕职自身可能就包含有多个层阶（以押衙为例，至少包括左、右都押衙、押衙、左押衙、右押衙、同押衙共6种层阶），因此石刻文献所反映的幕职排列次序，也就不可避免地呈现出复杂化的特征。这就要求我们在判断藩镇幕职的排序时，首先要对其进行分类，在分类的基础上，再逐次厘清其具体的层阶构成。

（二）晚唐五代藩镇幕职阶官构成比例

接下来，我们按照合并后的6类构成，对东川节度使府武职军将的构成比例作进一步的考察。据诸上述表1统计，东川节度使幕府之武职军将，共计139例，其分类构成数据暨比例情况，制作成简表（表2）和简图① （图1）。

表2　　　　　　　　　　东川幕府武职军将分类构成

军将类别	押衙	兵马使	虞候	十将	讨击使	总管
人数（例）、比例（%）	33，23.7%	52，37.4%	4，2.9%	40，28.8%	1，0.7%	7，5.0%

① 按：由于示意图的百分比只能精确到个位，故示意图中的百分比数据与统计数据容有误差。

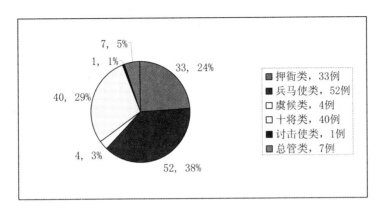

图1 东川幕府武职军将分类构成比例

根据表2、图1所示，我们可以较为直观地认识东川节度幕府各类武职军将的构成特点。在上述6类武职军将中，"兵马使"类武职人数最多、所占比例最高；其次是"十将"类、"押衙"类；人数最少的是"讨击使"类，仅有1例，所占比例不到1%；"虞候"类亦较少，仅有4例，占比接近3%。东川节度幕职的这种分类构成，大致可以视为晚唐五代时期藩镇幕职构成的普遍性特点，因为根据笔者所检核之其他有关石刻文献，其中所载藩镇幕职的分类构成，"兵马使""十将""押衙"三类武职军将，较诸其他幕府武职，确实更为常见，数量也相对较多，与此处东川幕府的武职构成的确有着较大相似性。不过，东川节度幕职分类构成中，"虞候"类所占比例相对较小，则与通例似有不合，因为在晚唐五代众多藩镇幕职中，"虞候"亦为相对常见之武职军将。

对于东川节度幕府武职军将的分类构成特点，我们还可作更进一步的分析。"兵马使""十将""押衙"三类武职军将，人数众多、所占比例较高，契合于晚唐五代藩镇幕职构成的普遍性特点。何以如此？严耕望氏曾经指出，在唐代方镇使府的武职中，最重要的有三种，即"兵马使""押衙""虞候"三类，其中"兵马使职在治兵、作战，押衙职在亲从、禁卫，虞候职在整军纪、刺奸滑。一司外，一卫内，一督察，三分其职，共治军务。"[1] 此三职既在方镇使府具有崇重地位，故为时人所乐于任职，就势属必然。尽管随着时间之推移，包括兵马使、押衙、虞候三职在内的

---

[1] 前揭氏著《唐代方镇使府僚佐考》，《严耕望史学论文集》（上），第451页。

藩镇幕职均已阶官化，但就社会心理层面的认知程度而言，此三职依然较诸其他职务崇高，因此，方镇长官在任命僚佐时，必然要顾及这个社会现实，盖因他们深知，唯其如此才可能在最大限度上调动部属僚佐的工作积极性。至于"十将"类的军中小校，其官阶尽管不高，但"将军"的名称却为社会所熟知，故而方镇长官在授受此类官职时，必定不吝于施予，从而造成"十将"类职官的普授滥施。

还需要特别指出的是，兵马使、押衙、十将三类幕职授予人数最多，可能又从另一方面表明，此三职的"阶官化"程度较诸其他职务更加深入，因为唯有"阶官化"越深，"实职化"的色彩方能越显淡化。反过来说，如果某一幕职的授予越稀少，则该职的社会认知度可能越低，当然其"阶官化"程度也可能越浅。以"讨击使"职一类而言，在众多藩镇幕职中，显然属于社会认知度和"阶官化"程度均较为低浅的小众一族。

六　阶官化背景下的藩镇幕职"实职化"留存：基于韦碑之数据分析

如前所论，东川节度使府中以"押衙、兵马使、十将、虞候、讨击使、总管"为名的六类武职军将，皆已成为"阶官化"的幕职，自是毋庸置疑的事实。然而，就韦碑所透露的信息来看，上述六类武职军将中，依然留存着一些明显的"实职化"特征。以下对此稍作申论。出于叙事条理性之考虑，兹依表1所载顺序，逐次加以说明。

（一）节度押衙

在31例"节度押衙"中，所有人均有其他兼职，其中韦君政、李行瑄、杜元立、韦君迁、韦宝、□伯铢6人的结衔还不止一个兼官，我们姑且称之为双兼官。具体如下：

> 韦君政的结衔："节度押衙、静南军先锋都知兵马使兼三州捕盗使"
>
> 李行瑄的结衔："节度押衙、葛仙寨义军使、前陵荣州捕盗感化军使"
>
> 杜元立的结衔："节度押衙、摄永川县令、充义军使"

　　韦君迁的结衔："节度押衙、四州指挥都虞候、都团练义勇镇遏使"

　　韦宝的结衔："节度押衙、摄昌元县令、充牢城使"

　　□伯铢的结衔："节度押衙、宴设将兼主兵十将"

　　毫无疑问，上述6人所带"节度押衙"之职，皆为表示身份之"阶官"，其实际职掌当由后面的结衔职务决定。然细析之，上述6人"双兼官"情况，实际上也不完全相同。其中李行瑄的兼官，实际上仍是单兼，"葛仙寨义军使"为其现任使职，"陵荣州捕盗感化军使"为其以前所任之军事使职，如此具衔，表示他是由后者改任前一职务。

　　韦君政、韦君迁二人结衔方式相同，实际上都是由"节度押衙"与另外一个阶官（静南军先锋都知兵马使、四州指挥都虞候）组合以后，再兼带一个使职，他们的实际职掌由其所兼任之使职（分别为三州捕盗使、都团练义勇镇遏使）所决定，因此，他们的结衔方式，可以概括为："双阶官＋使职"。

　　杜元立、韦宝、□伯铢三者结衔方式，较为相似，都是以"节度押衙"作为阶官，后面所带二职皆为实职，杜元立的"摄永川县令"、韦宝的"摄昌元县令"一职，均属临时代理性的摄职，"义军使""牢城使"为实职性的使职，前者"摄县令"具有临时性，随时有可能被他人所取代，后者则为其实际职掌。□伯铢所带"宴设将，兼主兵十将"，也都是实职性职务，前者当为负责宴会摆设之职，"吏化"色彩颇为深厚；后者"主兵十将"，顾名思义，为实际领兵之"十将"，若非如此，直言"十将"即可，又何必在其前面加上"主兵"这一前缀性的词汇？因此，"十将"前加"主兵"一词，正表示不同于那些并不实际统领兵卒之虚化"十将"。

　　除此6人以外，其余25例，均是以"节度押衙"为阶官，另外带一实职的方式结衔。其所带之"实职"性兼官，包括如下七种：（1）"某军镇遏使"，共10例。"镇遏使"者，承担镇遏防守之军事任务之谓也，其为实职性使职，由此可知。（2）"军府都勾官"，共1例，承担军府账簿文书勾检之责任，"都"者，总其事之谓。"都勾官"，总勾军府文簿之官也，其为实职性职务，无疑矣。（3）"某厢、某院衙队使"，共3例，此类职务或但云"衙队使"，或于"衙队"前后加置修饰性语汇，以明其具体职掌，如"右厢衙队斩斫等使"，表明其负责斩杀砍斫等具体职任；又如"左后院随身衙队使"，标明其具有将帅贴身随侍人员之特点也。（4）"某厢将"，共3例。通常分为"左厢""右厢"，或可简省"厢"字，但言"左、右"，如"左亲近将"，即指左厢亲随之军中小校也。（5）"左、右元随都押衙"，共2例，当指其与主帅有元从之谊，且为亲随，都以之为"都押衙"，如前揭严耕望氏所云"押衙职在亲从、禁卫"，即指此也。（6）"义军使"，2例，如果再加上前面有双兼官之"摄永川县令充义军使"杜元立，则以"义军使"作为实职者，共有3例，唯"义军使"之具体职掌尚待考索，但其职应与军中事务之管理有关，则可以确定。（7）"主兵十将"，4例，连同前面所述之"宴设将兼主兵十将"□伯铢，则以"节度押衙"兼此职者共有5例。如前所述，"主兵"者，实际领兵之谓也，"主兵十将"即具有实际领兵权之军中将校，因此该职的实职性质，可以确定无疑。

在上述7类兼职中，无论"元随都押衙"中之"都押衙"，还是"主兵十将"中之"十将"，如果不加上职务前面的修饰性词汇，则可以确定为已经阶官化的武职军将名号，然而，当它们的前面加上修饰性前缀，或被用作兼官时，反而具有了"实职化"的性质。这也就是说，我们在讨论晚唐五代藩镇幕职阶官化这一问题时，对于文献所记述之幕职，绝对不能一概而论，因为在某些时候，这些被用作身份象征的"阶官"，依然具有"实职化"的一面。

（二）节度左押衙

以"节度左押衙"兼任其他职务者，共2例，分别为"节度左押衙、四州都指挥副兵马使、安溪镇遏使"贾文洁、"节度左押衙、四州军副押（官？）"冯义简。

贾文洁的实职为"安溪镇遏使"，其另一兼官"四州都指挥副兵马使"，亦为阶官，因此，其结衔方式为：双阶官＋使职。

冯义简的兼官只有"四州军副押（官？）"，其"节度左押衙"为阶官，"四州军副押（官？）"则为实职。据诸《通典》所载，唐代基本军制构成，包括如下人员："每军：大将一人（别奏八人，傔十六人），副二人（分掌军务。奏、傔减大将半），判官二人，典四人，总管四人（二主左右虞候，二主左右押衙。傔各五人），子将八人（委其分行陈，辨金鼓及部署。傔各二人），执鼓十二人，吹角十二人，司兵、司仓、司骑、司胄、城局各一人。每队五十人：押官一人，队头一人，副二人，旗头一人，副二人，火长五人。"① 其中明确置有"副"职者，除"副将"外，只有队头、旗头二种职务置有副职，"副队头""副旗头"各二人。至于"押官"，则未见载有副职。因此，冯义简的兼官"四州军副押"，为"四州军副押官"之简称的可能性，就微乎其微了。那么，有没有可能是"四州军副押衙"之简称呢？按，晚唐五代藩镇幕职中，"都押衙""押衙""同押衙"所见甚夥，唯独不见"副押衙"一职。② 因此，此处冯义简所任"四州军副押"为"副押衙"之简称，亦不大可能矣。

那么，此处"副押"究竟该作何解释才符合史实？按："副押"一词，在唐代制度中并非罕见，如《唐六典》载唐代"三司理事"制度，云："凡三司理事，（侍御史）则与给事中、中书舍人更直于朝堂受表。（自注云：三司更直，每日一司正受，两司副押，更递如此。其鞫听亦同）"③ 此处之"副押"，与前面之"正受"对举，即侍御史、给事中与中书舍人所组成之"三司"，在具体理事过程中，其中一司为主办官员，另外二司则在事情办理完毕后，附带签署（表示认可的）意见，是谓"副押"。又，唐玄宗开元二十九年，安禄山"授营州节督，充平卢军节度使、知左厢兵马使、度支·营田·水利·陆运使、副押两蕃渤海黑水四府经略（使）……"④ 按：唐代为加强对东北边疆地区的管控，曾专门设

<hr>

① （唐）杜佑撰，王文锦、王永兴等点校：《通典》卷一四八《兵志一》"今制（附）"条，中华书局1988年版，第3794页。

② 按：明人邵经邦所撰《弘简录》卷二五〇《附载：吐蕃二》，载有后周太祖广顺二年（952），申师厚出任左卫将军、河南节度使，前往凉州，"既至，奏荐副押衙崔虎心、阳妃谷首领沈念般等，及中国留人子孙王廷翰、温从乐、刘少英为将吏。"[（明）邵经邦撰：《弘简录》，清康熙刻本] 据此，则后周似设有"副押衙"之职。然而，征诸史载，此条史料实为孤证，且《弘简录》系明朝人所撰，其所撰述是否符合于晚唐五代之史实，容有疑也。退而言之，即便邵氏所述与史实相符，那也只能用以说明后周的情况，能否适用于晚唐，亦大可疑也。

③ （唐）李林甫等撰，陈仲夫点校：《唐六典》卷一三《御史台》"侍御史"条，中华书局1992年版，第380页。

④ （唐）姚汝能撰：《安禄山事迹》卷上，清宣统三年叶氏刻本。

置"押两蕃渤海黑水四府经略使"之职①，此处安禄山所任"副押两蕃渤海黑水四府经略"，亦可称为"押两蕃渤海黑水四府经略副使"，即"押两番使"之副职。以此二例况诸此处冯义简"四州军副押（官?）"，可知，冯义简所任"四州军副押"，即相当于"四州军押官"之副职，或指其于"四州军押官"办理文案后副署意见，两解意皆可通。

（三）节度先锋兵马使

以"节度先锋兵马使"兼任他官者，共 32 例，所兼之职名甚多，大

---

① 按：唐代所置"押两蕃使"，所言"两蕃"何指，自古以来理解就存有歧义。如《旧唐书》卷一一《代宗纪》载：大历十年二月，"以平卢淄青节度观察海运押新罗渤海两蕃等使、检校工部尚书、青州刺史李正己检校尚书左仆射"。〔（后晋）刘昫撰：《旧唐易》，中华书局 1975年版，第 307 页〕同书卷一二《德宗纪上》载：兴元元年八月，"淄青节度使承前带陆海运、押新罗渤海两蕃等使，宜令李纳兼之"。（第 345 页）《旧纪》文字容易造成误解，以为"两蕃"即指新罗、渤海，如清人武亿在《授堂金石文字续跋》卷六解读青州《宴巩题名》时，似乎就是作此理解，现代学者的一些论著，也颇有作此解读者。然则，笔者认为将"两蕃"解为新罗、渤海，属于误读，因为在众多唐代文献记述中，"两蕃"往往与渤海并驾联骞，如《旧唐书》卷一四五《刘全谅传》："（天宝）十五载四月，授客奴柳城郡太守、摄御史大夫、平卢节度支度营田陆运、押两蕃渤海黑水四府、经略及平卢军使，仍赐名正臣。"（第 3939 页）此处"两蕃"既与"渤海"并提，则"渤海"必不属"两蕃"可知也。再如前揭《安禄山事迹》，其中多处载有安禄山职务，如"骠骑大将军、兼羽林大将军员外置同正员、兼御史大夫、范阳郡大都督府长史、柳城郡太守、持节、范阳节度·经略·度支·营田副大使知节度、兼平卢节度使、度支·营田·陆运·押两蕃渤海黑水四府经略处置及平卢河北转运并管内采访等使"，也是"两蕃"与"渤海"并提；他如《新唐书·安禄山传》《唐会要》《册府元龟》《文苑英华》等相关记载中，也都是"两蕃"与"渤海"并提。凡此均可证，"两蕃"必不包括"渤海"在内；同理，"新罗""黑水"亦必不属于"两蕃"。征诸史实，我认为"押两蕃渤海黑水（或新罗）……等使"中之"两蕃"，实指唐代活跃于东北边疆地区之契丹、奚两族。这方面的例证颇夥，兹枚举《旧唐书》所载数例以证，如卷一六《穆宗纪》载：长庆元年（821）三月"癸丑，以幽州卢龙军节度副大使、知节度事、押奚契丹两蕃经略等使、检校司空、同中书门下平章事、楚国公刘总可检校司徒、兼侍中、天平军节度、郓曹濮等州观察等使。"（第 487 页）又，卷七六《太宗诸子·吴王恪附孙祎传》载：开元十九年（731），"契丹衙官可突干杀其王邵固，率部落降于突厥。玄宗遣忠王为河北道行军元帅以讨奚及契丹两蕃，以祎为副。王既不行，祎率户部侍郎裴耀卿等诸副将分道统兵出于范阳之北，大破两蕃之众，擒其酋长，余党窜入山谷"。（第 2652 页）又，卷一九四上《突厥传上》载：开元八年（720）冬，"御史大夫王晙为朔方大总管，奏请西徵拔悉密，东发奚、契丹两蕃，期以明年秋初，引朔方兵数道俱入，掩突厥衙帐于稽落河上……九年秋，拔悉密果临突厥衙帐，而王晙兵及两蕃不至。拔悉密惧而引退……"（第 5174 页）是皆明确指奚、契丹为"两蕃"。其他如《新唐书》《资治通鉴》《文苑英华》《册府元龟》……述唐代史事言及"两蕃"者，意皆指奚、契丹二族。

致可以概括为"军将""使职""虞候"三类，每一类下又有多种名目，具体如下：

　　"军将"类——军将、镇将、副将、客将、（左、右）亲近将、后曹将、修造将、城壕将、知市将、元随副将。
　　"使职"类——镇遏使、义勇使。
　　"虞候"类——左、右厢兵马虞候、牢城都虞候。

　　这些以"将""使""虞候"为名的兼官，均为实职。"镇遏使"已如前说，罗元直所任"昌元县界游弈义勇使"，亦为有实际职掌之军事使职，其职在负责昌元县边界之巡逻督察，此即"游弈"之内涵也。

　　左、右厢兵马虞候，牢城都虞候，皆为负责军中纪律整顿之武职军将，"牢城都虞候"则有更加具体的分工，职在总统军城牢狱之军纪事务也。因为任职者已有"节度先锋兵马使"之阶官，故其所兼之虞候诸职，必为实职，可知矣。

　　"军将"类名目最夥，其所兼之"将"职，皆为实职，兹举例以言其具体职掌。如"修造将"，顾名思义，其职当在承担军府工程修造事务，又以其人数颇多，故其身份性质很可能相当于军府之吏职人员。再如"城壕将"，则可能职在负责城墙、沟壕开建挖掘之事务管理。再如"知市将"，身份有可能近乎负责市场管理之吏职。至于"军将""镇将""副将"则应当是军、镇驻军之军中小校之类的低级武官。

　　在上述以"节度先锋兵马使"兼任他官的人员中，杨义贞、崔孟余二人情况稍为特殊。杨、崔二人除拥有"节度先锋兵马使"这一藩镇幕职阶官外，还另外兼任"州补军事押衙"，即昌州军院幕职，其实职为"充通判官"，即通判节度使府、州府事务之职官也。因此，杨、崔二人实际上拥有节度使府、昌州军院之双重幕职，无论是东川节度使府系统的"节度先锋兵马使"，还是昌州军院系统的"军事押衙"，俱为表示身份之阶官。

（四）节度副兵马使

　　以"节度副兵马使"兼他官者，共6例，所兼之官有防城将、镇将、副将、都虞候、镇判官。

按："镇"乃是级别低于"军"的一种军事单位，而"节度副兵马使"的级别亦相应地低于"节度（先锋）兵马使"，所以这里我们看到，此6例以"节度副兵马使"为阶官者，所兼之实职，多为"镇"级官员，具体如：高孟球之兼官为"防城将兼来苏镇（将?）"，其所任"防城将"，所防之"城"，应当是"来苏镇"之城，至于后面的"兼来苏镇"，我认为应当是"兼来苏镇将"。王公进的兼官为"安溪镇副将"；罗从顺、韦义丰二人的兼官为"进云寨镇义军都虞候"，也是"镇"级都虞候；毋从政、赵乾逸二人所兼之官为"进云镇判官"，自然也是"镇"级属官。

这里所要重点关注者，为罗从顺、韦义丰二人的结衔，其阶官俱为"节度副兵马使"，但所兼"进云寨镇义军都虞候"，却是有实际职掌的实职。如前所言，"虞候"之职在晚唐五代时期已经阶官化，但由于此处任职已经有"节度副兵马使"之阶官，故其所兼"虞候"官，却成为一种实职了。

（五）节度散兵马使

以"节度散兵马使"兼任他官者，共16例，所兼之官分为"将""孔目官""专知官"三类。

1. "将"类——义军将、横冲将、左右厢衙队副将、左右（厢）亲近副将

就表1所提供的信息来看，"副将"居多，共8人；直名"将"者仅有3人（即龙归义军将何月寻，横冲将何德、韦君要），尽管他们所兼之武职军将为实职，但级别却很低，因为他们的阶官"节度散兵马使"，在"兵马使"类阶官中原本就处于最低层。此类结衔方式为：武职军将（阶官）＋武职军将（实职）。

2. "孔目官"类——厅头开拆书状孔目官、书状孔目官、厅头开拆孔目官

按：孔目官为唐代方镇使府之文职僚佐，胡三省《资治通鉴》音注中，至少三次言及此职，如："诸镇州皆有孔目官，以综理众事，吏职

也。言一孔一目，皆所综理也。"① 前揭严耕望氏征引胡注，认为"此虽有望文生义之嫌，但述其职盖亦近实"。严氏进而推断孔目官之性质，认为该职为"录事参军之属吏"，与判官之性质为近，但绝非判官之异称，属于藩镇使府中级别较低之吏职人员。② 以此处而言，"厅头开拆书状孔目官"，意指在办事大厅为主官开拆文书表状之吏职人员；"书状孔目官"，含义则宽泛一些，可能包括书状之开拆、递送等杂务，且办事地点不一定局限于"厅头"；至于"厅头开拆"，不加"文书"二字，则可能意味所开拆之物不限于文书表状也。

我们知道，无论"节度散兵马使"，还是"孔目官"，俱为藩镇幕府之僚佐，所不同者一武一文，此处以武职军将名号作为阶官，而以文职作为实际职掌，亦从一个方面说明，晚唐五代重武轻文之社会风气，盖因其以文职僚佐在官府当差，而同时加一武职军号以为阶官也。此类结衔方式为：武职军将（阶官）＋文职僚佐（实职）。

3. "专知官"类——军事押衙专知回易务

"专知官"类仅郭宗一例，其完整职务当为"（东川）节度散兵马使，（兼昌州）军事押衙，专知回易务"，故知其为东川节度与昌州军院之双重幕职，前两职务为阶官，"专知回易务"为其实际职掌。

"回易务"之具体职掌，又是什么呢？从字面意义解，"回易"者，回收、交换之谓也；"知回易务"者，负责回收、交换之事务也。"回易"在隋唐时代，与商业经营有关，如隋文帝开皇年间："先是京官及诸州，并给公廨钱，回易生利，以给公用。（开皇）十四年六月，工部尚书苏孝慈等以为，所在官司，因循往昔，皆以公廨钱物出举兴生，惟利是求，烦扰百姓，奏皆给地以营农，回易取利皆禁止。十七年十一月，诏外内诸司公廨在市回易及诸处兴生并听之，唯禁出举收利。"③ 又，唐太宗贞观十

---

① （宋）司马光撰，（元）胡三省注：《资治通鉴》卷二二五唐代宗大历十三年（778）十二月"郭子仪以朔方节度副使张昙性刚率，谓其以武人轻己，衔之；孔目官吴曜为子仪所任，因而构之"条胡注，中华书局1956年版，第7254页。又，卷二二八唐德宗建中四年（783）十月"左骁卫将军刘海宾、泾原都虞候何明礼、孔目官岐灵岳，皆（段）秀实素所厚也"条胡注云："唐藩镇吏职，使院有孔目官，军府事无细大皆经其手，言一孔一目，无不综理也。"（第7357页）又，卷二三二唐德宗贞元二年（786）十一月"（韩）滉问孔目吏"条胡注云："孔目吏，今州部皆有之，谓之孔目官，亦谓之都吏，言一孔一目无不总也。"（第7475页）

② 前揭氏著《唐代方镇使府僚佐考》，《严耕望史学论文集》（上），第425—427页。

③ 前揭《通典》卷五《食货五》，"赋税（中）"条，第97页。

五年，"以府库尚虚，敕在京诸司依旧置公廨，给钱充本，置令史、府史、胥士等，令迴易纳利，以充官人俸"①。据此可知，隋唐两朝均曾给各级官府提供公廨钱作为经营本金，通过经商、放贷等方式谋取利益，以解决官员俸禄不足的问题。以唐代而言，各级官府负责"回易"事务者，皆为本府令史、胥士等吏职人员。另外，《唐律疏议》相关法律条文的解释，于"回易"一词也包含有商贸活动的意义，据卷四"诸以赃入罪，正赃见在者，还官、主"条疏【议】曰："在律，'正赃'唯有六色：强盗、窃盗、枉法、不枉法、受所监临及坐赃。自外诸条，皆约此六赃为罪。但以此赃而入罪者，正赃见在未费用者，官物还官，私物还主。转易得他物者，谓本赃是驴，回易得马之类。及生产蕃息者，谓婢产子、马生驹之类。"② 由此可证，"回易"意指以赢利为目的的商业性经营活动，其中包括贸易交换、经营高利贷等方式。

根据以上分析可知，郭宗以东川节度使府、昌州军府双重幕职的身份"专知回易务"，其"节度散兵马使""（昌州）军事押衙"二职均为标示身份之阶官化幕职，"专知回易务"为其实际职掌，指其职在负责两府商贸、放贷等商业活动。③ 郭宗同时拥有东川节度使府、昌州军院之双重阶官，表示他身属两个系统，同时接受两府之领导，负责的事务也兼跨藩镇、州府两个系统。

（六）节度衙前虞候

以"节度衙前虞候"兼他官者，共 4 例，其中兼"军将"者 2 人，

---

① 前揭《通典》卷三五《职官十七》，"禄秩"条，第 963 页。

② （唐）长孙无忌等撰，刘俊文点校：《唐律疏议》卷四，中华书局 1983 年版，第 88—89 页。

③ 按："回易务"在隋唐五代时期，尚未成为专职机构，宋、金时期，则已然成为一政府职能机构矣，如《金史》卷一一《章宗纪三》：承安三年（1198）十月"丁亥，定官民存留见钱之数，设回易务，更立行用钞法"。（第 248 页）又，同书卷四八《食货志三》载，承安三年九月"以民间钞滞，尽以一贯以下交钞易钱用之，遂复减元限之数，更定官民存留钱法，三分为率，亲王、公主、品官许留一分，余皆半之，其赢余之数期五十日内尽易诸物，违者以违制论，以钱赏告者。于两行部各置回易务，以绵绢物段易银钞，亦许本务纳银钞……"（第 1076 页）又同书卷一一○《赵秉文传》载："（泰和）四年，拜翰林侍讲学士，言：'宝券滞塞，盖朝廷初议更张，市肆已妄传其不用，因之抑遏，渐至废绝。臣愚以为宜立回易务，令近上职官通市道者掌之，给以银钞、粟、麦、缣、帛之类，权其低昂而出纳。'诏有司议行之。"《金史》，中华书局 1975 年版，第 2427 页）

兼"两厢都衙官"者 2 人，其所兼之官俱为实职。

（七）节度十将

以"节度十将"兼他官者，共 20 例，其中兼"将"类 8 人，兼"城局官"类 12 人。

1. 兼任"将"类，又分为"某某义军将""某某义军镇遏将"

我们注意到，前者"节度押衙"所兼之武官，多为"镇遏使"，而此处"节度十将"所兼之武官，多为"镇遏将"，似乎呈现出某种对应关系，因为"押衙"的级别高于"十将"，"镇遏使"的级别也高于"镇遏将"，所以这种两相对应的关系，不应该是一种偶然，而是有规律可循。笔者的理解是，某人的阶官高，则其所兼之实职，级别也相对较高。

此处令人较为费解者，为"义军将"和"义军镇遏将"之名目，前者有没有可能是后者之简称？综合考量碑文所载之任职者具衔，愚意这种可能性不大，因为每个人的结衔都标示得十分清楚，如果"义军将"和"义军镇遏将"二者相同，则整个碑文的书写方式就会显得前后矛盾、舛差错讹，毫无逻辑性可言。因此，这就只能解释为，碑文所载诸人职务，都是较为严格地按照其实际具衔书写。

2. 兼任"城局官"者，人数较多，共 12 人

按："城局"之为职，其源甚早。据诸《宋书·百官志》载，至迟从东汉时起，太尉府即置十二曹（西、东、户、奏、辞、法、尉、贼、决、兵、金、仓）分曹理事，曹各置掾、属一人，共计二十四人，其中"贼曹"之职掌为"主盗贼事"。曹魏初年，公府僚佐诸史无载，但是从司马氏专政以后，分曹治事的制度便日趋完备，司马师执政时，于大将军府置掾十人，九曹治事（西、东、户、仓、贼、金、水、兵、骑兵），曹各一掾，属则无置。至司马昭执政，其相国府僚属机构空前扩大，不但于府中置诸将军、左右长史、司马、从事中郎、主簿、舍人、参军、参战诸职，且进一步完善了分曹治事的制度，将司马师时的九曹增至十七曹（东、西、户、贼、金、兵、骑兵、车、铠、水、集、法、奏、仓、戎、马、媒），合计掾、属三十三员，这十七曹中，或掾、属单置，或掾、属并置，其中掾、属人员最多者为户、贼、骑兵三曹，曹各三员，户、贼二曹各置掾一人、属二人；骑兵曹则掾二人、属一人。两晋南北朝时期，凡位从公以上，包括亲王、郡王、国公、都督、刺史，均可开府置曹，或十二

曹、十三曹、十八曹，其中"贼"曹皆为常设。大概自东晋起，"贼曹"曾一分为三，为"长流贼曹""刑狱贼曹""城局贼曹"，其曹长亦从原来之"掾""属"，改称参军事，于是遂有"城局参军"之职名焉。

然则，"城局参军"虽常见于魏晋南北朝诸史乘，其具体职掌，相关史籍却未有其载。以历史延续言之，其在汉魏之际"主盗贼事"之职能，或仍得以保留，然于魏晋南北朝诸史无征也。是以，关于"城局"之职掌，遂只能就史籍所载信息加以考索，或求诸后人之有关剖析。明人严衍曾撰《资治通鉴补》，其中记述海陵王萧昭文延兴元年（494）九月，萧鸾起兵，以军主裴叔业率兵回袭溢城事，于"城局参军乐贲开门纳之"条下注云："诸州刺史各有城局参军，掌修浚备御。"① 然而，严氏毕竟为明代人，其释"城局"之意，有无望文生义、自我作古之嫌邪？按，《梁书·夏侯详传》载有"荆府城局参军吉士瞻役万人浚仗库防火池，得金革带钩"② 事，吉士瞻以"荆府城局参军"的身份，役使人丁疏浚兵器库之防火池，正可佐证上述严氏对"城局参军"职掌之判断，并非臆断，至少表明"掌修浚备御"应当为"城局参军"的一个重要职责。前揭《通典》所载唐代军制中，每军置有"司兵、司仓、司骑、司胄、城局各一人"，其中"城局"之职能，亦当包括"修浚备御"一项，当可无疑。

此处碑文所载之东川节度使府"城局官"，大概即指此"城局参军"之属。然鉴于其人数颇多，故约略可以推测其实际地位，当已沦为胥吏，或即节度使府中从事城防疏浚备御等事务之劳役人员。果尔，则益加证明"节度十将"作为幕职，其阶官化程度之深也。

（八）四厢散副将

以"四厢散副将"兼任他官者，共 16 例，所兼之职全部是"虞候"。

所谓"四厢"者，左、右、前、后厢之谓，"厢"或可直接简省。"散""副"本已散冗、无职掌，更无论其"散副"兼备，以之为标示身份之阶官，宜矣。唯此处 16 人所兼全为"虞候"之职，颇耐寻味。盖如

---

① （明）严衍撰：《资治通鉴补》卷一三九《齐纪五·海陵王》，清光绪二年盛氏思补楼活字印本。

② （唐）妇反思廉撰《梁书》卷一〇《夏侯详传》，中华书局 1973 年版，第 193 页。

前揭严耕望氏所言，"虞候"之职，本为方镇使府中职在整军纪、刺奸滑之重要僚佐，而在此碑文中，却成为"四厢散副将"之兼任职务，且多至16人之众，其不必为军中实职，约略可知，是以我们可以断言，此16位"四厢散副将"兼虞候，其所兼之"虞候"，亦当为虚化之阶官。

（九）节度先锋将

以"节度先锋将"兼任他官者，共4例，其中兼"义军将"1人、兼"镇副兵马使"1人、兼"主兵十将"2人。四人所兼之武职，皆为实职，为军镇领兵之低级武官，即所谓"军中小校"也。

（十）节度讨击使

以"节度讨击使"兼任他官者，共1例，即兼"历山义军镇遏使"杨思及，其结衔方式为典型的"阶官（武职军将）＋军事使职"，"节度讨击使"为阶官，"历山义军镇遏使"为实职。

（十一）节度衙前总管

以"节度衙前总管"兼任他官者，共6例。其中兼"军将""镇将"者各1人，兼"驱使官"4人。

据诸前揭《通典》所载唐代军制构成，在每"军"之军事人员构成中，有"总管"四人，"二主左右虞候，二主左右押衙，傔各五人"，但这个军事编制所反映的主要是"安史之乱"以前的情况，而且只是一种制度性的规定。"安史之乱"以后，唐代各项制度发生了颠覆性变化，以"总管"一职而言，尽管名称依旧，但实际内涵却有着根本性的不同。晚唐五代时期，各种名目的"总管"，已经在事实上变成为阶官化的藩镇幕职，此处碑文所载之"节度衙前总管"，即为节度使府衙前之一种阶官化武职军将名称。任职者之实际职务，由其所兼之职决定。因此，前二人所任之"义军将""镇将"，为军、镇之低级武官。

另外4人兼任"驱使官"，则为供节度使府或军前驱使之吏职人员。前揭严耕望氏在所著文中，将"驱使官"列入方镇使府"文职僚佐"，并指出："《通典》、《新志》，节度使院皆无此职。"① 然则，包括三省六部

---

① 前揭氏著《唐代方镇使府僚佐考》，《严耕望史学论文集》（上），第428—429页。

在内的唐代中央衙署、地方各级官府、节度使府及中央禁军，实际上多有置"驱使官"者，以《新唐书·百官志》而言，其记述左右神策军之编制构成，其中亦有"驱使官"之俦，略云：

> 左右神策军　大将军各一人，正二品；统军各二人，正三品；将军各四人，从三品。掌卫兵及内外八镇兵。
>
> 护军中尉各一人，中护军各一人，判官各三人，都句判官二人，句覆官各一人，表奏官各一人，支计官各一人，孔目官各二人，驱使官各二人。
>
> 自长史以下，员数如龙武军。①

是左右神策军中僚属中，置有"驱使官"二员。又如《旧唐书·齐抗传》载：

> （代郑余庆为中书侍郎、同中书门下平章事……），寻奏省诸州府别驾、田曹、司田官及判司之双曹者，复省中书省驱使官及诸胥吏。②

是中书省有"驱使官"可知矣。

关于"驱使官"之具体职掌，包括《通典》《唐六典》等典制在内的文献，前无明确记述，但我们可以结合相关史实，加以考镜条梳。

"驱使"，顾名思义，供主官驱动役使之谓，"驱使官"所从事之活动，当具有官府公务，以及长官私人事务双重性质，因此，可能与"傔人"的职能近似。前揭《旧唐书·齐抗传》，"驱使官"与"诸胥吏"并提，故知驱使官与"胥吏"不同。又，《新唐书·食货志》载："元和九年，户部除陌钱每缗增垫五钱，四时给诸司诸使之餐，置驱使官督之，御史一人核其侵渔，起明年正月，收息五之一，号'元和十年新收置公廨本钱'。"③按，据诸文义可知，"户部除陌钱"，实相当于提供给诸司诸

---

① （宋）欧阳修、宋祁撰：《新唐书》卷四九上《百官志四上》，中华书局 1975 年版，第 1291 页。

② 《旧唐书》卷一三六《齐抗传》，第 3757 页。

③ 《新唐书》卷五五《食货志五》，第 1402 页。

使之"误餐费",由户部按每缗垫付五钱支出,此"误餐费"之具体督办人,即由"驱使官"负责,同时以御史一人负责审核,以防止"驱使官"从中侵渔。此处之"驱使官",性质虽近乎使职差遣,但所办差事却相当于吏职人员。又,唐宣宗大中五年(851)十月,中书门下两省曾上奏章,其中涉及"驱使官"的选拔、职掌、性质等问题,据《唐会要》略云:

> 大中五年十月,中书门下两省奏:"应赴兵部武选门官、驱使官等,今年新格,令守选二年。得驱使官卢华等状,称各在省驱使,实缘长官辛苦,事力不济,所以假此武官。若废旧格,贫寒不逮,即须渐请停解,公事交见废阙。"敕旨:"两省、御史台人吏,前旧例不选,数许赴集,宜令依旧例放选。"①

从中可知,门官、驱使官等本是应各部门事务繁多,由兵部负责铨选之临时工作人员,亦即唐代所谓"流外铨"之武职人员(所谓"流外",即相当于今之所谓没有编制之临时工也)。由于各省部司均有此类大量临时工作人员,国家还曾出台有关选拔任用的条格(格者,唐代律令格式之"格"),对此进行规范指导。我们知道,唐人入仕的一个重要门径就是"流外入流",即入"流外铨"之人员,在经过一定考核程序后,可以转入国家正式品官序列。本来,按照原来的选拔条格("旧格"),门官、驱使官"入流"相对较为容易,而唐宣宗大中五年前后,国家出台的新条格,规定入选为"门官"或"驱使官"之流外人员,必须要经过"守选二年"之后,方才能够获得"流外入流"的资格,这样就延缓了"门官""驱使官"等流外人员"入流"的时间,也在实际上抬高了门官、驱使官等流外官入仕的门槛。如此一来,许多人便不再愿意参加此"兵部武选"了,而这样最终却造成"公事交见废阙"的局面,因为大量"贫寒不逮"即贫寒人士不愿入选当差,中央诸省部司庶务便不能不陷入无人经办之虞,"长官辛苦,事力不济"的问题便因此凸显。据此,我们便可进一步认识"驱使官"之性质。从唐代选官制度的角度而言,驱使官

---

① (宋)王溥撰:《唐会要》卷五九《尚书省诸司下》"兵部侍郎"条,上海古籍出版社2007年版,第1212页。又,此道奏章亦载《全唐文》卷九六八,题为《请依旧例放选奏(大中五年十月)》,作者署为"阙名"。

属于由兵部负责铨选的"武选"，本质上可以定为具有"流外入流"资格之流外官；由承担的事务而言，属于在中央诸省部司执各种杂役之吏职人员，实为政府临时雇佣之吏职人员。①

"驱使官"不仅广泛存在于中央省部诸司，地方各级官府亦普遍设置，盖官府事务众多，需要多种吏员以供"驱使"。唐代中叶以后，地方行政运转实存在州府、方镇两个系统，在这两个系统中，均置有大量承担具体事务之"驱使官"。以此处而论，以东川"节度衙前总管"兼任驱使官者，属于东川节度使府（藩镇）系统之驱使官，其性质相当于东川节度使府之办事理各种差役之吏职人员。

（十二）节度总管

以"节度总管"兼任他官者，共 1 例，即"节度总管、□□□□各义军镇遏将"韦君球。未知"节度衙前总管"与"节度总管"有何区别，若二者相同，则韦君球不应单独列出。其"节度总管"为阶官，"□□□□各义军镇遏将"为实职。

据前揭杜佑《通典》所载唐代军制，每军设"总管四人"，其中"二主左右虞候，二主左右押衙，傔各五人"。晚唐五代时期藩镇僚佐中之武职军将"总管"，当即从此"军"中总管发展而来，并在其前加上前缀"节度"或"节度衙前"，从而变成表示身份之阶官，用作阶官之"节度总管"或"节度衙前总管"，在性质与列入唐代正式职官序列之"总管"，有着根本性的区别。按，据《唐六典》"兵部郎中"条载：

> 凡镇皆有使一人，副使一人，万人已上置司马、仓曹·兵曹参军各一人；五千人已上，减司马。凡诸军、镇每五百人置押官一人，一千人置子总管一人，五千人置总管一人。凡诸军、镇使·副使已上皆四年一替，总管已上六年一替，押官随兵交替。（自注：副使、总管

① 按，关于唐代"驱使官"的问题，笔者撰有：❶《"安史之乱"以后唐代驱使官之分类及时代分布》（《陕西历史博物馆馆刊》第 23 辑，第 9—18 页，三秦出版社 2016 年版）❷《唐代驱使官渊源考论——兼论魏晋南北朝"干"的起源与性质》（《扬州大学学报》2017 年第 2 期，第 112—118 页）❸《论唐代驱使官性质、职掌及待遇》（《唐史论丛》第 24 辑，第 72—88 页，陕西师范大学出版社 2017 年版）。上述三文对唐代"驱使官"的渊源、性质、职掌、待遇、分类等问题，有较为详细的考论，敬请参看。

取折冲已上官充，子将已上取果毅已上充。）

凡诸军、镇大使·副使已下皆有傔人、别奏以为之使：大使三品已上，傔二十五人，别奏十人；（自注：四品、五品傔递减五人，别奏递减二人。）副使三品已上，傔二十人，别奏八人；（自注：四品、五品傔递减四人，别奏递减二人。）总管三品已上，傔十八人，别奏六人；（自注：四品、五品傔递减三人，别奏递减二人。）子总管四品已上，傔十一人，别奏三人。（自注：五品、六品傔递减二人，别奏递减一人。）若讨击、防御、游奕使·副使，傔准品各减三人，别奏各减二人；总管及子总管，傔准品各减二人，别奏各减一人。若镇守已下无副使，或隶属大军、镇者，使已下傔、奏并四分减一。所补傔、奏皆令自召以充。（自注：若府·镇·戍正员官及飞骑、三卫卫士、边州白丁，皆不在取限）①

上引《唐六典》所载之"总管""子总管"，皆为国家职官序列中有正式编制之武将，且均有相应的品级及可其供驱使之勤务人员"傔""别奏"若干。很显然，这些有品级之军、镇"总管"或"子总管"，和此处碑文所载之"节度总管""节度衙前总管"，在性质上完全不同，后者系毫无实际权限、仅用作表示身份之阶官。然而，它们彼此之间却有一定联系，后者系由前者衍变而来，则不为无根之谈。

【附记】：按，韦君靖碑系四川大足县北山摩崖刻石，清代金石学家刘喜海所撰《金石苑》卷二收录，题为《唐韦君靖碑》，上海古籍出版社《续修四库全书》第894册收录《金石苑》，即据此清道光刻本缩印，碑文内容列于第665—667页。陆耀遹所撰《金石续编》卷十二亦全文著录，作《韦君靖建永昌寨》，光绪癸巳（十九年）上海醉六堂石印本。

前揭今人所编《大足石刻铭文录》，对韦君靖碑文湮灭部分加以校。据编著者说明，补后共得2755字，尚缺100字。（第37—43页，重庆大足石刻艺术博物馆、重庆市社会科学院石刻艺术研究所编：《大足石刻铭文录》，重庆出版社1999年版）《大足石刻铭文录》整

---

① 《唐六典》卷五《尚书兵部》"兵部郎中"条，第158—159页。

理者认为，所整理之碑文为目前最详备者。然参诸刘喜海道光刻本或陆耀遹光绪石印本，发现所补录的文字中，绝大部分实际已经著录于刘、陆刻本（印本）。兹仅以刘喜海道光刻本与之对勘。如"节度十将充（□□□）镇遏将检校国子祭酒兼御（史大夫上柱国罗）行舒"，所补"（史大夫上柱国罗）"七字，在刘喜海道光刻本中均有著录；再如"节度十将充□□义军镇遏将检（校太子）宾客（兼侍御）史上柱国袁义遵"，所补"（校太子）""（兼侍御）"等六字，刘喜海刻本中也都有著录；再如"节度押衙充左后院随身衙队使银青光禄大夫检校左散骑常侍（兼御史大夫上柱韦和）铢"，其中所补"（兼御史大夫上柱韦和）"九字，刘喜海刻本中除"和"字以"○"代替外，其他八字均清晰地著录。

类似情况还有很多，这表明《大足石刻铭文录》的编著者在校补韦君靖碑文时，要么没有参考陆、刘刻本，要么就是实际参考了却故意避而不言。如果是前一种情况，则明显有违校勘的学理，盖因陆、刘二人所见碑文及拓本，以时间早于今人所见，故碑石漫漶程度一定相对较轻，保留于刻石之文字，亦必远胜于今也。如果是后一种情况，则可能属于学风范畴的问题了。

【又附记】：本文初稿完成于 2014 年底，其后便置诸箧笥。近日，偶读台湾大学文学院历史学系徐钺先生的硕士学位论文《唐代后期剑南地区军镇之研究》（指导教授：甘怀真博士，通过时间为 2016 年 7 月 20 日），据其摘要并览其正文，知该文主旨在于利用韦君靖碑（该文称之曰"韦君靖刻石"）所提供之信息，对唐代后期剑南地区政治、社会层面的发展进行讨论。由此益发证明韦君靖碑确实具有十分重要的研究价值。又，该文在第一章《绪论》中指出，由于整份史料直接刻在石壁上，不符合所谓碑刻的形制，故论文将其称为"韦君靖刻石"。按，徐文称之"韦君靖刻石"，确实更符合实际。然而，拙文当初撰写时即沿用清人金石著作中的习称而书为"韦君靖碑"，若据徐文改称"韦君靖刻石"，则工作量较为繁重。故今仍其旧，仍作"韦君靖碑"焉。

（初稿于 2014 年 12 月；修订于 2015 年 12 月；定稿于 2016 年 12 月 22 日）

试论唐与突厥"和亲"研究存在的问题及其原因[*]

刘兴成[**]

（云南大学　贵州财经大学）

一　唐与突厥"和亲"研究概况

唐朝是我国古代推行"和亲"政策的典型朝代，它与很多周边民族或政权，如吐谷浑、吐蕃等，都曾建立过"和亲"关系。既然如此，唐与突厥是否有过"和亲"？如果有，其具体情况又如何？对此，早已有不少学者做过深入探讨。

1929 年王桐龄在其《汉唐之和亲政策》[①]一文中认为唐与突厥曾实现过"和亲"关系，并列举了金山公主嫁默啜可汗，南和县主嫁杨我支等事例。随后邝平樟从"和亲"公主的角度对唐代"和亲"做了比较全面的考察，其中关于唐与突厥"和亲"，作者虽然只列举了南和县主"和亲"一例，却推论说唐与突厥"和亲"不止一次，除南和县主外，还有很多其他"和亲公主"存在，只不过她们的"和亲"事迹与名姓未能流传下来而已。另外，作者还将唐高祖给突厥始毕可汗送"女妓"看作是

* 本文系贵州省教育厅高校人文社会科学研究项目"唐与突厥'和亲'问题再研究"（2015GH10）的阶段性研究成果。

** 刘兴成，男，湖南桃源县人，历史学博士，现为贵州财经大学经济学院副教授，同时还在云南大学从事博士后研究，主要研究方向为中国古代民族史、经济史。

① 王桐龄：《汉唐之和亲政策》，《史学年报》第 1 卷第 1 期，1929 年。

"和亲政策之变相"。① 1970 年，林恩显在其《隋唐两代对突厥的和亲政策研究》② 一文中列举了唐公主、③ 南阳长公主、南和县主、金山公主、交河公主等五位"公主""和亲"突厥之事。1981 年，任崇岳、罗贤佑撰文将唐太宗给阿史那社尔赐婚、唐玄宗给西突厥苏禄可汗赐婚等事件，视为"和亲"成功的事例。④

1983 年，崔明德认为唐与突厥"和亲"两次，即南和县主嫁杨我支和金河公主嫁苏禄。⑤ 1987 年，张正明认为唐与突厥"和亲"5 次，即唐太宗给阿史那忠、阿史那社尔的赐婚，唐中宗给突骑施赐宫女，唐玄宗嫁南和县主、交河公主。⑥ 1992 年，崔明德修正了先前的观点，认为唐与突厥"和亲"8 次，即：1. 唐高祖送"女妓"给始毕可汗；2. 衡阳公主嫁阿史那社尔；3. 淮南公主与突利可汗；4. 定襄县主嫁阿史那忠；5. 九江公主嫁执失思力；6. 金山公主"和亲"；7. 南和县主嫁杨我支；8. 交河公主嫁突骑施苏禄可汗。⑦ 1993 年，王寿南在《唐代的和亲政策》⑧ 中认为突厥虽多次向唐请婚，但二者却始终未实现"和亲"。同年，林幹也说：唐与东突厥之间"没有什么'和亲'可言。"⑨

2000 年，龚荫认为唐与突厥"和亲"6 次，即：李渊结交突厥始毕可汗；郑公主与突厥可汗；定襄县主嫁阿史那忠；衡阳长公主与突厥阿史那社尔；金山公主和南和县主；交河公主和突骑施可汗苏禄。⑩ 2000 年，

① 邝平樟：《唐代和亲公主考》，《史学年报》第 2 卷第 2 期，1935 年。

② 林恩显《隋唐两代对突厥的和亲政策研究》一文于 1970 年发表于台湾《中华文化复兴月刊》第 3 期，笔者尚未找到其原文，但是作者的论文集《中国古代和亲研究》已于 2012 年由黑龙江教育出版社出版，其中第七章即以"隋唐两代对突厥的和亲政策"为题。因该书为文集，故可断定，这一章的内容当与《隋唐两代对突厥的和亲政策研究》一文相同。也因此，本文所有与《隋唐两代对突厥的和亲政策研究》一文有关的信息，均来源于《中国古代和亲研究》第七章。

③ 《新唐书》卷二一五《突厥传》记载："右贤王阿史那泥孰，苏尼失子也。始归国，妻以宗女，赐名忠。"而《新唐书》卷一一〇《阿史那忠传》记载所嫁公主为定襄县主。

④ 任崇岳、罗贤佑：《试论唐代的和亲政策》，《中央民族学院学报》1981 年第 1 期。

⑤ 崔明德：《对唐朝和亲的一些考察》，《历史教学》1983 年第 12 期。

⑥ 张正明：《和亲通论》，《民族史论丛》第一辑，中华书局 1987 年版。

⑦ 崔明德：《唐与突厥和亲述论》，《中央民族大学学报》1992 年第 3 期。

⑧ 王寿南：《唐朝的和亲政策》，《唐代研究论集》（第四辑）台湾新文丰出版公司 1991 年版。

⑨ 林幹：《中国古代北方民族史新论》，内蒙古人民出版社 1993 年版，第 90 页。

⑩ 龚荫：《唐代和亲政策述论》，《思想战线》2000 年第 1 期。

周佳荣梳理了突厥 10 次请婚具体情况，他认为这些请婚都未能最后实现。① 2005 年，王晓晖在其《唐与少数民族和亲刍议》② 一文中认为唐与突厥"和亲"2 次，即衡阳公主嫁阿史那社尔与定襄县主嫁阿史那忠。2006 年，王双怀、周佳荣在《论唐代的和亲公主》③ 一文所持观点与周佳荣《唐代"和亲"考略》基本相同。2006 年，古晓凤在其《论唐王朝与突厥的和亲》④ 一文认为唐与突厥虽然多次商议"和亲"，但二者始终未能实现"和亲"。2009 年，王清泉在其《突厥政权和亲策略的演变》⑤ 一文中认为东突厥、西突厥与后突厥都曾与唐实现过"和亲"，其中东突厥 5 次，即 622 年唐遣使与东突厥"和亲"，衡阳公主嫁阿史那社尔，淮南公主嫁突利可汗，定襄县主嫁阿史那忠，九江公主嫁执失思力；西突厥和后突厥各一次，即交河公主嫁苏禄可汗与南和县主嫁突厥王子杨我支。

　　学界还有不少其他研究者也都对唐与突厥"和亲"有所研究，但限于篇幅，不再一一列举。总的来看，唐与突厥"和亲"研究，开始比较早，持续时间长，取得了丰硕的研究成果，是构成我国古代"和亲"史研究的重要组成部分。

二　唐与突厥"和亲"研究中存在的主要问题

　　如上所言，唐与突厥"和亲"研究取得了丰硕研究成果，但总的来看，这些研究还存在诸多问题，且有些问题还相当严重。

（一）现有研究未能囊括唐与突厥所有"和亲"史实
　　从研究对象看，研究者对唐与突厥"和亲"研究，实际上都集中于对唐与突厥是否实现政治联姻，以及具体实现过哪些政治联姻等问题的考察，故所谓唐与突厥"和亲"研究，实即唐与突厥政治联姻研究。

---

① 周佳荣：《唐代"和亲"考略》，《陕西师范大学学报》（哲学社会科学版）2000 年第 1 期。
② 王晓晖：《唐与少数民族和亲刍议》，《河西学院学报》2005 年第 4 期。
③ 王双怀、周佳荣：《论唐代的和亲公主》，《唐史论丛》第八辑，三秦出版社 2006 年版。
④ 古晓凤：《论唐王朝与突厥的和亲》，《陕西师范大学学报》（哲学社会科学版）2006 年7 月，第 35 卷专辑。
⑤ 王清泉：《突厥政权和亲策略的演变》，《楚雄师范学院学报》2009 年第 7 期。

然而，唐与突厥政治联姻研究并未囊括唐与突厥间所有"和亲"史实。文献记载虽将唐与突厥政治联姻及相关事件称为"和亲"，但同时也将一些没有婚姻内容，不具政治联姻性质的事件称为"和亲"。《资治通鉴》记载：武德七年八月，"颉利、突利二可汗举国入寇，连营南上，秦王世民引兵拒之……世民乃帅骑驰诣虏阵，告之曰：'国家与可汗和亲，何为负约，深入我地！……'颉利不之测，笑而不应……（颉利）遣突利与其夹毕特勒阿史那思摩来见世民，请和亲，世民许之"①。李世民说"国家与可汗和亲"，并质问可汗"何为负约"，可见，战前双方已"和亲"；可汗临阵派人"请和亲"，"世民许之"，说明战后双方又恢复"和亲"。《旧唐书·李靖传》记载：武德九年，"颉利可汗入泾阳，（李）靖率兵倍道趋豳州，邀贼归路，既而与虏和亲而罢"②。

文献中此类"和亲"甚多，仅李渊太原起兵至唐太宗消灭东突厥期间就有六七次。而这些"和亲"均无婚姻内容，与政治联姻无关。在研究中，研究者一般都只讨论前者，而对后者避而不谈。可见，唐与突厥"和亲"研究，并未囊括唐与突厥所有"和亲"史实，这一研究本身并不完整，还不是真正的唐与突厥"和亲史"研究。这是目前唐与突厥"和亲"研究存在的最严重的问题之一。

（二）不同研究者对唐与突厥"和亲"诸多问题的认识存在分歧

上文论述了唐与突厥"和亲"研究尚未包含所有"和亲"史实的问题。除此之外，这一研究还存在很多其他问题，其中最严重者即不同研究者对唐与突厥"和亲"诸多问题的认识存在分歧。

1. 唐与突厥有无"和亲"之争

目前学界，关于唐与突厥是否实现"和亲"，存在两种截然不同的观点：一种观点认为，唐与突厥实现过"和亲"。崔明德在《唐与突厥和亲述论》③中认为唐与突厥实现过 8 次"和亲"；龚荫在《唐代和亲政策述论》④中认为唐与突厥"和亲"6 次。此外，王桐龄、邝平樟、林恩显、

---

① 《资治通鉴》卷一九一，中华书局 1956 年版，第 5992—5993 页。
② 《旧唐书》卷六七《李靖传》，中华书局 1975 年版，第 2478 页。
③ 崔明德：《唐与突厥和亲述论》，《中央民族大学学报》1992 年第 3 期。
④ 龚荫：《唐代和亲政策述论》，《思想战线》2000 年第 1 期。

张正明、任崇岳、罗贤佑、王晓晖、王清泉等人，都持这一观点，并都或多或少的列举了一些成功"和亲"事例，这在上文已有论述。

另一种观点则认为，唐与突厥虽曾多次讨论"和亲"，却始终未能实现"和亲"。王寿南说："唐朝政府对外藩之请求和亲并非有请必允，其中尤为特殊者，乃是突厥之向唐求和亲次数甚多……然而唐朝竟无一公主下嫁突厥……唐朝与突厥始终未曾和亲。"① 古晓凤说："唐王朝与突厥之间多次商议和亲，但有唐一代，二者之间始终未能实现和亲之举。"② 另外，在学界，林幹、王双怀、周佳荣等人也都持这一看法。相关内容，上文已有介绍，不再赘述。

显然，学界关于唐与突厥是否实现"和亲"的问题，尚未形成统一认识，还存在有无"和亲"之争。

2. 唐与突厥"和亲"多少之争

在当前唐与突厥"和亲"研究中，不仅存在有无"和亲"之争，而且在主张唐与突厥实现过"和亲"的学者中，还存在"和亲"多少之争。这些研究者在对具体"和亲"史实及"和亲"次数的认定方面，存在较大分歧。具体情况见表1：

表1　　　　　　　　不同研究者对唐与突厥"和亲"次数统计表

学者	次数	具体"和亲"事例
王桐龄	2	（1）金山公主嫁突厥默啜可汗；（2）南和县主嫁突厥杨我支
邝平樟	1	（1）南和县主嫁杨我支
林恩显	5	（1）唐公主（即定襄县主）；（2）南阳长公主（即衡阳长公主）；（3）南和县主；（4）金山公主；（5）交河公主
崔明德	8	（1）唐高祖送"女妓"给始毕可汗；（2）衡阳公主嫁阿史那社尔；（3）淮南公主与突利可汗；（4）定襄县主嫁阿史那忠；（5）九江公主嫁执失思力；（6）金山公主"和亲"；（7）南和县主嫁杨我支；（8）交河公主嫁苏禄可汗

---

① 王寿南：《唐朝的和亲政策》，《唐代研究论集》（第四辑），台湾新文丰出版公司1991年版，第147页。
② 古晓凤：《论唐王朝与突厥的和亲》，《陕西师范大学学报》（哲学社会科学版）2006年7月，第35卷专辑，第367页。

续表

学者	次数	具体"和亲"事例
任崇岳、罗贤佑	2	（1）唐太宗给突厥降将阿史那社尔赐婚；（2）唐玄宗给西突厥余部苏禄可汗赐婚
张正明	5	（1）南和县主嫁杨我支；（2）太宗以公主嫁阿史那熟泥；（3）衡阳长公主嫁都布可汗；（4）唐中宗赐宫女给突骑施可汗娑葛；（5）金河公主（即交河公主）嫁苏禄可汗
龚荫	6	（1）女妓；（2）郑公主与突厥可汗；（3）定襄县主嫁阿史那忠；（4）衡阳长公主与突厥阿史那社尔；（5）金山公主和南和县主；（6）交河公主和苏禄可汗
王晓晖	2	（1）衡阳公主嫁阿史那社尔；（2）定襄县主嫁阿史那忠
王清泉	6	（1）622年唐遣使与突厥和亲；（2）衡阳公主与阿史那社尔；（3）淮南公主与突利可汗；（3）定襄县主与阿史那忠；（4）九江公主与执失思力；（5）交河公主与苏禄可汗；（6）南和县主嫁杨我支

注：邝平樟实际上认为唐与突厥"和亲"不止一次，只不过除了"南和县主"嫁杨我支之事外，其他"和亲"之事已无迹可寻。

从表1统计来看，尽管这些研究者都主张唐与突厥实现过"和亲"，但他们在究竟实现过多少次"和亲"以及实现过哪些"和亲"等问题方面，尚未形成统一认识，还存在"和亲"多少之争。

可见，目前学界，研究者对唐与突厥是否实现"和亲"以及实现过哪些"和亲"等问题的认识不一致，还存在激烈的有无"和亲"之争与"和亲"多少之争。

另外，在唐与突厥"和亲"研究中，还存在一些其他问题，如个别研究者将个别"和亲"的时间弄错，① 又如，不同研究者对不同"和亲"及其相关事件内涵理解不同，② 等等；但是，一方面这些问题并不关涉唐

① 崔明德将唐高祖派遣襄武王李琛与郑元璹等赍女妓往突厥"和亲"的时间定在太原起兵之时，这是不妥的。据《资治通鉴》记载，这次事件发生于武德元年九月，距太原起兵已一年有余。另据《大唐创业起居注》记载："九月乙卯，张纶自离石道下龙泉、文城等郡，获文城太守莘公郑元璹，送焉。帝见元璹，释而遣之。"可见，在太原起兵之时，郑元璹还在任隋朝官吏，断无替李渊"赍女妓"往突厥"和亲"之理。

② 如王桐龄、邝平樟等人认为唐玄宗嫁南和公主与突厥杨我支，是唐与突厥"和亲"的成功代表事件，而王寿南、周佳荣、王双怀、古晓凤等人虽然也讨论了这件事情，却认为这次"和亲"最终未能实现。

与突厥"和亲"问题的实质,另一方面,在后文论述中,将附带提及,故在此暂不予以专门论述。

这些问题的存在使得当前唐与突厥"和亲"研究,显得混乱不堪。这也是目前唐与突厥"和亲"研究中存在的最为严重的问题之一。

三 当前唐与突厥"和亲"研究存在问题的原因分析

如上所论,当前,唐与突厥"和亲"研究确实存在严重问题,它不仅未囊括唐与突厥间所有"和亲"史实,而且对唐与突厥是否实现"和亲"及实现过哪些"和亲"等问题,尚未形成统一认识,从而使得这一研究显得混乱不堪。那么究竟是何原因使得这一研究产生这些问题呢?

(一) 研究者没有准确把握"和亲"政策的真正内涵是引起唐与突厥"和亲"研究未能囊括所有"和亲"史实的根本原因

上文已阐明,文献记载虽将唐与突厥间政治联姻及相关事件称为"和亲",但同时也将一些没有婚姻内容,不具政治联姻性质的事件称为"和亲"。也就是说,唐与突厥"和亲"有政治联姻与非政治联姻的不同类型。学界所谓唐与突厥"和亲"研究,实际上只涉及政治联姻这种类型,而并未包含非政治联姻的类型。这是为什么?研究者为什么将非政治联姻类型的"和亲"排除在研究范围之外?

实际上,这与研究者对"和亲"政策内涵的片面地,甚至错误地理解有关。长期以来,学界都将"和亲"政策理解为政治联姻,从而形成了"和亲"即政治联姻的"和亲"理论。然而,这一理论与历史事实并不相符。"和亲"一词早在先秦即已存在,且其含义与政治联姻无关。《礼记》云:"乐在宗庙之中,君臣上下同听之,则莫不和敬;在族长乡里之中,长幼同听之,则莫不和顺;在闺门之内,父子兄弟同听之,则莫不和亲。"[①] 音乐能使君臣"和敬"、长幼"和顺"、父子兄弟"和亲"。语法上,"和敬""和顺""和亲"三词,结构一致,"敬""顺""亲"均对"和"起补充与限定作用,分别与"和"构成补充式合成词;内容上,君臣有别,长幼有序,父子兄弟有情,"敬"与"顺"分别是君臣尊

---

① 郑玄注:《礼记》卷一一,《四部备要》本,中华书局 1998 年版,第 140 页。

卑、长幼秩序之体现，而"亲"则是父子兄弟亲情之流露。故"和敬"
"和顺""和亲"，实质虽皆为和，但因对象不同，"和"的方式与内容亦
有所不同。君臣之"和"需"敬"，即臣下对君主的敬畏；长幼之"和"
需"顺"，即晚辈对长辈的顺从；而父子兄弟之"和"则需"亲"，即亲
人之间的血缘亲情。显然，"和亲"指父子兄弟等亲人之间和睦相处、相
亲相爱。这应是"和亲"之初始含义。后来，其词义不断扩展、引申，
有邻里"和亲"、家族或宗族"和亲"、诸侯"和亲"、民族或国家"和
亲"，等等，表示像父子兄弟等亲人之间一样和睦相处、相亲相爱。显
然，先秦"和亲"乃父子兄弟等亲人或像父子兄弟等亲人之间一样和睦
相处、相亲相爱之意，而与政治联姻无关。拙文《"和亲"辨义——对
"和亲"即政治联姻传统观念的质疑》① 对此已有论述。

　　既然如此，"和亲"政策之"和亲"是否突破了先秦"和亲"一词
的运用范围？其含义是否有了新变化，衍生出了政治联姻的新词义？通过
对历代"和亲"综合考察发现，"和亲"政策之"和亲"不仅未突破先
秦"和亲"一词的运用范围和含义，而且还是其初始含义的沿用。因为
我国古代绝大部分"和亲"都有一共同特征，即在"和亲"过程中当事
双方都要确立某种或某几种亲属或亲属化关系。如汉、匈"约为兄弟以
和亲"，②《汉书·匈奴传》记载："匈奴以汉将数率众往降，故冒顿常往
来侵盗代地。于是高祖患之，乃使刘敬奉宗室女翁主为单于阏氏，岁奉匈
奴絮缯酒食各有数，约为兄弟以和亲。"③ 又唐与突厥也曾"结为兄弟"，
《旧唐书·郑元璹传》记载：武德五年，郑元璹说："大唐初有天下，即

---

　　① 刘兴成：《"和亲"辨义——对"和亲"即政治联姻传统观念的质疑》，《民族史研究》
第11辑，中央民族大学出版社2011年版。

　　② 关于汉与匈奴"和亲"，目前学界，包括葛亮在内的几乎所有研究者都将西汉初年与匈
奴的"和亲"解释为政治联姻，其依据就是刘敬向汉高祖所进"和亲"之策的主要内容就是嫁
长公主于冒顿单于，而且在此后的"和亲"过程中，汉朝虽未嫁长公主，却多次遣宗室女，即
匈奴所言："故约，汉常遣翁主，给缯絮、食物有品，以和亲。"但根据政治联姻的定义，当事
双方应以婚姻关系为基础，确定相应的姻亲名分以及以此为基础的相应的责任与义务，等等。由
于姻亲关系是亲属关系中极为重要的一种，因此，政治联姻是实现"和亲"的有效途径，是
"和亲"的重要类型。而在汉匈"和亲"关系中，虽然有"汉常遣翁主"这一似乎与婚姻有关的
内容，但是，双方却始终都以兄弟相称，并未确立姻亲关系，可见，汉匈"和亲"是兄弟"和
亲"而非政治联姻"和亲"。

　　③《汉书》卷九四上《匈奴传上》，中华书局1962年版，第3754页。

与可汗结为兄弟。"① 又唐德宗与回鹘"和亲"时，回鹘向唐"称儿及臣"，并娶公主，确立翁婿关系，② 等等。对此，拙文《中国古代"和亲"类型新论》③《中国古代"和亲"类型及其相关问题》④ 均有详细论述。

可见，"和亲"政策，实际上指不同政治实体间通过确立某种或某几种亲属或亲属化关系，将双方政治关系亲属化、亲情化，借以缓和或促进双方关系的政治策略。因姻亲关系是亲属关系之一种，故在历史上也曾用来实现"和亲"；此外，还有很多其他亲属或亲属化关系，如父子、兄弟、君臣、叔侄、伯侄，等等，也都曾用以实现"和亲"。显然，"和亲"与政治联姻没有必然的内在联系，政治联姻只是实现"和亲"的途径之一，并非所有"和亲"都需政治联姻。

目前学界，因研究者未能准确把握"和亲"政策这一真实内涵，而将其片面地，甚至错误地理解为政治联姻，故在研究唐与突厥"和亲"时，他们仅以政治联姻为研究对象，而将众多非政治联姻类型的"和亲"排除在研究范围之外。可见，研究者没有准确把握"和亲"政策的真正内涵，是造成当前唐与突厥"和亲"研究未能囊括所有"和亲"史实的根本原因。

（二）判定政治联姻的标准不统一是引起研究者对唐与突厥"和亲"诸多问题认识不一致的根本原因

如果说对"和亲"概念内涵的理解不到位是导致当前学界唐与突厥"和亲"研究未能囊括所有"和亲"史实的根本原因，那么导致当前学界对唐与突厥"和亲"诸多问题认识不一致的根本原因又是什么？

1. 判定政治联姻标准不统一是引起唐与突厥有无"和亲"之争的根本原因

如上所论，王桐龄、邝平樟、崔明德、林恩显、任崇岳、罗贤佑、龚荫、王晓晖、王清泉等人都认为，唐与突厥曾实现"和亲"；而王寿南、王双怀、周佳荣、古晓凤等人则持完全相反的观点。从这些研究者的具体

① 《旧唐书》卷六二《郑元璹传》，中华书局1975年版，第2380页。
② 《资治通鉴》卷二三三，第7501—7505页。
③ 刘兴成：《中国古代"和亲"类型新论》，《北方民族大学学报》2013年第3期。
④ 刘兴成：《中国古代"和亲"类型及其相关问题》，《西北民族论丛》第10辑，中国社会科学出版社2014年版。

论述来看，尽管他们所论主题完全相同，都是考察唐与突厥"和亲"，但实际上他们所考察具体对象却并不完全相同。若将上述各学者所考察的研究对象划分为三种类型，即请婚类、赠送女妓类、赐婚类，则各学者研究对象的具体情况如表2。

表2　　　　　　唐与突厥"和亲"研究对象统计分析

研究者	是否和亲	和亲次数	研究对象类型			
			请婚类		赐婚类	送女妓类
			实现的请婚	未实现的请婚		
王桐龄	是	2	1. 金山公主；2. 南和县主	未讨论	无	无
邝平樟	是	1	1. 南和县主	1. 武则天时突厥频请和亲；2. 金山公主；3. 开元二年，突厥请和亲	无	1. 将送女妓视为和亲变种
林恩显	是	5	1. 南和县主；2. 金山公主；3. 交河公主	未讨论	1. 赐婚阿史那忠；2. 赐婚阿史那社尔	无
任崇岳、罗贤佑	是	2	1. 金河公主（交河公主）	1. 统叶护可汗请婚；2. 沙钵罗咥利可汗请婚；3. 乙毗射匮可汗请婚；4. 默啜请婚	1. 赐婚阿史那社尔	无
崔明德	是	8	1. 金山公主；2. 南和县主；3. 交河公主	1. 武德五年；2. 武德六年；3. 武德八年；4. 贞观初；5. 贞观九年；6. 贞观十七年；7. 贞观二十年；8. 长安二年；9. 景云二年；10. 开元二年；11. 开元九年；12. 开元十二年；13. 开元十三年	1. 赐婚阿史那社尔；2. 淮南公主；3. 赐婚阿史那忠；4. 赐婚执失思力	1. 唐高祖送"女妓"

研究者	是否和亲	和亲次数	研究对象类型			
			请婚类		赐婚类	送女妓类
			实现的请婚	未实现的请婚		
张正明	是	5	1. 南和县主嫁杨我支；2. 金河公主（即交河公主）嫁苏禄	未讨论	1. 赐婚阿史那忠；2. 赐婚阿史那社尔	1. 唐中宗给突骑施可汗娑葛赐宫女
龚荫	是	6	1. 金山公主；2. 南和县主；3. 交河公主	1. 西突厥请婚；2. 默啜可汗请婚	1. 赐婚阿史那忠；2. 赐婚阿史那社尔	1. 唐高祖送"女妓"
王寿南	否	0	无	1. 武德五年西突厥请婚；2. 武德六年西突厥请婚；3. 武德八年西突厥请婚；4. 贞观十七年突厥请婚；5. 贞观二十年西突厥请婚；6. 景云二年许嫁金山公主；7. 开元二年默啜请婚；8. 开元九年默啜请婚；9. 开元十二年默啜请婚；10. 开元十三年默啜请婚	无	无
周佳荣	否	0	无	1. 武德五年西突厥请婚；2. 武德八年西突厥请婚；3. 贞观四年西突厥请婚；4. 贞观二十年西突厥请婚；5. 长安二年默啜请婚；6. 睿宗许嫁金山公主；7. 玄宗许嫁南和县主；8. 开元二年默啜请婚	无	无

续表

研究者	是否和亲	和亲次数	研究对象类型			
			请婚类		赐婚类	送女妓类
			实现的请婚	未实现的请婚		
古晓凤	否	0	无	1. 武德五年西突厥请婚；2. 武德八年西突厥请婚；3. 贞观四年西突厥请婚；4. 沙钵罗至利可汗请婚；5. 贞观二十年西突厥请婚；6. 长安三年默啜请婚；7. 睿宗许嫁金山公主；8. 玄宗许嫁南和县主；9. 开元二年默啜请婚；10. 开元九年毗伽可汗请婚	无	无

注：为了更好地比较不同研究者在研究对象选取方面的差异，现将研究对象划分为"请婚类"、"赐婚类"与"送女妓类"三种类型，其中又将"请婚类"划分为"实现的请婚"与"未实现的请婚"。

①王桐龄：《汉唐之和亲政策》，《史学年报》第 1 卷第 1 期，1929 年，第 9—14 页。

②邝平樟：《唐代和亲公主考》，《史学年报》第 2 卷第 2 期，1935 年，第 23—68 页。

③任崇岳、罗贤佑：《试论唐代的和亲政策》，《中央民族学院学报》1981 年第 1 期。

④见崔明德《对唐朝和亲的一些考察》（《历史教学》1983 年第 12 期）与《唐与突厥和亲述论》（《中央民族大学学报》1992 年第 3 期）等文章。

⑤张正明：《和亲通论》，《民族史论丛》第 1 辑，第 3—24 页。

⑥龚荫：《唐代和亲政策述论》，《思想战线》2000 年第 1 期。

⑦王寿南：《唐朝的和亲政策》，《唐代研究论集》（第四辑），台湾新文丰出版公司 1991 年版。

⑧周佳荣：《唐代"和亲"考略》，《陕西师范大学学报》（哲学社会科学版）2000 年第 1 期。

⑨古晓凤：《论唐王朝与突厥的和亲》，《陕西师范大学学报》（哲学社会科学版）2006 年 7 月，第 35 卷专辑，第 367—369 页。

由表 2 可知，以崔明德为代表的认为唐与突厥实现过"和亲"的研究者，往往不仅考察"请婚类"事件，还考察"赠送女妓类"事件和"赐婚类"事件；而以王寿南为代表的认为唐与突厥未实现"和亲"的研究者，一般仅考察了"请婚类"事件。显然，前一派学者研究对象的范围要比后一派学者广泛得多。

另外，需说明的是，尽管两派学者都考察"请婚类"事件，但其考察过程与结果，仍有不小差异。这主要体现在。（1）两派学者对南和县主、金山公主"和亲"是否实现，认识不同。认为唐与突厥实现过"和亲"的研究者大多持肯定态度；而认为唐与突厥未实现"和亲"的研究者则一般都持否定态度。（2）两派学者对交河公主"和亲"是否为唐与突厥"和亲"，认识不同。认为唐与突厥实现过"和亲"的研究者大多将交河公主"和亲"归为唐与突厥"和亲"；而认为唐与突厥未实现"和亲"的研究者一般则持完全相反的观点。

这两点不同在一定程度上引起了两派学者对唐与突厥是否"和亲"问题上的分歧。比如，若两派学者对南和县主和金山公主两位公主的"和亲"的成功与否有一个相同的判断。又比如，若他们对突骑施的族属有一个统一的认识，那么所谓有无"和亲"之争也许就将无从存在。不过，尽管如此，两派学者的基本分歧仍然存在，仍然没有解决两派学者关于研究对象范围不同的问题。

可见，两派学者之所以对唐与突厥是否"和亲"问题，得出不同结论，主要因为他们研究对象范围广狭不同。而这种不同则又决定于他们判定"和亲"的标准不同。因这些研究者所谓"和亲"都是指政治联姻，故所谓判定"和亲"的标准不同实际上就是判定政治联姻的标准不同。

2. 判定政治联姻的标准不统一是引起唐与突厥"和亲"多少之争的根本原因

如上所论，关于唐与突厥有无"和亲"之争是判定政治联姻的标准不统一造成的，那么，"和亲"多少之争又是什么原因引起的呢？

从表2分析来看，林恩显、崔明德等研究者，虽然都认为唐与突厥曾实现过"和亲"，但从这些学者的具体研究来看，他们各自的研究对象仍然存在较大差异，如王桐龄只将"请婚类"作为研究对象，而将"送女妓类"与"赐婚类"排除在研究范围之外。任崇岳、罗贤佑等人则考察了"请婚许婚类"与"赐婚类"，而对"送女妓类"则不予以考虑。崔明德、龚荫等人，将三类型全部加以考虑。而王晓晖则又只将"赐婚类"作为其研究对象。

这些学者之所以这样选择研究对象，尽管不能完全排除某些偶然的因素，比如作者的疏忽大意，或资料收集不全，等等，但这些显然不是根本原因。其根本原因在于这些研究者内心有一个选取研究对象的标准，具体研究对象的确定正是按照这一标准，经过仔细斟酌然后确定下来的。如邝平樟《唐代和亲公主考》一文涉及了"请婚类"和"送女妓类"，而对"赐婚类"，则没有涉及。这是为什么？是作者没有注意到赐婚现象？从作者的论述来看，显然不是，作者曾明确说："至于阿史那社尔、执失思力诸人，以降附而留中土后始尚主者，既无国际关系，不以和亲视之。"[①]可见，作者之所以未将赐婚类事件纳入"和亲"研究范围，并非没有留意到这些历史事实，而是作者认为这些事件"无国际关系"，不属于"和亲"范围，故不予以考察。显然，在作者的内心存在一个判定"和亲"的标准。作者正是按照这一标准来选取"和亲"研究对象的，也正是根据这一标准，将赐婚现象排除在"和亲"研究范围之外。

显然，唐与突厥"和亲"多少之争的存在，表明在认为唐与突厥实现过"和亲"的这些研究者中，他们判定"和亲"的标准也不统一。由于这些研究者所谓"和亲"都是指政治联姻，故所谓判定"和亲"标准不统一，实即判定政治联姻的标准不统一。显然，唐与突厥"和亲"多少之争，其主要原因也在于判定政治联姻标准不统一。

可见，目前唐与突厥"和亲"研究中，不管是有无"和亲"之争还是"和亲"多少之争，其根本原因都是研究者所持判定政治联姻的标准不一致。故判定政治联姻的标准不统一是导致目前学界对唐与突厥"和亲"认识不一致的根本原因。

四　结　语

由此可见，目前学界唐与突厥"和亲"研究，表面上来似乎已经非常深入，而实际上这一研究不仅没有囊括唐与突厥间所有"和亲"史实，且就连对唐与突厥是否实现"和亲"及实现过哪些"和亲"等问题的认识，也未形成统一意见，从而使得这一研究显得矛盾重重、混乱不堪。而产生这些问题的主要原因则在于研究者没有真正把握"和亲"的内涵以及判定政治联姻的标准不统一。故在以后的研究中，有必要针对这些问题，在正确理解"和亲"概念，掌握判定政治联姻的标准的基础上，对唐与突厥"和亲"问题，做一全面而准确的研究。

---

① 邝平樟：《唐代和亲公主考》，《史学年报》第 2 卷第 2 期，1935 年，第 27 页。

传檄天下

——唐廷镇压黄巢之变的七阶段行营都统(招讨使)考[*]

胡耀飞

（陕西师范大学　历史文化学院）

王仙芝、黄巢之变是唐代后期牵涉范围最广的事件：从晚唐的政治生活来说，关系到中央与藩镇，南衙与北司；从社会生活来说，关系到南北人口流动，社会阶层流动。此外，唐廷对王仙芝、黄巢的镇压，可以按照时间分为不同阶段的行营，每个阶段都有不同的应对。对于镇压黄巢时期的行营，除了方积六、黄清连、潘子正①稍有涉及行营都统的人事外，尚无更系统关注。笔者不揣浅陋，希望能够对各个阶段唐廷行营招讨使、都统、副都统、都监的任命进行详细梳理。

---

* 本文为国家社科基金重大项目"五代十国历史文献的整理与研究"（编号：14ZDB032）、陕西省社科基金年度一般项目"唐宋之际州级政治的变迁"（编号：2016H011）、陕西省博士后科研项目资助"唐宋之际州级政治演变研究"（编号：2016BSHEDZZ70）阶段性研究成果。本文曾宣读于纪念黄永年先生九十诞辰暨第六届中国古文献与传统文化国际学术研讨会，陕西师范大学，2015 年 10 月 17—18 日。

① 方积六：《唐王朝镇压黄巢起义领兵统帅考》，《魏晋隋唐史论集》第 1 辑，中国社会科学出版社 1981 年版；另参见氏著《黄巢起义考》（中国社会科学出版社 1983 年版）所涉唐廷行营相关考证。潘子正制作有"唐帝国历任对王仙芝、黄巢的招讨使、都统表"，见潘子正《唐僖宗朝前期（873—880）的政治角力分析》，硕士学位论文，台湾师范大学，2013 年，第 309 页。黄清连的数篇论文以及其他学者的相关研究，以下随文提及。

第一阶段：诸道招讨草贼使宋威、副使曾元裕

乾符二年（875）五月是王仙芝起事之初，地点在濮州。濮州属于天平军节度使辖区，故时任天平军节度使薛崇成为当仁不让的镇压负责人。但彼时尚无行营的设置，盖唐廷期待会快速消灭王仙芝势力。然而局势的发展并不如唐廷意，至乾符二年十二月，因王仙芝攻沂州，唐廷终于任命招讨使。① 据《资治通鉴》记载：

> 群盗侵淫，剽掠十余州，至于淮南，多者千余人，少者数百人；诏淮南、忠武、宣武、义成、天平五军节度使、监军亟加讨捕及招怀。十二月，王仙芝寇沂州，平卢节度使宋威表请以步骑五千别为一使，兼帅本道兵所在讨贼。仍以威为诸道行营招讨草贼使，仍给禁兵三千、甲骑五百。因诏河南方镇所遣讨贼都头并取威处分。②

相似的记载并唐廷谕旨详见《旧唐书·僖宗纪》：

> 青州节度使宋威上表："请步骑五千，特为一使，兼率本道兵士，所在讨贼，必立微功以酬圣奖。"优诏嘉之，乃授威诸道招讨草贼使，仍给禁兵三千，甲马五百匹。仍谕河南方镇曰："王仙芝本为盐贼，自号草军，南至寿、庐，北经曹、宋。半年烧劫，仅十五州；两火转斗，踰七千众。诸道发遣将士，同共讨除，日月渐深，烟尘未息。盖以递相观望，虚费糇粮，州县罄于供承，乡村泣于侵暴。今平卢军节度使宋威深愤崔蒲，请行诛讨。朕以威前时蜀部，破南诏之全军；比岁徐州，摧庞勋之大阵。官阶甚贵，可以统诸道之都头；骁勇素彰，足以破伏戎之草寇。今已授指挥诸道兵马招讨草贼使，候宋威

---

① 关于任命招讨使的时间，方积六考证认同司马光记载，在乾符二年十二月，见方积六《黄巢起义考》，第 18—21 页。黄清连赞同之，见黄清连《宋威与王、黄之乱——唐代藩镇对黄巢叛乱的态度研究之二》，《中国近世社会文化史论文集》，台湾中研院史语所，1992 年，第 7 页。

② 司马光：《资治通鉴》卷二五二唐僖宗乾符二年十二月条。中华书局 1956 年版，第 8182 页。下划线为笔者所加，下文同此。

到本道日，供给犒设，并取上供钱支给。仍命指挥都头，凡攻讨进退，取宋威处分。"时贼渠王仙芝、尚君长在安州，宋威自青州与副使曹全晟进军攻讨，所在破贼。①

从两者记载的相似之处，如"禁兵三千，甲骑五百（甲马五百匹）"可知，《资治通鉴》明显对于《旧唐书·僖宗纪》的行文进行了节引，但增加了对五军节度使的列举。唐廷以平卢节度使宋威为"诸道行营招讨草贼使（指挥诸道兵马招讨草贼使）"，其所统帅的军队，除了平卢镇本道兵外，据《资治通鉴》，还包括河南方镇，以及禁兵三千、甲骑五百。其中禁兵，或指左金吾卫上将军齐克让，他在乾符三年正月留驻当地，出任兖州节度使。②齐克让所居职虽是金吾卫，属于南衙禁军系统，但唐后期神策军主导了禁军，且齐克让出自奉天镇博野军世将家族高阳博野齐氏③，故可予以认定。

需要注意的是，宋威的头衔在《旧唐书·僖宗纪》所引唐僖宗谕文中是"指挥诸道兵马招讨草贼使"④，无"行营"二字。即当时并无正式设置行营，宋威亦未受任为"行营都统"，而是以"招讨草贼使"身份统一指挥各路藩镇军队，各藩镇的统帅则是"都头"。⑤

乾符三年（876）八月，又有招讨副使的任命：

　　八月，王仙芝陷阳翟、郏城，诏忠武节度使崔安潜发兵击之。安潜，慎由之弟也。又昭义节度使曹翔将步骑五千及义成兵卫东都宫，

① 刘昫等：《旧唐书》卷一九下《僖宗纪》，中华书局 1975 年版，第 699 页。《旧唐书·僖宗纪》的时间在乾符四年三月，与《资治通鉴》不同，但根据行文，显为一事，详见下文对于宋威所谓第二次受任招讨使的考证。

② 《旧唐书》卷一九下《僖宗纪》，第 695 页；《旧唐书》卷二〇〇下《黄巢传》，第 5391 页。

③ 博野齐氏家族的研究，参见陈财经、王建中《新出三方唐代齐氏墓志铭考释》，赵力光主编《碑林集刊》，第十六辑，三秦出版社 2011 年版，第 22—33 页。

④ 欧阳修、宋祁：《新唐书》（中华书局 1975 年版）卷九《僖宗纪》作"指挥诸道招讨草贼使"，第 265 页。黄清连认为头衔正式名称当以唐僖宗谕文为准，今从。见黄清连《宋威与王、黄之乱——唐代藩镇对黄巢叛乱的态度研究之二》，第 7 页。

⑤ 为便于行文，下文对于第一阶段的分析，依然默认行营的设置，但在"行营"二字上加引号以示区别。

以左散骑常侍曾元裕为招讨副使，守东都，又诏山南东道节度使李福
选步骑二千守汝、邓要路。仙芝进逼汝州，诏邠宁节度使李侃、凤翔
节度使令狐绹选步兵一千、骑兵五百守陕州、潼关。①

这里的曾元裕所受之"招讨副使"任命，是作为诸道"行营"招讨
草贼使宋威的副使，从而统帅在东都守卫的昭义镇兵和义成镇兵。正如
《新唐书·僖宗纪》所总结："平卢军节度使宋威为指挥诸道招讨草贼使，
检校左散骑常侍曾元裕副之。"②此外，忠武军、山南东道、邠宁、凤翔
等道兵把守东都周围地方，可能也得听从招讨副使曾元裕调遣。③而当时
的宋威，尚在平卢节度使任上把持着招讨草贼使的位子。至于前文《旧
唐书·僖宗纪》提及的"副使曹全晸"，应当是平卢淄青节度副使，而非
招讨副使。

此后，宋威似曾一度被罢，此即《资治通鉴》所载，乾符三年十二月，

郑畋以言计不行，称疾逊位，不许；乃上言："自沂州奏捷之
后，仙芝愈肆猖狂，屠陷五六州，疮痍数千里。宋威衰老多病，自妄
奏以来，尤所不服，今淹留亳州，殊无进讨之意。曾元裕拥兵蕲、黄，
专欲望风退缩。若使贼陷扬州，则江南亦非国有。崔安潜威望过人，
张自勉骁雄良将，宫苑使李琢，西平王晟之孙，严而有勇。请以安潜
为行营都统，琢为招讨使代威，自勉为副使代元裕。"上颇采其言。④

关于此事，方积六认为是宋威第一次被罢招讨使，黄清连赞同之。⑤
宋威两度出任的推测，确实有一定的合理性。另外可以看出，郑畋的
建议中，提出以崔安潜为"行营都统"，李琢为"招讨使"，张自勉为

---

①　《资治通鉴》卷二五二唐僖宗乾符三年八月条，第8184页。

②　《新唐书》卷九《僖宗纪》乾符三年三月，第265页。《新唐书》时间记载有误，方积
六已考证之，见方积六：《黄巢起义考》，第18—21页。

③　黄清连亦从唐廷政争角度认为崔安潜不大可能由宋威指挥，见黄清连《宋威与王、黄之
乱——唐代藩镇对黄巢叛乱的态度研究之二》，第16页。

④　《资治通鉴》卷二五二，唐僖宗乾符三年十二月条，第8186—8187页。

⑤　方积六：《黄巢起义考》，第28—30页。黄清连：《宋威与王、黄之乱——唐代藩镇对黄
巢叛乱的态度研究之二》，第17—18页。

"招讨副使"，而非直接以崔安潜为"招讨使"。亦即，唐廷在此时最终考虑设置正式的行营来镇压，一方面表明王仙芝势力更为强大，另一方面也说明郑畋在此次政争中，采取了设置行营来抬升镇压军队的等级。行营都统在前，招讨使和副使在后，正反映了行营都统在上，招讨使和副使在下的等级关系。因此，方积六在考证宋威被撤招讨使时，认为所撤为"诸道行营招讨使"①，其实混淆了行营都统和招讨使两者的区别。

但郑畋的计划仅仅是被唐僖宗"颇采其言"，一个"颇"字，点出了部分采纳的意思。从史料记载来看，即便宋威在此时被罢招讨使，也并不表示崔安潜即成为行营都统，唐廷也不一定就设置了行营。甚至宋威是否被撤招讨使，也无法确定。同时，宋威再次被任命为招讨使，也并没有直接记载，方积六和黄清连的证据是前引《旧唐书·僖宗纪》的记载，乾符四年三月，"乃授威诸道招讨草贼使"②。但这条记载的时间已经被他们在讨论宋威第一次受任招讨使时间时否决，又如何作为再次任命宋威的证据呢？至于另外的证据，即黄清连考证罗隐受郑畋之意或揣测郑畋之意③撰写的《与招讨宋将军书》，今全引如下：

> 朝廷以简陵九年，彭虺肆螫，而东南一臂为之枯耗。其后吴卒以狼山叛，则东西浙之筋力殆矣。自尔天子不忍重困百姓，由是官朱实，爵诸葛爽，秩安文佑，皆自盗而升朝序也。所以不幸者，江南水，钟陵火，沿淮饥，汴滑以东螟。故无赖辈一食之不饱，一衣之不覆，则磨寸铁，梃白棒，以望朝廷姑息。而王仙芝、尚君长等，凌突我庐、寿，焊剥我梁、宋。天子以虮虱痛痒，不足搔爬，因处分十二州，取将军为节度。非方镇之无帅，非朝廷之乏人，盖以将军跳出陇右，不二十余年，三拥节旄，谓将军必能知恩用命耳。今闻群盗已拔睢阳二城，大梁亦版筑自固，彼之望将军，其犹沸之待沃，压之待起

---

① 方积六：《黄巢起义考》，第28页。

② 《旧唐书》卷一九下《僖宗纪》，第699页。

③ 黄清连：《宋威与王、黄之乱——唐代藩镇对黄巢叛乱的态度研究之二》，第21—22页。吴器、邓惠红亦揭示罗隐与郑畋的关系，指出流传至今罗隐写给郑畋的诗文有《寄礼部郑员外》《寄郑补阙》两首和《投礼部郑员外启》一篇，见吴器《罗隐研究》，硕士论文，华东师范大学，2005年，第21页；邓惠红《罗隐诗文研究》，硕士学位论文，四川大学，2007年，第21—22页。

也。而将军朱轮大斾，优游东道，不知朝廷以八十三州奉将军侍卫者乎？抑将俾将军旦夕翦此草寇也。昔韩之医良而性啬，故为人治，未尝剔去根源，所以延其疾而养其财也。后有商于韩者，以疽见医，医且欲大其疽而沽其直，因以药稔之，而疽溃商毙，商之家诉于韩，韩侯尸其族而籍其有无。且二贼啮寿春，陷颍上，刷亳社，掠合肥，经营于梁宋，其为老者杀，少者伤，驱人之妇女，辇人之财货，将军固知之矣。自将军受命，迄今三月，关东之惨毒不解，杀伤驱辇之不已，乃将军为之，非君长、仙芝之所为也。文皇帝时卫公靖，大帝时郑仁泰、薛仁贵，或戢敛不谨，或伺候辎重，当时宪司，悉绳以法。今将军勋业不若卫公靖之多也，出师非郑、薛之敌也，而横拥仕伍，鞭挞馈运。以愚度之，将军之行，酷于君长、仙芝之行也，甚为将军忧。前者天子虑将军以爱子为念，复授禁秩，俾在军前，则朝廷宠待将军，倚望将军也，俱不浅矣。苟将军戮力以除暴，推诚以报国，今其时也，无使蹑韩之医。①

在此文中，罗隐列举了当时王仙芝、尚君长的行动，特别是把"群盗已拔睢阳二城"和"自将军受命，迄今三月"结合起来，谓乾符四年七月王仙芝、黄巢合围宋州的时间与此文写作时间相当，然后上溯三四月，得出乾符四年三月左右正是宋威再任招讨使的时间。这一考证确然精当，但尚有可论者。兹先考证此文撰写时间②。

首先，根据"官朱实"，身为狼山镇遏使王郢部将的朱实在王郢横行浙西时降于镇海节度使裴璩，此事被《资治通鉴》系于乾符四年闰二月，似可得出罗隐此文撰于降朱实之后。但《资治通鉴》原文为："王郢横行浙西，镇海节度使裴璩严兵设备，不与之战，密招其党朱实降之，散其徒

---

① 罗隐：《与招讨宋将军书》，董诰主编《全唐文》卷八九四，中华书局 1983 年版，第 9334—9335 页；潘慧惠校注《罗隐集校注》，浙江古籍出版社 2011 年版；李定广校笺《罗隐集系年校笺》，人民文学出版社 2013 年版，第 752—753 页。其中"官朱实，爵诸葛爽，秩安文佑"一句，潘慧惠、李定广皆作"官未实爵，诸葛爽、安文佑"，误，朱实乃人名，"未"为"朱"之误。

② 关于此文系年，汪德振（1910—1973）系于乾符三年十二月，见汪德振《罗昭谏年谱》，商务印书馆 1937 年版，第 39—40 页；李定广系于乾符三年六月，见罗撰，李定广校笺《罗隐集系年校笺》，第 755 页。李氏谓罗隐撰此文时在汴州，且曾前往青州造宋威军门，乃据《十国春秋》，而无更早史料，不可为据。

六七千人，输器械二十余万，舟航、粟帛称是。敕以实为金吾将军。于是郢党离散；郢收余众，东至明州，甬桥镇遏使刘巨容以筒箭射杀之，余党皆平。"① 似乎并未明确朱实是在此月投降，仅仅是王郢在此月被平定，故前溯朱实之降唐。因此，"官朱实"不能作为考证罗隐撰写此文时间的明确证据，但能确定撰写时间定在乾符四年闰二月之后。至于"爵诸葛爽，秩安文佑"，诸葛爽于庞勋作乱时降唐，安文佑据《旧五代史·安崇阮传》载，为安崇阮之父，乾符二年十月昭义节度使高湜为刘广所逐时②，曾出兵平叛，此二事时间更早，不可为据。

其次，此文提及王仙芝、尚君长的作战，包括"凌突我庐、寿，燀剥我梁、宋"，"今闻群盗已拔睢阳二城，大梁亦版筑自固"，"啮寿春，陷颍上，刷亳社，掠合肥，经营于梁、宋"等句。其中，寿春即寿州，颍上即颍州，亳社即亳州，合肥即庐州，大梁即汴州，睢阳即宋州。此数州，据笔者考证，王仙芝、尚君长从乾符三年十月至乾符四年二月，四个月内，经过唐州、邓州、郢州、复州、申州、光州、寿州、庐州、舒州、蕲州，最后"陷"鄂州。在王仙芝与从沂州一带来合兵的黄巢合围宋州未能下后，南下进攻随州。③ 可见，罗隐所说这些战事，"凌突我庐、寿"和"啮寿春，陷颍上，刷亳社，掠合肥"当即乾符三年十月至乾符四年二月间事，而"燀剥我梁、宋"和"经营于梁、宋"当指对汴州、宋州的进围，从而造成"群盗已拔睢阳二城，大梁亦版筑自固"。但罗隐此处用了"今闻"二字，可见是听闻而未得到军报证实，更何况宋州最终并未失陷。

综合以上两点，只能确定罗隐撰写此文时间当在乾符四年闰二月至乾符四年七月间，不能如方积六、黄清连所认定的乾符四年七月，所谓上推三个月也就无法确凿了。

再看"自将军受命，迄今三月"，罗隐说此句的前提是宋威优游东道，导致王仙芝、尚君长得以"啮寿春，陷颍上，刷亳社，掠合肥，经

① 《资治通鉴》卷二五三，唐僖宗乾符四年闰二月条，第8190页。

② 薛居正：《旧五代史》卷九〇《安崇阮传》，中华书局1976年版，第1186页。原文"潞州军校刘广逐节度使高浔"，实为高湜之误，见郁贤皓《唐刺史考全编》卷八六《潞州》，安徽大学出版社2000年版，第1246页。

③ 胡耀飞：《黄巢之变与藩镇格局的转变（875—884）》，博士学位论文，复旦大学，2015年，第88页。

营于梁、宋。"然据上文，王仙芝、尚君长这一系列军事行动的历时若从乾符三年十月起算，至乾符四年闰二月或七月，皆不止三月之久。若以当时军情传递速度，以及唐廷的容忍度来看，三个月也不足以导致罗隐去函催促。方积六与黄清连皆提及唐廷党争的影响，固然如此，但唐僖宗亦并未完全任由宰相斗争，前文提及唐僖宗对于郑畋的上奏即并未全然采纳。

笔者疑宋威并未中途被罢，所谓"迄今三月"，或为"迄今三年"之误，即自乾符二年十二月至乾符四年，虚言三年耳。如此，则宋威一直出任"指挥诸道兵马招讨草贼使"，而郑畋所请求的以崔安潜为"行营都统"亦未获允。①

不过当时尚有另一位招讨使，即蕲黄招讨副使刘巨容。《新唐书·刘巨容传》曰："徙楚州团练使。黄巢乱江淮，授蕲黄招讨副使，徙襄州行军司马、检校右散骑常侍。巢据荆南，俄迁山南东道节度使以扞巢，屯团林。"② 刘巨容自行军司马升任节度使在乾符六年十月③，而授蕲黄招讨副使又在襄州（山南东道）行军司马之前，则所授蕲黄招讨副使，当在乾符四年十月王仙芝、黄巢进攻蕲州、黄州之时④，所谓蕲黄招讨副使之设即因此而来。若如此，则在宋威之外，尚有刘蕲黄招讨副使刘巨容。不过刘巨容所任之职当在宋威之下，即招讨使亦有其自身的级别，或"指挥诸道"，或专门负责蕲、黄一带。

第二阶段：诸道行营都统王铎、副都统李系，诸道行营招讨草贼使曾元裕、副使张自勉

方积六、黄清连皆以乾符五年正月六日宋威被罢招讨使，由副使曾元裕为招讨使，张自勉副之，其所依据的史料大致是《新唐书》《资治通

---

① 潘子正所制"唐帝国历任对王仙芝、黄巢的招讨使、都统表"，把崔安潜、李璨、张自勉列入表中，所谓宋威的取代者，或误。见潘子正《唐僖宗朝前期（873—880）的政治角力分析》，第309页。

② 《新唐书》卷一八六《刘巨容传》，第5425页。

③ 《资治通鉴》卷二五三，唐僖宗乾符六年十月条，第8217页；郁贤皓：《唐刺史考全编》卷一八九《襄州》，第2600—2601页。

④ 关于王仙芝、黄巢乾符四年十月进攻蕲、黄二州，并在蕲州分道扬镳之事，参见第二章。

鉴》的记载，先后如下：

　　　壬寅，曾元裕及王仙芝战于申州，败之。元裕为诸道行营招讨草贼使，张自勉副之。宋威罢招讨使。①

　　　壬寅，招讨副使曾元裕大破王仙芝于申州东，所杀万人，招降散遣者亦万人。敕以宋威久病，罢招讨使，还青州；以曾元裕为招讨使，颍州刺史张自勉为副使。②

　　此二处记载，已经为方积六、黄清连所认定，并借以否定王铎直接代替宋威。③ 但尚有可论者。即，王铎接受都统一职，与曾元裕接受招讨使一职并不冲突，以下稍论之。

　　关于王铎接受都统一职，史料多有记载，先具列如下：

　　1. （乾符五年二月）侍中、晋国公王铎请自督众讨贼，天子以宋威失策杀君长，乃以王铎检校司徒、兼侍中、门下侍郎、江陵尹、荆南节度使，充诸道兵马都统。④

　　2. 初，王仙芝起河南，携举宋威、齐克让、曾衮等有将略，用为招讨使。及宋威杀尚君长，致贼充斥，朝廷遂以宰臣王铎为都统，携深不悦。⑤

　　3. 朝廷诛尚君长，怨怒愈深。……诏以荆南节度使王铎为招讨，代宋威。复光监忠武军，屯于邓州，以遏贼冲。⑥

　　4. 仙芝乃令尚君长、蔡温球、楚彦威相次诣阙请罪，且求恩命。时宋威害复光之功，并擒送阙，敕于狗脊岭斩之。贼怒，悉精锐击官军，威军大败，复光收其余众以统之。朝廷以王铎代为招讨。五年八

　　①《新唐书》卷九《僖宗纪》，第 267 页。
　　②《资治通鉴》卷二五三唐僖宗乾符五年正月条，第 8195 页。
　　③ 方积六：《黄巢起义考》，第 55—56 页；黄清连：《宋威与王、黄之乱——唐代藩镇对黄巢叛乱的态度研究之二》，第 26—28 页；黄清连：《王铎与晚唐政局——以讨伐黄巢之乱为中心》，《"中央"研究院历史语言研究所集刊》第 64 本第 2 分，1993 年 5 月，第 225 页。
　　④《旧唐书》卷一九下《僖宗纪》，第 701 页。
　　⑤《旧唐书》卷一七八《卢携传》，第 4638 页。
　　⑥《旧唐书》卷一八四《杨复光传》，第 4772 页。

月，收复荆州，斩仙芝首献于阙下。①

5. 初，王仙芝起河南，携表宋威、齐克让、曾衮皆善将，为招讨使。及威杀尚君长，贼炽结，益不制，乃以王铎镇荆南为诸道都统。携不悦。②

以上材料依次为：1.《旧唐书·僖宗纪》；2.《旧唐书·卢携传》；3.《旧唐书·杨复光传》；4.《旧唐书·黄巢传》；5.《新唐书·卢携传》。

其中，唯一明确时间的是《旧唐书·僖宗纪》，系于乾符五年二月。但若抛开年月，则可以看出这五条材料的共同点，即王铎在杀尚君长之后出任都统。而尚君长遇害时间《资治通鉴》系于乾符四年十二月③。则自乾符四年十二月至乾符五年二月，王铎都有可能出任都统一职，而这是与乾符五年正月曾元裕出任招讨使相冲突的。那么，又该如何解决这个问题呢？《新唐书》《资治通鉴》的方法是把王铎出任都统的时间往后推：

1.（乾符六年四月）王铎为荆南节度使、南面行营招讨都统。④

2. 六年己亥。四月，铎检校司空兼侍中、荆南节度使、南面行营招讨都统。⑤

3. 乾符六年，贼破江陵，宋威无功，诸将观望不进，天下大震。朝廷议置统帅，铎因请自率诸将督群盗。帝即以铎为侍中、荆南节度使、诸道行营都统，封晋国公。绥纳流冗，益募军，完器铠，武备张设。⑥

4. 上以群盗为忧，王铎曰："臣为宰相之长，在朝不足分陛下之忧，请自督诸将讨之。"乃以铎守司徒兼侍中，充荆南节度使、南面行营招讨都统。⑦

① 《旧唐书》卷二〇〇下《黄巢传》，第 5391 页。
② 《新唐书》卷一八四《卢携传》，第 5398—5399 页。
③ 《资治通鉴》卷二五三，唐僖宗乾符四年十二月条，第 8194 页。
④ 《新唐书》卷九《僖宗纪》，第 268 页。
⑤ 《新唐书》卷六三《宰相表下》，第 1743 页。
⑥ 《新唐书》卷一八五《王铎传》，第 5406 页。
⑦ 《资治通鉴》卷二五三，唐僖宗乾符六年四月条，第 8213—8214 页。

5. 乾符六年夏五月，巢寇自广陵（州）将及襄汉，朝廷以王铎令公为南面都统。崔相国、豆卢相国同日策拜。宣麻之际，殿庭雾气四塞，及政事堂立班贺，有雹大如鸡卵，时五月二十三日，识者以为钧轴不祥之兆。明年，大寇攻陷京师，二相俱及于难，其天意乎？非人事也。①

以上材料依次为：1.《新唐书·僖宗纪》；2.《新唐书·宰相表下》；3.《新唐书·王铎传》；4.《资治通鉴》；5.《剧谈录》。其中《剧谈录》是方积六所引以补证者。

这几条材料基本有明确的时间，但其中《新唐书·王铎传》明显有误，王仙芝破江陵在乾符四年十二月底和乾符五年正月之交②。即便以黄巢自广州北上后破江陵计之，亦已在乾符六年十一月③，王铎早已出镇荆南多时，何得再被任命乎？因此，只能取所述内容，即在王仙芝破江陵之后，唐廷任命王铎为"荆南节度使、诸道行营都统"。若以此为准，则王仙芝破江陵在乾符五年正月，恰可与前述《旧唐书》所载乾符四年十二月至乾符五年二月之间王铎出镇荆南，出任都统之事契合。

但其他几条材料皆谓在乾符六年四月，与前文所引《旧唐书》的材料有差。对此，赵绍祖（1752—1833）认为当以《旧唐书》为准，其理由是《新唐书·卢携传》说卢携"不悦"王铎为都统④而与郑畋相争，以此被罢相，若罢相如《新唐书》《资治通鉴》在五年，而王铎六年方为都统，则矛盾无由说起。故赵绍祖认为王铎为都统在五年，而罢相在六年，正可贯通。⑤ 对此，韩晓婵以并无其他材料证明卢携"不悦"王铎为由，驳赵绍祖五年说，并信从郁贤皓《唐刺史考全编》考证王铎任荆南

① 康骈：《剧谈录》卷下《命相日雨雹》。转引自韩晓婵《〈剧谈录〉笺证》，硕士学位论文，南京大学，2011年，第42—43页。其中《剧谈录》原文"广陵"，韩晓婵已证其误，当作"广州"。
② 《旧唐书》卷一九下《僖宗纪》，第701页；《新唐书》卷九《僖宗纪》，第267页；《资治通鉴》卷二五三，唐僖宗乾符五年正月条，第8194—8195页。
③ 《新唐书》卷九《僖宗纪》，第269页；《资治通鉴》卷二五三，唐僖宗乾符六年十一月条，第8219页。
④ 《新唐书》卷一八四《卢携传》，第5398—5399页。
⑤ 赵绍祖：《新旧唐书互证》卷一八，《丛书集成初编》本，商务印书馆1936年版，第295—296页。

节度使在乾符六年。① 据黄清连论证，王铎、卢携虽然确实站在同一立场上反对郑畋，但卢携"不悦"王铎亦可从《旧唐书·卢携传》得到证实②，黄清连也有论述③。不过卢携与郑畋俱被罢并非因王铎之事，而是因高骈。至于郁贤皓的考证，其实仅仅采纳了《新唐书》《资治通鉴》关于乾符六年四月的记载，对于《旧唐书》的记载置而不论④，故其考证不可为据，韩晓婵反驳无力，赵绍祖论点尚待证实。此处又牵涉方积六所提及康骈《剧谈录》的记载，此条内容的记述主题是崔沆、豆卢瑑拜相之日异常天象，即在卢携与郑畋相争而罢相之后。其中"乾符六年五月"以及"五月二十三日"均指崔沆、豆卢瑑拜相时间⑤，但并不代表王铎此时赴镇，也不表示黄巢真的将及襄汉。当然，乾符六年五月时，黄巢确实在岭南。

其实，除了欲解决上述材料的矛盾，笔者认为须从职衔名字入手。根据前文所引，关于曾元裕、张自勉的职衔，《新唐书》曰"元裕为诸道行营招讨草贼使，张自勉副之"。《资治通鉴》曰"招讨使""副使"。关于王铎的职衔，前述《旧唐书》系列史料有"诸道兵马都统""都统""招讨""诸道都统"等称谓，《新唐书》《资治通鉴》系列史料有"南面行营招讨都统""诸道行营都统"等称谓。方积六考证后认为以"诸道行营都统"，黄清连赞同之。⑥ 然而从"南面行营招讨都统"这一称谓可知，都统当在招讨之上，疑曾元裕、张自勉正是都统王铎之下的招讨使、副使。如此，则曾元裕、张自勉为招讨使、副使，和王铎为都统，并不冲突，可同时并存，两方当是上下级关系。前文所引郑畋曾建议"以安潜为行营都统，瑑为招讨使代威，自勉为副使代元裕"，即说明郑畋有区分都统与招讨使之意图；前文又考蕲黄招讨副使刘巨容在指挥诸道兵马招讨草贼使宋威之下，亦可旁证当时都统与招讨使之区别。此外，据《资治

　① 韩晓婵：《〈剧谈录〉笺证》，第43页。

　② 《旧唐书》卷一七八《卢携传》，第4638页。

　③ 黄清连：《高骈纵巢渡淮——唐代藩镇对黄巢叛乱的态度研究之一》，第12—13页。

　④ 郁贤皓：《唐刺史考全编》卷一九五《荆州》，第2689—2690页。

　⑤ 关于这一时间，《资治通鉴》系于乾符五年五月，误。岑仲勉已有考证，方积六从之。见岑仲勉：《郑畋卢携罢相之年份及原因》，氏著《通鉴隋唐纪比事质疑》，中华书局1964年版，第336页；方积六：《黄巢起义考》，第97页。

　⑥ 方积六：《黄巢起义考》，第91页；黄清连：《王铎与晚唐政局——以讨伐黄巢之乱为中心》，第227—228页。

通鉴》卷二五三唐僖宗乾符五年九月条："平卢军奏节度使宋威薨。辛丑，以诸道行营招讨使曾元裕领平卢节度使。"① 可见曾元裕在乾符五年九月返镇继任平卢节度使之前，担任的一直是招讨使，并未出任都统，也说明当时都统与招讨使并存。宋敏求《实录》《新唐书》《资治通鉴》等宋人材料并未意识到这一区分，即把王铎出任都统时间移后，方积六、黄清连又沿其误，颇失之矣。

另外，需要区分的是王铎的荆南节度使和都统两个职衔，并不一定就是同时任命的，或者说王铎真正出镇荆南节度使很可能与就任都统并不同时进行。在王铎之前坐镇荆南的节度使是高骈，他在乾符五年六月离开荆南，出镇浙西，已为学者所论证②，则王铎在此月方能出镇荆南。前文论证王铎最迟乾符五年二月即已经被任命为"荆南节度使、诸道行营都统"，且两职在诸多史料中基本同时出现，使人误信除拜亦同时。但事实上出任都统可能在出镇荆南之前，即王铎尚在朝中为宰相之时。以诸道行营都统与招讨使两职的差别来看，王铎以宰相之尊而出总诸道行营，当比宋威以节度使之身份出任招讨使要等级更高，唐廷命王铎以诸道行营都统之身份居于招讨使曾元裕之上，即有可能。及至王铎出镇荆南，荆南在南，史料别称"南面行营招讨都统"，亦有可能。还有一则材料能证明王铎可能在出镇荆州前出任都统，即《旧唐书·僖宗纪》曰，乾符五年"三月，王铎奏兖州节度使李系为统府左司马，兼潭州刺史，充湖南都团练观察使"③。李系出镇湖南，此处《旧唐书》置于王铎受命一个月后的三月，《新唐书》《资治通鉴》因王铎之故，亦置于王铎受命一个月后的乾符六年五月④。从间隔时间相同来看，《旧唐书》时间当得其实，则在乾符五年六月王铎出镇荆南之前，即已经奏请李系为湖南观察使。

由上文考证可知，唐廷基本于乾符四年十二月至乾符五年二月间设置行营，由王铎出任诸道行营都统，并于乾符五年六月出镇荆南。这与曾元裕出任行营招讨使并不矛盾。此外，关于李系在行营内的职务，《旧唐

① 《资治通鉴》卷二五三，唐僖宗乾符五年九月条，第 8208 页。

② 黄清连：《高骈纵巢渡淮——唐代藩镇对黄巢叛乱的态度研究之一》，第 6 页；邵明凡：《高骈年谱》，硕士学位论文，辽宁大学，2011 年，第 21 页。

③ 《旧唐书》卷一九下《僖宗纪》，第 701 页。

④ 《新唐书》卷九《僖宗纪》，第 268 页；《新唐书》卷一八五《王铎传》，第 5406 页；《资治通鉴》卷二五三，唐僖宗乾符六年五月条，第 8214 页。

书·僖宗纪》谓其为"统府左司马",当即"行营都统府左司马",而《新唐书》谓其"副之",《资治通鉴》称之为"行营副都统",则似可两存之。若以左司马为准,则行营都统是开府的,可设置自己的僚属;若以副都统为准,则开府与否并不清楚,但有副职。

在王铎的都统任内的军事行动,则先是乾符五年二月曾元裕追斩王仙芝,其次是防卫东都。据《资治通鉴》,乾符五年"三月,群盗陷朗州、岳州。曾元裕屯荆、襄,黄巢自滑州略宋、汴,乃以副使张自勉充东南面行营招讨使。黄巢攻卫南,遂攻叶、阳翟。诏发河阳兵千人赴东都,与宣武、昭义兵二千人共卫宫阙;以左神武大将军刘景仁充东都应援防遏使,并将三镇兵,仍听于东都募兵二千人。景仁,昌之孙也。又诏曾元裕将兵径还东都,发义成兵三千守轘辕、伊阙、河阴、武牢"①。此处,黄巢自滑州,经宋州、汴州、亳州,再趋汝州叶县、阳翟县,以逼东都洛阳也。从中,可知招讨副使张自勉转任东南面行营招讨使②,与东都应援防遏使刘景仁等共同守卫东都。亦可证招讨使在都统之下,两者并不冲突。

东都进攻不成,黄巢收集王仙芝余部转战江南、岭南,曾元裕也返回平卢继任节度使。直至黄巢从广州北返时,王铎已经坐镇荆南一年多,战局也发生了很大的变化。

第三阶段:诸道行营都统高骈

关于高骈担任诸道行营都统的记载,始于乾符五年六月出镇浙西,以及乾符六年十月出镇淮南。据《旧唐书·僖宗纪》记载:

> (乾符五年)六月,以宣歙观察使高骈检校司空,兼润州刺史、镇海军节度、苏常杭润观察处置、江淮盐铁转运、江西招讨等使。③

---

① 《资治通鉴》卷二五三,唐僖宗乾符五年三月条,第8201页。

② 方积六以濮州在荆襄东北,遂赞同《新唐书》卷二二五下《黄巢传》"更拜自勉东北面行营招讨使"(第6454页)的说法,见方积六《黄巢起义考》,第61页。然而曾元裕不久亦往东都,则此处当是就东都而言的东南面,非荆襄。

③ 《旧唐书》卷一九下《僖宗纪》,第700页。此处"六月"原文在乾符四年,但高骈出镇浙西实在五年,参见《资治通鉴》卷二五三,唐僖宗乾符五年六月条,第8208页。参见郁贤皓《唐刺史考全编》卷一三七《润州》,第1869页。

（乾符六年）十月，制以镇海军节度、浙江西道观察处置等使高骈检校司徒、同平章事、扬州大都督府长史，充淮南节度副大使、知节度使、江淮盐铁转运、江南行营招讨等使，进封燕国公，食邑三千户。初，骈在浙西，遣大将张璘、梁缵等大破黄巢于浙东，贼进寇福建，踰岭表，故移镇扬州。时贼北踰大庾岭，朝廷授骈诸道行营兵马都统。①

此处涉及高骈三个职务：江西招讨使、江南行营招讨使、诸道行营兵马都统。其中前两职仅见于此，但因与高骈其他官爵食邑一起出现，当实有其职，可知唐廷在浙西、淮南皆有设置招讨一职，淮南节度使高骈先后出任为招讨使。其中，浙西节度使任上，似先授江西招讨使，后更名为江南行营招讨使。当时王铎尚未罢"诸道行营都统"一职，则高骈在名义上尚处于王铎之下。

此后，黄巢进一步北上，乾符六年十月，攻破副都统李系镇守的潭州，王铎闻此，逃往襄阳。②"诸道行营都统"一职便徒有虚名。值得注意的是，直至王铎罢都统职，高骈继任都统，此间唐廷为了阻止黄巢北上，又任命了一系列招讨使，除了江西招讨使高骈、江南行营招讨使高骈，尚有两例：

江西招讨使曹全晸、段彦谟

《旧唐书·僖宗纪》曰："贼悉众欲寇襄阳，江西招讨使曹全晸与襄阳节度使刘巨容谋拒之。……全晸方渡江袭贼，遽诏至，以段彦谟为江西节度使，全晸乃还。"③《新唐书·刘巨容传》曰："江西招讨使曹全晸与巨容守荆门关，与贼战。"④《资治通鉴》乾符六年十一月条曰："黄巢北趋襄阳，刘巨容与江西招讨使、淄州刺史曹全晸合兵屯荆门以拒之。……

① 《旧唐书》卷一九下《僖宗纪》，第 703 页。

② 《旧唐书》卷一九下《僖宗纪》，第 706 页；《资治通鉴》卷二五三，唐僖宗乾符六年十月条，第 8217—8218 页。

③ 《旧唐书》卷一九下《僖宗纪》，第 706 页。此处校勘记曰："段彦谟为江西节度使'谟'字各本原作'谋'，'江西'原作'江南'，据《新书》卷二二五下《黄巢传》《通鉴》卷二五三改。"甚是。

④ 《新唐书》卷一八六《刘巨容传》，第 5425 页。

全晟渡江追贼,会朝廷以泰宁都将段彦谟代为招讨使,全晟亦止。"① 可见,当黄巢进攻襄阳时,有淄州刺史曹全晟以江西招讨使之职拒之,并追击黄巢,不过途中被泰宁节度使帐下段彦谟所取代。其中曹全晟所任淄州,在平卢节度使辖下,可知当时为宋威部将,但此时宋威早已不任事,故牵连到曹全晟的江西招讨使亦被人取代。而段彦谟所属之泰宁节度使,当时正是前文所述前禁军将领齐克让。此外,曹全晟的江西招讨使最早出现在乾符六年十一月,高骈在乾符六年十月出镇淮南之前,曾为江西招讨使,则曹全晟当是接替高骈继承了"江西招讨使"一职。

南面招讨使周宝

据《新唐书·周宝传》:"黄巢据宣、歙,徙宝镇海军节度兼南面招讨使。巢闻,出采石,略扬州。"② 周宝出镇浙西在乾符六年十一月,从这一记载,可知当时在周宝取代高骈出镇浙西之后,继续负责对境内盗贼的招讨任务。联系上文高骈在浙西所任江南行营招讨使,则周宝并未继承"江南"二字,而是新著"南面"二字。

从江南行营招讨使、江西招讨使、南面招讨使三个职务来看,为了阻截黄巢北上,唐廷在王铎败归之时,又任命了地方上的招讨使。不过,毕竟不能缺少掌握全局者,亟须任命新的都统,此人即高骈。

关于高骈出任都统的时间,《旧唐书·僖宗纪》曰,乾符六年十月,"时贼北踰大庾岭,朝廷授骈诸道行营兵马都统。"③ 广明元年三月,"朝廷以王铎统众无功,乃授淮南节度使高骈为诸道兵马行营都统。"④ 一事而有两处记载。《新唐书·僖宗纪》曰:"六年正月,镇海军节度使高骈为诸道行营兵马都统。"⑤《资治通鉴》取广明元年三月⑥。据方积六考证,当在卢携于乾符六年十二月恢复相位之时或稍后不久,甚是。⑦

不过高骈的都统一职刚担任没多久,就遭遇一次败仗,即广明元年五

① 《资治通鉴》卷二五三,唐僖宗乾符六年十一月条,第 8219 页。

② 《新唐书》卷一八六《周宝传》,第 5416 页。

③ 《旧唐书》卷一九下《僖宗纪》,第 703 页。

④ 同上书,第 707 页。

⑤ 《新唐书》卷九《僖宗纪》,第 268 页。

⑥ 《资治通鉴》卷二五三,唐僖宗广明元年三月条,第 8223 页。

⑦ 方积六:《黄巢起义考》,第 107—109 页。

月高骈部将张璘败死于信州，导致黄巢势力再次兴盛。此后，高骈对于讨伐黄巢的态度大为转变，开始明哲保身。对此，已有许多学者予以讨论，此不赘言。① 从此，高骈的都统即有名无实，唐廷开始寻找新的都统和招讨使人选。据史料，有两次任命值得注意：

东面副都统曹全晟

《新唐书·僖宗纪》曰：广明元年七月"辛酉，天平军节度使曹全晟为东面副都统。"②《资治通鉴》亦曰："辛酉，以淄州刺史曹全晟为天平节度使，兼东面副都统。"③ 曹全晟前文已经提及其曾于乾符六年十一月左右任江西招讨使，此处则是数月之后，升任天平节度使并兼东面副都统。所谓"东面"，不仅指天平节度使所辖地在东方，亦当指曹全晟当时所驻守的地方。据《资治通鉴》卷二五三唐僖宗广明元年九月条："黄巢众号十五万，曹全晟以其众六千与之战，颇有杀获；以众寡不敌，退屯泗上，以俟诸军至，并力击之；而高骈竟不之救，贼遂击全晟，破之。"④ 曹全晟既曰退屯"泗上"，则之前当在淮南与黄巢作战，而当时黄巢于七月渡江进攻和州、滁州⑤，进围扬州天长、六合二县⑥，则曹全晟当时亦在附近协助据守扬州的淮南节度使高骈。笔者疑所谓"东面副都统"，当即作为"诸道行营都统"之高骈的副都统，唯扬州在东，故曰东面，正如前文所论王铎在荆南任都统而称为"南面行营招讨都统"也。

诸道兵马都指挥制置招讨使田令孜

《新唐书·僖宗纪》曰：广明元年十一月"壬戌，幸左神策军阅武。护军中尉田令孜为诸道兵马都指挥制置招讨使，忠武军监军杨复光副之"⑦。《资治通鉴》亦曰："令孜荐左军马军将军张承范、右军步军将军王师会、左军兵马使赵珂。上召见三人，以承范为兵马先锋使兼把截潼关

---

① 黄清连：《高骈纵巢渡淮——唐代藩镇对黄巢叛乱的态度研究之一》，第9—16页。
② 《新唐书》卷九《僖宗纪》，第270页。
③ 《资治通鉴》卷二五三，唐僖宗广明元年七月条，第8231页。
④ 同上书，第8232页。
⑤ 《新唐书》卷九《僖宗纪》，第270页。
⑥ 《旧唐书》卷一九下《僖宗纪》，第708页。
⑦ 《新唐书》卷九《僖宗纪》，第270页。

制置使，师会为制置关塞粮料使，珂为句当寨栅使，令孜为左右神策军内外八镇及诸道兵马都指挥制置招讨等使，飞龙使杨复恭为副使。"① 在这里，身为当时宦官集团首领的田令孜被任命为"诸道兵马都指挥制置招讨使"，另一宦官杨复恭为副使②，以此名义统帅原本即控制在宦官手中的神策军将领，自然与当时名义上的诸道行营都统高骈并无统属关系。但"诸道行营都统"既然已经由方镇节度使掌握，则田令孜身为宦官，也不方便直接取代高骈，何况当时黄巢军队正进入汝州境内，尚且需要高骈予以追击，不能撤销其都统称号。于是，田令孜所出任的这一"诸道兵马都指挥制置招讨使"，其性质当是在都统权限之外，"都指挥"各道兵马的招讨使，相当于把高骈都统一职的权限给转移了过来。

由以上两例可知，唐廷对于高骈握兵自固的反应可包括两例：以曹全晟为副都统，直接出兵击巢；以田令孜为诸道兵马都指挥制置招讨使，转移高骈的权限。但为时不久，长安即陷落，唐僖宗出逃蜀地，唐廷对黄齐政权的"招讨"，也面临新的局面。

第四阶段：京城四面行营都统郑畋

当黄巢在长安称帝，建立大齐政权之后，虽然事实上已经成为两个政权之间的较量，但在齐廷、唐廷各自而言，都视自己为正统。即便日后能够长期并存，由于战事频繁，也远未达到边界固定的状态。唐廷在黄齐政权的都城长安周围所部署的各种行营，即时刻威胁着黄齐政权的生存。由于战场已经转移，所以唐廷的行营名称也与往日不同。

此处先考辨一下高骈所谓担任京城四面行营都统的问题，先具列材料如下：

---

① 《资治通鉴》卷二五四，唐僖宗广明元年十一月条，第 8236 页。
② 《新唐书·僖宗纪》和《资治通鉴》关于杨复光、杨复恭的不同记载，据《旧唐书》卷一八四《杨复恭传》："时黄巢犯阙，左军中尉田令孜为天下观军容制置使，专制中外。复恭每事力争得失，令孜怒，左授复恭飞龙使，乃称疾退于蓝田。"（第 4774 页）可见当以杨复恭为确。仲亚东在讨论唐末宦官所担任的军事性使职"制置使"时，误判为杨复光，见仲亚东《唐代宦官诸使研究》，第 60 页。赵晨昕曾就《旧唐书·杨复恭传》的记载讨论宦官使职的高低排序，但误系黄巢犯阙为乾符元年（874），见赵晨昕《唐代宦官权力的制度解析——以宦官墓志及敦煌本〈记室备要〉为中心》，博士论文，首都师范大学，2012 年，第 68 页。

1. （中和元年二月）太子少师王铎为司徒，兼门下侍郎、同中书门下平章事。淮南节度使高骈为京城四面都统。①

2. 俄而两京陷，天子犹冀骈立功，眷寄未衰，诏刺史若诸将有功，自监察御史至常侍，许墨制除授。寻进检校太尉、东面都统，京西、京北神策军诸道兵马等使。②

3. 加淮南节度使高骈东面都统。③

4. 臣某言：今月某日，宣慰使供奉官严遵美至，奉宣圣旨，慰谕臣及将校等，并赐臣敕书手诏各一封，加臣检校太尉，依前充淮南节度使兼东面都统者。④

5. 敕淮南节度、盐铁转运等使，东面都统兼指挥京西、京北神策诸道节度兵马制置等使牒。⑤

以上材料分别来自：1.《新唐书·僖宗纪》；2.《新唐书·高骈传》；3.《资治通鉴》；4.《桂苑笔耕集》卷二《谢加太尉表》；5.《桂苑笔耕集》卷一三《行墨敕授散骑常侍》。

方积六从材料1、3、4中发现"四面"和"东面"之差异，然后根据材料2、5中描述高骈亦兼领"京西、京北神策"兵马这一记载，认为高骈当时所任都统实为"四面都统"，而非"东面都统"。⑥方氏考证不顾《桂苑笔耕集》所载当时文书原文，以及当时军事形势，硬以《新唐书》为准，似误。前文已经指出，当王铎坐镇荆南时，有"南面都统"之称；当高骈坐镇扬州时，有曹全晸为"东面副都统"，则此处高骈为"东面都统"似无不可，且材料4又有"依前"二字，可知高骈在此之前即是"东面都统"。而所谓"兼指挥"京西、京北神策军和诸道兵马，只是以"东面都统"来兼任，若直接任命"四面都统"，焉用"兼"字？

① 《新唐书》卷九《僖宗纪》，第271页。

② 《新唐书》卷二二四下《高骈传》，第6395页。

③ 《资治通鉴》卷二五四，唐僖宗中和元年二月丙申条后，第8246页。

④ 崔致远撰，党银平校注：《桂苑笔耕集校注》卷二《谢加太尉表》，中华书局2007年版，第33页。

⑤ 崔致远撰，党银平校注：《桂苑笔耕集校注》卷一三《行墨敕授散骑常侍》，第399页。

⑥ 方积六：《唐王朝镇压黄巢起义领兵统帅考》，第246—247页；方积六：《黄巢起义考》，第160—161页。

此外，当时高骈坐镇扬州，唐廷迫切希望其入关中讨黄巢，而入关中后也是从长安城东面的潼关入，则自然要授其东面都统，待进入关中后方能兼指挥京西、京北神策军和诸道兵马。若未入关中而已命其直接都统京城四面兵马，恐怕高骈更为骄傲自满，玩寇不进矣。因此，高骈并未在广明二年二月担任京城四面都统，而是东面都统。

此后，以长安为中心的各种方位命名的行营依次设置：

京东南面行营都监杨复光

据《资治通鉴》中和元年二月条："以枢密使杨复光为京西南面行营都监。"① 此处，"西南"或为"东南"之误，因为当时杨复光为忠武节度使周岌的监军使，且在此年五月收复邓州②，忠武镇、邓州俱在长安东南方。而"枢密使"亦似有误，其实任枢密使的是杨复光的哥哥杨复恭，后者一直在唐廷协助田令孜。既然有行营都监，就应该有行营都统，疑当时忠武军节度使周岌为都统，不过周岌起初投靠黄齐政权，因杨复光的劝说而于此年五月之前归唐，则唐廷以杨复光为都监，当有策反周岌的用意。

京西诸道行营都统郑畋、副都统程宗楚

郑畋于广明二年三月充京西诸道行营都统，诸书皆有记载，其中以《旧唐书·郑畋传》所载郑畋檄文中郑畋职衔最为精确，即"凤翔陇右节度使、检校尚书左仆射、同中书门下平章事、充京西诸道行营都统、上柱国、荥阳郡开国公、食邑二千户"③。方积六亦据《改元天复敕》中"故西面行营副都统、泾原节度使程宗楚"的记载，证明在当年四月程宗楚战死之前，郑畋所任为"京城西面行营都统"。④ 此外，又设副都统、行军司马等佐官。据《新唐书·郑畋传》载："军中承制除拜，乃以前灵武

---

① 《资治通鉴》卷二五四，唐僖宗中和元年二月条，第8246页。

② 《新唐书》卷九《僖宗纪》，第272页；《资治通鉴》卷二五四，唐僖宗中和元年五月条，第8252页。

③ 《旧唐书》卷一七八《郑畋传》，第4634页。其他记载分别为：《旧唐书》卷一九下《僖宗纪》曰"京西诸道行营都统"，第710页；《新唐书》卷九《僖宗纪》曰"京城西面行营都统"，第271页；《新唐书》卷一八五《郑畋传》曰"西面行营都统"，第5403页；《资治通鉴》卷二五四，唐僖宗中和元年三月条曰"京城四面诸军行营都统"，第8247页。

④ 方积六：《黄巢起义考》，第163—164页。

节度使唐弘夫为行军司马。"① 又据《资治通鉴》载："畋奏以泾原节度
使程宗楚为副都统，前朔方节度使唐弘夫为行军司马。"② 可知程宗楚为
副都统，唐弘夫为行军司马。

南面行营招讨使刘巨容

《新唐书·僖宗纪》曰：中和元年五月，"是月，刘巨容为南面行营
招讨使"③。《新唐书·刘巨容传》曰："及陷两京，巨容合诸道兵讨之，
授南面行营招讨使，累兼天下兵马先锋开道供军粮料使、检校司空，封彭
城县侯。"④ 由这两条材料可知，刘巨容曾受命为"南面行营招讨使"。招
讨使与都统自然有别，但此时都统已经很多，与招讨使相差无几。重要的
是南面行营的设置，当亦以京城长安为中心，因山南东道在南而设。

东南面行营招讨使王处存

《新唐书·僖宗纪》曰：中和元年七月，"义武军节度使王处存为东
南面行营招讨使"⑤。《新唐书·王处存传》曰："诏处存检校尚书右仆射
督战，俄拜东南面行营招讨使。"⑥《资治通鉴》曰："以义武节度使王处
存为东南面行营招讨使。"⑦ 这三种史料皆曰"东南面行营招讨使"，不过
义武军在河北，此处当是王处存率军入关后屯驻于长安城东南面之故。

东面招讨使王重荣

《旧唐书·杨复光传》曰："寻起复，受诏充天下兵马都监，押诸军
入定关辅。王重荣为东面招讨使，复光以兵会之。"⑧ 王重荣为河中节度
使，在长安以东，遂为东面招讨使。

鉴于东面都统高骈一直不入关，当时关中诸军并无统一指挥者，故唐

① 《新唐书》卷一八五《郑畋传》，第5403页。
② 《资治通鉴》卷二五四，唐僖宗中和元年三月条，第8247页。
③ 《新唐书》卷九《僖宗纪》，第272页。
④ 《新唐书》卷一八六《刘巨容传》，第5425页。
⑤ 《新唐书》卷九《僖宗纪》，第272页。
⑥ 《新唐书》卷一八六《王处存传》，第5418页。
⑦ 《资治通鉴》卷二五四，唐僖宗中和元年七月条，第8256页。
⑧ 《旧唐书》卷一八四《杨复光传》，第4773页。

廷于中和元年六月升任郑畋为"京城四面行营都统"。《新唐书·僖宗纪》
曰：中和元年六月，"戊戌，郑畋为司空，兼门下侍郎、同中书门下平章
事、京城四面行营都统"①。《新唐书·宰相表下》曰："中和元年辛丑。
六月戊戌，检校司空、同平章事、京城四面行营都统郑畋守司空兼门下侍
郎、同中书门下平章事、京城四面行营都统。"② 《新唐书·郑畋传》：
"再进司空、兼门下侍郎、京城四面行营都统，赐御袍犀带。拜而不
贺。"③《资治通鉴》似据《新唐书·宰相表下》，记载为"都统如故"④，
似之前即任"京城四面行营都统"。但前文已经指出，郑畋在中和元年三
月所任为"京西"，而非"四面"。至六月，方如《新唐书·僖宗纪》、
《新唐书·郑畋传》所说任"四面"。而作为京城四面行营都统，南面行营
招讨使刘巨容、东南面行营招讨使王处存，名义上即皆在郑畋指挥之下。

第五阶段：诸道行营都统王铎、副都统崔安潜

　　中和元年九月六日，东面都统高骈留驻东塘百余日后返回扬州⑤，唐
廷就此对高骈彻底失望，乃考虑新的都统人选。此年秋天左右，乃命王铎
重新出任诸道行营都统。对此，有数种材料可证：

　　　　1. 门下：……开府仪同三司、守司徒兼太子太保、同中书门下
　　平章事、充太清宫使、弘文馆大学士兼延资库使、上柱国、晋国公、
　　食邑三千户王铎……朕克荷丕图，内惭凉德，致其郊庙，陷于豺狼。
　　若坠沟隍，如怀水火，未尝一饭之饱，一夕之安，省过责躬，临深履
　　薄。遂致玄穹下鉴，元老请行，面陈衷肠，忠贯天地，振朝廷之武
　　力，挫妖孽之残魂。遏其疾风，方知劲草，况律临白马，地压洪河，
　　拥东夏之锐师，视中原之沴气，必期破竹，自可覆巢。……可司徒兼
　　中书令，充诸道行营都统兼指挥兵马收复京城及租庸等使，判延资库

　　① 《新唐书》卷九《僖宗纪》，第 272 页。
　　② 《新唐书》卷六三《宰相表下》，第 1744 页。
　　③ 《新唐书》卷一八五《郑畋传》，第 5404 页。
　　④ 《资治通鉴》卷二五四，唐僖宗中和元年六月条，第 8252 页。
　　⑤ 《旧唐书》卷一八二《高骈传》，第 4705 页；《资治通鉴》卷二五四，唐僖宗中和元年
九月条，第 8258 页。

事，权知义成军节度管内观察处置等使，余如故。仍命所司，择日备礼册命，军罢后却赴中书，主者施行。（中和二年正月）①

2. 唐僖宗之狩于岷蜀也，黄巾尚游魂于三辅。中和辛丑岁，诏丞相晋国公王铎为诸道行营都统，执操旗鼓，乘三峡而下，作镇南燕，为东诸侯节度。又诏军容使西门季玄为都监。秋七月，铎至滑，都监次于临汝。②

3.（中和）元年十一月，乙巳，制以铎为都统。十二月，乙亥，铎屯螯屋。③

4.（中和）元年八月，铎拜天下都统。④

5. 中和元年四月，高骈帅师驻泊东塘，自五月出府，九月却归。朝廷即以铎都统诸道兵马，收复长安。⑤

6.（中和元年七月），以兵部侍郎、判度支韦昭度本官同平章事。以侍中王铎检校太尉、中书令，兼滑州刺史、义成军节度、郑滑观察处置，兼充京城四面行营都统；以太子太保崔安潜为副。观军容使西门思恭为天下行营兵马都监押；中书侍郎、平章事、诸道盐铁转运等使韦昭度为供军使。时淮南节度使高骈为诸道行营都统，自车驾出幸，中使相继促骈起军，骈托以周宝、刘汉宏不利于己，迁延半岁，竟不出军，乃以铎为都统。……十二月，行营都统王铎率禁军、山南东川之师三万至京畿，屯于螯屋。⑥

7. 王铎为诸道行营都统，奏安潜为副。⑦

8.（中和元年）其年冬，宰相王铎至滑台，兼充天下行营都统。方征兵诸侯，奏用浚为都统判官。⑧

————————

①　乐朋龟：《王铎中书令诸道行营都统权知义成军节度使制》，《唐大诏令集》卷五二，第276页。

②　皇甫枚：《三水小牍》卷下，转引自单飞《〈三水小牍〉重编校勘》，氏著《皇甫枚〈三水小牍〉研究》，第37—38页。

③　贾纬：《唐年补录》，转引自《资治通鉴》卷二五四，唐僖宗中二年正月条，第8261页。

④　《续宝运录》，转引自《资治通鉴》卷二五四，唐僖宗中二年正月条，第8261页。

⑤　程匡柔：《唐补纪》，转引自《资治通鉴》卷二五四唐僖宗中二年正月条，第8261页。

⑥　《旧唐书》卷一九下《僖宗纪》，第711—712页。

⑦　《旧唐书》卷一七七《崔安潜传》，第4580页。

⑧　《旧唐书》卷一七九《张浚传》，第4656页。亦见《新唐书》卷一八五《张浚传》，然并无详细时间，第5411页。

9. 僖宗知骈无赴难意，乃以宰臣王铎为京城四面诸道行营兵马都统，崔安潜副之，韦昭度领江淮盐铁转运使。①

10. （中和元年）十二月，宰相王铎率荆襄之师自行在至。②

11. （中和）二年正月辛亥，王铎为诸道行营都都统，承制封拜，太子少师崔安潜副之。高骈罢都统。③

12. （中和）二年壬寅。正月辛亥，铎为诸道行营都都统，兼指挥诸军兵马收复京城及诸道租庸等使，权知义成军节度使。④

13. 是时，诛讨大计悉属骈，骈内幸多难，数偃蹇，而外逗挠。铎感慨王室，每入对，必噫呜流涕，固请行。时中和二年也。乃以检校司徒、中书令为义成节度使，诸道行营都统，判延资、户部、租庸等使。于是表崔安潜自副，郑昌图、裴贽、裴枢、王抟等在幕府，以周岌、王重荣、诸葛爽、康实、安师儒、时溥六节度为将佐，而中尉西门思恭为监军。⑤

14. 天子更以王铎为诸道行营都统，崔安潜副之，周岌、王重荣为左右司马，诸葛爽、康实为左右先锋，平（安）师儒为后军，时溥督漕赋，王处存、李孝章、拓拔思恭为京畿都统，处存直左，孝章在北，思恭直右。西门思恭为铎都监，杨复光监行营，中书舍人卢胤征为克复制置副使。⑥

15. 王铎以高骈为诸道都统无心讨贼，自以身为首相，发愤请行，恳款流涕，至于再三；上许之。二年，春，正月，辛亥，以王铎兼中书令，充诸道行营都都统，权知义成节度使，俟罢兵复还政府。高骈但领盐铁转运使，罢其都统及诸使。听王铎自辟将佐；以太子少师崔安潜为副都统。⑦

---

① 《旧唐书》卷一八二《高骈传》，第4705页。

② 《旧唐书》卷二〇〇下《黄巢传》，第5394页。

③ 《新唐书》卷九《僖宗纪》，第273页。

④ 《新唐书》卷六三《宰相表下》，第1745页。

⑤ 《新唐书》卷一八五《王铎传》，第5407页。

⑥ 《新唐书》卷二二五下《黄巢传》，第6460页。其中"平师儒"当即《新唐书·王铎传》所谓"安师儒"。

⑦ 《资治通鉴》卷二五四，唐僖宗中二年正月条，第8261—8262页。

以上材料分别来自：1. 乐朋龟《王铎中书令诸道行营都统权知义成军节度使制》；2. 皇甫枚《三水小牍》；3. 贾纬《唐年补录》；4.《续宝运录》；5. 程匡柔《唐补纪》；6.《旧唐书·僖宗纪》；7.《旧唐书·崔安潜传》；8.《旧唐书·张浚传》；9.《旧唐书·高骈传》；10.《旧唐书·黄巢传》；11.《新唐书·僖宗纪》；12.《新唐书·宰相表下》；13.《新唐书·王铎传》；14.《新唐书·黄巢传》；15.《资治通鉴》。

关于王铎何时为都统，方积六取《资治通鉴》之说，考证为中和二年正月，黄清连赞同之。① 但王铎向唐僖宗请行，王铎率军入关中，和唐廷任命王铎为诸道行营都统，并非在一个月之内。上引《唐年补录》《旧唐书·僖宗纪》《旧唐书·黄巢传》皆曰中和元年十二月，王铎领兵抵达关中，可知在此之前王铎即已被授予统兵之权。又，《唐年补录》载王铎中和元年十一月受命，《续宝运录》八月，《唐补纪》九月，《旧唐书·僖宗纪》七月，《旧唐书·张浚传》载中和元年冬王铎至滑州（滑台）并出任都统，则似乎王铎于十一月之前受命，十二月入抵关中。《新唐书·僖宗纪》《新唐书·宰相表下》《资治通鉴》皆以中和二年正月王铎为都统，《唐大诏令集》亦系乐朋龟制文于二年正月，则似正授之时，而此前预授，并且等待王铎入关。

在诸多记载差误之下，尚需把方积六所否定的《三水小牍》加入讨论。据单飞考证，《三水小牍》作者皇甫枚为白敏中外孙，而王铎亦尝从事于白敏中的西川幕府②，则皇甫枚所记载王铎之事当无大误。据《三水小牍》载，中和辛丑岁（元年）秋七月，王铎抵滑州，即王铎任义成节度使而至滑州，滑州地处河北、河南之间，适合以此为据点向各道节度使征兵入关。然七月时，王铎尚在成都，经历了郭琪之乱。③ 因此，虽然王铎可能在七月受命，但出川时间尚在此后，或即《续宝运录》《唐补纪》所载八、九月间，至冬天抵滑州，十二月抵关中，次年正月正授。《三水小牍》所载王铎抵滑州之事，出于皇甫枚之笔，当可信之，乐朋龟制文亦云"况律临白马，地压洪河，拥东夏之锐师，视中原之沴气"，即王铎在入

---

① 方积六：《唐末镇压黄巢起义领兵统帅考》，第249—250页；方积六：《黄巢起义考》，第200—206页；黄清连：《王铎与晚唐政局——以讨伐黄巢之乱为中心》，第244—245页。

② 单飞：《皇甫枚〈三水小牍〉研究》，第6—8页。

③ 《资治通鉴》卷二五四，唐僖宗中和元年七月条，第8254—8255页。

关之前，确曾入主滑州义成军。亦即，在王铎向唐僖宗请行和抵达关中之间数月，需要有很多准备工作，比如亲自前往滑州招募军队，以及中和元年十月左右派都统判官张浚前往青州说服平卢军节度使王敬武勤王。① 前人并未坐实王铎入关前即已入滑②，也导致了对于王铎就任都统时间的分歧。

至于副都统，据《旧唐书·僖宗纪》《旧唐书·高骈传》《新唐书·僖宗纪》《新唐书·王铎传》《新唐书·黄巢传》《资治通鉴》，皆云崔安潜，可从。

中和二年正月，唐廷正授已经抵达关中的王铎为"诸道行营都都统"，对于"都都统"的称谓，诸家颇有争论，司马光《资治通鉴考异》以当时都统甚多，疑为"都都统"。③ 岑仲勉从《王涣墓志》确认为"都都统"，方积六据《唐大诏令集》所载三篇制文、《桂苑笔耕集》、《三水小牍》的记载，确认为"都统"。黄清连赞同之，但根据《新唐书·百官志》《南部新书》的记载，不否认"都都统"的称谓曾存在过。④ 对此，笔者并无新的意见，即便王铎所任不是"都都统"，也无法否认王铎当时在众都统中的地位。因此，与其纠结于这一问题，不如整理一下当时王铎之下到底有哪些各面都统。

关于当时各面都统，大致有以下几种材料：《旧唐书·僖宗纪》，中和元年七月，"以河中节度使王重荣为京城北面都统，义武军节度使王处存为京城东面都统，鄜延节度使李孝昌为京城西面都统，朔方军节度使拓跋思恭为京城南面都统"⑤。《新唐书·僖宗纪》，中和二年正月"辛未，王处存为京城东面都统，李孝章为北面都统，拓跋思恭为南面都统"⑥。前引《新唐书·黄巢传》，"王处存、李孝章、拓拔思恭为京畿都统，处存直左，孝章在北，思恭直右"。《资治通鉴》，"又以王处存、李孝昌、

① 胡耀飞：《黄巢之变与藩镇格局的转变（875—884）》，第 106 页。

② 郁贤皓在王铎始任之"中和元年"后加问号以示不确定，见郁贤皓《唐刺史考全编》卷五七《滑州》，第 804 页。黄清连认为王铎不可能在中和三年正月以前到滑州赴任，见黄清连《王铎与晚唐政局——以讨伐黄巢之乱为中心》，第 258 页。

③ 《资治通鉴》卷二五四，唐僖宗中和二年正月条，第 8261—8262 页。

④ 岑仲勉：《从王涣墓志解决了晚唐史一两个问题》，《历史研究》1957 年第 9 期，第 55—62 页；方积六：《黄巢起义考》，第 202—203 页；黄清连：《王铎与晚唐政局——以讨伐黄巢之乱为中心》，第 247—248 页。

⑤ 《旧唐书》卷一九下《僖宗纪》，第 711 页。

⑥ 《新唐书》卷九《僖宗纪》，第 273 页。

拓跋思恭为京城东、北、西面都统"①。方积六综合这几种材料,认为王处存为京城东(左)面都统,李孝章(昌)为京城北面都统,拓跋思恭为京城西(右)面都统,而王重荣实为行军司马。②其说可从。此外,至中和二年七月,又有东方逵代替李孝昌为都统。《新唐书·僖宗纪》曰:保大军节度留后东方逵"充京城东面行营招讨使"③,《资治通鉴》胡注曰:"按李孝昌以鄜师勤王,去年为黄巢所攻,奔归本道。东方逵盖代李孝昌也。"④《新唐书·僖宗纪》又记载,中和二年八月"京城东北面行营都统"⑤。考鄜延在长安城东北面,胡注所提及李孝昌此前任北面行营都统,则东面、东北面或皆误,即东方逵在一月之内从北面招讨使升任北面都统。

尚可补者,当时有南面行营。前引《新唐书·黄巢传》曰:"西门思恭为铎都监,杨复光监行营。"又据《资治通鉴》载:"以右神策观军容使西门思恭为诸道行营都都监。……以杨复光为南面行营都监使。"⑥可知,当时西门思恭为行营都监(都都监),而杨复光虽亦监行营,但所监为"南面行营",即当时有南面行营的存在,方有南面行营都监的设置。至于南面行营都统的人选,或为此前的忠武节度使周岌,盖杨复光一直以忠武军随身。只是周岌一直没能亲赴关中,所以南面行营都统也从未见于记载。

这一补正还可进一步左证前面的讨论,据《旧唐书·僖宗纪》:"以忠武监军使杨复光为天下行营兵马都监,代西门思恭。"⑦方积六亦举《册府元龟》为证,即"朝廷初以观军容使思恭为天下兵马都监,时老疾不行,诏令复光代之"⑧。可知有以杨复光取代西门思恭为都监的过程。联系前引《三水小牍》所言王铎与西门季玄(思恭)曾抵达滑州的记载,可知王铎初为都统之时,人事安排并未一时即备,即可旁证中和二年正月对王铎的任命当是数月之间调整后的定型,与王铎在中和元年八九月间即

① 《资治通鉴》卷二五四,唐僖宗中和二年正月条,第8263页。
② 方积六:《黄巢起义考》,第205页。
③ 《新唐书》卷九《僖宗纪》,第273页。《新唐书》卷二二五下《黄巢传》则谓"京左行营都统",见第6461页。
④ 《资治通鉴》卷二五五,唐僖宗中和二年七月条,第8273页。
⑤ 《新唐书》卷九《僖宗纪》,第273页。
⑥ 《资治通鉴》卷二五四,唐僖宗中和二年正月条,第8263页。
⑦ 《旧唐书》卷一九下《僖宗纪》,第711页。
⑧ 李昉等:《册府元龟》卷六六七《内臣部三·立功》,凤凰出版社2006年版,第7692页。参见方积六《黄巢起义考》,第205页。

任都统并不冲突。

关于南面行营的话题，还能解决一个问题，即凤翔节度使郑畋的继任者李昌言的都统之职。《旧唐书·僖宗纪》曰：中和元年九月，"凤翔节度使郑畋以病征还行在，以凤翔大将李昌言代畋为节度使，兼京城西面行营都统"①。不过李昌言并未马上兼任京城西面行营都统。据《新唐书·郑畋传》："行军司马李昌言者屯兴平，遣麾下求为南面都统。"② 可见当时李昌言首先想担任的是南面都统。根据前文，可知中和元年九月正是王铎初任诸道行营都统之时，若因周岌迟迟不入关中而导致南面行营都统空缺可以坐实，则李昌言当时正是看中这点而向郑畋求为南面都统。盖当时王铎尚未入关，郑畋依旧担任京城四面行营都统，故向郑畋索求。不久，郑畋赴成都行在，李昌言代镇凤翔。中和元年十一月，李昌言正式被任命为"凤翔节度行营招讨使"③，这几个字可理解为以凤翔镇为单位的行营的招讨使，但如果断开为"凤翔节度、行营招讨使"，则亦可理解为凤翔节度使兼行营招讨使，此行营不知是何面行营。然据《新唐书·僖宗纪》：中和二年二月，"丙戌，李昌言为京城西面都统，邠宁节度使朱玫为河南都统、诸谷防遏使"④。《资治通鉴》亦曰："以李昌言为京城西面都统，朱玫为河南都统。"⑤ 可知，在中和二年二月，李昌言被正式任命为京城西面都统，则此前的行营招讨使当亦西面行营招讨使，盖京城西面行营都统当时为拓跋思恭所居，直至此时方才正式取代拓跋思恭。至于拓跋思恭此后的动向，据《新唐书·僖宗纪》，中和二年八月，"拓跋思恭为京城四面都统"⑥，《新唐书·党项传》亦曰："中和二年，诏（拓跋思恭）为京城西面都统、检校司空、同中书门下平章事。俄进四面都统，权知京兆尹。"⑦ 似沿袭了第四阶段郑畋的京城四面行营都统，不过此时诸面都统林立，此四面都统或与其他都统平权。

至于《新唐书·僖宗纪》和《资治通鉴》所提及的河南都统朱玫，

① 《旧唐书》卷一九下《僖宗纪》，第712页。《新唐书》卷九《僖宗纪》系于十月，第272页。《资治通鉴》亦系于十月，第8260页。郑畋并非因病，而是为李昌言所逐，详见第六章讨论。

② 《新唐书》卷一八五《郑畋传》，第5404页。

③ 《新唐书》卷九《僖宗纪》，第273页；《资治通鉴》卷二五四，唐僖宗中和元年十一月条，第8260页。

④ 《新唐书》卷九《僖宗纪》，第273页。

⑤ 《资治通鉴》卷二五四，唐僖宗中和二年二月条，第8263页。

⑥ 《新唐书》卷九《僖宗纪》，第273页。

⑦ 《新唐书》卷二二一上《党项传》，第6218页。

据胡三省注："朱玫时镇邠宁，安得出关东统河南诸镇！此河南，盖自龙门河东至蒲津一带大河南岸也。"不过自龙门至蒲津，仅能言河东、河西，无可言河南、河北。疑此河为潏河，"河南"即潏河南岸，也就相当于京城南面，或即以此补足京城南面都统之空缺乎？其所兼任的"诸谷防遏使"亦可证，盖诸谷当即长安城南秦岭一带各条谷道。此后，至中和二年六月，据《新唐书·僖宗纪》，"朱玫为京城西北面行营都统"①，则又使朱玫以所在藩镇为据点镇守，且此职一直持续至收复长安②。

以八方之一命名的行营还有东南面，据《新唐书·诸葛爽传》："爽累授京师东南面招讨诸行营副都统、左先锋使，兼中书门下平章事。……时中和二年也。"③但此条材料是孤证，尚待坐实。

在王铎任期内，还有招讨使，黄齐政权同州刺史朱温投降后被任命为"河中行营招讨副使"④。但见于史籍记载的数量不多，盖都统一多，招讨使便不受重视。

第六阶段：诸道行营兵马都监杨复光

王铎任期的结束源于政治斗争，在中和三年正月⑤，盖因宦官田令孜对文官王铎的忌功，此点黄清连已经充分揭示。⑥ 方积六亦讨论了王铎罢都统赴任义成镇的时间问题，确定在收复长安前，即证明田令孜不欲王铎独占收复长安之功。⑦ 同时，崔安潜亦罢副都统，出为东都留守。⑧ 但在这个月，还有一项任命，即《新唐书·僖宗纪》所说，中和"三年正月，雁门节度使李克用为京城东北面行营都统"⑨。这一任命，据《资治通鉴》，"王铎承制以克用为东北面行营都统，以杨复光为东面都统监军使，

① 《新唐书》卷九《僖宗纪》，第273页。

② 《旧唐书》卷一九下《僖宗纪》，第716页。

③ 《新唐书》卷一八七《诸葛爽传》，第5442页。

④ 《新唐书》卷九《僖宗纪》，第274页；《资治通鉴》卷二五五，唐僖宗中和二年十月条，第8276页；《旧五代史》卷一《梁太祖纪一》，第3页。

⑤ 《旧唐书》卷一九下《僖宗纪》，第716页；《新唐书》卷九《僖宗纪》，第274页；《新唐书》卷六三《宰相表下》，第1746页；《资治通鉴》卷二五五，唐僖宗中和三年正月条，第8287页。

⑥ 黄清连：《王铎与晚唐政局——以讨伐黄巢之乱为中心》，第256—258页。

⑦ 方积六：《黄巢起义考》，第230—233页。

⑧ 《资治通鉴》卷二五五，唐僖宗中和三年正月条，第8287页。

⑨ 《新唐书》卷九《僖宗纪》，第274页。

陈景思为北面都统监军使。"[①] 似由王铎承制，不过《资治通鉴》又曰："田令孜欲归重北司，称铎讨黄巢久无功，卒用杨复光策，召沙陀而破之，故罢铎兵柄以悦复光。"[②] 可知对于李克用的任命，其实全由田令孜主导，以杨复光的名义代行其事而已。也就是说，从王铎罢都统这一个月开始，唐廷的行营体制又进入了新的阶段。

通过《资治通鉴》的这一记载，可知杨复光出任东面都统监军使，陈景思出任北面都统监军使，又设置东北面行营，以李克用为都统。即此时的行营体制，依然延续王铎时期的诸多都统并存。此时，各道行营的都统，以李克用、王重荣、王处存声望最高，而在统一指挥方面，则以杨复光是瞻。正如《唐补纪》所说：中和三年四月，"杨复光帅十道行营节度使王重荣、李克用等兵士二万余人自光泰门入袭，逐至升阳殿下，杀贼盈万"[③]。而据《旧唐书·僖宗纪》，杨复光已经是"天下行营兵马都监"[④]了。唯不知此职何时所授，但至少可以说，在王铎罢都统之后，杨复光作为都监统帅关中各面行营，取得了之前都统的地位。

不过都监体制并未能持久，中和三年六月，"杨复光卒于河中，其部下忠武八都都头鹿晏弘、晋晖、王建、韩建等各以其众散去"[⑤]。

第七阶段：东北面都招讨使朱温

黄巢逃至中原后，曾在陈州城外屯驻数月之久，但已成强弩之末，唐廷也不再任命诸道都统或都监，史料中仅有两次方面招讨使和方面都统的任命：

---

① 《资治通鉴》卷二五五，唐僖宗中和三年正月条，第8287页。

② 同上。

③ 程匡柔：《唐补纪》，转引自《资治通鉴》卷二五五，唐僖宗中和三年四月条，第8293—8294页。

④ 《旧唐书》卷一九下《僖宗纪》，第714页；《旧唐书》卷二〇〇《黄巢传》亦曰"天下兵马都监押"，第5395页。

⑤ 《旧唐书》卷一九下《僖宗纪》，第717页。亦见《旧唐书》卷一八四《杨复光传》，第4774页；《资治通鉴》卷二五五，唐僖宗中和三年七月条，第8298页。据《旧唐书》，杨复光卒于六月三十日，则唐廷闻讣当在七月，此后田令孜方能摈斥复光弟复恭，《资治通鉴》因田令孜摈斥而系于七月，颇有误导。

东北面都招讨使朱温

《新唐书·僖宗纪》曰：中和三年，"七月，宣武军节度副大使朱全忠为东北面都招讨使"①。《旧五代史·梁太祖纪》同此。

东面兵马都统时溥

《新唐书·僖宗纪》曰：中和三年，"九月，武宁军节度使时溥为东面兵马都统"②。《新唐书·时溥传》《资治通鉴》同此。

除此之外，即便专程南下的河东节度使李克用，也未见授予任何招讨使或都统之职，似以河东节度使的身份出征。直至中和四年六月，黄巢败死狼虎谷。

结　语

上文不厌其烦地考察了唐廷镇压王仙芝、黄巢期间七个阶段的行营招讨使、都统、副都统、都监等人事，基本可以厘清整个沿革过程。当然，对于整个镇压过程来说，仅仅设置了都统、都监、招讨使还不够，需要进一步完善行营体制下的各种管理体系，以及协调各个出兵藩镇之间的关系。但这些限于篇幅，拟另文整理。以下，兹根据前文整理，对七个阶段的行营都统、都监、招讨使见表1。

表1　　唐廷镇压王仙芝、黄巢各阶段行营都统、招讨使、监军表

阶段	都都统	都监	都统	副都统	招讨使	副招讨使
第一					诸道行营招讨草贼使宋威	曾元裕
						蕲黄招讨副使刘巨容

---

① 《新唐书》卷九《僖宗纪》，第275页；《旧五代史》卷一《梁太祖纪一》，第4页。

② 《新唐书》卷九《僖宗纪》，第275页；《新唐书》卷一八八《时溥传》，第5461页；《资治通鉴》卷二五五，唐僖宗中和三年九月条，第8299页。

续表

阶段	都都统	都监	都统	副都统	招讨使	副招讨使
第二			诸道行营都统王铎	李系	诸道行营招讨草贼使曾元裕	张自勉
					（东都）东南面行营招讨使张自勉	
					江南行营招讨使高骈→南面招讨使周宝	
					江西招讨使高骈→曹全晸→段彦谟	
第三			诸道行营都统高骈	东面副都统曹全晸		
					诸道兵马都指挥制置招讨使田令孜	杨复恭
第四			东面都统高骈			
			京西诸道行营都统郑畋	程宗楚		
			京城四面行营都统郑畋		南面行营招讨使刘巨容	
					东南面行营招讨使王处存	
					东面招讨使王重荣	

阶段	都都统	都监	都统	副都统	招讨使	副招讨使
第五	诸道行营都统（都都统）王铎、副都统崔安潜	诸道行营都监（都都监）西门思恭→天下行营兵马都监杨复光	京城东面都统王处存			
			京城北面都统李孝章→京城北面行营都统东方逵		京城北面行营招讨使东方逵	
			京城西面都统拓跋思恭→京城西面行营都统李昌言			
			南面行营都监使杨复光河南都统朱玫			
			京城西北面行营都统朱玫			
				京师东南面招讨诸行营副都统诸葛爽		
			京城四面都统拓跋思恭			
						河中行营招讨副使朱温
第六			京城东北面行营都统李克用			
第七					东北面都招讨使朱温	
			东面兵马都统时溥			

宗教文化研究

清乾隆三十六年颁发各庙宇西番字、蒙古字《楞严经》考[*]

柴 冰

（东北大学秦皇岛分校　社会科学研究院）

历史上有两部佛经简称《首楞严经》：一为《佛说首楞严三昧经》，亦称作《小首楞严经》；一为《大佛顶如来密因修证了义诸菩萨万行首楞严经》，亦称作《大首楞严经》，现今"首楞严经"一般指向此经，"首楞严三昧经"则指称《佛说首楞严三昧经》。本文要探究的《楞严经》即指《大佛顶如来密因修证了义诸菩萨万行首楞严经》，为此经简称之一。《楞严经》是一部影响较大、流布较广，具显密圆融特色且版本众多的佛经。《楞严经》文本除了汉文外，尚有藏、满、蒙等语种的版本。乾隆时将《楞严经》译成满、蒙、藏、汉四体合璧本，堪称《楞严经》诸版本中最精彩者之一。其译传所呈现的多民族、多语种背景，或可称整个中国佛教史、佛教交流史的一个缩影、一桩例证。

御制藏、满、蒙、汉四体《首楞严经》的翻译自乾隆壬申（1752）起，至乾隆癸未即乾隆二十八年（1763）时告竣。令人欣喜的是，据《内务府奏销档》记载，乾隆三十六年（1771）五月十一日，多罗贝勒永瑢等奏请颁给热河等处寺庙《楞严经》。这也意味着乾隆时期将《楞严经》译成藏、满、蒙文后，还有向全国各主要寺庙颁发少数民族语文

* 国家社科基金项目《乾隆皇帝御制藏、满、蒙、汉四体合璧〈首楞严经〉第九、十卷对戡与研究》（15CZJ022）、河北省社会科学基金青年项目《乾隆三十六年热河普宁等八寺获颁藏文〈大佛顶如来密因修证正了义诸菩萨万行首楞严经〉之第十卷对勘及考述》（HB15ZZ020）。

《首楞严经》的大举措。戴逸先生曾言："档案为历史事件发生过程中形成之文件，出之于当事人亲身经历和直接记录，具有较高之真实性、可靠性。大量档案之留存极大地改善了研究条件，俾历史学家得以运用第一手资料追踪往事，了解历史真相。"[①] 本文即以乾隆三十六年（1771）颁发各庙宇西番字、蒙古字《楞严经》的档案为切入口，进一步厘清乾隆时期关涉《楞严经》的重要文化事件，探究少数民族语文版本《楞严经》译传背后的民族文化交融的脉络，以期对相关研究有所裨益。

一　档案介绍

共有四处收录有乾隆三十六年（1771）给全国各地寺庙颁发藏文、蒙古文《楞严经》的档案，计两个版本。

（一）《颁发各庙宇西番字、蒙古字〈楞严经〉案》

《颁发各庙宇西番字、蒙古字〈楞严经〉案》收录于 2010 年上海书店出版社出版的《清代档案史料选编 3》第 279—285 页，该档案题目处标注说"本案原载《史料旬刊》第 16 期"。核对《史料旬刊》第 16 期，发现该期出版于民国十九年（1930）十一月一日，编辑所为故宫博物院文献馆。其中刊布的第一份档案即为《清乾隆颁发各庙宇西番字、蒙古字〈楞严经〉案》，标注道"原件藏三所（一）永瑢 福隆安折"，具体页码为该期正文第 1—第 12 页。据《故宫博物院〈史料旬刊〉发刊前记》，《史料旬刊》为故宫博物院所藏的有清一代重要档案中，除《文献丛编》《丛书》外，特别加出的史学刊物，"凡属有关文献可供考征者，随时发见，即行刊布"[②]。回顾历史，1924 年 11 月清逊帝溥仪被逐出紫禁城。1925 年 10 月 10 日故宫博物院图书馆成立时，分图书、文献两部，深藏宫中的明清档案及部分历史物品由图书馆下设的文献部负责清查整理，以故宫南三所为办公处。内务府档案、宗人府玉牒等分存各处的档案文献，即被集中置于南三所一带。1927 年 11 月，文献部改称掌故部，1929 年 3

---

① 《〈国家清史编纂委员会·档案丛刊〉总序》，可参见中国第一历史档案馆，承德市文物局合编《清宫热河档案 1》，《国家清史编纂委员会·档案丛刊》，中国档案出版社 2003 年版。

② 故宫博物院文献馆编：《史料旬刊 16》，1931 年版。

月，掌故部从图书馆分出称为文献馆。故《史料旬刊》第 16 期目录里所说的《清乾隆颁发各庙宇西番字、蒙古字〈楞严经〉案》原件收藏之地"三所"应该即指故宫院内东南角的南三所。

（二）《清宫热河档案》《清宫普宁寺档案》所收档案

《清宫热河档案》所收档案全部是中国第一历史档案馆所藏清宫原档，是清宫所藏有关热河事宜的专题档案汇集。其编纂出版，始于 1999 年 12 月，于 2003 年按档案原貌由中国档案出版社影印出版。在档案的来源形成上，涉及内阁、宫中、军机处、内务府、中央六部、热河都统等十几个官府机构；在档案文书种类上，涵盖了谕旨诏令、朱批奏折、录副奏折、奏片、奏本、清册、清单、咨文等清代各主要档案文种。[1]《清宫热河档案》所收记录乾隆三十六年颁发各庙宇西番字、蒙古字《楞严经》的档案列于第 2 册第 126 件，第 324—329 页。编者撰拟的标题为《多罗贝勒永瑢等奏请颁给热河等处寺庙〈楞严经〉片》，标记其源自《内务府奏销档》，奏请时间为乾隆三十六年五月十一日。撰拟的附件名为《散给京城、热河等地〈楞严经〉数目清单》。

《清宫普宁寺档案》是清宫所藏有关普宁寺问题的专题档案汇集，为第一历史档案馆所藏，此前从未系统整理。在档案的来源形成上，涉及内阁、宫中、军机处、内务府、中央六部、热河都统衙门等十几个官府机构。其中包括：围绕普宁寺问题，清代皇帝颁发的谕旨诏令，记载清朝帝王政务言行的起居注册；中央各部院大臣及地方官员进呈的奏折、奏片、清单；官府各衙门之间就普宁寺事宜来往的呈文、咨文；普宁寺各处殿堂的陈设簿册，以及各类修缮工程的奏销黄册等。本书由中国档案出版社影印出版，保持了清代档案中君臣墨迹和公文程式的原貌。[2]《清宫普宁寺档案》所收乾隆三十六年颁发各庙宇西番字、蒙古字《楞严经》的档案列于第 1 册第 6 件，第 107—125 页。编者撰拟的标题为《多罗贝勒永瑢等奏请颁给热河等地寺庙〈楞严经〉片》，标注为源自《内务府奏销档》，

---

[1]　《〈清宫热河档案〉编辑说明》，参见中国第一历史档案馆，承德市文物局合编《清宫热河档案 1》，《国家清史编纂委员会·档案丛刊》，中国档案出版社 2003 年版。

[2]　《〈清宫普宁寺档案〉编辑说明》，参见中国第一历史档案馆，承德市普宁寺管理处合编《清宫普宁寺档案 1》，《国家清史编纂委员会·档案丛刊》，中国档案出版社 2003 年版。

奏请时间为乾隆三十六年五月十一日。撰拟的附件名为《颁给普宁寺等寺庙〈楞严经〉数目清单》。

《清宫热河档案》与《清宫普宁寺档案》所收乾隆三十六年颁发各庙宇西番字、蒙古字《楞严经》的档案均是依第一历史档案馆所藏档案原貌影印。比较二者，确实为同一版本，不同之处仅在外部形制。

（三）以上两版本之差异

依据以上介绍，目前可见公开出版的记录乾隆三十六年（1771）颁发各庙宇西番字、蒙古字《楞严经》的档案皆源自清宫档案。中华民国十九年（1930）十一月一日《史料旬刊》刊布的《清乾隆颁发各庙宇西番字、蒙古字〈楞严经〉案》原件当时存于故宫博物院文献馆所在的南三所。《清宫热河档案》所收《多罗贝勒永瑢等奏请颁给热河等处寺庙〈楞严经〉片》与《清宫普宁寺档案》所收《多罗贝勒永瑢等奏请颁给热河等地寺庙〈楞严经〉片》为同一版本，出自第一历史档案馆《内务府奏销档》。而事实上，故宫博物院文献馆历经几次机构变迁，所保管的历史档案后被第一历史档案馆所接收。因而民国十九年（1930）十一月一日《史料旬刊》刊布时藏于南三所的原件，可能即为2003年影印出版《清宫热河档案》和《清宫普宁寺档案》的原件，出自《内务府奏销档》。

笔者之所以将目前刊布记录乾隆三十六年（1771）颁发各庙宇西番字、蒙古字《楞严经》事的四份档案归纳为两个版本而非一个版本，原因有三。

1. 结构不同

关于乾隆三十六年（1771）颁发各庙宇西番字、蒙古字《楞严经》事，《清代档案史料选编》所收源自《史料旬刊》档案之体例，与《清宫热河档案》和《清宫普宁寺档案》所收不同。

《清宫热河档案》和《清宫普宁寺档案》开始即标明时间"十一日"，而《史料旬刊》中无。初拟颁发各寺庙西番字、蒙古字《楞严经》情况陈述完后，《史料旬刊》用语为"是否有当，伏候命下遵行，为此谨奏请旨。乾隆三十六年五月十一日具奏"，后接初拟清单。然后陈述乾隆皇帝御览初拟清单后令再拟，永瑢、福隆安会同阿旺班珠尔胡图克图再拟颁发各寺庙西番字、蒙古字《楞严经》的情况，再接再拟清单。

而《清宫热河档案》和《清宫普宁寺档案》在初拟颁发各寺庙西番

字、蒙古字《楞严经》情况陈述完后，则表述为"是否有当，伏候命下
遵行，为此谨奏请旨等因缮片，于乾隆三十六年五月十一日具奏"，后接
再拟清单。再拟清单后紧接初拟清单，初拟清单后接乾隆皇帝御览初拟清
单后令再拟，永瑢、福隆安会同阿旺班珠尔胡图克图再拟颁发各寺庙西番
字、蒙古字《楞严经》的情况。

　　依照《清宫热河档案》和《清宫普宁寺档案》的编辑体例，影印档
案原貌，正件在前，附件在后。《史料旬刊》则未言及对原档案做了怎样
的编辑和调整。如表1所示两版本体例对比，以笔者拙见，就体例而言，
《史学旬刊》所收《清乾隆颁发各庙宇西番字、蒙古字〈楞严经〉案》
的体例更贴合拟颁事宜的逻辑顺序，初拟、再拟的情由和对比更加明显。

表1　　乾隆三十六年（1771）颁发各庙宇西番字、蒙古字《楞严经》
事档案体例对比

《史料旬刊》	《清宫热河档案》/《清宫普宁寺档案》
	标明时间"十一日"
初拟情况	初拟情况
初拟清单	再拟清单
再拟情况	初拟清单
再拟清单	再拟情况

2. 内容不同

　　两版本档案内容上也有若干处不同，为解读的清楚起见，列内容分歧
处如表2。

表2　　乾隆三十六年（1771）颁发各庙宇西番字、蒙古字《楞严经》
事档案内容对比

	获颁庙宇	《史料旬刊》	《清宫热河档案》/《清宫普宁寺档案》
再拟清单	妙应寺	初拟给蒙古字《楞严经》一部	初拟给西番字《楞严经》一部
	新寺	再拟添给蒙古字《楞严经》一部	再拟添给西番字《楞严经》一部

续表

	获颁庙宇	《史料旬刊》	《清宫热河档案》/《清宫普宁寺档案》
再拟清单	牙满达噶庙	初拟给蒙古字《楞严经》一部	初拟给西番字《楞严经》一部
	库伦庙（新入）	再拟给西番字《楞严经》二部	再拟给西番字《楞严经》一部
	哈尔哈四爱曼	初拟给蒙古字《楞严经》每处三部	初拟给蒙古字《楞严经》每处一部
初拟清单	妙应寺	初拟给蒙古字《楞严经》一部	初拟给西番字《楞严经》一部

　　如表 2 所示，两版本档案初拟清单的记录有一处不同：《史料旬刊》初拟给妙应寺蒙古字《楞严经》一部，而《清宫热河档案》和《清宫普宁寺档案》中初拟颁给妙应寺西番字《楞严经》一部。由于两版本初拟清单的其他记载是一致的，因而必有一处是记载有误，否则无法合于初拟颁发五十七部西番字《楞严经》、十六部蒙古字《楞严经》之数。经笔者仔细比照核对两版档案，《清宫热河档案》和《清宫普宁寺档案》此处记载有误，妙应寺初拟颁给的应是蒙古字《楞严经》一部。

　　再拟清单中涉及的初拟情况有三处不同：《史料旬刊》初拟给妙应寺蒙古字《楞严经》一部，牙满达噶庙蒙古字《楞严经》一部，哈尔哈四爱曼每处蒙古字《楞严经》三部，共计颁十四部蒙古字《楞严经》。而《清宫热河档案》和《清宫普宁寺档案》中初拟颁给妙应寺西番字《楞严经》一部，牙满达噶庙西番字《楞严经》一部，哈尔哈四爱曼每处蒙古字《楞严经》一部，共计两部西番字《楞严经》、四部蒙古字《楞严经》。两版的记录出入不小。同样，由于两版本初拟情况的记载是一致的，再拟清单中关于初拟颁发各庙宇的其他细节也是一致的，因而必有一处记载有误，否则无法合于初拟颁发五十七部西番字《楞严经》、十六部蒙古字《楞严经》之数。经笔者仔细比照核对两版档案，《清宫热河档案》和《清宫普宁寺档案》此处记载有误，若依其记载，则初拟时颁发的西番字《楞严经》是五十九部，蒙古字《楞严经》是二十二部，与档案本身记载的数目不符。

再拟清单中两版档案记载的再次拟就的颁发情况，有两处不同，《史料旬刊》再拟添给新寺蒙古字《楞严经》一部，库伦庙西番字《楞严经》二部，而《清宫热河档案》和《清宫普宁寺档案》中再拟添给新寺西番字《楞严经》一部，库伦庙西番字《楞严经》一部。两版档案的再拟情况的上奏情况是一致的，颁发西番字《楞严经》一百部、蒙古字《楞严经》一百部。其他再拟清单中各寺庙添给的数额亦一致。之前已分析《清宫热河档案》和《清宫普宁寺档案》所收档案给出的初拟清单和再拟清单中的初拟部分有误，若依《清宫热河档案》和《清宫普宁寺档案》将错就错来计算，再拟时计颁发西番字《楞严经》一百零二部、蒙古字《楞严经》一百零五部，与档案本身上奏的数目亦不符。

3. 表达不同

初拟清单中《史学旬刊》所收档案都尔伯特二爱曼写作"都尔伯特二爱"，《清宫热河档案》《清宫普宁寺档案》则写全了，无遗漏。初拟清单中《史学旬刊》"以上十三处今拟给蒙古字《楞严经》各一部"比《清宫热河档案》《清宫普宁寺档案》多一"给"字。前文提及《史料旬刊》"为此谨奏请旨。乾隆三十六年五月十一日具奏"与《清宫热河档案》《清宫普宁寺档案》"为此谨奏请旨等因缮片，于乾隆三十六年五月十一日具奏"之别。

两版本比较而言，结构或表达上的差异如果尚能用誊录或编者编辑调整所致来解释，那内容的不同就很难从源自同一版本来解释了。《清宫热河档案》《清宫普宁寺档案》的初拟清单、再拟清单中内容上的错漏较多，故本文选择原刊于《史料旬刊》、收录于 2010 年上海书店出版社出版的《清代档案史料选编3》的《颁发各庙宇西番字、蒙古字〈楞严经〉案》作为主要研究对象，加以解读和分析。

（四）乾隆三十六年颁发各庙宇西番字、蒙古字《楞严经》档案的研究现状

关于乾隆三十六年给各庙宇颁发西番字、蒙古字《楞严经》的档案，关注的学人并不多。目前仅见两例。一例是翁连溪先生陈述清代单刻佛典同样广为颁发的观点时，曾以乾隆三十六年颁发《楞严经》事为佐证，引述的内容如下：

单刻佛典同样广为颁发，如据乾隆三十六年（1771）永瑢、福隆安请颁发各庙宇番、蒙文《万字楞严经》折记载，仅此经就颁给雍和宫、弘仁寺、妙应寺、东黄寺、隆福寺、永慕寺、嵩祝寺、智珠寺、法渊寺、仁寿寺、阐福寺、极乐世界、福佑寺、护国寺、玛哈噶拉庙、梵香寺、长泰寺、慈度寺、查汉喇嘛寺、资福院、西黄寺、普胜寺、慧照寺、化成寺、净住寺、新寺、三佛寺、同福寺、永宁寺、圣化寺、正觉寺、宝谛寺、宝象寺、牙满达噶庙、热河、普宁寺、安达寺、布达拉宫、普仁寺、普善寺、普乐寺、多伦诺尔、善因寺、汇宗寺、盛京、东塔永光寺、西塔延寿寺、南塔广慈寺、北塔法轮寺、实胜寺、长宁寺、库伦庙、五台山菩萨顶、射虎川台麓寺、西安府广仁寺、哈尔哈库伦庙、伊榜庙、科布多庙、伊犁庙、归化城七庙、内扎萨克六出尔汉、哈尔哈四爱曼、都尔伯特二爱曼、阿拉善等63座寺院及查哈尔八旗共计藏文《楞严经》一百部，蒙古字《楞严经》一百部。[1]

翁连溪先生称所引内容出自"乾隆三十六年（1771）永瑢、福隆安请颁发各庙宇番、蒙文《万字楞严经》折"，而未言此折具体出处和情形。无论所引档案为何，翁连溪先生引用时似有所误会，热河、多伦诺尔、盛京为地名，并不与各寺庙名并举。原档案中的63座寺院指的是京城34庙、热河6庙、多伦诺尔2庙、盛京7庙、五台山菩萨顶、射虎川台麓寺、西安府广仁寺、哈尔哈库伦庙、伊榜庙、科布多庙、伊犁庙、归化城七庙，不包含库伦庙，也不包含内扎萨克六出尔汉、哈尔哈四爱曼、都尔伯特二爱曼、阿拉善等处。另安达寺应为安远寺之误。

另一例关注乾隆三十六年给各庙宇颁发西番字、蒙古字《楞严经》档案的是李勤璞先生。李勤璞先生在《世俗化：一九〇〇至一九四八年间库伦旗的政教过程》一文中以两件档案为例证讨论库伦旗的隶属问题，其中一件档案即为《清宫普宁寺档案》里所收录的乾隆三十六年（1771）五月一日内务府奏销档《多罗贝勒永瑢等奏请颁给热河等地寺庙〈楞严经〉片》。李勤璞先生分析认为，库伦旗在中央的管辖机关是理藩院，地方上的管辖机关为盛京将军衙门和盛京总管内务府。清代政书记库伦旗，

---

[1]　翁连溪：《清代内府刻书研究》，故宫出版社2013年版，第332页。

是在理藩院项下，而皇帝赐物则向由盛京内务府送去。①

　　如上所述，翁、李两位先生对乾隆三十六年给各庙宇颁发西番字、蒙古字《楞严经》的档案的关注，更多的在引用其中部分内容来探讨自身研究的问题，而非展示档案全貌以针对乾隆三十六年给各庙宇颁发西番字、蒙古字《楞严经》事的专题研究。笔者自 2012 起即关注和从事《楞严经》特别是少数民族语文版本《楞严经》的探究，基于此，深感乾隆三十六年给各庙宇颁发西番字、蒙古字《楞严经》的档案值得给予一个细致的分析，来展现档案中蕴涵的历史文化讯息。故本文拟在对《颁发各庙宇西番字、蒙古字〈楞严经〉案》录文和解读的基础上，做一些具体的探究。

二　《颁发各庙宇西番字、蒙古字〈楞严经〉案》 录文与解读

颁发各庙宇西番字、蒙古字《楞严经》案②
永瑢、福隆安折

　　臣永瑢、臣福隆安谨奏，遵旨查得京城、热河、盛京等处共有庙宇六十三处，再内扎萨克六出尔汉、哈尔哈四爱曼、都尔伯特二爱曼、阿拉善各该地方亦均有庙宇，俱应颁发，臣等会同阿旺班珠尔胡图克图敬谨拟得，共应行颁发西番字《楞严经》五十七部、蒙古字《楞严经》十六部，谨将应行得给《楞严经》庙宇处所另缮清单一并恭呈御览。如蒙俞允，将应行颁发盛京者交内务府，照例俟该处人员来京之便令其带往，至各该出尔汉、爱曼等处道路遥远，不便令其来京领取，请交理藩院行文各该处，遇有人员来京之便令其带往，应行得给京城各庙宇者交管理京城喇嘛印务处，令其如数散给供奉，其余西番字、蒙古字《楞严经》一百二十七部请仍交武英殿令其敬谨收

────────────

　　① 李勤璞：《世俗化：一九〇〇至一九四八年间库伦旗的政教过程》，载齐木德·道尔吉主编《蒙古史研究》（第9辑），内蒙古人民出版社 2007 年版，第 267—268 页。

　　② 上海书店出版社编：《清代档案史料选编3》，上海书店出版社 2010 年版，第 279—285 页，原载《史料旬刊》第 16 期。

贮，以备应用。

　　是否有当，伏候命下遵行，为此谨奏请旨。

　　乾隆三十六年五月十一日具奏，奉旨：知道了，照此散给，钦此。

　　【解读】以上为永瑢、福隆安于乾隆三十六年五月十一日上奏的关于颁发各庙宇西番字、蒙古字《楞严经》初次拟颁情况的奏折正文。透露出以下讯息。

　　1. 初拟颁发西番字、蒙古字《楞严经》的寺庙包括京城、热河、多伦诺尔、盛京、五台山菩萨顶、射虎川台麓寺、西安府广仁寺、哈尔哈库伦庙、伊榜庙、科布多庙、伊犁庙、归化城七庙计六十三座寺庙，及内扎萨克六出尔汉、哈尔哈四爱曼、都尔伯特二爱曼、阿拉善等处寺庙。

　　2. 各庙宇拟颁具体情况由永瑢、福隆安等会同阿旺班珠尔胡图克图一起草拟。

　　3. 初拟向各寺庙共颁发西番字《楞严经》五十七部、蒙古字《楞严经》十六部。其余西番字、蒙古字《楞严经》一百二十七部仍交武英殿贮存。此前应即储存于武英殿。

　　4. 初拟清单如蒙乾隆皇帝允准，具体发给各处《楞严经》有不同途径。京城各庙宇交由管理京城喇嘛印务处散给；盛京各寺庙交由内务府，照前例等该处人员来京时带至；各出尔汉、爱曼等处由理藩院行文，各该处有人员来京时令其带回。

　　雍和宫　原有颁发过西番字《藏经》一部，今拟给西番字、蒙古字《楞严经》各一部，蒙古字《续藏经》一部

　　弘仁寺　原有颁发过西番字《藏经》一部，今拟给西番字《楞严经》一部、西番字《续藏经》一部

　　妙应寺　原有颁发过蒙古字《藏经》一部，今拟给蒙古字《楞严经》一部

　　东黄寺　原有颁发过西番金字《藏经》一部，今拟给西番字《楞严经》一部

　　隆福寺　原有颁发过西番字《藏经》一部，今拟给西番字《楞严经》一部

永慕寺　原有颁发过西番字《藏经》一部，今拟给西番字《楞严经》一部

嵩祝寺

智珠寺　系兼并嵩祝寺

法渊寺　系兼并嵩祝寺

以上三庙今拟给西番字《楞严经》一部

仁寿寺

阐福寺

极乐世界

福佑寺

护国寺

玛哈噶拉庙

梵香寺

长泰寺

慈度寺

查汉喇嘛寺

资福院

西黄寺

普胜寺

慧照寺

化成寺

净住寺

新寺

三佛寺

同福寺

永宁寺

圣化寺

正觉寺

宝谛寺

宝象寺

以上二十四庙今拟给西番字《楞严经》各一部

牙满达噶庙　向习蒙古字经典，今拟给蒙古字《楞严经》一部

　　　　热河

普宁寺　原有颁发过西番字《藏经》一部，今拟给西番字《楞严经》一部

安远庙　今拟给西番字《楞严经》一部

布达拉庙　今拟给西番字《楞严经》一部，俟告竣后再行发给

普仁寺

普善寺　系兼并普仁寺

普乐寺　系兼并普仁寺

以上三庙今拟给西番字《楞严经》一部

　　　　多伦诺尔

善因寺

汇宗寺

以上二庙今拟给西番字《楞严经》各一部

　　　　盛京

东塔永光寺

西塔延寿寺

南塔广慈寺

北塔法轮寺

实胜寺

嘛哈噶喇庙

长宁寺

以上七庙今拟给西番字《楞严经》各一部

五台山菩萨顶

射虎川台麓寺

西安府广仁寺

哈尔哈库伦庙

伊榜庙

科布多庙

伊犁庙

以上七庙今拟给西番字《楞严经》各一部

归化城七庙，今拟给西番字《楞严经》一部

内扎萨克六出尔汉

哈尔哈四爱曼

都尔伯特二爱

阿拉善

以上十三处今拟给蒙古字《楞严经》各一部

以上共用西番字《楞严经》五十七部、蒙古字《楞严经》十六部

【解读】以上为永瑢、福隆安会同阿旺班珠尔胡图克图初拟的给各庙宇颁发西番字《楞严经》、蒙古字《楞严经》的清单，共计拟颁发西番字《楞严经》五十七部，蒙古字《楞严经》十六部。初拟颁发《楞严经》的清单，提供了以下讯息。

1. 获颁蒙古字《楞严经》的除内札萨克六出尔汉、哈尔哈四爱曼、都尔伯特二爱曼、阿拉善这些蒙古地方外，还有雍和宫、妙应寺、牙满达噶庙三座地处京城的寺庙。

据档案，在获颁《楞严经》的各寺庙中，拟给蒙古字《续藏经》的唯有雍和宫。档案里标明曾获颁蒙古字《藏经》的仅有妙应寺。牙满达噶庙则被形容为"向习蒙古字经典"。

2. 获颁《楞严经》的各寺庙中，有若干寺庙曾获颁西番字《藏经》，这些寺庙有：雍和宫、弘仁寺、东黄寺、隆福寺、永慕寺、普宁寺。其中东黄寺获颁的为"西番金字《藏经》一部"，与其他寺庙获颁"西番字《藏经》一部"相较，多一"金"字。初拟颁给西番字《续藏经》的有：弘仁寺。

3. 普善寺、普乐寺系兼并普仁寺。智珠寺、法渊寺系兼并嵩祝寺。

4. 根据档案里所述向各寺庙初拟颁发西番字《楞严经》情况，"归化城七庙，今拟给西番字《楞严经》一部"应为"归化城七庙，今拟给西番字《楞严经》各一部"，如此方才合于初拟颁发西番字《楞严经》五十七部之数。再拟《楞严经》颁发清单中列及归化成七庙即明确说"原拟给西番字《楞严经》每庙一部"。

5. 在档案里初拟《楞严经》颁发清单中，位于京城的玛哈噶拉庙与地处盛京的嘛哈噶喇庙写法所用汉字并不一致。而在再拟《楞严经》颁发清单时，京城与盛京的两庙都写作玛哈噶拉庙。

6. 初拟《楞严经》颁发清单中都尔伯特二爱曼写作"都尔伯特二

爱",漏了"曼"字。再拟《楞严经》颁发清单中即写作"都尔伯特二爱曼"。

　　　　查原印造西番字《楞严经》一百部、蒙古字《楞严经》一百部,臣等初拟于京城、热河、盛京等处各庙颁发西番字《楞严经》五十七部、蒙古字《楞严经》十六部,尚存经一百二十七部,敬缮清单呈览,奉旨:经卷尚多,着再拟奏。钦此钦遵。臣等随会同阿旺班珠尔胡图克图详加斟酌,据称查盛京库伦庙一处亦应颁发经二部,其原定各庙颁发一部者今拟于大庙僧徒众多处加颁二三部不等,共计颁西番字《楞严经》一百部、蒙古字《楞严经》十六部,原定内扎萨克六出尔汉、哈尔哈四爱曼、都尔伯特二爱曼、阿拉善等十三处各颁一部者,今拟亦就爱曼之大小各加颁一部至三部不等,计颁蒙古字《楞严经》五十二部。再,查查哈尔八旗地方亦均有寺庙,拟请每旗各颁发四部,计颁蒙古字《楞严经》三十二部。共计颁蒙古字《楞严经》一百部,另缮清单恭呈御览,伏候圣训遵行。

　　【解读】以上陈述了乾隆皇帝御览初拟向各寺庙颁发西番字、蒙古字《楞严经》清单后,认为所存西番字、蒙古字《楞严经》数量尚多,令永瑢、福隆安等人再次拟奏。这段文字概述了再拟的以下情形。

　　1. 较初拟清单,新加入了盛京库伦庙、查哈尔八旗。

　　2. 原定颁发给西番字《楞严经》一部的各庙,如今给其中大庙僧徒众多处加颁二到三部,共计颁发西番字《楞严经》一百部。

　　3. 原定内扎萨克六出尔汉、哈尔哈四爱曼、都尔伯特二爱曼、阿拉善等十三处各颁一部蒙古字《楞严经》,如今拟根据爱曼的大小加颁一到三部。

　　4. 再拟清单共计颁发蒙古字《楞严经》一百部。包括:新加入的查哈尔八旗每旗各颁四部,计三十二部;内扎萨克六出尔汉、哈尔哈四爱曼、都尔伯特二爱曼、阿拉善等十三处原每处拟颁一部,再拟后各处加颁一部至三部不等,计五十二部;除以上所列查哈尔八旗、内扎萨克六出尔汉等二十一处外,其他地方寺庙获颁计十六部,这十六部具体情况如何,见下段解读。

　　雍和宫　原拟给西番字、蒙古字《楞严经》各一部，今添给西番字、蒙古字《楞严经》各一部

　　弘仁寺　原拟给西番字《楞严经》一部，今添给西番字《楞严经》一部

　　妙应寺　原拟给蒙古字《楞严经》一部，今添给西番字《楞严经》一部

　　东黄寺　原拟给西番字《楞严经》一部，今添给西番字《楞严经》一部

　　隆福寺　原拟给西番字《楞严经》一部，今添给西番字《楞严经》一部

　　永慕寺　原拟给西番字《楞严经》一部

　　嵩祝寺　原拟给西番字《楞严经》一部，今添给西番字《楞严经》一部

　　智珠寺　今拟给西番字《楞严经》一部

　　法渊寺　今拟给西番字《楞严经》一部

　　仁寿寺　原拟给西番字《楞严经》一部，今添给西番字《楞严经》一部

　　阐福寺　原拟给西番字《楞严经》一部，今添给西番字《楞严经》一部

　　极乐世界　原拟给西番字《楞严经》一部，今添给西番字《楞严经》一部

　　福佑寺　原拟给西番字《楞严经》一部

　　护国寺　原拟给西番字《楞严经》一部，今添给西番字《楞严经》一部

　　玛哈噶拉庙　原拟给西番字《楞严经》一部

　　梵香寺　原拟给西番字《楞严经》一部，今添给西番字《楞严经》一部

　　长泰寺　原拟给西番字《楞严经》一部，今添给西番字《楞严经》一部

　　慈度寺　原拟给西番字《楞严经》一部，今添给西番字《楞严经》一部

　　查汉喇嘛寺　原拟给西番字《楞严经》一部，今添给西番字

《楞严经》一部

　　资福院　原拟给西番字《楞严经》一部，今添给西番字《楞严经》一部

　　西黄寺　原拟给西番字《楞严经》一部，今添给西番字《楞严经》一部

　　普胜寺　原拟给西番字《楞严经》一部

　　慧照寺　原拟给西番字《楞严经》一部

　　化成寺　原拟给西番字《楞严经》一部

　　净住寺　原拟给西番字《楞严经》一部，今添给西番字《楞严经》一部

　　新寺　原拟给西番字《楞严经》一部，今添给蒙古字《楞严经》一部

　　三佛寺　原拟给西番字《楞严经》一部，今添给西番字《楞严经》一部

　　同福寺　原拟给西番字《楞严经》一部，今添给西番字《楞严经》一部

　　永宁寺　原拟给西番字《楞严经》一部

　　圣化寺　原拟给西番字《楞严经》一部，今添给西番字《楞严经》一部

　　正觉寺　原拟给西番字《楞严经》一部，今添给西番字《楞严经》一部

　　宝谛寺　原拟给西番字《楞严经》一部

　　宝象寺　原拟给西番字《楞严经》一部

　　牙满达噶庙　原拟给蒙古字《楞严经》一部，今添给西番字《楞严经》一部

　　　　热河

　　普宁寺　原拟给西番字《楞严经》一部，今添给西番字《楞严经》一部、蒙古字《楞严经》二部

　　安远庙　原拟给西番字《楞严经》一部，今添给西番字《楞严经》一部

　　布达拉庙　原拟给西番字《楞严经》一部，今添给西番字《楞

严经》一部

　　普仁寺　原拟给西番字《楞严经》一部，今添给西番字《楞严经》一部

　　普善寺　今拟给西番字《楞严经》一部

　　普乐寺　今拟给西番字《楞严经》一部

　　　多伦诺尔

　　善因寺　原拟给西番字《楞严经》一部，今添给西番字《楞严经》一部

　　汇宗寺　原拟给西番字《楞严经》一部，今添给西番字《楞严经》一部

　　　盛京

　　东塔永光寺　原拟给西番字《楞严经》一部，今添给西番字《楞严经》一部

　　西塔延寿寺　《楞严经》原拟给西番字《楞严经》一部，今添给西番字一部

　　南塔广慈寺　《楞严经》原拟给西番字《楞严经》一部，今添给西番字一部

　　北塔法轮寺　《楞严经》原拟给西番字《楞严经》一部，今添给西番字一部

　　实胜寺　原拟给西番字《楞严经》一部，今添给西番字《楞严经》一部

　　玛哈噶拉庙　原拟给西番字《楞严经》一部，今添给西番字《楞严经》一部

　　长宁寺　原拟给西番字《楞严经》一部，今添给西番字《楞严经》一部

　　库伦庙新入　今拟给西番字《楞严经》二部

　　五台山菩萨顶　原拟给西番字《楞严经》一部，今添给西番字《楞严经》一部

　　射虎川台麓寺　原拟给西番字《楞严经》一部

　　西安府广仁寺　原拟给西番字《楞严经》一部

　　哈尔哈库伦庙　原拟给西番字《楞严经》一部，今添给蒙古字

《楞严经》一部

　　伊榜庙　原拟给西番字《楞严经》一部

　　科布多庙　原拟给西番字《楞严经》一部，今添给西番字《楞严经》一部

　　伊犁庙　原拟给西番字《楞严经》一部，今添给蒙古字《楞严经》一部

　　归化城七庙　原拟给西番字《楞严经》每庙一部，今添给蒙古字《楞严经》每庙一部

　　内扎萨克六出尔汉　原拟给蒙古字《楞严经》每处一部，今添给蒙古字《楞严经》每处四部

　　哈尔哈四爱曼　原拟给蒙古字《楞严经》每处一部，今添给蒙古字《楞严经》每处三部

　　都尔伯特二爱曼　原拟给蒙古字《楞严经》每处一部，今添给蒙古字《楞严经》每处一部

　　阿拉善　原拟给蒙古字《楞严经》一部，今添给蒙古字《楞严经》一部

　　查哈尔八旗新入　今拟给蒙古字《楞严经》每旗四部

　　以上共拟给西番字《楞严经》一百部、蒙古字《楞严经》一百部

【解读】以上为再次拟就的向各寺庙的颁发西番字《楞严经》、蒙古字《楞严经》的清单。奏折正文里已明言加颁的依凭主要是"大庙僧徒众多""爱曼之大小"，对照以上再拟颁发之清单，可发现以下几点。

1. 初拟清单中拟颁发西番字《楞严经》的寺庙中永慕寺、福佑寺、玛哈噶拉庙（京城）、普胜寺、慧照寺、化成寺、永宁寺、宝谛寺、宝象寺、射虎川台麓寺、西安府广仁寺、伊榜庙十二庙未予添给，或相较其他加颁的寺庙，不符"大庙僧徒众多"之条件。

2. 初拟获颁蒙古字《楞严经》的除蒙古地区外，还有雍和宫、妙应寺、牙满达噶庙各获颁一部蒙古字《楞严经》。再拟清单中，雍和宫又加颁蒙古字《楞严经》一部，妙应寺则添给西番字《楞严经》一部，牙满达噶庙亦添给西番字《楞严经》一部。

3. 智珠寺、法渊寺系兼并嵩祝寺，初拟清单中三寺拟合给西番字《楞严经》一部，再拟清单中嵩祝寺添给一部西番字《楞严经》，共得二部西番字《楞严经》，智珠寺、法渊寺各新拟给一部西番字《楞严经》。普善寺、普乐寺系兼并普仁寺，初拟时三寺共给西番字《楞严经》一部，再拟时普仁寺添给一部西番字《楞严经》，共得两部，普善寺、普乐寺各新拟给西番字《楞严经》一部。

4. 有几座寺庙在初拟清单中未获颁蒙古字《楞严经》，而再拟清单中新添给蒙古字《楞严经》。其中，新寺、哈尔哈库伦庙、伊犁庙初拟时皆拟给西番字《楞严经》一部，再拟时各添给蒙古字《楞严经》一部；普宁寺，初拟颁给西番字《楞严经》一部，再拟时则添给西番字《楞严经》一部、蒙古字《楞严经》二部；归化城七庙初拟颁给西番字《楞严经》每庙一部，再拟时添给蒙古字《楞严经》每庙一部。

据档案，乾隆三十六年各寺庙获颁西番字《楞严经》、蒙古字《楞严经》情况①见表 3。

---

① 颁发情况依据《颁发各庙宇西番字、蒙古字〈楞严经〉案》，各寺庙建筑时间参考其他文献：尕藏加《清代藏传佛教研究》，中国社会科学出版社 2014 版；陈庆英，李德成编著《北京藏传佛教寺院》，甘肃民族出版社 2014 年版；徐威《北京汉传佛教史》，宗教文化出版社 2010 年版；曹子西主编《北京史志文化备要》，中国文史出版社 2008 版；陈庆英《陈庆英藏学论文集》，中国藏学出版社 2006 年版；董晓萍，吕敏主编《北京内城寺庙碑刻志》，国家图书馆出版社 2011 年版；刘仲华主编《朝阜历史文化带研究》，知识产权出版社 2013 年版；牛颂主编《雍和宫》，当代中国出版社 2002 年版；布和朝禄《清代锡勒图库伦扎萨克喇嘛旗概述》，《内蒙古社会科学》1992 年第 3 期；赵志强《北塔法轮寺与蒙古族、满族、锡伯族关系述论》，《满族研究》1991 年第 3 期；乔吉编著《内蒙古藏传佛教寺院》，甘肃民族出版社 2014 年版；胡日查《清代呼和浩特掌印札萨克达喇嘛及其印务处管理》，《内蒙古社会科学》（汉文版）2014 年第 1 期；张驭寰《图解中国著名佛教寺院》，当代中国出版社 2012 版；迟利《呼和浩特现存寺庙考》，远方出版社 2016 年版；释妙舟《蒙藏佛教史》，广陵书社 2009 年版；韩朝建《寺院与官府——明清五台山的行政系统与地方社会》，人民出版社 2016 年版；金启孮《呼和浩特召庙、清真寺历史概述》，载乔吉主编《内蒙古文史研究通览·宗教卷》，内蒙古大学出版社 2014 年版；胡日查，乔吉，乌云《藏传佛教在蒙古地区的传播研究》，民族出版社 2012 年版；张静岩编著《妙因寺史话》，社会科学文献出版社 2015 年版；齐克奇《锡勒图库伦的政教合一制》，载《内蒙古文史资料》1997 年第 45 辑。有可资佐证和补充《颁发各庙宇西番字、蒙古字〈楞严经〉案》的记述，则以脚注的形式加以介绍。

表3　　乾隆三十六年（1771）各寺庙获颁西番字《楞严经》、蒙古字《楞严经》情况表

寺名	建筑时间	地点	颁经情况							
			原有《藏文甘珠尔》	原有《蒙文甘珠尔》	初拟颁《藏文丹珠尔》	初拟颁《蒙文丹珠尔》	藏文《楞严经》		蒙文《楞严经》	
							初拟	再拟	初拟	再拟
雍和宫	清乾隆九年	北京	1	1		1	1	2	1	2
弘仁寺	清康熙四年	北京	1		1		1	2		
妙应寺①	辽寿昌二年始建	北京		1				1	1	1
东黄寺	清顺治八年改建	北京	1				1	2		
隆福寺	明景泰三年始建	北京	1				1	2		
永慕寺	清康熙三十年	北京	1				1	1		
嵩祝寺	清康熙五十年	北京						2		
智珠寺	清雍正十一年	北京					1②	1		
法渊寺	清雍正十一年	北京						1		
仁寿寺	清乾隆二十六年	北京					1	2		
阐福寺	清乾隆十一年	北京					1	2		
极乐世界	清乾隆三十五年	北京					1	2		
福佑寺	清雍正元年	北京					1	1		
护国寺	元至元二十一年始建	北京					1	2		
玛哈噶拉庙	清康熙三十三年	北京					1	1		
梵香寺③	清乾隆十四年	北京					1	2		

---

①　据《日下旧闻考》卷五十二及《清一统志》卷七，妙应寺内藏有《御制满汉蒙古西番合璧大藏全咒》一套，以及西番《首楞严经》一分、《维摩诘所说大乘经》全部。

②　档案中小字解释智珠寺、法渊寺系兼并嵩祝寺。乾隆三十六年（1771）五月十一日档案里呈现永瑢、福隆安、阿旺班珠尔呼图克图原拟颁给嵩祝寺、智珠寺、法渊寺三寺共一部西番字《楞严经》。

③　清代北京藏传佛教寺院称"梵香寺"者有两座，一是香山满族喇嘛寺院梵香寺，一是西城区梵香寺。香山满族喇嘛寺院梵香寺与西城区梵香寺从寺庙的历史沿革、重要程度等方面来看难以确认究竟在乾隆三十六年（1771）获颁《楞严经》的梵香寺是其中哪一座，故两寺的建筑时间都列于此。

续表

寺名	建筑时间	地点	颁经情况							
			原有《藏文甘珠尔》	原有《蒙文甘珠尔》	初拟颁《藏文丹珠尔》	初拟颁《蒙文丹珠尔》	藏文《楞严经》		蒙文《楞严经》	
							初拟	再拟	初拟	再拟
长泰寺	明万历年间始建，清顺治初年改为藏传佛教寺院	北京					1	2		
慈度寺	清顺治初年	北京					1	2		
查汉喇嘛寺	清顺治二年	北京					1	2		
资福院①	清康熙六十年	北京					1	2		
西黄寺	清顺治九年	北京					1	2		
普胜寺	清顺治八年	北京					1	1		
慧照寺	明成化十七年	北京					1	1		
化成寺	清雍正二年	北京					1	1		
净住寺	清顺治二年	北京					1	2		
新寺	建于何时不详，清乾隆二年重修	北京					1	1	1	
三佛寺	建筑年代不可考	北京					1	2		
同福寺	清康熙年间	北京					1	2		
永宁寺	建于何时不详	北京					1	1		
圣化寺	清康熙年间	北京					1	2		

① 据中见立夫先生在《〈满文大藏经〉的探索、考证及其复刊》中的记述，义和团时期，日本人在北京所收集的另一种《藏文大藏经》来源于资福院，也有记录说该藏经是由寺本婉雅一人所发现。其中以康熙二十至二十七年印刻的《甘珠尔》105 函 1016 部，《丹珠尔》252 函 5001 部为主。[日] 中见立夫：《〈满文大藏经〉的探索、考证及其复刊》，故宫博物院，国家清史编纂委员会编《故宫博物院八十华诞暨国际清史学术研讨会论文集》，紫禁城出版社 2006 年版，第 525 页。

续表

寺名	建筑时间	地点	原有《藏文甘珠尔》	原有《蒙文甘珠尔》	初拟颁《藏文丹珠尔》	初拟颁《蒙文丹珠尔》	藏文《楞严经》		蒙文《楞严经》	
							初拟	再拟	初拟	再拟
正觉寺	明永乐十一年始建，清乾隆二十六年重修	北京					1	2		
宝谛寺	清乾隆十五年	北京					1	1		
宝象寺	清乾隆三十二年	北京					1	1		
牙满达噶庙	清乾隆十五年	北京						1	1	1
普宁寺①	清乾隆二十年	热河	1				1	2		2
安远庙	清乾隆二十九年	热河					1	2		
布达拉庙	清乾隆三十六年	热河					1	2		
普仁寺②	清康熙五十二年	热河						2		
普善寺③	清康熙五十二年	热河					1④	1		
普乐寺	清乾隆三十一年	热河						1		
善因寺⑤	清雍正九年	多伦诺尔					1	2		
汇宗寺⑥	清康熙四十年	多伦诺尔					1	2		

　　① ［日］泷川政次郎：《多伦诺尔的喇嘛庙》，任月海译，任月海编译：《多伦文史资料第一辑》，内蒙古大学出版社2006年版，第107页。文中记述记普宁寺藏有北京版藏文《甘珠尔》一部。

　　② 同上。文中记述记普仁寺藏有北京版藏文《甘珠尔》一部。

　　③ 同上。文中记述记普善寺藏有北京版藏文《甘珠尔》一部。

　　④ 档案中小字解释普善寺、普乐寺系兼并普仁寺。乾隆三十六年五月十一日档案里呈现永瑢、福隆安、阿旺班珠尔呼图克图原拟颁给普仁寺、普善寺、普乐寺三寺共一部西番字《楞严经》。

　　⑤ 同上书，第105页。据文中转引桥本光宝所述，善因寺藏有北京版藏文《甘珠尔》两部。

　　⑥ 同上。文中转引桥本广本所述，汇宗寺藏有北京版藏文《甘珠尔》五部，藏文《丹珠尔》两部这五部《甘珠尔》中，一部被转移到浩济特的喇嘛庙，一部被转移到正蓝旗的门德尔庙，现存的只有三部。

续表

寺名	建筑时间	地点	颁经情况					
			原有《藏文甘珠尔》	原有《蒙文甘珠尔》	初拟颁《藏文丹珠尔》	初拟颁《蒙文丹珠尔》	藏文《楞严经》	蒙文《楞严经》
							初拟 / 再拟	初拟 / 再拟
东塔永光寺	清顺治二年	盛京					1　2	
西塔延寿寺	清顺治二年	盛京					1　2	
南塔广慈寺	清顺治二年	盛京					1　2	
北塔法轮寺	清顺治二年	盛京					1　2	
实胜寺①	清崇德三年	盛京		1			1　2	
玛哈噶拉庙	清崇德三年	盛京					1　2	
长宁寺②	清顺治十三年	盛京					1　2	

---

　　① 《沈阳皇寺三百年》里记述："盛京实胜寺这部《蒙文大藏经》是乾隆三十七年（1772年）十月因盛京送交清字经馆之《金字蒙文大藏经》'残缺不全难以修整'，奉旨由武英殿印经处重行刷印的一部经书。乾隆三十九年（1774年）五月印制完工，同年十月由盛京内务府主事诺罗由京都请来，一直在皇寺珍藏。伪满时期《实胜寺所藏经卷统计表》记载：实胜寺藏有蒙文《甘珠尔》经102部，蒙文《丹珠尔》经164部，合计266部（卷），较之全经333部已缺失67部（卷）。（其中《甘珠尔》经缺失6部，《丹珠尔》经缺失61部）。'文化大革命'期间，此经全部遗失。""实胜寺藏有满、蒙、汉、藏《四体字大藏金咒》5部。"伪满时期，《四体字大藏金咒》尚存。见李凤民编《沈阳皇寺三百年》，东北大学出版社2012年版，第127页、第130—131页。另据中见立夫先生所转述，内藤湖南在《奉天满蒙文藏经简介》里描述他在1905年于奉天看到的收藏大藏经的情况，其中包括黄寺（即实胜寺）藏有《金字蒙古大藏经》（附写本包袱夹板）一部百余函、《清汉蒙藏文四体合璧大藏全咒》（刻本）5部、《蒙古文大藏经》（红印本无包袱，夹板不完整）一部百余函、《西藏文大藏经》（红印本有包袱和夹板）一部百余函、《西藏文首楞严经》。[日]中见立夫：《〈满文大藏经〉的探索、考证及其复刊》，故宫博物院、国家清史编纂委员会编：《故宫博物院八十华诞暨国际清史学术研讨会论文集》，紫禁城出版社2006年版，第526页。这两条记录可互相参照。

　　② 据中见立夫先生所转述，内藤湖南在《奉天满蒙文藏经简介》里描述他在1905年于奉天看到的收藏大藏经的情况，其中包括长宁寺藏有《蒙古大藏经》（红印本，包袱和夹板均保存完整）一百零八函。[日]中见立夫：《〈满文大藏经〉的探索、考证及其复刊》，故宫博物院、国家清史编纂委员会编：《故宫博物院八十华诞暨国际清史学术研讨会论文集》，紫禁城出版社2006年版，第527页。

续表

寺名	建筑时间	地点	原有《藏文甘珠尔》	原有《蒙文甘珠尔》	初拟颁《藏文丹珠尔》	初拟颁《蒙文丹珠尔》	藏文《楞严经》		蒙文《楞严经》	
							初拟	再拟	初拟	再拟
库伦庙	清顺治七年	锡勒图库伦						2		
菩萨顶	北魏孝文帝时始建	五台山					1	2		
射虎川台麓寺	清康熙二十四年	五台山					1	1		
西安府广仁寺①	清康熙四十四年	西安府					1	1		
哈尔哈库伦庙	清顺治十一年	哈尔哈					1	1		1
伊榜庙②							1	1		
科布多庙③		科布多					1	2		
伊犁庙④		伊犁					1	1		1

---

① 广仁寺藏有康熙三十九年（1700）在北京刻板的藏文大藏经《甘珠尔》一百零八函。

② 未找到该寺庙的相关讯息。

③ 未明确该寺为哪座寺庙。

④ 未明确该寺为哪座寺庙。如今通常所称的"伊犁庙"即是承德的安远庙。档案中已明确列出了安远庙所拟颁经的情况。伊犁庙应另有所指，笔者以为应是新疆地区的寺庙。而乾隆时期新疆地区诸所著名佛寺因战火而毁，包括承德安远庙所仿的本尊——固尔札庙。档案里获颁西番字《楞严经》、蒙古字《楞严经》各一部的伊犁庙竟为何寺，有怎样的历史沿革需待进一步查考。

续表

寺名	建筑时间	地点	颁经情况							
			原有《藏文甘珠尔》	原有《蒙文甘珠尔》	初拟颁《藏文丹珠尔》	初拟颁《蒙文丹珠尔》	藏文《楞严经》		蒙文《楞严经》	
							初拟	再拟	初拟	再拟
大召①	明万历七年	归化城					1	1		1
锡勒图召	明万历十三年	归化城					1	1		1
小召	明天启年间或之前	归化城					1	1		1
朋苏克召	清顺治十八年	归化城					1	1		1
拉布齐召	清康熙六年	归化城					1	1		1
乃穆齐召	清康熙八年	归化城					1	1		1
班第达召	清康熙元年	归化城					1			1
		内札萨克六出尔汉							6	30
		哈尔哈四爱曼							4	16

---

① 据《清代蒙古寺庙管理体制研究》，呼和浩特地区是藏传佛教再度传入蒙古地区的最早的根据地，又是藏传佛教向整个蒙古地区传播的中心。由于该地区寺庙林立，清代绥远城、土默特左右翼旗的呼和浩特地区俗有"七大召、八小召、七十二个绵绵召"之说。清廷通过给与归化城首领札萨克达喇嘛印信来统辖呼和浩特地区众多喇嘛和寺庙。印务处初设在无量寺，副扎萨克达喇嘛的人选一般限定在呼和浩特七大寺庙所属呼图克图、札萨克喇嘛和达喇嘛圈里。扎萨克喇嘛系呼和浩特七大召最高行政执事喇嘛，七大召每召一缺，也是掌印扎萨克达喇嘛和副扎萨克达喇嘛之下兼职于喇嘛印务处的人员编制。七大召为大召、锡勒图召、小召、朋苏克召、拉布齐召（宏庆寺）、隆寿寺（乃穆齐召）、班第达召（尊胜寺）。归化城七庙应即指此七大召。胡日查：《清代蒙古寺庙管理体制研究》，辽宁民族出版社2013年版，第103—108页。

续表

寺名	建筑时间	地点	颁经情况							
			原有《藏文甘珠尔》	原有《蒙文甘珠尔》	初拟颁《藏文丹珠尔》	初拟颁《蒙文丹珠尔》	藏文《楞严经》		蒙文《楞严经》	
							初拟	再拟	初拟	再拟
		都尔伯特二爱曼							2	4
		阿拉善							1	2
		查哈尔八旗								32

三　《颁发各庙宇西番字蒙古字〈楞严经〉案》牵涉的问题探析

（一）乾隆三十六年颁发西番字《楞严经》、蒙古字《楞严经》的前提及渊源

据《内务府奏销档》记载，乾隆三十六年五月十一日，多罗贝勒永瑢等奏请颁给热河等处寺庙《楞严经》。这次颁发全国各主要寺庙的藏文本《楞严经》、蒙古文本《楞严经》，实则在乾隆二十八年（1763）已译制完毕，而这样的译制与颁发举措，有两个非常紧要的前提和渊源。其一是清前期诸帝特别是乾隆皇帝对《楞严经》的关注和看重，其二是源于乾隆皇帝及其佛学导师三世章嘉呼图克图译制藏、满、蒙、汉四体合璧《楞严经》这一巨制的愿心及实物。

1. 清前期诸帝对《楞严经》的关注

（1）顺治、康熙、雍正诸帝对《楞严经》的关注

《秘殿珠林》记载万善殿钦定刻本中有世祖章皇帝钦定《楞严经会

解》十五部。① 康熙帝则在康熙五十二年（1713年），御定了一部《御选唐诗》，"其注释则命诸臣编录，而取断于睿裁"②。其中引用《楞严经》解诗有14处。还曾在内廷刊刻了包括《楞严经》在内的二十二部经。③雍正皇帝共有三部著作被乾隆收入《龙藏》，其中即有一部名为《御录经海一滴》④者，雍正帝在序文里自述："然则大藏经卷，如何可有所拣择耶？乃朕今者万几余暇，随喜教海于《般若》、《华严》、《宝积》、《大集》等经，卷帙浩繁者未及遍阅。但于《圆觉》、《金刚》、《楞严》、《净名》等经，展诵易周者若干部，每部各亲录数十则。"《楞严》被其选入此书，列在卷二。雍正还如此评价将这些经典的选录："朕今以不拣择拣择，故所采录不独震旦经藏，未尝缺遗一言一句，即西天未来古佛未说者，亦复不增不减，无欠无余焉。"认为完满的收录了佛语之精髓，颇为自得。

如上所述顺治、康熙、雍正诸帝对《楞严经》的或印或引或选，体现了他们对《楞严经》关注及对其价值的肯定。

（2）乾隆皇帝对《楞严经》的重视及思想内涵的把握

乾隆皇帝对《楞严经》的看重，以致最后组织完成四体合璧本的译制，很可能受到父祖们对《楞严经》延续性关切的影响。乾隆皇帝本人作诗属文关涉"楞严"者甚多，其化用经文娴熟，《御制诗集三集》卷十六收录的《松严》一诗可谓非常典型的一首。其诗云："孤亭四柱俯松岩，岩上松涛了不凡。七处征心八辨见，何如坐此悟楞严。"⑤ 其中"七处征心""八辨见"皆是出自《楞严经》的重要命题。

《大佛顶如来万行首楞严经》是清朝皇帝御笔书写较多的佛经之一。⑥"据乾隆九年（1744）告成的《秘殿珠琳》记载，清圣祖、世宗乾隆等帝

---

① （清）张照等：《秘殿珠林》，文渊阁《四库全书》本。

② （清）永瑢等：《四库全书总目提要》，第38册，万有文库本，商务印书馆1939年版，第77页。

③ 蒋维乔：《中国佛教史》，广陵书社2008年版，第272页。

④ 收入《乾隆大藏经》第164册，编号为1669。

⑤ 故宫博物院编：《清高宗御制诗》，第7册，海南出版社2000年版，第22页。

⑥ "御笔写经，是指清朝历代皇帝亲笔书写的佛、道经卷。这些经卷大多纸墨上乘，经折装裱，庄严富丽，经文大多是墨笔或泥金端楷，有的是行楷。经的封面题签书写'御书'某某经；经文末署有皇帝御书题识纪年。前后皆有御笔或如意馆画家奉敕绘有佛说法图和韦驮护神之像等。并钤印皇帝宝玺和收藏印记。"参见齐秀梅、杨玉良等《清宫藏书》，紫禁城出版社2005年版，第335页。

都有御笔写经木刻刷印，或者石刻，用徽墨，殊砂、泥金进行墨拓、殊拓、金拓，每部御笔写经木刻刷印或石刻拓制数量分别为几十、数百、上千部不等，当时俱贮于慈宁宫。"① 乾隆十九年（1754）时即由内府刊印过《御书楞严经》，故宫博物院所存清内府雕版中就包括《御书楞严经》。故宫博物院目前曾有该刻本一函一册，其形制为"经折装，每半开五行，行十一字，附图九幅，开本高26.2厘米，宽10.3厘米。绫封面，黄绫印书签，乾隆年仿金粟山藏经纸印"②。翁连溪先生曾言此印本传世极少。③据《法源寺》一书所整理的法源寺旧藏文物清单，清高宗曾颁给法源寺一部《楞严经》。④ 此《楞严经》应为汉文，但未明确具体颁给的时间，是否为乾隆十九年（1754）的《御书楞严经》刻本尚不能确定。

据翁连溪先生的著录，乾隆时期内府还刻有满、汉文本《楞严经成语》，其形制为"四周双边，十六行，版框高6.6厘米，宽23.5厘米"⑤。

乾隆三十六年（1771）御制泥金楷书《楞严经》汉文写本颇为珍稀，其卷前有泥金龙纹牌记，牌记上方正中是泥金篆书"御制"二字，这一乾隆御制牌记可作为乾隆皇帝对《楞严经》思想内涵方面解读的一种补充。牌记内写道"佛顶楞严，是最尊胜。证如来藏，入三摩地。修习圆通，应周十方。五十五位，成就菩提。华幢铃纲，七宝交罗。香海尘界，天人围绕。欢喜书写，聚紫金光。妙陀罗尼，梵音敷奏。恒沙国土，一切众生。悉仗愿力，福德长寿"⑥。

除以上所述的融会化用《楞严经》经义入诗，将汉文《楞严经》御写、刊刻、颁赐几个方面外，乾隆皇帝本人对《楞严经》的重视与佛学层面思想内涵的熟悉和掌握程度，在译制藏、满、蒙、汉四体合璧《楞严经》这一文化工程时表现的最集中和突出。乾隆皇帝在《御制楞严经序》中说："诸卷进呈，朕必亲加详阅更正；有疑，则质之章嘉国师。"

---

① 齐秀梅，杨玉良等：《清宫藏书》，紫禁城出版社2005年版，第323页。

② 翁连溪：《清代内府刻书研究》，故宫出版社2013年版，第408页。

③ 同上书，第318页。

④ 法源寺历史悠久。最初唐太宗为追悼东征阵亡将士，于贞观十九年（645）下诏于这里立寺。唐高宗时又下诏修建，皆未实现。至武后万岁通天元年（696）才完成建寺，并赐名"悯忠寺"。该寺多次重建。明代称"崇福寺"，清代改为"法源寺"。参见吕铁钢、黄春和《法源寺》，华文出版社2006版，第263—264页、第281页。

⑤ 翁连溪：《清代内府刻书研究》，故宫出版社2013年版，第435页。

⑥ 向斯：《中国宫廷善本》，文物出版社2003年版，第239页。

据曾参与厘清哈佛大学所藏满文文献的卓鸿泽先生见告，哈佛大学燕京图书馆所藏《首楞严经》的满文文本上存有乾隆皇帝的修改意见。笔者在哈佛大学访学期间，在燕京图书馆见到了此满文本——《满文楞严经等十二帖》。

笔者对《满文楞严经等十二帖》之第三帖做了一个探析，发现乾隆皇帝的修改意见在第三帖共计 20 处，包括语态由使动→正常语态，时态上过去时→现在时，加一些词语（格助词、副动词、实义名词），换词等状况。关于乾隆皇帝的修改意见被执行情况就目前的对比探究而言，初步发现基本都得到了执行。这当然不是仅基于乾隆皇帝身份的特殊性，更深层次的缘由是乾隆皇帝精深的满文水平和不错的佛学造诣，特别是对《首楞严经》本身熟悉和了解程度达到了一定的水准。

2. 乾隆时藏、满、蒙、汉四体合璧《楞严经》的译制

御制藏、满、蒙、汉四体《楞严经》的翻译自乾隆壬申（1752）起，至乾隆癸未（1763）即乾隆二十八年时告罄，乾隆皇帝应主要翻译编纂者庄亲王等人的奏请而写作了《御制楞严经序》。序中提及的翻译工程的负责人是庄亲王允禄，主要参与者则有三世章嘉呼图克图若必多吉和傅鼐。

关于乾隆皇帝为何要将《楞严经》译成满、蒙、藏、汉四体合璧本，笔者已做了详细分析，这里不再细述。简而言之，缘由如下：（1）汉译的佛典在藏地都可找到相应的文本，《楞严经》却是例外；（2）可契合元代佛学大师布思端（清译补敦，bu ston rin chen grub 1290—1364）此经"当于后五百年，仍自中国译至藏地"之授记；（3）乾隆皇帝自述在忙于政事的闲暇，喜欢用"国语"翻译经书；（4）有追慕皇祖康熙皇帝、皇父雍正皇帝翻译刊行四体文《心经》的用意；（5）就《楞严经》本身之思想内涵来看，乾隆皇帝认为它是"能仁直指心性之宗旨"；（6）承自顺治、康熙、雍正诸位清朝最高统治者关注《楞严经》的渊源。

四体《楞严经》在译成当年——乾隆二十八年（1763）由内府刊行。如今故宫博物院所存清内府雕版中，即包括藏、满、蒙、汉四体合璧《楞严经》的经版。翁连溪先生记述其形制为"半页九行，行字不等，四周双边，白口，单鱼尾，无栏格。版框高 22.3 厘米，宽 17.2 厘米。（序纪年为乾隆二十八年）"。据翁连溪先生所述，四体《楞严经》印本传世

极少①，事实亦确实如此。

民国时藏于北京雍和宫的十卷本《楞严经》刻本，汉、满、蒙、藏四体文，刑制为 8.5 英寸×28 英寸。白色厚纸，红字书写。当为乾隆二十八年（1763）的御制本的原刻本。序文总共 24 页，从 1a—13a，没有页码标为 1b。钢和泰在其 1936 年的论文《乾隆皇帝和大〈首楞严经〉》② 里附录了序文的 17 页。此经的藏文全称为 "rgyal pos bsgyur mdzad pa'i de bzhin gshegs pa'i gsang ba bsgrub pa'i don mngon par thob pa'i rgyu/ byang chub sems dpa' thams cad kyi spyod pa rgya mtsho ston pa/ sangs rgyas kyi gtsug tor dpa' bar 'gro ba zhes bya ba theg pa chen po'i mdo/ bam po bcu pa"。译言：皇帝御译现得如来秘密成就意因……诸菩萨行海师……佛顶勇行大乘经——十卷。

据《北京地区满文图书目录》，北京故宫博物院藏有四体合璧写本、刻本各一。

笔者在哈佛大学燕京图书馆见到的四体合璧的刻本《楞严经》，该图书馆所藏仅为第八卷。装潢精美，字迹清晰。典雅又不失端庄大气。为朱体。《楞严经》的四体本颇为珍稀，能够得见非常有幸。观其形制，亦是令人颇为感慨称道。其用纸也是非常考究，极具手感。

四体合璧本《楞严经》的译制和雕版完成，可谓藏文、蒙古文《楞严经》被颁发的重要前提。

（二）乾隆时期译制藏、满、蒙文版本《楞严经》的流布

1. 《楞严经》藏、满、蒙文版本介绍

（1）藏文本

《楞严经》现有的藏文译本共有三种。两种译成于 9 世纪初吐蕃厘定译语前，皆非《楞严经》的藏译全本。另外一种则是乾隆时所译，源出于乾隆皇帝译制藏、满、蒙、汉四体合璧《楞严经》这一文化工程。各语种翻译顺序为将《楞严经》从汉文译成满文，满文译成蒙文，蒙再转译成藏文。

东洋文库藏河口慧海携归藏文 Collection 目录中有同名的两部。大谷

---

① 翁连溪：《清代内府刻书研究》，故宫出版社 2013 年版，第 318 页。

② Baron A. von Staël-Holstein, "The Emperor Ch'ien-lung and The Larger Śūramgamasūtra", *Harvard Journal of Asiatic Studies*, Vol. 1, No. 1, April 1936, pp. 136–146.

大学图书馆藏两套藏文《楞严经》，除一套缺首页，其余完全相同。长71.5 厘米、宽 23 厘米，每页八行，红字有头楷书书写。与东洋文库的其中一套相比多序文，页码标记、标题有差异。北京版《藏文大藏经》分朱字和黑字两种传世。寺本婉雅称大谷大学图书馆所藏的朱字版未见新译《楞严经》。但在中形黑体的北京版《大藏经》里应该有。

　　哈佛燕京图书馆藏钢和泰在北京所得的另一个红字刻本，钢和泰先生1936 年论文中信息了无，未有介绍。笔者在哈佛大学访学期间，有幸见到了《楞严经》的两个藏文版本。一为朱体，一为墨书。两者均无序文。朱体的是《楞严经》的藏文单行本，或为钢和泰先生当年所得之本。墨书的则隶属于《藏文大藏经》的第 91 卷，其为清代版本，与另外两部经《说网波等百悟经》《佛说称悟福力经》合编于一函。每页 8 行，四周双边。比单行本少封底版画和标题题牌。从上四开始，上一百七十六止，页数虽与其他藏文版本比之少一些，但看上去似乎是全文结束了。纸质相对较薄，为单面印制，有墨迹晕染现象。其保护用纸为 20 世纪 40 年代的报纸。

　　故宫所藏的手抄金字版《甘珠尔》为乾隆三十五年（1770），乾隆为庆祝生母皇太后八旬万寿，命内府缮写的。钢和泰先生根据这一版的乾隆御制序提及《楞严经》，认为这部《甘珠尔》里一定收录了《楞严经》的藏译本。还说这部甘珠尔转移到了上海银行的保险柜里，不知流落何方。[①]

　　但是在 2011 年西藏和平解放 50 周年的时候，故宫博物院所藏西藏文物中精选出 229 件珍品举办《故宫藏传佛教文物特展》，据称半数文物是首次亮相。其中就包括了此乾隆金书《甘珠尔》经，磁青纸，泥金书写，总共镶嵌珠宝达 14364 颗，是清代宫廷佛教经典装饰的极品。经文共 108函，每函都用护经板、包袱、丝带等捆扎保护。护经板分里外两层，外层用朱色涂抹，描金莲花以及六字真言，内层以磁青纸，并覆盖红、蓝、黄、绿、白经卯五块。序文和目录用蒙、满、藏、汉四种文字对照书写。首函冠有"乾隆三十五年七月二十五日御制金书甘珠尔大藏经文序"字样。目前这部经分藏于北京和台北，北京故宫博物院现藏 96 函（夹）

　　① Baron A. von Staël-Holstein, "The Emperor Ch'ien-lung and The Larger Śūramgamasūtra", *Harvard Journal of Asiatic Studies*, Vol. 1, No. 1, April 1936, pp. 136 – 146.

30523 页。台北故宫博物院保存 12 函（夹）。北京故宫博物院所存：《秘密经》第一至四、九至二十五卷；《二般若经》第一、三、四卷；《大宝积经》第一至三、六卷；《律师戒行经》第一至五、七、九至十五卷；《圣胜法念住经》第一卷。台北故宫博物院所存：《秘密经》第五至八卷；《二般若经》第二卷；《大宝积经》第四、五卷；《律师戒行经》第六、八卷；《圣胜法念住经》第二、三卷；《三大般若经》第一卷。倘若果真收有《首楞严经》，那么在北京故宫或者台北故宫应该会有发现。

哈佛燕京学社所藏的那塘版《甘珠尔》里的经部有 30 卷，北京的国家图书馆所藏的那塘版为黑字印刷，有 31 卷。额外的这卷标目为 KI，包含的即是《首楞严经》，它与奉乾隆皇帝之命所造的四体文《首楞严经》的藏文版一致。哈佛燕京学社的那塘版《甘珠尔》未曾提及《首楞严经》，而国图所藏的则在 103b 页有一个插入，说经部的卷三十一包含《首楞严经》。1700 年北京版《甘珠尔》的主要编辑者曾说依照康熙的指示补充过《甘珠尔》，那么钢和泰推测在乾隆敬重康熙为模范的前提下，效仿康熙，使《首楞严经》补入那塘版《甘珠尔》也是可能的。

除那塘版《甘珠尔》外，《甘珠尔·拉萨版》《甘珠尔·库伦版》之尾后也增补有《楞严经》藏译本之完整版。而其余诸版本的藏文《大藏经》中均未有此藏译本之完整版。据调查获悉，北京雍和宫收藏有四体《楞严经》，2007 年大藏经对勘局派人前往雍和宫复制了此四体《楞严经》，其藏译部分已增补在《甘珠尔·对勘本》中。[①]

（2）蒙文本

据果滨居士言，必兰纳识里曾将汉译本《楞严经》转译成蒙古文。蔡凤林在《中国农牧文化结合与中华民族的形成》亦云《楞严经》在元朝时译为蒙古文，[②] 不知其依据为何。查《元史·释老传》："必兰纳识里者，初名只剌瓦弥的理，北庭感木鲁国人。幼熟畏兀儿及西天书，长能贯通三藏暨诸国语。大德六年，奉旨从帝师授戒于广寒殿，代帝出家，更赐

---

① 布楚、尖仁色：《琉璃明镜——藏文大藏经之源流、特点、版本及对勘出版》，中国藏学出版社 2012 年版，第 168 页。

② 果滨：《〈楞严经〉传译及其真伪辩证之研究》，万卷楼图书股份有限公司 2009 年版，第 147 页；蔡凤林：《中国农牧文化结合与中华民族的形成》，中国财政经济出版社 2000 年版，第 269—270 页。

今名。皇庆中，命翻译诸梵经典……其所译经，汉字则有《楞严经》，西天字则有《大乘庄严宝度经》、《干陀般若经》、《大涅盘经》、《称赞大乘功德经》，西番字则有《不思议禅观经》，通若干卷。"①

既云必兰纳识里转译了汉文《楞严经》，他又精通各种语言，元代时有蒙文译本，且为他所译亦有可能。然考察《蒙古文甘珠尔·丹珠尔目录》，并无《首楞严经》的蒙文全译本，却有相应于之前所提及的吐蕃时期两个藏文译本的蒙译本。

《圣彼得堡州立大学图书馆的蒙古手稿和木刻版画的目录》② 中记载有蒙文本《首楞严经》，想必圣彼得堡州立大学图书馆应有收藏。目前笔者所见为内蒙古自治区图书馆所藏乾隆二十八年（1763）蒙文全译本的朱印本，想必是如《乾隆御制楞严经序》所说，此本由汉文译成满文，再由满文转译而成。获曾求学于哈佛的卓鸿泽先生见告，哈佛大学图书馆亦藏有蒙文译本。笔者在哈佛大学燕京图书馆亲睹此蒙文本，其为朱体单行本，形制与内蒙古自治区图书馆所藏颇为相似，亦有牌记和《首楞严经》序文。正文页数也为 182 页。

（3）满文本

如前所述，哈佛大学燕京图书馆所藏存有乾隆皇帝修改意见的《楞严经》的满文本。该本书写清晰雅致，字体工整，字与字间空格较大，行间距疏朗，与其他的文本合编在一处，名为"满文楞严经等十二帖"。准确地说，其中前六帖属于《首楞严经》的部分，第六帖尾页，显然未完结。不过基本集中在《首楞严经》后三卷，并非完本。确有修改痕迹，修改之处存有多种情形。一般在圈出文字的旁边，以红色字迹修改，或直接在原词上修改，也有加词的情形。也存在虽然圈出原词，但未加修改的情况，不知是否代表要将其删除之意。有时也直接以文字标注修改意见，譬如"应翻为""将旧翻□者亦查改"。此字不易辨认，似为"通"字。正文栏框外批注主要为满文，也有若干汉字。

果滨居士在《〈楞严经〉传译及其真伪辩证之研究》的参考书目部

---

① 蓝吉富：《大藏经补编（17）》，华宇出版社 1985 年版，第 554 页。

② *Catalogue of the Mongolian Manuscripts and Xylographs at St. Petersburg State University Library*, Tokyo：Institute for the Study of Languages and Cultures of Asia and Africa, Tokyo University of Foreign Studies, 1999.

分，列出普林斯顿大学葛思德图书馆藏有清高宗敕译满汉合璧译本。

据《北京地区满文图书目录》，故宫藏有精写本《御制首楞严经》，形制为"49.9 厘米×12.2 厘米"。北京图书馆（今中国国家图书馆）藏有《首楞严经》满文刻本十卷。苏联藏有两本满文《首楞严经》，一为十卷，另一为第四卷。①

乾隆皇帝鉴于印度佛教先后译成汉蒙藏各种文字，却无满文。自乾隆三十七年（1711）命将《汉文大藏经》译成满文，乾隆五十五年（1790）完成。庄吉发先生在《国立故宫博物院典藏〈大藏经〉满文译本研究》一文中引述《世界满文文献目录》所载，北京故宫博物院所藏原刻朱色初印本《满文大藏经》中，《楞严经》位于第三十函，该函包括三十五佛经等二十一种经。② 然《北京地区满文图书目录》中所述为第五十四函。今观 2002 年重印本《满文大藏经》，《首楞严经》在第五十四函。

翁连溪先生著录乾隆时期内府刊刻有满文本《楞严经》，其形制为"梵夹装，四周双边，十五行，朱印。版框高 6.8 厘米，宽 21.7 厘米"③。具体收藏在何处不明，或即为国图所藏本。

2. 乾隆时期藏文《楞严经》、蒙古文《楞严经》的译传

前文已有提及乾隆时期译制的藏、满、蒙、汉四体合璧本《楞严经》由内府刊行，另有内府刊刻的满文版本。关于乾隆时期藏文《楞严经》、蒙古文《楞严经》的译传情况，除本文探讨的乾隆三十六年（1771）颁发各寺庙西番字、蒙古字《楞严经》的档案外，还有如下一些发现。

《清代蒙古文出版史研究 以蒙古文木刻出版为中心》中提及《楞严经》另刊行蒙古文版④，如前所述内蒙古自治区图书馆藏有乾隆二十八年（1763）蒙古文《楞严经》的朱印单行本。

翁连溪先生在《清代内府刻书研究》中亦提及故宫博物院收藏的清内府遗存单刻藏、蒙、满文佛经版中包括有《楞严经》的经版。⑤ 然而，笔者通读翁先生此书，仍未明此经版为藏文、蒙古文抑或藏文？关于此

---

① 富丽：《世界满文文献目录》，中国民族古文字研究会 1983 年版，第 31 页。

② 同上书，第 28—31 页。

③ 翁连溪：《清代内府刻书研究》，故宫出版社 2013 年版，第 436 页。

④ 宝山：《清代蒙古文出版史研究：以蒙古文木刻出版为中心》，内蒙古教育出版社 2007 年版，第 53 页。

⑤ 翁连溪：《清代内府刻书研究》，故宫出版社 2013 年版，第 317—318 页。

《楞严经》单行本为什么语种暂存疑，但可以明确的是此经版的存在再次印证了至少四体《楞严经》译制成功后，藏、满、蒙语种版本的《楞严经》确曾印制为单行本。

当然，本文考察的乾隆三十六年（1771）颁发各寺庙西番字、蒙古字《楞严经》的档案也是提供了丰富的信息和内容。档案里提到"查原印造西番字《楞严经》一百部、蒙古字《楞严经》一百部"，初拟时计划颁发出西番字《楞严经》五十七部、蒙古字《楞严经》十六部，所余者共一百二十七部"仍交武英殿令其敬谨收贮，以备应用"。这里表明西番字《楞严经》、蒙古字《楞严经》乾隆时期至少曾各刷一百部，刷成后由武英殿保管。而这一百部藏文《楞严经》、蒙古文《楞严经》颁给了全国京城、热河、盛京、五台山等内地及各蒙古地方的重要藏传佛教寺庙，遗憾的是查阅各种记载，这些佛经留存的寥寥。

仅就笔者目前所见的哈佛大学燕京图书馆所藏藏文《楞严经》单行本与内蒙古自治区图书馆所藏蒙文《楞严经》单行本①而言，均为朱印本、形制精妙。是否为乾隆三十六年颁与各寺庙的单行本，目前史料阙如，难以稽考。希望今后借助这两个版本《楞严经》具体细致的研究，能有新的发现。

（三）永瑢、福隆安与阿旺班珠尔呼图克图

永瑢、福隆安与阿旺班珠尔呼图克图是乾隆三十六年（1771）拟定颁发各寺庙西番字《楞严经》、蒙古字《楞严经》清单的核心人物。关于这三人的生平资料，基本情况如下：

永瑢（？—1790），"高宗弘历第六子。号西园主人。乾隆二十四年（1759），袭贝勒。三十七年（1772），晋质郡王，五十四年（1789），晋质亲王。卒，谥庄。善诗，工画兼通天算，著《仙壶兰韵》、《九思堂诗钞》四卷及《惺斋诗稿》等"②。永瑢在乾隆四十三年（1778）曾辑刻《四经荟刊》四种十六卷，包括《大方广圆觉修多罗了义经》二卷、《金刚般若波罗蜜经》一卷、《维摩诘所说经》三卷、《大佛顶如来密因修证

---

①　这里谨向惠赠此文本照片的斯琴毕力格先生致谢。

②　高文德主编：《中国民族史人物辞典》，中国社会科学出版社1990年版，第126页。

了义诸菩萨万行首楞严经》十卷。①

福隆安（？—1784），据《中国少数民族史大辞典》，满洲镶黄旗人。姓富察氏。察哈尔总管李荣保孙，大学士傅恒次子。尚高宗女和嘉公主，封和硕额驸。乾隆二十三年（1758），授御前侍卫。二十六年（1761），掌銮仪卫事。三十三年（1768），擢兵部尚书、军机处行走，兼议政大臣。调工部尚书。三十四年初，授御前大臣，署总管内务府大臣。三十五年，兼步军统领，管理藩院事。后授领侍卫内大臣，袭一等忠勇公爵。三十七年（1772），署镶黄旗满洲都统，受命前往审理阿尔泰总兵宋元俊劾四川总督桂林却战事，均分别治罪。三十八年，充四库馆正总裁，寻加太子太保，授正白旗满洲都统。四十一年（1776）初，调兵部尚书，仍管工部事。因平定金川功加三级，图像紫光阁。充国史馆正总裁。四十二年，暂署吏部尚书。谥勤恪。②乾隆三十六年（1771）时福隆安应管理藩院事。

关于阿旺班珠尔呼图克图事迹，罗文华先生曾根据藏文文献和清宫档案，进行过认真细致的梳理。罗先生指出："阿旺班珠尔呼图克图可能是青海广惠寺的一位活佛。这一系统驻京时间很长，至少从康熙时期就已经开始了，并参加宫中念经活动，担任热河寺庙的达喇嘛一职。乾隆时，他至少有两辈转世曾经在北京担任过札萨克喇嘛一职，另外还担任过达喇嘛、副掌印札萨克达喇嘛以及雍和宫的住持等职。"乾隆中后期的这一辈阿旺班珠尔应是章嘉国师的弟子，乾隆三十七年（1772），他参加了《满文大藏经》的编译工作。六世班禅进京时，章嘉国师在五台山避暑，他代掌驻京喇嘛印务，后被调往多伦诺尔迎接班禅一行，并参加当时众多的佛事活动。尽管他驻京时间很长，而且一直参与了乾隆时期重大的活动，但是这一传承在驻京喇嘛中地位并不显赫。③

据中国第一历史档案馆所藏的内务府满文档案中一则从"内务府军机处抄出"的永瑢、永璇、和珅、福隆安四人的奏折，永瑢与福隆安还

①　苏晓君纂：《苏斋选目》，中国经济出版社 2013 年版，第 56 页。

②　高文德编著，蔡志纯等撰稿：《中国少数民族史大辞典》，吉林教育出版社 1995 年版，第 2413 页。

③　罗文华：《乾隆时期宫廷藏传佛教绘画研究》，载李文儒主编《故宫学刊》，紫禁城出版社 2005 年版，第 347 页。

参与了《满文大藏经》的译制。①

结合其他资料，参与拟定颁给哪些寺庙，每处或每庙颁给藏文还是蒙古文《楞严经》，各颁几部的永瑢、福隆安、阿旺班珠尔胡图克图可谓一时之选。永瑢为乾隆第六子，曾管理过内务府事务，后来也辑刻过包含了《楞严经》的书籍，六世班禅进京这一重大历史活动中亦有其身影。福隆安为额驸，乾隆三十六年（1771）时应正管理理藩院事务，乾隆中后期的这位阿旺班珠尔胡图克图应是乾隆佛学导师章嘉国师的弟子，参与过若干重要的佛事活动，具有很深的佛学造诣。这三个人可以说与民族宗教事务都有不少渊源，在译制《满文大藏经》这一胜国大事时，他们也有参与。

四　余　论

据档案中所列乾隆三十六年（1771）获颁西番字、蒙古字《楞严经》寺庙清单，获颁的寺庙基本具备以下几个特点中的若干个②，即：地位重要，有较大影响，为皇家寺庙或经理藩院得赐寺名、寺额，有一定规模，为直属理藩院管理的寺院，在《理藩院则例》等官方文献中有记载，与皇帝或重要的呼图克图等大活佛有渊源。一言以蔽之，这些获颁的寺庙都是清乾隆时期全国诸多藏传佛教寺庙中除藏区（西藏、青海、四川、云南、甘肃）外，有比较大影响，在理藩院注册，地位重要的寺庙。当然，永宁寺比较例外，它属于汉传佛教寺庙。

对于内札萨克六出尔汉、哈尔哈四爱曼、都尔伯特四爱曼、阿拉善等蒙古地区在乾隆三十六年（1771）获颁《楞严经》的实情，笔者拟另撰文探讨。依照已知获颁西番字、蒙古字《楞严经》寺庙的上述规律，可以做出一个比较合理的推定，即档案中虽明言每处颁给多少部，实际应是会落实到具体的寺庙，而这些寺庙也应是具有广泛影响（至少在本盟、

---

① 从奏折可知，乾隆三十六年（1772），章嘉呼图克图已就翻译满文《甘珠尔》经上奏乾隆帝，并同时提出了翻译满文《甘珠尔》经的原则，"章嘉国师的奏折呈交后，乾隆帝立即做了批示，马上照办，并钦点永瑢、永璇、和珅、福隆安四人与章嘉共同办理此事"。参见翁连溪：《清代内府刻书研究》，故宫出版社2013年版，第150页。

② 乾隆三十六年（1771）获颁西番字、蒙古字《楞严经》各寺庙的历史沿革参见附录12。

若干旗或本旗)、与皇家或重要呼图克图等大活佛有涉,为清廷所认可,具一定规模,获赐寺名、匾额等的重要寺庙。

乾隆三十六年(1771)颁给全国各主要寺庙《楞严经》的举措,呈现出多语言文字、多民族成分、多地区等特点,也彰显出清代乾隆时期民族文化融合与交流的广度与深度。具体而言:

(一) 从语言文字来看

1.《楞严经》有藏、满、蒙、汉四体合璧本,也有藏、满、蒙、汉四种文字各自的单行本,呈现出多种语言文字的版本。2. 获颁寺庙多有藏、满、蒙、汉诸文字的寺名、匾额、碑刻等,其中不乏三体、四体合璧者。3. 诸获颁藏传寺庙中包含以藏语、蒙语、满语诵读经文者,永宁寺作为汉传佛教寺庙,或以汉语诵经。

(二) 从多地域来看

获颁寺庙所在地域涉及京城、热河、盛京、五台山、西安、伊犁、内外蒙古等地区,为汉、满、蒙、锡伯等各族人民所居之地。

(三) 从多民族成分来看

1. 诸获颁寺庙中的藏传佛教(永宁寺例外,属汉传佛教)僧人从民族成分而言涉及汉、满、蒙、锡伯等少数民族。2. 获颁寺庙在清代被兴建或改建、重修的缘起,除信仰因素外,往往牵涉到兼顾蒙、藏、满等少数民族感情,以兴黄教来巩固统治的目的。3. 各获颁寺庙虽具体建筑形制与样式、风格、细部装饰等各有面目,但大多融合了汉式、藏式、蒙式等多民族建筑元素。4. 乾隆时期《楞严经》的译制及颁发这一大工程,本身融入了汉、藏、满、蒙、土等各族人士的智慧与技艺。从决策、主持、施行等各个环节涉及了相当多的人员,上至皇帝,下至工匠。可以说,有大量汉、满、蒙、藏、土等民族的人员倾注了心血和辛劳而成此部优异的作品。

《首楞严经》的翻译及流传背后呈现了不同民族间的文化交流,特别是佛教文化方面的内容。而乾隆皇帝以御制高度推动这一佛教经典的多语种化，并以官方颁发的形式使《首楞严经》供奉和研习于热河、京城、盛京等处各主要寺庙，这样的大举措已延伸至宗教文化以外，彰显出清朝统治者抚绥藏、蒙等信奉藏传佛教的各少数民族的高瞻远瞩、良苦用心。《首楞严经》本身显密圆融，对汉传佛教与藏传佛教各宗派均具备一定影响力的特色，使它成为清代为数不多的四体合璧佛经之一，且以御制和官方颁发的身份流布更广，成为民族文化交流与交融的一桩盛事，在翻译史、文化交流史、民族史上都是很有影响的事件。此外，译制藏、满、蒙、汉四体合璧《楞严经》及在全国各重要寺庙颁发西番字《楞严经》、蒙古字《楞严经》的举措在密切了各民族语言文字、技术工艺、义理解读等方面的交流和碰撞之外，也扩大了《楞严经》这一经典本身的影响。

附　录

1. 藏、满、蒙、汉四体合璧《楞严经》

2. 哈佛大学燕京图书馆藏藏文《大藏经》所收《楞严经》

3. 哈佛大学燕京图书馆藏藏文单行本《楞严经》

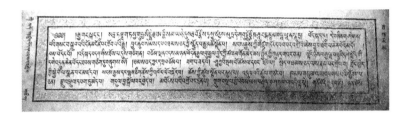

4. 哈佛大学燕京图书馆藏蒙文单行本《楞严经》

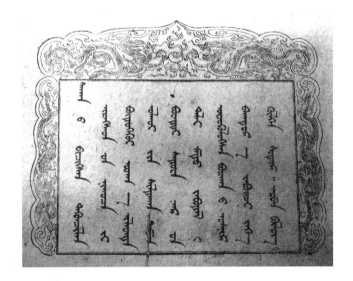

5. 内蒙古自治区图书馆藏蒙文单行本《楞严经》

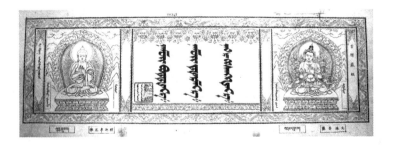

6. 台湾法鼓山中华佛学研究所藏 2002 年重印本满文《大藏经》所收《楞严经》

7. 哈佛大学燕京图书馆藏《满文〈楞严经〉等十二帖》

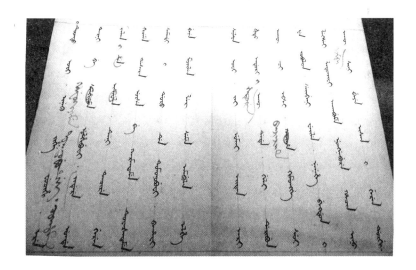

8. 《颁发各庙宇西番字、蒙古字〈楞严经〉案》（《清代档案史料选编3》收录）

颁发各庙宇西番字蒙古字
《楞严经》案[*]

永瑢福隆安折

臣永瑢、臣福隆安谨奏，遵旨查得京城、热河、盛京等处共有庙宇六十三处，再内扎萨克六出尔汉、哈尔哈四爱曼、都尔伯特二爱曼、阿拉善各该地方亦均有庙宇，俱应颁发，臣等会同阿旺班珠尔胡图克图敬谨拟得，共应行颁发西番字《楞严经》五十七部、蒙古字《楞严经》十六部，谨将应行得给《楞严经》庙宇处所另缮清单一并恭呈御览。如蒙俞允，将应行颁发盛京者交内务府，照例俟该处人员来京之便令其带往，至各该出尔汉、爱曼等处道路遥远，不便令其来京领取，请交理藩院行文各该处，遇有人员来京之便令其带往，应行得给京城各庙宇者交管理京城喇嘛印务处，令其如数散给供奉，其余西番字、蒙古字《楞严经》一百二十七部请仍交武英殿令其敬谨收贮，以备应用。

是否有当，伏候命下遵行，为此谨奏请旨。

乾隆三十六年五月十一日具奏，奉旨：知道了，照此散给，钦此。

雍和宫　原有颁发过西番字藏经一部，今拟给西番字、蒙古字《楞严经》各一部，蒙古字《续藏经》一部

弘仁寺　原有颁发过西番字藏经一部，今拟给西番字《楞严经》一部、西番字《续藏经》一部

妙应寺　原有颁发过蒙古字藏经一部，今拟给蒙古字《楞严

---

* 本案原载《史料旬刊》第16期。

9.（《史料旬刊》收录）

清乾隆頒發各廟宇西番字蒙古字楞嚴經案

福隆安摺

永瑢

臣永瑢臣福隆安謹奏遵旨查得京城熱河盛京等處共有廟宇六十三處再內扎薩克六出爾漢哈爾哈四愛曼都爾伯特二愛曼阿拉善各該地方亦均有廟宇俱應頒發臣等會同阿旺班珠爾胡圖克圖敬謹擬得共應行頒發西番字楞嚴經五十七部蒙古字楞嚴經十六部謹將應行頒發盛京者交內務府照例俟所另繕清單一併恭呈御覽如蒙俞允將應行頒發廟宇處該處人員來京之便令其帶往至各該出爾漢愛曼等處道路遙遠不便令其來京領取請交理藩院行文各該處遇有人員來京之便令其帶往應行給來京領取請交理藩院行文各該處遇有人員來京之便令其帶往應行頒發西番字蒙京城各廟宇者交管理京城喇嘛印務處令其如數散給供奉其餘西番字蒙古字楞嚴經一百二十七部請仍交武英殿令其敬謹收貯以備應用是否有當伏候命下遵行為此謹奏請旨乾隆三十六年五月十一日具奏奉旨知道了照此散給欽此

雍和宮　原有頒發過西番字蒙古字楞嚴經各一部

今振給西番字楞嚴經一部蒙古字續廠經一部

清乾隆頒發各廟宇西番字蒙古字楞嚴經案　　史料旬刊

10.（《清宫热河档案》收录）

一二六

三二四

11.　（《清宫普宁寺档案》收录）

六

△十一日

奏遵

古查得京城

热河

盛京等处共有庙宇六十三处所内扎萨克六处

尔汉哈尔哈叩爱克都同伯特二爱克阿拟益

各该地方亦均有庙宇供应颁发比等会同阿

旺班珠尔胡图克图敬谨救得共应行颁发西

番字楞严经五十七部蒙古字楞严经十六部

臣永瑢臣福隆安谨

12. 乾隆三十六年（1771）获颁西番字《楞严经》、蒙古字《楞严经》各寺庙①历史沿革②

雍和宫 坐落在现北京东城区雍和宫大街 12 号。清康熙三十三年（1694）为胤禛府邸，雍正三年（1722）改为行宫，名"雍和宫"，乾隆九年（1744）改为藏传佛教寺院，为京城第一藏传佛教大寺。乾隆四十五年（1780），六世班禅额尔德尼来雍和宫朝圣。雍和宫昭泰殿北侧的西碑亭内有乾隆皇帝在乾隆九年（1744）所撰《雍和宫碑》。天王殿后的碑亭则有立于乾隆五十七年（1792）的乾隆皇帝御笔《喇嘛说》碑。雍和宫内各殿名匾额多为藏、蒙、满、汉四种文字题写的乾隆皇帝御笔。万福阁一层环墙壁悬挂乾隆十年（1745）七世达赖喇嘛格桑嘉措为雍和宫开光敬献乾隆皇帝的 41 幅唐卡。乾隆以后的各位皇帝，必须按定制每年最少来雍和宫礼佛三次，即每年八月乾隆皇帝的诞辰和正月初三的忌辰，以及每年五月的夏至节。乾隆后期，北京地区三十三所藏传佛教寺院的喇嘛定额总数为两千一百九十六名，雍和宫即占五百零四名。民国时期，雍和宫为章嘉呼图克图诵经之所。20 世纪 50 年代，雍和宫曾重修。1979 年，

---

① 这里梳理的寺庙为档案《颁发各庙宇西番字、蒙古字〈楞严经〉案》中有明确寺名的寺庙（含归化城七庙，前文已有分析），内扎萨克六出尔汉、哈尔哈四爱曼、都尔伯特二爱曼、阿拉善等处具体哪些寺庙获颁需进一步考证落实，拟另撰文探讨，这里暂不涉及。

② 这里梳理、汇总的乾隆三十六年（1771）获颁《楞严经》寺庙的历史沿革主要参考了以下著作：尕藏加《清代藏传佛教研究》，中国社会科学出版社 2014 版；陈庆英、李德成编著《北京藏传佛教寺院》，甘肃民族出版社 2014 年版；徐威《北京汉传佛教史》，宗教文化出版社 2010 年版；曹子西主编《北京史志文化备要》，中国文史出版社 2008 版；陈庆英《陈庆英藏学论文集》，中国藏学出版社 2006 年版；董晓萍，吕敏主编《北京内城寺庙碑刻志》，国家图书馆出版社 2011 年版；刘仲华主编《朝阜历史文化带研究》，知识产权出版社 2013 年版；牛颂主编《雍和宫》，当代中国出版社 2002 年版；布和朝禄《清代锡勒图库伦扎萨克喇嘛旗概述》，《内蒙古社会科学》1992 年第 3 期；赵志强《北塔法轮寺与蒙古族、满族、锡伯族关系述论》，《满族研究》1991 年第 3 期；乔吉编著《内蒙古藏传佛教寺院》，甘肃民族出版社 2014 年版；胡日查《清代呼和浩特掌印札萨克达喇嘛及其印务处管理》，《内蒙古社会科学》（汉文版）2014 年 1 月第 35 卷第 1 期；张驭寰《图解中国著名佛教寺院》，当代中国出版社 2012 版；迟利《呼和浩特现存寺庙考》，远方出版社 2016 年版；释妙舟《蒙藏佛教史》，广陵书社 2009 年版；韩朝建《寺院与官府——明清五台山的行政系统与地方社会》，人民出版社 2016 年版；金启琮《呼和浩特召庙、清真寺历史概述》，载乔吉主编《内蒙古文史研究通览·宗教卷》，内蒙古大学出版社 2014 年版；胡日查、乔吉、乌云：《藏传佛教在蒙古地区的传播研究》，民族出版社 2012 年版；张静岩编著《妙因寺史话》，社会科学文献出版社 2015 年版；齐克奇《锡勒图库伦的政教合一制》，载《内蒙古文史资料》1997 年第 45 辑。

雍和宫再次重修。法轮殿内西墙下存放有大藏经 108 部，东墙下存放续藏经 207 部。

弘仁寺[①]　原址位于今北海公园之北海西南岸，西安门内养蜂夹道（原名"羊房夹道"）北旃檀寺街，其西侧有天庆胡同，为明朝清馥殿旧址。清康熙四年（1665）改建为藏传佛教寺院，弘仁寺在清代直属理藩院管理。弘仁寺乃康熙皇帝专为供奉古印度优填王所造、在佛教界享有崇高盛誉的旃檀瑞像而建，故俗称"旃檀寺""旃檀觉卧寺"。康熙三十六年（1697）康熙亲征噶尔丹凯旋，一世哲布尊丹巴呼图克图奉旨在张家口外迎驾并随驾至北京。康熙三十七年（1698）农历新年正月初一随驾至旃檀寺礼佛。康熙五十九年（1720），二世土观·洛桑却吉嘉措（1680—1736）奉旨到青海，随清军护送七世达赖喇嘛入藏坐床。回京后奉命驻锡弘仁寺，任京城掌印札萨克达喇嘛，掌管北京的藏传佛教事务。雍正二年（1724）至雍正三年（1725），三世章嘉呼图克图在旃檀寺驻锡一年有余。雍正时期，出生在克若诺地方的室利吐沃·洛桑丹贝尼玛（1689—1772）应雍正皇帝召见到北京，被封为噶丹室利呼图克图，长期住在旃檀寺觉卧拉章。乾隆十年（1745），理藩院在北京设立"总管驻京喇嘛印务处"，简称"驻京喇嘛印务处"或"喇嘛印务处"，作为具体管理京城喇嘛事务的专门机构，主要负责官员是正副掌印札萨克达喇嘛。驻京喇嘛印务处最早设立于弘仁寺，直到光绪二十六年弘仁寺（1900）被八国联军所毁，才移至雍和宫。故弘仁寺地位紧要，有京城藏传佛教寺院及喇嘛事务管理中心的作用。喇嘛印务处的各部门均在该寺内办公，担任札萨克达喇嘛之职的高僧也多在该寺内设有拉章。乾隆二十五年（1760），为庆祝乾隆皇帝五十寿辰和第二年皇太后七旬大寿，乾隆皇帝发内帑重修弘仁寺。乾隆三十九年（1774），乾隆皇帝再次瞻礼弘仁寺。乾隆四十五年（1780），六世班禅来北京后，曾于十月初八日与三世章嘉呼图克图一起随驾乾隆皇帝到旃檀寺，在旃檀瑞像前举行迎佛献浴等重大活动。六世班禅在西黄寺圆寂后，清政府令将其遗物分供京城六所藏传佛教寺院，弘仁寺为其一。光绪二十六年（1900）八国联军焚烧弘仁寺后，寺院仅存一座佛塔，旃檀瑞像下落不明，弘仁寺作为藏传佛教寺院的历史

---

① 《北京藏传佛教寺院》中提到"乾隆年间因避高宗弘历的名讳，改作'宏仁寺'"。陈庆英、李德成编著：《北京藏传佛教寺院》，甘肃民族出版社 2014 年版，第 190 页。

终结。宣统元年（1909），清摄政王载沣拆除弘仁寺遗塔。

妙应寺 位于北京阜成门内大街路北，始建于辽寿昌二年（1096），名万安寺，因辽时寺内即建有一白色释迦舍利之塔，又称白塔寺。万安寺约在金末元初毁于战火。元至元八年（1271）重建，至元十六年（1279）建成，赐名大圣寿万安寺，为藏传佛教寺院。元代几乎每位皇帝都曾驾临并命帝师在该寺举行佛事活动。元至正二十八年（1368）遭受雷火。明宣德八年（1433）修缮白塔，天顺元年（1457），重修大圣寿万安寺，成化四年（1468）完工，朝廷赐名"妙应寺"，明代时为汉传佛教寺院，万历二十年（1592）修缮白塔。清代妙应寺为藏传佛教寺院，康熙二十七年（1668）对寺院和白塔全面维修，有御制碑文两通。乾隆十八年（1753）乾隆皇帝敕令大规模修缮妙应寺白塔，御制碑铭勒于七佛殿，并将御笔手书《般若波罗蜜多心经》一卷及藏文《尊胜咒》和"大藏真经"全部724函置于塔内以为镇。乾隆四十一年（1776）再次修缮妙应寺，赐《御制满汉蒙古西番合璧大藏全咒》一套，以及西番《首楞严经》一分、《维摩诘所说大乘经》全部。乾隆五十年（1785），乾隆在乾清宫和白塔寺同时举行3000人参加的"千叟宴"。嘉庆二十一年（1816）修缮白塔，光绪二十六年（1900），八国联军入侵，白塔寺几乎被毁。宣统年间对白塔寺进行了修葺。清代直属理藩院管理。民国时期及新中国成立后，对白塔寺又有几次维修和复建，2002年占用白塔寺内建筑的有关单位全部搬迁，恢复了白塔寺昔日的格局和面貌。

东黄寺 清初恼木汗活佛所建，位于北京安定门外。五世达赖进京后曾在此寺短住。后为驻京八大呼图克图之一的敏珠尔呼图克图的驻锡地。清代直属理藩院管理。

隆福寺① 又称"大隆福寺"，位于东四北大街西隆福寺街，即古称的大市街西马市北，始建于明景泰三年（1452），该寺与大兴隆寺（护国寺）曾是朝廷的香火院。俗称"东庙"，与被称为"西庙"的护国寺同为清代北京东西区两大藏传佛教寺院。清雍正元年（1723）重修隆福寺，有雍正帝御制碑文。清代直属理藩院管理。光绪二十七年（1901），由于

---

① 另有一隆福寺。建于清乾隆四十九年（1784），乾隆五十一年（1786）竣工。位于东陵，是满族喇嘛庙，仿盛京实胜寺而建。乾隆三十六年（1771）颁西番字《楞严经》、蒙古字《楞严经》时还未建立。

义和团运动，隆福寺内天王殿、三大士殿被焚毁。宝坊则坍塌无存。今隆福寺寺庙建筑已无存。

永慕寺　位于南苑旧衙门西，清康熙三十年（1691）康熙皇帝为孝庄太皇太后祝釐而建，为清代藏传佛教皇家寺院。乾隆二十九年（1764），乾隆皇帝修葺南苑永慕寺，并有御制诗。乾隆三十二年（1767），乾隆皇帝再至永慕寺，有御制诗。乾隆四十五年（1780）九月十一日，六世班禅额尔德尼到南苑永慕寺礼佛。据《日下旧闻考》记载，永慕寺建筑规模较小，山门寺额、大殿额题为康熙皇帝御笔。大殿楹联为乾隆皇帝御笔。永慕寺大约毁于清末民初，现已无存。

嵩祝寺　早期写作"松竹寺"，后来也称"嵩祝院"，位于东城区景山后街嵩祝院 23 号，与法渊寺、智珠寺毗连，在三寺正中，为明代的汉经厂和番经厂遗址。建于清康熙五十年（1711），乾隆十年（1745）敕令汉经厂并归嵩祝寺。清代直属理藩院管理。被认为目前世界上流传最广的藏文大藏经——北京版《藏文大藏经》从康熙年间起至雍正二年（1724）在这里刊刻，又称"嵩祝寺版藏文大藏经"。嵩祝寺以章嘉呼图克图在北京的驻锡地而闻名，由于乾隆皇帝与三世章嘉关系密切，乾隆皇帝每年十二月都驾临嵩祝寺，成为惯例。乾隆四十五年（1780）六世班禅来京时曾于嵩祝寺礼佛、留宿，六世班禅在西黄寺圆寂后，部分遗物分供京城六座藏传佛教寺院，嵩祝寺为其一。此寺还是接待哲布尊丹巴呼图克图进京的驻锡场所之一，也是清代为帝王皇室诵经祈福的场所。历经岁月流转，1996 年嵩祝寺重新修葺。

智珠寺　位于东城区景山后街嵩祝院 23 号、嵩祝寺的西侧，与嵩祝寺毗连，也与法渊寺并排为邻，为明代的汉经厂遗址，该寺建于清乾隆十六年（1751）至三十九年（1774）之间，是章嘉呼图克图的属寺，不是理藩院直属的藏传佛教寺院。现智珠寺山门殿、天王殿、正殿及东西配殿、大殿及东西配殿、后殿及东配房尚存，其余配殿、配房等均被拆除或改建。

法渊寺　位于东城区景山后街嵩祝院 23 号，原有并排的三座寺院，即东为法渊寺，中为嵩祝寺，西为智珠寺。法渊寺约在清康熙二十八年（1689）至康熙三十二年（1693）间在番经厂基础上改建而成。康熙五十年（1711），康熙第四子胤禛，即后来的雍正皇帝拨款购得法渊寺和周围的土地，组织对法渊寺进行修缮，同时在其西侧为章嘉呼图克图建嵩祝寺。从二世章嘉呼图克图开始，法渊寺属历代章嘉呼图克图管辖，不是理藩院直属的藏传佛教寺院。法渊寺是清代为帝王皇室诵经祈福的场所。寺内有乾隆四十九年（1784）御笔石碑。1916 年 1 月 8 日晚，法渊寺发生火灾，后殿汉经堂五楹失火，殿内所有铜佛、五供、佛龛等均被烧毁。20世纪 50 年代法渊寺主要建筑被拆除，只剩部分遗存。现存建筑为后殿，面阔五间，进深七檩，东西配殿各三间，进深五檩，均为筒瓦大式硬山过垄脊。现为民居。

仁寿寺　位于西安门内养蜂夹道（原名"羊房夹道"）北弘仁寺之东。清雍正十三年（1735）敕建，作为二世噶勒丹锡呼图活佛（赛赤活佛）洛桑丹贝尼玛（1689—1762）在北京的驻锡之所，也有文献记载此寺建于乾隆二十六年（1761）。洛桑丹贝尼玛于雍正十二年（1734）进京担任章嘉若必多吉的经师，任驻京札萨克达喇嘛，掌管北京的藏传佛教事务。光绪二十六年（1900），八国联军入侵北京，仁寿寺被焚毁。

阐福寺　又称"大佛寺"等。位于北海北岸、五龙亭之北。阐福寺一带原为明代太素殿旧址，乾隆七年（1742）乾隆皇帝将先蚕坛迁至西苑，在太素殿旧址上改建而成，其中后妃们举行"受蚕礼"的茧馆即是阐福寺的前身。乾隆十一年（1746），仿照河北正定县隆兴寺规模将其改建成藏传佛教寺院。阐福寺清代直属理藩院管理，在历史上是清皇室举行庆典和祭祀礼仪得到祈福圣地，有"京华第一福寺"之誉。自乾隆十七年（1752）开始，清皇室每年从农历腊月初一到正月十五，都要在阐福寺举行盛大的祈福盛典。乾隆四十五年（1780）九月十五日，六世班禅到阐福寺礼佛。光绪十四年（1888），慈禧太后用建筑万寿山的余材修建了北海的围墙，阐福寺和永安寺收归宫禁。阐福寺主体在 1919 年被一场大火烧掉。阐福寺遗址和万佛楼遗址 1979 年被辟为北海植物园。2002 年起，对阐福寺的山门、天王殿、东西配殿以及钟楼、鼓楼等进行外檐装修和修复，2003 年完工。

极乐世界　位于北海北岸，乾隆三十三年（1768），乾隆皇帝为其母孝圣皇太后祝寿祈福，于阐福寺西始建小西天，乾隆三十五年（1770）建成，乾隆御书"极乐世界"匾额。主殿内塑有立体极乐世界坛城。

福佑寺　老北京人叫它"雨神庙"。位于西华门外北长街路东，原为皇家宫室，始建于清顺治年间，为康熙皇帝儿时的避痘处。雍正元年（1723）为纪念圣祖功德特改为寺院，名为"福佑寺"，于正殿中供奉

"圣祖仁皇帝大成功德佛碑"，东案陈设《圣祖御制文集》，西案设宝座，殿额题为"慈容宛在"。乾隆五十八年（1793），驻京呼图克图、青海塔尔寺寺主、四世阿嘉活佛·洛桑嘉央嘉措（1768—1816）被任命为驻京札萨克达喇嘛，命驻锡福佑寺，并负责管理福佑寺事务。嘉庆年间重修此寺，嘉庆皇帝亲诣寺院拈香，作诗立匾。福佑寺清代直属理藩院管理。1919年12月18日至1920年4月1日，毛泽东作为湖南学生和民主运动的领袖率团来到北京，在福佑寺居住3月有余。1927年，九世班禅大师在福佑寺设立"班禅驻（北）平办事处"，福佑寺被保护下来，主要建筑幸存至今日。1954年成为十世班禅驻京办事处。从1988年起修缮福佑寺，1993年全部竣工。现尚有康熙御制诗匾两块。

护国寺　位于北京西城区西四牌楼之北，护国寺街西口内路北。因其规模宏大，民间俗称"大寺"。始建于元至元二十一年（1284），为元代名僧定演奉元世祖忽必烈之令所建，当时称"崇国寺"。皇庆、延祐、至正年间进行了三次大规模修缮。明宣德四年（1429）重修后更名为"大隆善寺"。成化八年（1472）修葺后称"大隆善护国寺"。明代曾是大智法王班丹扎释、大觉法王着肖藏卜、大庆法王领占班丹在北京的驻锡地，高僧云集。清代多以"护国寺"相称，又被称为"西庙"，与被称为"东庙"的隆福寺同为清代北京东西区两大藏传佛教寺院。顺治九年（1652）修缮，康熙六十一年（1722），康熙皇帝应允蒙古诸部贵族修葺护国寺为其祈福之请，有康熙御制藏、满、蒙、汉四体文碑，约从此时起，寺内喇嘛逐渐变为蒙古喇嘛。清代直属理藩院管理。清帝为了便于五台山藏传佛教高僧往来北京及五台山间办事，特准他们居住护国寺及其下院五门庙。2004年6月20日护国寺发生火灾，西配殿等建筑被焚毁，现仅存金刚殿。

玛哈噶拉庙　位于南池子大街东侧，普渡寺前巷35号。康熙三十三年（1694）在摄政王多尔衮之睿亲王府的基础上改建而成，睿亲王府地址原为明代东苑中的洪庆宫故址。据记载："明南内有洪庆宫，为供番佛之所，殆所谓玛哈噶喇也。入睿邸时，或佛像尚存，其后因建为庙欤。"[①]康熙三十三年（1694）改建为藏传佛教寺庙后，沿袭明代，供奉藏传佛教的护法神、战神玛哈噶拉（又名"大黑天神"），称为"玛哈噶拉庙"。

---

① （清）吴长元辑：《宸垣识略》卷三，皇城一，普度寺。

乾隆四十年（1775），乾隆皇帝对此寺进行了重建并扩建，乾隆四十一年（1776）赐名"普度寺"，清代直属理藩院管理。玛哈噶拉庙供有睿亲王遗物、造像，是清代皇后成婚日的拜佛场所，也曾是外省入觐官员的居住地。此寺为专缺喇嘛庙，按例修习蒙文经典。《北京藏传佛教寺院》中提供了一条讯息，即"有资料记载，普度寺是清代诺门罕绰尔济呼图克图的驻锡地，有诺门罕绰尔济呼图克图佛仓"[①]。但编著者也指出诺门罕绰尔济呼图克图在清代13位驻京呼图克图中未曾发现，尚需查考。20世纪二三十年代，政府有关部门将普度寺改为小学，2001年，东城区腾退南池子小学，对普度寺进行了全方位修缮。

梵香寺　清代北京，藏传佛教寺院称"梵香寺"者有两座，一是香山满族喇嘛寺院梵香寺，一是西城区梵香寺。[②] 香山梵香寺位于西山万安山山脚下的团城演武厅西南、实胜寺南，乾隆十四年（1749）在新寺的基础上改建而成。新寺即永感庵，俗称新寺。历史上以清代帝王来团城演武厅阅兵时休息用膳的场所而闻名。梵香寺正殿前曾立有一碑，为藏、满、蒙、汉四体乾隆十四年《御制梵香寺碑文》。据乾隆皇帝在《御制梵香寺碑文》中所述，梵香寺其名颇有希望消弭战争，"永离刀兵腥秽"，建设"清净妙香""安隐快乐"的梵香世界之意味。历史上梵香寺是满族喇嘛寺院，据《雍和宫导观所刊物》记载，梵香寺、实胜寺、宝相寺、长龄寺、方圆庙等香山满族佛寺均曾属于宝谛寺管辖。[③] 咸丰十年（1860），英法联军侵略北京，梵香寺被焚烧，仅存南殿三间，僧房三间。如今梵香寺主体建筑已无存，现寺旁"来远斋"犹存，名"松堂"或"白松堂"，是梵香寺仅存的遗迹。乾隆皇帝曾在此处为征伐大小金川回归的将士设宴庆功，也是皇帝来团城阅兵时休息用膳的地方。

西城梵香寺，位于西城区群力胡同（东起护仓胡同，西至新街口南大街，清代称"麻状元胡同"或"马状元胡同"，1965年改今名）。该寺相传为古刹，始建年代不详。也有说法认为建于清雍正年间（1723—

---

　　① 陈庆英、李德成编著：《北京藏传佛教寺院》，甘肃民族出版社2014年版，第129页。

　　② 香山满族喇嘛寺梵香寺与西城区梵香寺从寺庙的历史沿革、重要程度等方面来看难以确认究竟在乾隆三十六年（1771）获颁《楞严经》的梵香寺是其中哪一座，故两寺的讯息都列于此。

　　③ 转引自陈庆英，李德成编著《北京藏传佛教寺院》，甘肃民族出版社2014年版，第165页。

1735），但缺乏确切的史料记载。清代位于西城区的此梵香寺直属理藩院管理。该寺规模较小，1920 年不慎毁于火灾。据附近老居民讲，20 世纪70 年代中期，在群力胡同东端路南，尚保留有该寺大殿、石狮等建筑，70 年代末被拆除，在其原址上修建了楼房。

长泰寺　俗称"火神庙"，位于德胜门外下关路北，约建于明万历年间（1573—1619）。"火神庙"之俗名应是明代道观之称。该寺以李自成曾睡于寺中而得到顺治皇帝不许再修的责罚而闻名，此不许再修应指不准再建成道教宫观。改为藏传佛教寺院应是清顺治初年。清代长泰寺直属理藩院管理。

慈度寺　俗称"前黑寺"，与察罕喇嘛庙一起作为最早与后金政权取得联系的蒙古高僧之一的察罕喇嘛在北京的驻锡地。位于海淀区马甸村西察罕喇嘛庙南，建于清顺治初年，清代直属理藩院管理。寺额及大殿殿额为康熙皇帝御书。1927 年寺院被军阀部队驻军烧毁，1935 年时仅存长寿殿、天王殿、关帝殿三进殿宇共计 9 间以及僧舍 20 间，均残破不堪。目前慈度寺已无遗迹。

查汉喇嘛寺　察罕喇嘛庙，俗称"后黑寺"，为清代八大驻京呼图克图之一、东蒙察罕达尔汗呼图克图于清顺治二年（1645）募化创建，寺名为"大清古刹"，顺治皇帝钦定为察罕喇嘛庙，与慈度寺一起作为最早与后金政权取得联系的蒙古高僧之一的察罕喇嘛在北京的驻锡地。位于今北京海淀区马甸村西（现马甸村西路路北）。清代该寺直属理藩院管理。康熙五十二年（1713），康熙皇帝赐给三世察罕达尔汗·罗布桑扎木苏无量寿佛两尊，供奉于寺中。察罕喇嘛庙毁于民国年间军阀混战，1949 年以后旧址改建为学校，院内仍保留有后黑寺东西配殿各六间。

资福院　位于安定门外西黄寺西北，建于清康熙六十年（1721），清代直属理藩院管理。最初是一世哲布尊丹巴呼图克图罗布桑丹成勒（1635—1723）以及蒙古诸王等为康熙皇帝祝釐而建，作为蒙藏地区喇嘛来京的居住地。清政府规定，如该寺达喇嘛缺出，则由本庙应升喇嘛内拣选补升。从而成为享有达喇嘛专缺的寺院。民国时期资福院成为甘肃喇嘛来京的驻锡之所，亦屡次成为驻军之地。1949 年后，寺庙挪作他用，寺院建筑逐渐被拆除，并逐步消失。

西黄寺　在朝阳区安定门外黄寺大街中部路北，初建于清顺治九年（1652）。五世达赖喇嘛在京期间驻锡西黄寺，在西黄寺内为顺治皇帝诵经祝寿。因该寺为五世达赖喇嘛所建，又称达赖庙。此后西藏来京朝贡的官员和喇嘛大都驻此寺内。雍正元年（1723）重修，雍正初年，在任京城掌印札萨克达喇嘛的二世土观·洛桑却吉嘉措（1680—1736）奉命，在西黄寺内住持将藏文大藏经《甘珠尔》译为蒙文。乾隆三十六年（1771）复修，工程告竣后，乾隆皇帝亲自书写了《重修黄寺碑文》。乾隆四十五年（1780）六世班禅额尔德尼驻西黄寺讲经说法，同年在西黄寺圆寂。乾隆四十七年（1782）在西黄寺西侧敕建清净化城塔，作为六世班禅的衣冠冢。该寺与东黄寺同垣异构，人称双黄寺。咸丰九年（1859），咸丰皇帝在西黄寺前举行了盛大的阅兵仪式，并与诸王暂住于寺。咸丰十年（1860），英法联军入侵北京，西黄寺变成侵略军的军营，被劫掠一空。光绪三十四年（1908），十三世达赖喇嘛奉旨进京，驻锡于西黄寺。清代西黄寺归理藩院管理，多有清帝御书额联。1923年左右开始，国民政府军队进驻西黄寺，建筑又被摧残拆毁。1928年，九世班禅重修清净化城塔。1954年，十四世达赖喇嘛和十世班禅一起来到西黄寺，朝拜清净化城塔。1958年拆除寺宇，留存塔院。"文化大革命"期间，天王殿里的"四大天王"像及大雄宝殿中的"西方三圣"塑像被毁。1987年在西黄寺成立中国藏语高级佛学院，加以修葺。

普胜寺　又称"石达子庙"，也作"十鞑子庙""十达子庙"等，位于南河沿大街111号，清顺治八年（1651），在明朝东苑的崇质宫旧址（今从南河沿南口附近）上敕建，作为恼木汗活佛在北京的驻锡处，并赐寺名"普胜寺"。清代直属理藩院管理。乾隆九年（1744）普胜寺第一次大规模重修，乾隆四十一年（1776）再次重修。清末已破败不堪。1916年9月欧美同学会购得该寺，翻修后建立会所，此后一直作为欧美同学会会址。

慧照寺　位于东四十三条东段、旧称慧照寺胡同内。建于明成化十七年（1481），由高僧庭佑在明朝永宁伯谭广故宅基础上建成的，以作为自己的焚修之所。由太监阎兴奏报明宪宗赐予"慧照寺"之名。弘治十年（1497），慧照寺重修扩建。清代直属理藩院管理。清同治年间重建慧照寺。光绪二十六年（1900）八国联军入侵北京，该寺被圈入公使馆界内，被奥匈帝国使馆占用，改为跑马场。1958年寺院建筑被拆除，后成为民居，变成民居大杂院。

化成寺　位于崇文门内大街路西，即原东单牌楼（现东单路口）西南台基厂附近。建于清雍正二年（1724），是清代理藩院直接管辖的藏传佛教寺院，为甘肃喇嘛贡班进京的驻锡之所。乾隆三十二年（1767）重修，有乾隆皇帝御书寺额。光绪二十六年（1900），八国联军入侵北京，化成寺被奥匈帝国的侵略军圈占为兵营，后被改作使馆。化成寺从此逐渐消失。

净住寺　位于朝阳门东南，即朝阳门外朝外南街观音寺街（现三丰里西侧），此寺于清顺治二年（1645）在明代旧寺的基础上改建而成，清代直属理藩院管理。康熙六十年（1721），漠北蒙古王公、台吉等，为向康熙皇帝恭祝鸿釐，铸造了无量寿佛佛像，供奉于净住寺后殿中。康熙皇帝特赐御书寺额"净住寺"。乾隆年间，三世章嘉经理藩院申报乾隆皇帝重修净住寺，乾隆皇帝命出内帑重修。工程从乾隆三十二年（1767）开工，历经十年完工，寺内曾有乾隆三十二年（1767）乾隆御制重修净住寺碑。据附近老居民讲，净住寺大约在1956年前后被拆除，其原址被外交部等部门占用。

新寺　又称"三宝寺"，位于朝阳门外喇嘛寺胡同（现朝外南街三丰里小区一带）路东，是清代藏传佛教密宗寺院，直属于理藩院管理。始建时间不确定，但乾隆二年（1737）时曾大规模重修。该寺规模较小。1919年该寺募款重修，因此各殿宇在民国时期尚保存完整，1933年曾再次修葺。据附近老居民讲，1956年前后三宝寺已被拆除。现喇嘛寺胡同不存，在其原址上建起了三丰里小区。

三佛寺　位于朝阳门外喇嘛寺胡同（现朝外南街三丰里小区一带）南口路东，与三宝寺即新寺同处一街，清代直属理藩院管理。该寺建筑年代尚不可考。民国时期，该寺已破败不堪，据附近老居民讲，1956年前后三佛寺及喇嘛寺胡同被拆除。

同福寺　位于今阜成门内宫门口四条北玉带胡同内，建于清康熙年间（1662—1722），清代直属理藩院管理。雍正年间重修。同福寺规模不大，但设有扎萨克喇嘛专缺，负责管理寺院事务，同时兼管妙应寺即白塔寺寺院事务。乾隆后期，清政府规定，若同福寺达喇嘛、德木齐缺出，仍由本庙升用。此种待遇可能与该寺设有扎萨克喇嘛专缺有关。光绪二十六年（1900），京城内爆发了义和拳运动，同福寺寺内殿宇等建筑多被拆毁。1935年左右，同福寺殿宇坍塌殆尽。1946年，同福寺与慈佑寺一起并归妙应寺。1958年，国民党军队遗留的炸弹因雷火引发爆炸，寺院被烧毁。

永宁寺[①]　西花园位于畅春园之西，礼佛场所主要为永宁寺，位于西花园的西北门内，有正殿三间，左右配殿各三间，后殿五间。乾隆年间，是皇子和皇太后常居之地。皇太后在园中居住期间，常于此处念佛烧香。乾隆皇帝于问安之便也常至西花园听政。

圣化寺　位于万泉庄隄南巴沟（也称"巴沟"村），即万泉河西支巴沟河岸边，也就是今西郊海淀巴沟北门内，建于清康熙年间，该寺历史上因作为皇室宫苑而闻名，圣化寺是圣化寺行宫的一部分，清代直属理藩院管理。观音阁题额"海潮月印"为康熙皇帝御书。乾隆皇帝于乾隆八年（1742）、九年（1744）、三十一年（1766）亲至圣化寺，且有御制诗作。据有关资料记载，1922年圣化寺已改作他用。1926年，民国政府蒙藏院将圣化寺殿房和寺基全部拍卖，寺院名存实亡，今已无遗存。

正觉寺[②]　位于海淀区西直门外白石桥以东长河北岸，与北京动物园的北门隔河相对。创建于明永乐年间（1403—1424），明成祖御赐寺名"真觉寺"，最初是藏传佛教高僧班迪达大国师的在京驻锡地。成化九年（1473），明宪宗下令修缮真觉寺，且根据高僧班迪达提供的金刚宝座规式完成了金刚宝座塔的建造工程。该塔是在高石基座上建有五座小型石塔，故被俗称为"五塔"，寺因此俗称五塔寺。清代直属理藩院管理。清乾隆十六年（1751），乾隆皇帝为祝贺其母六十大寿而修缮真觉寺。因雍正皇帝名胤禛，避其讳，乾隆时期真觉寺又改称为"大正觉寺"。乾隆二十六年（1761），乾隆皇帝为恭祝其母孝圣皇太后七十大寿而再次重修大正觉寺。寺院修好后，乾隆皇帝在寺内为其母举行了盛大的祝寿活动，并令千名僧人诵经。六世班禅遗物分供于六座寺院佛塔中，正觉寺即为其一。光绪二十六年（1900）八国联军入侵北京，五塔寺惨遭劫掠。历经

---

①　永宁寺的上述记载引自徐威著《北京汉传佛教史》，宗教文化出版社2010年版，第378页。在陈庆英、李德成编著《北京藏传佛教寺院》中未有永宁寺。此寺属汉传佛教寺院，在获颁《楞严经》的寺庙中较为独特。陈庆英、李德成编著：《北京藏传佛教寺院》，甘肃民族出版社2014年版。

②　在北京另有一座名为"正觉寺"的寺庙，位于圆明园绮春园正宫门之西路北，因与被俗称为"五塔寺"的正觉寺相区别，故称"新正觉寺"，也称"圆明园正觉寺"。因有满族喇嘛驻锡，故俗称"喇嘛庙"。建成于乾隆三十八年（1773），是清帝御园圆明园附属的一座满族喇嘛庙，也是清代理藩院直属的藏传佛教寺院。因此寺在乾隆三十六年（1771）颁给各寺庙《楞严经》之后建成，故获颁《楞严经》的正觉寺应为位于海淀区西直门外白石桥以东长河北岸，俗称"五塔寺"的正觉寺。

民国、新中国，五塔寺得到数次修缮。1980 年成立五塔寺文物保管所，隶属于北京市文物局，1987 年在文物保管所基础上成立北京石刻艺术博物馆。

宝谛寺　俗称"菩萨顶"，位于香山南麓万安山山脚下团城演武厅红旗村附近，长龄寺西南。宝谛寺前身是静妙庵，即滕公寺。乾隆十五年（1750），在乾隆皇帝西巡五台山后，为庆贺母亲孝圣皇太后六十大寿，下令在滕公寺旧址上仿照五台山菩萨顶改建为喇嘛庙，取名宝谛寺，清代直属理藩院管理。宝谛寺被认为是清代演武厅附近宝相寺、实胜寺、梵香寺、长龄寺、方圆庙等六座满族喇嘛寺院之首。有文献①记载说，宝谛寺分为宝相寺、实胜寺、梵香寺、长龄寺和方圆庙五处。在六寺中，只有宝谛寺是清代理藩院直属寺院，有可能在后来具有管辖其他五寺的权力。乾隆二十一年（1756），乾隆皇帝临幸宝谛寺，有御制诗。清代宝谛寺是皇室御用寺院之一，担负着为皇室服务的任务。历史上宝谛寺建筑规模宏大，为藏传佛教寺院建筑形式，其驻寺喇嘛的规模在北京藏传佛教寺院中名列前茅，属于大寺之列。石碑坊、正殿、后殿、佛楼等处的题额和楹联皆乾隆皇帝御书。民国时期，香山诸满族佛寺呈颓败之势。现主要建筑已无遗存。

宝象寺　宝相寺位于香山南麓万安山山脚下红旗村团城演武厅西南，宝谛寺南，建于清乾隆二十七年（1762），因供奉仿五台山殊像寺文殊菩萨宝相所作文殊像而著名。乾隆三十二年（1767）宝相寺落成时，乾隆亲自参加了落成庆典。寺内有乾隆皇帝"御写文殊像并赞"碑、御书额、御书楹联等。宝相寺内喇嘛为满族包衣喇嘛中的"庙喇嘛"。据《雍和宫导观所刊物》记载，梵香寺、实胜寺、宝相寺、长龄寺、方圆庙等香山满族佛寺均曾属于宝谛寺管辖。② 乾隆四十五年（1780），六世班禅额尔德尼来宝相寺朝圣。咸丰十年（1860），英法联军侵略北京，宝相寺遭焚烧。仅存的建筑旭华之阁即俗称的无梁殿现保存较为完好。

牙满达噶庙　笔者目前所见的资料里未见"牙满达噶庙"的记述。

---

① 转引自《北京藏传佛教寺院》，第 213 页，该文献为蒙藏委员会驻平办事处编《雍和宫导观所刊物》第二期，宝谛寺。陈庆英，李德成编著：《北京藏传佛教寺院》，甘肃民族出版社 2014 年版。

② 转引自陈庆英，李德成编著《北京藏传佛教寺院》，甘肃民族出版社 2014 年版，第 165 页。

关于牙满达噶的佛教建筑，王家鹏先生有专文《清代皇家雅曼达噶神坛丛考》作了探讨。牙满达噶即大威德金刚，梵文名为 yamataka，是藏传佛教重要的护法神。王先生在文中考证了乾隆时期所建的七处皇家"雅曼达噶坛"，分别是紫禁城内梵宗楼、北海永安寺善因殿、雍和宫雅曼达噶楼、圆明园清净地雅曼达噶坛、圆明园舍卫城普福宫、承德安远庙雅曼达噶坛、承德普陀宗乘之庙雅曼达噶坛。比照位于盛京的玛哈噶拉楼在档案里被写作"玛哈噶拉庙"的情况，与之相类，牙满达噶庙或即指牙满达噶楼或牙满达噶坛。总结以上七座雅曼达噶坛建筑与文物的情况，可知其为独立建筑，或群楼建筑内部单辟一处。从建筑形式观察，只有善因殿是一座形式独特的立体坛城式建筑，其余各处与一般宫殿建筑没有区别。王先生还指出清代皇家宫廷、园林中的雅曼达噶坛很可能不止以上七处。而乾隆皇帝建七处雅曼达噶坛，说明了清宫廷对作为保护神大威德的特别崇拜。① 据档案信息，牙曼达噶庙应位于京城。在目前已知的七处清朝宫廷及园林的雅曼达噶坛中，紫禁城内梵宗楼、北海永安寺善因殿、雍和宫雅曼达噶楼、圆明园清净地雅曼达噶坛、圆明园舍卫城普福宫四处位于京城。究竟于乾隆三十六年（1771）获颁《楞严经》的牙满达噶庙是那一座重要藏传佛教建筑，目前难以断定。就目前已知的讯息所透露出的重要程度而言，雍和宫雅曼达噶楼最为亮眼。乾隆十三年（1748）至乾隆十五年（1750）乾隆皇帝谕内务府造办处新建雅曼达噶楼，这一工程于乾隆十五年（1750）十月完竣。以法轮殿、万福阁为主殿组成雍和宫最北的两进院落。雅曼达噶楼位于法轮殿的西北方，是万福阁的西配楼。金梁在《雍和宫志略》里对此楼有记述：此楼内所供的著名佛像只有雅木德克（牙满达噶的满译）一个，因在西藏密宗的传说中他是司战之神，能退强敌。故此在清代乾隆、嘉庆、道光、咸丰四朝，每有战事，必派人祭祀这个佛像，并且每天由多少名的喇嘛在楼内念经。在清代，凡是大战以后，班师的时候，必把掳来的特别军器，陈列在雍和宫雅木德克坛上，及祭祀完毕，乃又把掳来的特别军器，收藏在中南海紫光阁内的武城殿内是可信的，唯独西藏所贡进的军器，则永远供在雍和宫雅木德克坛。旧时在雅木德克坛所陈列的西藏著名军器，共有三件，一件是西藏拉萨布达拉宫内镇宫之宝，镶嵌珠宝青碧色纯钢宝剑一口，蒙古语尊之名叫"色勒

---

① 王家鹏：《清代皇家雅曼达噶神坛丛考》，《故宫博物院院刊》2006年第4期。

穆"；一件是镶嵌钻石的"架枪"，蒙古语尊之名叫"济达"。这两件特别军器，都是乾隆十年（公元一七四五）十月十五日，西藏第七世达赖喇嘛噶桑嘉错所呈进的。……另一件是双眼鸟枪。……乃是乾隆十二年（公元一七四七）十二月初十日，西藏郡王珠米那穆扎尔所呈进的。①

热　河

普宁寺　位于须弥福寿庙的东北面，是外八庙中保存最为完整的。建于乾隆二十至二十三年（1755—1758）。当时清政府平定了卫拉特（厄鲁特）蒙古准噶尔部达瓦齐的叛乱，并在避暑山庄为卫拉特四部上层贵族封官受爵。因卫拉特蒙古信奉藏传佛教，故仿照西藏的桑耶寺修建了普宁寺，建筑风格兼有藏、汉式佛教寺院风格。"普宁"，取"安其居，乐其业，永永普宁"之意。该寺建成后，乾隆皇帝与章嘉若必多吉亲临其地，举行庆祝典礼，并从蒙古各旗征集僧人入该寺学习。寺内妙严室和讲经堂分别为乾隆皇帝入庙休憩之处和章嘉国师及哲布尊丹巴呼图克图讲经的场所。普宁寺大乘之阁内共有世界上最大的木质佛像——千手千眼观世音菩萨，因此又称大佛寺。庙内碑亭中有满、汉、蒙、藏四体文书写的《普宁寺碑文》《平定准噶尔勒铭伊犁之碑》。普宁寺是热河诸佛寺中规模最大的正规藏传佛教寺院。

安远庙　安远庙位于普乐寺和普宁寺之间，又称伊犁庙，兴建于清乾隆二十九年（1764）。乾隆皇帝在平定准噶尔部之后，为安置卫拉特四部之一的杜尔伯特部，将一部分迁移到了承德定居，为照顾其宗教信仰，仿照新疆伊犁的固尔扎庙兴建了此寺。"安远"有安定远方边疆之意。大殿有乾隆皇帝御笔藏、满、蒙、汉四种文书的"普渡殿"匾额。建筑风格亦兼有藏、汉式建筑风格。

布达拉宫　普陀宗乘庙是外八庙中规模最大的，俗称"小布达拉宫"，因其外观是仿照拉萨的布达拉宫而修建的。普陀宗乘庙始建于清乾隆三十六年（1771），是乾隆皇帝为了庆祝自己的六十岁寿辰和他母亲的八十大寿而兴建的。乾隆四十五年（1780）八月初八，乾隆皇帝、六世班禅与章嘉·若必多吉在普陀宗乘庙参加祈愿大法会。普陀宗乘庙因为是皇家寺庙，规格较高。庙宇落成时，由伏尔加河流域返回祖国的土尔扈特

---

①　金梁编纂，牛力耕校订：《雍和宫志略》，中国藏学出版社1994年版，第301—303页。

部首领渥巴锡来承德朝见乾隆，普陀宗乘庙有《普陀宗乘之庙碑记》《土尔扈特全部归顺记》和《优恤土尔扈特部众记》的御制碑文纪念此事，两碑皆为藏、满、蒙、汉四种文字。普陀宗乘庙是在中原传统建筑的基础上糅合以藏族建筑的特点而修建的。

普仁寺　普仁寺位于普乐寺的西南面，清康熙五十二年（1713），诸蒙古王公为庆贺康熙皇帝六十寿辰，献银二十万两，奏请在承德避暑山庄外修建寺院。康熙皇帝恩准后，用十万两建造普仁寺，剩下的修建了普善寺。普仁寺是承德藏传佛教中最早建立的一座，整体建筑风格为汉式。"普仁"，有皇帝之仁普及天下之意。普仁寺的喇嘛来自蒙古地区，当时是由内蒙古四十九旗每旗派一人来此出家，寺内所有开销都有理藩院拨给，并派八旗兵丁守护。贯穿清代都受到特别的重视和维护。

普善寺　位于普仁寺东北侧的山脚下，与普仁寺同时即康熙五十二年（1713）建立，是承德最早修建的寺院。笔者曾于2016年10月探访普善寺，确已不存，为砖瓦植物覆盖，某些方形或长方形的遗迹，不知是否为普善寺曾经的痕迹。该处确与普仁寺相隔不远。据记载，普善寺采用传统汉式的"珈蓝七堂"式布局。

普乐寺　位于武烈河的东岸，背倚磐锤峰，坐东朝西，建于乾隆三十一年（1766）。据乾隆皇帝的碑文，该寺的兴建源于乾隆皇帝到避暑山庄后看到磐锤峰和避暑山庄之间较为空旷，想在这建寺。向章嘉呼图克图请教后，章嘉呼图克图回复，按照密宗的说法，东面是胜乐金刚的化土，故在此建一胜乐金刚的庙，即普乐寺。该寺建成后，由章嘉·若必多吉主持开光仪式，乾隆皇帝撰文刻碑记事。普乐寺的建筑风格结合了汉藏佛教建筑风格。寺内旭光阁外形上仿照北京天坛祈年殿，所以普乐寺又俗称圆亭子。普乐寺并不设有喇嘛，而是由八旗官兵守护。这里主要供前来避暑山庄的哈萨克、维吾尔、柯尔克孜等新疆少数民族上层人物瞻礼、居住的场所。普乐寺位于避暑山庄的中轴线上，面朝山庄。寺内有乾隆皇帝所撰《普乐寺碑记》。

多伦诺尔

多伦诺尔庙分四部分：第一部分是两座主体庙，即汇宗寺和善因寺。第二部分是13处转世活佛仓，每一处寺院居住一位活佛，分别来自西藏、尼泊尔、青海、蒙古各地的高级僧侣，具有代表一方的意义，接受章嘉活佛的管理。第三部分是 10 座官仓，汇宗寺和善因寺各 5 处。第四部分是清代在汇宗寺里设立的 10 处佛仓，驻锡 10 位活佛。另外的 120 多处四合院，蒙古各旗各占据一处，作为各旗与清政府取得联系的办事机构。

善因寺　俗称"西大仓"，蒙语称"锡拉苏莫"（黄顶庙），位于锡林郭勒盟多伦县城北 1.5 公里，在汇宗寺西南里许山丘上。清雍正五年（1727）十一月，雍正皇帝决定从国库拨银十万两，在汇宗寺之西南又建一寺。雍正九年（1731）竣工，雍正皇帝赐额"善因寺"，并撰写碑文。乾隆十一年（1746），乾隆皇帝赐"智源觉路"匾。乾隆四十五年（1780）六世班禅赴京途中抵达多伦诺尔，在汇宗寺和善因寺连续讲经七天。善因寺建成后，雍正皇帝请二十章嘉呼图克图住持，其后章嘉的呼毕勒罕代代继承住持多伦喇嘛庙，蒙古各旗都曾派喇嘛在此居住、诵经传法，常住的喇嘛最多达几千人。善因寺建筑风格兼容满、蒙、汉式风格。1945 年善因寺毁于战火，唯大殿幸免。"文化大革命"期间大殿被拆除，现存大山门、钟楼、天王殿、行宫等建筑。据桥本广本所述，善因寺藏有北京版《甘珠尔》两部，奈塘旧版《甘珠尔》一部。

汇宗寺　俗称"东大仓"，蒙语称"库克苏莫"（蓝顶庙），位于锡林郭勒盟多伦县城北 1.5 公里，在善因寺东北里许。清康熙三十年（1691），康熙皇帝率百官会盟于多伦诺尔，内外蒙古封建主参加，喀尔喀蒙古正式归附清朝。会盟期间。根据蒙古诸部请求，在多伦诺尔地方建庙，并命蒙古各旗派一名喇嘛居之。汇宗寺规模宏大，除西藏布达拉宫外，在藏传佛教寺院中几乎没有这样大规模的寺院。汇宗寺的建造，开创了清政府直接在蒙藏地区建造藏传佛教寺庙的先例。康熙三十六年（1697）清廷派遣章嘉活佛阿旺罗桑却丹（ngga dbang blo bzang chos ldan，1642—1714）来汇宗寺驻锡。康熙四十年（1701）康熙皇帝亲临多伦诺尔庙拈香礼佛。康熙四十四年（1705），康熙皇帝决定在多伦诺尔设立喇嘛印务处，任命第一世章嘉呼图克图阿旺罗桑却丹为"多伦诺尔庙总管内蒙古喇嘛事务之扎萨克喇嘛"，掌管内蒙古佛教事宜。从此以后历辈章嘉活佛均承担此项重要人物，管理内蒙古地区 1000 多座佛教寺庙的宗教、财政、行政、庶民、司法、年班等的管理任务。康熙五十年（1711）赐额"汇宗寺"。康熙五十二年（1713），康熙皇帝再次巡幸多伦诺尔，章嘉呼图克图等高僧随行，内外蒙古王公也齐集多伦诺尔庙，向康熙皇帝述职。康熙五十三年（1714）康熙皇帝亲撰碑文。乾隆十一年（1746），清廷派钦差到寺赐"性海真如"匾。汇宗寺在清朝皇帝的高度重视下，成为内蒙古的佛教中心。乾隆四十五年（1780）六世班禅赴京途中抵达多伦诺尔，在汇宗寺和善因寺连续讲经七天。汇宗寺里设立的10处佛仓里驻锡有10位活佛，分别为：章嘉、阿嘉、锡埒图、甘珠尔·诺门汗、锡库尔·锡埒图·诺彦·绰尔济、阿尔哈、吉兰、毕力格图·诺门汗、达赖·堪布、诺尔根·诺门汗。1913年以后，多伦作为战略要地，战争频繁，汇宗寺屡遭破坏，1945年毁于战火。今仅存10处佛仓中的阿嘉佛仓的山门及五官仓中的大吉瓦仓佛殿等建筑。据桥本广本所述，汇宗寺曾藏有北京版藏文《甘珠尔》五部、北京版藏文《丹珠尔》两部、拉尔塘版《丹珠尔》一部、北京版《蒙文大藏经》一部。

盛 京

清朝在入关前，以沈阳为都城，称盛京。清太祖努尔哈赤时期，就有藏传佛教僧人通过蒙古地区到盛京活动。清朝在入关定都北京后，对龙兴之地盛京十分重视。清初，在盛京城四面各建一寺，东为慧灯朗照名曰永光寺，南为普安众庶名曰庶慈寺，西为虔祝圣寿名曰延寿寺，北为流通正法名曰法轮寺，共称之为四塔四寺。四塔以崇德五年始建，八年告竣，四寺于崇德八年三月动工，顺治二年六月告成。四塔四寺是先后修造，并合为一体的。修建四塔四寺的目的有"抚蒙""祝寿"之说。四塔竣工后，钦差摄政亲王等达官贵人参加寺院的开光典礼这在有清一代实属罕见。动用诸王乃至御膳物品犒劳匠役大赏喇嘛等情况，也是后世所少有。可见，四塔在当时政治生活中所处的地位何等重要。

东塔永光寺 在抚近关门外五里，清初敕建。寺东宝塔一座，寺宇三十五楹，钟鼓楼、碑亭各二座。有御书"慈育群灵"四字横额。笔者2016年11月实地探访时，东塔永光寺亦未开放，正在进行修缮，但绕行东塔承光寺外围，隐约可见塔、寺之侧影，所占面积也并不小。

西塔延寿寺 在怀远关门外五里，清初敕建。寺西宝塔一座，寺宇四十五楹，钟鼓楼、碑亭各二座。有御书"金粟祥光"四字横额。笔者2016年11月实地探访时，西塔延寿寺相对来说目前保护得较好，可以进入寺内，里边依然有藏传佛教印记，门口对联也有《首楞严经》主题。

南塔广慈寺 在德胜关门外五里，清初敕建。寺南宝塔一座，寺宇五十楹，钟鼓楼、碑亭各二座。日俄之战，毁于兵火。有御书"心空彼岸"

四字横额。笔者 2016 年 11 月实地探访时南塔并未开放，与另一道教场所毗邻，似只存塔无寺。从南塔公园可看到此塔的一部分。

北塔法轮寺　位于盛京"地载关门外三里"。清初敕建。寺北宝塔一座，寺宇四十二楹，钟鼓楼、碑亭各二座。有御书"金镜周圆"四字横额，并乾隆八年御赐。至乾隆四十三年（1778），历经顺治、康熙、雍正三朝，延续了一百三十多个春秋之后，北塔法轮寺蒙古喇嘛的香火最终烟消雾散，改为满洲喇嘛寺。盛京工部动支国帑，将其修葺一新。改为满洲喇嘛寺后，法轮寺地位骤然显赫。

实胜寺　全名为莲花净土实胜寺，又名皇寺或黄寺。位于辽宁省沈阳市和平区皇寺路 206 号。清崇德三年（1638），皇太极为纪念战胜林丹汗，在盛京城西三里外修建实胜寺供奉玛哈噶拉金佛像。寺落成的当天，皇太极率领诸部首领到寺内参拜，并设宴赏赐。清雍正四年（1726）对实胜寺进行大修，以后屡加修缮。乾隆皇帝四次东巡，曾经亲临实胜寺并咏诗纪事。寺内有两个碑亭，东侧正面碑文为满文、背面为汉文，西侧碑文正面为蒙文、背面为藏文。笔者 2016 年 11 月实地探访时正在维修。

玛哈噶拉庙　玛哈噶拉庙指的当是盛京实胜寺内的玛哈噶拉楼，该佛楼专为供奉玛哈噶拉佛像。该像相传为元世祖忽必烈时期的帝师八思巴所铸造，奉祀于五台山，玛哈噶拉为蒙古人的战神，为忽必烈以后历代元朝皇帝崇奉。元朝灭亡直到林丹汗时期，由萨迦派喇嘛沙尔巴将它从五台山移至蒙古察哈尔部供奉，成为内蒙古的护法神。蒙古人的护法神像移至盛京，表示内蒙古的佛教僧侣对清政权的彻底归附。从此，玛哈噶拉成为清军出征时的护法战神。玛哈噶拉楼有康熙皇帝所进御用宝剑。笔者 2016年 11 月实地探访时正在维修，未能一睹玛哈嘎拉楼真容。

长宁寺　在外攘关外西北五里，旧称御花园。顺治十三年，敕赐为寺。寺宇四十七楹，碑亭一座；达喇嘛一，喇嘛二十七。有清圣祖御书"川净波澄"四字横额，清高宗御书"一心为宗"四字横额。

库伦庙　清顺治三年（1646）在库伦设立了锡勒图库伦扎萨克喇嘛旗。锡勒图库伦扎萨克喇嘛旗位于养息牧场（今彰武县）西北，养息牧河上游。东北与科尔沁左翼前旗及后旗交界，南与土默特左旗毗连，西北和喀尔喀左翼旗及奈曼旗接壤。大体相当于今库伦旗东部。锡勒图库伦扎萨克喇嘛旗不属于元后裔分封地，不在蒙古封建领主管辖区，直属清廷盛京，但曾一度隶属过卓索图盟。锡勒图库伦建有大小寺庙十多座，集中在玛呢图沟，其中兴源寺。象教寺、福缘寺素有锡勒图库伦三大寺之称。锡勒图库伦扎萨克喇嘛旗的统治机构设在象教寺，办事机构称办公处（即喇嘛印务处，俗称喇嘛王府）。象教寺通称上仓，是决定和办理重要政教事务，对全旗僧俗发号施令的地方。

《妙因寺史话》里提到乾隆二十年（1755）时，科尔沁草原已经有了很多藏传佛教寺庙，科尔沁左翼达尔汗旗的兴源寺（俗称库伦庙）等寺庙都是哲里木盟（通辽市）地区的大型寺庙。这些寺庙闻名东蒙古地区，且都有大德高僧活佛喇嘛入驻。[①]

清顺治六年（1649）清廷派西布札衮如克任锡勒图库伦掌印扎萨克达喇嘛，西布札衮如克创建锡勒图库伦扎萨克喇嘛主庙，于顺治七年（1650）竣工，由顺治皇帝赐名兴源寺。康熙四十九年（1710）在寺院左右各增建厢殿一座。康熙五十八年（1719）该寺又进行了一次大规模扩建。此次扩建，共耗时六年才告完工。光绪二十五年（1899）兴源寺又进行了历史上第三次较大规模的改建和增建，主要是重建正殿。整个工程历时三年，直到光绪二十七年（1901）才竣工。从建筑布局看，兴源寺殿堂楼宇的设计博采了汉、蒙、满、回等民族建筑风格之长，并将其熔于一炉。兴源寺是扎萨克达喇嘛率领众僧举行盛大法事的场所，是漠南蒙古地区最早建造的寺庙之一。

五台山菩萨顶　菩萨顶被称为五台山十大黄庙之首，是五台山地区最大的藏传佛教寺院。其位置在台怀镇中心的灵鹫峰的山顶上，北魏孝文帝时，此处始建有"大文殊院"。唐贞观年间重建，称真容院。宋代时宋真宗曾赐额"奉珍阁"。明代改称大文殊寺。清初寺院大规模改建，由青庙变为黄庙，更名菩萨顶，取意峰顶住有菩萨。1683 年康熙皇帝敕命将大殿顶改覆黄琉璃瓦，在封建社会里只有皇家建筑才可使用黄琉璃瓦，可见菩萨顶地位之特殊。清朝皇帝皇后、内蒙古诸王公、西藏喇嘛等朝礼五台山，一般都住在菩萨顶。五台山札萨克达喇嘛驻锡于菩萨顶，清代五台山藏传佛教寺院中除镇海寺等六座归章嘉呼图克图直接管辖外，其他的藏传佛教寺院归菩萨顶的札萨克达喇嘛统管。文殊菩萨大殿前有石碑坊一座，上有康熙皇帝御书。

射虎川台麓寺　在东五台山台顶东南山麓之下，故名台麓。康熙二十

---

①　张静岩编著：《妙因寺史话》，社会科学文献出版社 2015 年版，第 24 页。

二年（1683）康熙皇帝朝礼五台山毕还辇时，曾一箭射死拦路的猛虎一只，此后射虎之处被称为射虎川康熙皇帝射虎之地名为射虎川。康熙二十四年（1685）发帑金3180两，在射虎川创建台麓寺。康熙三十七年（1698）驾幸，台麓寺亦赐佛像，赐大喇嘛，"格隆班弟二十五众，月给俸薪，诸项照菩萨顶例"。从此，菩萨顶为首、台麓寺为次，它们成为五台山最主要的两座喇嘛寺院。康熙四十年（1701），康熙皇帝御制碑文。康熙四十一年（1702），康熙皇帝再幸五台，驻跸射虎川。康熙四十四年（1705）赐予梵文藏经、御书匾额。台麓寺是清朝皇帝朝礼五台山的行宫。射虎川台麓寺设大喇嘛一人，属五台山扎萨克喇嘛管辖。

西安府广仁寺　位于西安的西北角，紧靠西安西城墙。清康熙四十四年（1705），即清朝在1694年攻灭准噶尔部噶尔丹底定西北十年后，康熙皇帝来陕西巡视，召青海蒙藏首领和高僧来西安会见，同时拨款在西安建一座藏传佛教格鲁派寺院，即广仁寺。此后甘肃、青海、新疆、西藏的藏传佛教僧人进京，取道西安者落脚在广仁寺。寺内有康熙皇帝、乾隆皇帝御书匾额，寺前碑亭里竖立着康熙皇帝《御制广仁寺碑》。广仁寺建筑布局为汉式寺院格局，佛殿内外雕塑及装饰等又具有浓郁的藏传佛教文化风格。寺内藏有康熙三十九年在北京刻板的藏文大藏经《甘珠尔》108函、康熙四十五年重修明版汉文《大般若波罗蜜多经》6770卷。1952年重新修葺了石坊、山门、偏殿。

哈尔哈库伦庙　据《藏传佛教在蒙古地区的传播研究》，大库伦是清代外札萨克喀尔喀地区的主要寺庙之一，位于土谢图汗部，初建于清顺治十一年（1654），清代最盛时期喇嘛人数有13850名。[1] 该庙的其他情况有待进一步梳理和查考。

归化城七庙

大召：蒙古语俗称"伊克召"，即为"大庙"的意思。位于呼和浩特旧城，是明万历七年（1579）建成的内蒙古地区最早的佛教寺院之一。本名"弘慈寺"，为明万历皇帝赐名因寺中供奉银制释迦牟尼像，所以当时也以"银佛寺"闻名。万历十四年（1586）三世达赖应阿勒坦汗之子

---

[1]　胡日查、乔吉、乌云：《藏传佛教在蒙古地区的传播研究》，民族出版社2012年版，第150页。

僧格杜棱汗之请来到呼和浩特，并亲临大召主持了银佛的开光法会。明崇祯五年（1632）后金汗皇太极追击蒙古察哈尔部林丹汗到达呼和浩特。皇太极知晓大召对蒙古族群，众影响甚大，亲自驻锡大召，并宣布保护大召的政策，安抚人心。内蒙古归附清廷后，清太宗皇太极于崇德五年（1640）令土默特部首领对大召进行扩建，并亲赐满、蒙、汉三种文字的寺额，汉文作"无量寺"。这是清朝对内蒙古地区寺庙赐名的开端。顺治九年（1652），五世达赖赴京回归时路过呼和浩特，驻锡在大召。清代的呼和浩特扎萨克达喇嘛印务处开始设在大召。康熙三十一年（1692），康熙皇帝任命呼和浩特小召寺的内齐托因二世为呼和浩特掌印札萨克达喇嘛。康熙三十七年（1698）康熙皇帝又任命内齐托因二世为呼和浩特八大寺掌印喇嘛，并将大召印玺交付于他。当年内齐托因二世呈请康熙皇帝，动用自己的庙仓财产修葺大召。清廷设"皇帝万岁金牌"交给大召供奉。大召是明清时期内蒙古地区最著名的寺院，也是呼和浩特市内最大的格鲁派寺院和内蒙古地区少有的不设活佛的寺庙。据蒙文文献记载，早在1602—1607年间，蒙古右翼诸部的翻译家们在大召将《甘珠尔》译成蒙文。

锡勒图召　位于呼和浩特市旧城玉泉区石头巷北端。蒙古语"锡勒图"意即"坐床首席召名汉译没有固定的字，也写作舍力图、席力图、西垇图、锡垇图等。但有一点很明确，该召名以其第一世活佛锡勒图·固什·绰尔济之名而来。汉名"延寿寺"是清康熙年间御赐。锡勒图召原是一座小寺，即今锡勒图召西侧的古佛殿。这座古佛殿是明万历十三年（1585）三世达赖来呼和浩特时，土默特部阿勒坦汗之子僧格杜棱汗所建造。锡勒图召的一世活佛锡勒图·固什·绰尔济曾陪同三世达赖来蒙古地区，明万历三十年（1602）又护送四世达赖入藏。他回到呼和浩特以后，锡勒图召得到扩建，成为汉藏混合式的建筑。在清朝入关以前，锡勒图召与盛京的清政府已建立了密切的关系。明崇祯十七年（1644）清世祖顺治在盛京（今沈阳市）举行即位典礼，锡勒图二世亲往祝贺。锡勒图召从清初起即陆续扩大殿宇，终具现在规模。康熙三十三年（1694）开始，锡勒图四世主持扩修，历时两年之久才基本完成。康熙三十五年（1696）十月，康熙帝西征途经呼和浩特时，为扩建的锡勒图召赐名"延寿寺"。康熙四十二年（1703）锡勒图召正殿前两侧树立御制满、汉、蒙、藏四体文字的平定噶尔丹纪功碑两道，至今保存完好。清咸丰年间（1851—

1861）由本召的锡勒图九世住持，在经堂前东侧修建一座覆钵式白塔。咸丰九年（1859）由锡勒图九世重修殿基，增高数尺。光绪十七年（1891）再次重修，使锡勒图召的规模又有所发展，这便是今日锡勒图召的规模。经堂东西两侧的经架上放满了藏文版《甘珠尔》和《丹珠尔》。

　　小召　位于呼和浩特市旧城小召街，蒙古语称"巴噶召"，即为"小庙"的意思，汉名为"崇福寺"。小召始建于阿勒坦汗之孙俄木布·洪台吉时期，当是明天启年间（1621—1627）或在此之前。人们把俄木布·洪台吉所建的佛寺称为小召，用于区别阿勒坦汗所建的大召。清顺治十年（1653），内齐托因一世再度从科尔沁地区返回呼和浩特。这时的小召已陈旧破损。内齐托因一世劝土默特都统古禄格修葺小召。因为内齐托因一世修葺小召有功，后来将他生前的许多用具存入小召。康熙三十五年（1696），小召的内齐托因二世跟随康熙皇帝参加了平定准噶尔部噶尔丹的战争。这一年十月，康熙凯旋时途经呼和浩特，在小召住了三日，向小召奉献了大批饰物和供品，甚至将自己穿戴过的盔甲、战袍以及弓箭、宝剑也留在小召。因此，过去每年正月十五都会在小召内展览这些物品，供人参观。呼和浩特本地人称这一天为"小召晾甲日"。也是在这一年，小召进行了一次修葺和扩建，其规模相当宏伟。寺庙扩建后，内齐托因二世向康熙皇帝呈请赐寺名，康熙赐名为"崇福寺"。康熙三十七年（1698）内齐托因二世被清廷委派为呼和浩特八大寺院的掌印札萨克达喇嘛，并将原来的札萨克达喇嘛之印交给了他。从这时候起，小召在呼和浩特召庙中的地位凌驾于大召之上。小召的喇嘛们受到清廷的许多优遇，其中独许小召喇嘛诵读蒙文经典便是一例。康熙帝还特别批准内蒙古东部科尔沁十旗为内齐托因二世的化缘地。

　　朋苏克召　一名西召。在呼和浩特旧城西茶坊河岸。清顺治十八年（1661）呼和浩特喇嘛锡拉布建，也有学者认为疑系扩建，始建当在明代。① 康熙二十三年（1684）赐名"崇寿寺"。康熙二十四年（1685）清廷以朋苏克召伊拉古克呼图克图为呼和浩特掌印札萨克达喇嘛。呼和浩特掌印札萨克达喇嘛之职，始见于此年。康熙三十三年（1694）重修朋苏克召。

---

① 金启孮：《呼和浩特召庙、清真寺历史概述》，载乔吉主编《内蒙古文史研究通览·宗教卷》，内蒙古大学出版社 2014 年版，第 72 页。

拉布齐召　位于今呼和浩特玉泉区长和廊街道办事处南柴火市社区北巷。建于清康熙六年（1667），由宁宁呼图克图所建，清廷赐名为"弘庆寺"。具体位置位于土默特文庙西侧，观音庙北面，大召的南面，建筑规模较大。1956 年，寺院被拆除。2006 年进行了抢救性发掘，在原址上恢复了原有的建筑。

乃穆齐召　位于今呼和浩特玉泉区大南街街道办事处小西街社区乃莫齐召夹道巷 13 号，蒙古语为"医生"的意思。清康熙八年（1669）由绰尔济喇嘛建造。康熙三十四年（1695）乃莫齐召第二次维修，竣工后，皇帝赐名"隆寿寺"，并用蒙、满、汉三种文字书写寺额，悬挂在寺门之上。嘉庆十年（1805）寺庙被大火全部烧毁，后又重新修建起来。光绪二年（1876）扎萨克喇嘛诺儿丕力募捐续修。整座寺院坐北朝南，沿用汉藏结合式的三路纵向布局。"文化大革命"时遭到严重破坏，2011 年进行了修缮。

班第达召　在宁远东北哈拉沁沟源吉尔噶朗图山。清康熙元年（1662）建，赐名"尊胜寺"。

古代文献研究

上海古籍出版社整理本
《礼记正义》校勘平议

——以《中庸》为例

孔祥军

2008 年新整理本《礼记正义》由上海古籍出版社出版，整理者为吕友仁先生，网罗众本，精施句读，可谓《礼记正义》整理之集大成者①。然而，笔者在阅读过程中，发现此本在底本的选择、参校本的收罗、校勘成果的使用以及文献异文的对勘等工作中存在着不同程度的问题，兹结合《中庸》部分文字，不烦以辞、逐一罗列，庶几可概见其余。

一　整理底本选择不当

据《校点前言》五《校勘所用底本 参校本及前人成果》，"此次点校，以中国书店一九八五年出版的景宋绍熙本《礼记正义》为底本"②。此说与实际情况不符，真正影印潘氏所藏南宋越刊八行本者，为《中华

---

① 除了此上海古籍出版社新整理本，此前尚有北大简体字本（1999）、北大繁体字本（2000）、台湾新文丰标点本（2001），学界研究者在详细比较三者后，认为吕本为最善者，详见王锷《三种〈礼记正义〉整理本平议——兼论古籍整理之规范》，《中华文史论丛》2009 年第 4 期。

② 《校点前言》，见孔颖达《礼记正义》，吕友仁整理，上海古籍出版社 2008 年标点本，第 8 页。

再造善本丛书》所收之《礼记正义》。中国书店所重印者，实非宋本，乃董康于民国丁卯年（1927）据潘明训宝礼堂藏宋刊本影刻重雕之本。据今人研究，"影刻本有八十年代中国书店重印本，流传甚广。影刻本有失误，亦有校改，已非潘本原貌"①。此说可以实例证之，整理本《中庸》"至诚之道"条，孔《疏》有云："时三川皆震，为周之恶瑞"②，"三川"，影刻本同，而《再造善本》影宋本作"二川"，则潘本本作"二川"，董康影刻时改"二"为"三"，此即所谓"校改"者③，将已失原貌的重印影刻者视为影印原本，且作为底本，显为不当。④ 不仅如此，此潘氏所藏宋本实际上是八行本之后印本，日本足利学校亦藏有一部宋刊八行本，印制时间较早，补版亦少，且所存文字优于潘氏本⑤。足利本之国内影印本直至2014年方出版，整理者自然无缘得见，但是山井鼎撰、物观补遗《七经孟子考文补遗》《礼记注疏》所引"宋板"所据正是足利学校所藏八行本《礼记正义》，且日本学者常盘井贤十早在1933年就在《东方学报》发表《宋绍熙板礼记正义略说——比较足利本与潘氏本》，已经对此有充分说明，稍后日本东方文化学院京都研究所又于1937年出版了常盘井贤十撰写的《宋本礼记疏校记》，据足利本、影潘本以校阮本，而整理者不仅于《校点前言》无一字提及足利本，且于《考文》所引宋板亦似忽视，竟然认为"此八行本、惠栋校宋本与《考文》所引宋

---

① 《编后记》三"潘氏宝礼堂旧藏本"，见《影印南宋越刊八行本礼记正义》，北京大学出版社2014年影印本，第1707—1708页。

② 《礼记正义》，第2026页。

③ 民国时期，影印古籍例有"校改"之习惯，其著例如张元济主持出版的《百衲本二十四史》，于影印底本之际，多有描改，对此，张氏本来有校勘记悉数辑录所改之处，但真正操作起来，则"有未批'修'而实已修者，类似情况，屡见不鲜"（王绍曾：《百衲本二十四史校勘记整理缘起》，《百衲本二十四史校勘记·史记校勘记》，商务印书馆1997年版，第5页），则其原貌已然尽失，而张氏所编《四部丛刊》，虽未闻其有校改描修之事，但据笔者所藏初编影印宋巾箱本《春秋经传集解》前后印本，两两相较，多有异字，盖亦为描改之证。此类轻改古籍的做法，沿袭至新中国成立以后，便反映在整理《二十四史》的工作中，整理者往往不守底本，"择善而从"，而为后来学者所诟病，详参黄永年先生批评中华点校本《旧唐书》（黄永年：《唐史史料学》，上海书店出版社2002年版，第18页）。

④ 《再造善本》影宋本于2003出版，新整理本于2008年出版，整理者校勘伊始时或不及采用，但此书久藏于国家图书馆，整理者若能以之为底本，似方符精益求精之旨。

⑤ 参看《影印南宋越刊八行本礼记正义·编后记》五"八行本之修补与文本变化"，第1714—1715页。又张丽娟《宋代经书注疏刊刻研究》第五章"越州刻八行注疏本"，北京大学出版社2013年版，第309页。

板，三者本是一书"①，更遑论据《考文》所引以补底本之阙矣。②

因八行本本无《释文》，新整理本《校点前言》遂云"决定以清嘉庆十一年张敦仁影刻之宋淳熙四年抚州公使库本《释文》（简称抚本）为底本"③，然据顾千里自述："抱冲续又收得单行《释文》两种，一《礼记》，一《左传》，亦皆南宋椠本，《礼记释文》即此也……余于是始定《礼记》之即淳熙四年抚州公使库刻也。其《礼记》以嘉庆丙寅岁，阳城张太守古余先生见属刊行。是时抱冲已没，遗孤尚幼，《释文》一时检之弗获，聊用通志堂所翻单本附于后"④，则张敦仁所刻之《释文》乃据通志堂刊单行本《经典释文》之《礼记音义》，所谓"影刻本"是整理者误解，实际上真正的抚州本《释文》收录于《中华再造善本丛书》，并于2006年影印出版，整理者理应抽换底本，据影宋本以配之。然而，无论是真正的抚州本《释文》，还是通志堂本《释文》，其出字方式相同，皆出两字或两字以上作为大字标目，而下缀双行批注，而今整理本《释文》出字无大小之分，统统仅标所要解释之一字，下为批注内容，格式大变，令人无从理解；不仅如此，仅以《中庸》卷首为例，可以发现抚本《释文》的很多内容都不见于整理本，而通志堂本《释文》则有，如"是故君子戒慎乎其所不睹，恐惧乎其所不闻"，抚本《释文》、通志堂本《释文》皆标大字"不睹"小注"丁苦反"，"恐惧"小注"匡勇反，注同"，而整理本却无此二条；又"莫见乎隐"，两种《释文》皆标"莫见"小注"贤遍反，注显见同，一音如字"，整理本此条无"一音如字"四字；以上诸条殿本、四库本、阮本皆与抚本《释文》同，黄焯《经典释文汇校》第十四《礼记音义之四》于此诸字并无校语，则真可谓令人百思不得其解也。⑤

---

① 《礼记正义·校点前言》，第 13 页。

② 《儒家思想典籍思想与研究》第六辑收入了吕友仁先生《校点本〈礼记正义〉诸多失误的自我批评意见》（下简称《批评意见》，北京大学出版社 2014 年版，第 113—194 页）一文，提及《儒藏》新整理本《礼记正义》将使用《再造善本》影宋八行本《礼记正义》作为底本（第 114 页），而《儒藏》本迄今为见，选用底本情况如底如何，尚未可知。《批评意见》虽然提到了常盘《校记》，但是对于其来龙去脉，并无说明，而对足利本，则只字未提。

③ 《礼记正义·校点前言》，第 11 页。

④ 顾广圻：《礼记释文四卷宋刊本》，见瞿良士《铁琴铜剑楼藏书题跋集录》卷一，上海古籍出版社 2005 年标点本，第 11 页。

⑤ 《批评意见》对于《释文》问题，只字未提。

二　参校版本搜罗不广

　　整理本《校点前言》虽然罗列了数种参校本，但却遗漏了其他几种，其中不乏至关重要者。如经注本系统，最为重要的是宋刊抚州本和宋刊余仁仲本，前者是单经注本的代表，后者是附音注本的代表，对于前者整理者只用了张敦仁影刻本，而《古逸丛书三编》已经影印宋刊抚州本，并于1992年由中华书局出版，不知整理者为何不用影宋本，而要用影刻本①；后者，藏于国家图书馆，为整理者所未及，另外，上海图书公司藏有一部《监本纂图重言重意互注礼记》，也为整理者所未及②。注疏本系统，与八行本相对应的是十行本，除了行款不同，此本与八行本最大的区别是附有陆德明《释文》；此外，每段之后，《疏》文"正义曰此一节"前标经文起止，检《四部丛刊三编》所收录单疏残本《礼记正义》，相应位置皆标起止，则省略者八行本合刻之际也，而十行本却悉数保留，在一定程度上保存了《疏》文原貌。北京市文物局藏有一部元刊明修十行本《十三经注疏》③，其中有《礼记注疏》，④据笔者持此本《中庸》部分与八行本对勘，不仅文字相异之处可谓比比皆是，而且存在非常特殊的《疏》文位置差异，而为整理者所未措意，从文献校勘的角度而言，实在是不小的遗憾。⑤

　　今仅以《中庸》部分为例，取经注本系统之抚本、余本及注疏本系统之八行本、十行本对勘，可以见出各自文献系统的特征。

---

　　①　《中华再造善本丛书》亦收录此书，并于2003年出版。

　　②　此两种，前者收录于《中华再造善本丛书》，于2006年出版；后者，上海辞书出版社于2009年影印出版。

　　③　此本之祖本当为南宋刘叔刚一经堂刊十行本《礼记注疏》，清乾隆六十年和珅翻刻宋刘叔刚本，也有重要的参考价值。

　　④　此套书为刘盼遂旧藏，为《中华再造善本丛书》收录，于2006年出版。

　　⑤　《批评意见》失校原因分析提到"一些有价值的书虽已出版，由于孤陋寡闻，未能使用"（第116页），并未提及上文所言未及各本，由于《儒藏》本并未见到，则其参校本情况无从确知。

（一）有抚州本独异之字，如：

1. 抚本①：舜好察迩言由此故欤
八行本②：舜好察迩言由此故与
余本③：舜好察迩言由此故与
十行本④：舜好察迩言由此故与

按："与"，余本、八行本、十行本皆同，惟有抚本相异，作"欤"，抚本《释文》⑤标目为"故与"，又八行本下《疏》文引注"云舜好察迩言由此故与"，亦作"与"，则似当以"与"为是。整理本失校。

2. 抚本：今姓有衣者殷之贤与
八行本：今姓有衣者殷之胄与
余本：今姓有衣者殷之胄与
十行本：今姓有衣者殷之胄与

按："胄"，余本、八行本、十行本皆同，惟有抚本相异，作"贤"，抚本《释文》标目为"胄与"，则似当作"胄"。整理本失校。

（二）有八行本独异之字，如：

1. 抚本：若有占听之者

---

①　文中所引抚本，皆为《中华再造善本》影印国家图书馆藏宋淳熙四年抚州公使库刻本《礼记》，北京图书馆出版社 2003 年版。

②　文中所引八行本，皆为《影印南宋越刊八行本礼记正义》所影印上栏之足利本，下栏则为潘本。

③　文中所引余本，皆为《中华再造善本》影印国家图书馆藏宋余仁仲万卷堂家塾刻本《礼记》，北京图书馆出版社 2006 年版。

④　文中所引十行本，皆为《中华再造善本》影印北京市文物局藏元刊明修本《十三经注疏·礼记注疏》，北京图书馆出版社 2006 年版。

⑤　文中所引抚本《释文》，皆为《中华再造善本》影印国家图书馆藏宋淳熙四年抚州公使库刻本《礼记释文》，北京图书馆出版社 2006 年版。

八行本：若有觇听之者

余本：若有占听之者

十行本：若有占听之者

按："占"，抚本、余本、十行本皆同，惟有八行本相异，作"觇"，抚本《释文》标目为"有占"，则似当以"占"为是。《考文》、阮元《校勘记》皆出校，整理本失校。

2. 抚本：易曰君子以顺德

八行本：易曰君子以慎德

余本：易曰君子以顺德

十行本：易曰君子以顺德

按："顺"，抚本、余本、十行本皆同，惟有八行本相异，作"慎"，抚本《释文》标目为"慎德"小注"如字，一本又作'顺'"。《考文》、阮元《校勘记》皆出校，整理本失校。

（三）十行本独异之字尤多，多为讹字，如：

1. 抚本：衽犹席也

八行本：衽犹席也

余本：衽犹席也

十行本：衽犹庿也

按："席"，抚本、余本、八行本皆同，惟有十行本相异，作"庿"，考《疏》云："衽，卧席也"，则"庿"显为"席"之讹。整理本失校。

2. 抚本：汲汲行道不为时人之隐行

八行本：汲汲行道不为时人之隐行

余本：汲汲行道不为时人之隐行

十行本：汲汲行道而为时人之隐行

按："不为"，抚本、余本、八行本皆同，唯有十行本相异，作"而为"，考《疏》标起止"注'不为时人之隐行'"，则"而为"显为"不为"之讹。整理本失校。

类似情况极多，不再一一列举，不唯经注，十行本《疏》文与八行本也有极多异文，几乎以十行本错讹居多，就文本价值而言，与八行本比较，可谓相去甚远也。

（四）抚本与八行本同为甲，余本与十行本同为乙，甲乙相异，如：

1. 抚本：素皆读为傃
八行本：素皆读为傃
余本：傃皆读为素
十行本：傃皆读为素

按：此为郑注，《考文》所引古本作"傃皆读为素"[①]，与余本、八行本同，考经文"君子素其位而行，不愿乎其外，素富贵行乎富贵，素贫贱行乎贫贱，素夷狄行乎夷狄，素患难行乎患难"，皆作"素"，则郑注理当作"素皆读为傃"。阮元《挍勘记》出校，整理本失校。

2. 抚本：君子之道譬如行远必自迩譬如登高必自卑
八行本：君子之道譬如行远必自迩譬如登高必自卑
余本：君子之道辟如行远必自迩辟如登高必自卑
十行本：君子之道辟如行远必自迩辟如登高必自卑

按："譬如"，抚本、八行本同；"辟如"，余本、十行本同，抚本《释文》标目为"辟如"小注云"音譬，下同"，《礼记集说》亦作"辟如"[②]。阮元《挍勘记》出校，整理本失校。

---

① 文中所引《考文》，皆为《百部丛书集成·七经孟子考文补遗·毛诗》影印日本原刊本，台湾艺文印书馆1964年版。

② 文中所引《礼记集说》，皆为《中华再造善本》影印国家图书馆藏宋嘉熙四年新定郡斋刻本，北京图书馆出版社2003年版。

3. 抚本：瑟琴声相应和也

八行本：瑟琴声相应和也

余本：琴瑟声相应和也

十行本：琴瑟声相应和也

按："瑟琴"，抚本、八行本同；"琴瑟"，余本、十行本同。此郑注，考经文引《诗》"如鼓瑟琴"，则注似当作"瑟琴"，然《考文》古本引《诗》作"如鼓琴瑟"，则注作"琴瑟"，亦未必非。整理本失校。

4. 抚本：栽或为滋

八行本：栽或为滋

余本：栽或为兹

十行本：栽或为兹

按："滋"，抚本、八行本同；"兹"，余本、十行本同。《考文》、阮元《挍勘记》皆出校，整理本失校。

5. 抚本：此显也言不显乎文王之德

八行本：此显也言不显乎文王之德

余本：此颂也言不显乎文王之德

十行本：此颂也言不显乎文王之德

按："显"，抚本、八行本同；"颂"，余本、十行本同。《考文》、阮元《挍勘记》皆出校，整理本径改"显"为"颂"，未见其必然也。

上文所列数例，整理本几乎皆未出校，可谓失校累累，究其缘由主要因为未能将重要版本收罗齐全，特别是元刊明修十行本与八行本有极多相异之处，整理本既未取之以校，自然付之阙如了。古籍整理中的校勘记，除了著录异文，考辨是非，更应有助于考订版本刊刻源流，依据上文所列第（四）类，可以明显看出抚本、八行本为一系统，余本、十行本为一系统，抚本本无释音，八行本合刻注疏时，很可能取抚本系统的经注本与单疏本《正义》合刻；同理，十行本合刻时，也很有可能是取余本系统的附音经注本与单疏本《正义》合刻，而不是取八行本再附以《释文》。对此，乔秀岩认为："八行本经注文本与抚本之关系，仅得泛称同一系统；至十行本经注、《释文》文本与余本，则关系极近，非八行与抚本之比"①，是说更加审慎，上文抚本、八行本皆有独异之处，可证其说。整理本既无此诸条校记，自然谈不上辨章版本、考镜源流了。

三　校勘成果利用不足

上文第一部分已经提到，整理者未能吸收日本学者常盘井贤十的校勘成果，尤其是氏著《宋本礼记疏校记》一书，竟然没有参考，不能不说是一大缺憾。不仅如此，整理者似乎对阮元《校勘记》存在误解，整理本《校点前言》"采用前贤的校勘成果主要有"："一、阮元《礼记注疏校勘记》。"② 并未说明所用何本？实际上，阮元《十三经注疏校勘记》有单行本和摘录本，单行本有文选楼本和《清经解》本③，摘录本则由卢宣旬摘录附于阮刻《十三经注疏》各经之后，二者的区别主要是，摘录本主要是大量删减了单行本校勘记，偶有补校，而整理本此处所谓"阮元《礼记注疏校勘记》"不知到底是指单行本还是摘录本，而以《中庸》部分为例，翻检整理本《校勘记》凡 59 条，利用阮校之处仅 11 条，皆自摘录本阮校，而单行本阮校有三百多条，阮校的利用率只有百分之三左右，此外，单行本《校勘记》在诸经注疏《校勘记》之后，还附录有《释文校勘记》，整理本《校点前言》也没有提到这一点，所以令人不得不怀疑，整理者可能仅仅参考了摘录本阮校，而没有利用单行本，甚或不知尚有单行本可资利用。④ 结合本文第二部分所言其未能广搜众本，则此

---

① 乔秀岩：《〈礼记〉版本杂识》，见《北京读经说记》第五篇，台北万卷楼图书股份有限公司 2013 年版，第 80 页。

② 《礼记正义·校点前言》，第 9 页。

③ 文选楼刊单行本《十三经注疏校勘记》有《续修四库全书》影印本；《清经解》本则有上海书店影印道光原刊本、凤凰出版社影印咸丰补刊本，皆非稀见。此外，湖南书局于同治十三年重刻《礼记注疏》，乃取汲古阁本为底本，后附刻阮元《礼记注疏校勘记》，亦属单行本系统。

④ 《批评意见》对其于阮元《校勘记》之认识误区，只字未提，又其失校原因分析提到"前贤已有的校勘成果，用之未尽。卫湜《礼记集说》、浦镗《十三经注疏正字》是其例"（第116 页），《批评意见》所举失校诸例，就此部分而言，无一条涉及阮元《校勘记》，由于《儒藏》本并未见到，则其出校情况无从确知。

整理本之校勘或可称之为挂一漏万也。

不仅如此，整理者在使用阮校时，亦多有不当。如其《校点前言》"几点说明"云："此八行本、惠栋校本与《考文》所引宋板，三者本是一书……因为三本本是一书，所以在校勘记中一般不再提及惠栋校本和《考文》引宋板，不提及，则表明此二本与八行本完全一致。遇到三本之间有差互处，则出校。"① 整理者认为此三本为一本，自然有误，本文第一部分已有说明，其提到"遇到三本之间有差互处，则出校"，在《中庸》部分附录《校勘记》中有所反映，特别是有两条值得注意。

1. ［一四］知之易 此三字原脱，据阮元校引惠栋校宋本补。②

2. ［三一］覆前文或学而知之 "覆"原作"则"，据阮元校引惠栋校宋本改。③

既然惠栋校宋本与八行本本来就为一本，为何会有异文，即使存有异文，出校可也，而竟改底本，令人无法理解！今人曾对惠栋《礼记正义》校本与宋刊八行本之间的关系进行深入研究，证明所谓惠栋校本即八行本，二者之所以出现各种异文，或因过录者之失，故惠栋校宋本，内容颇杂，非皆宋本文字④。据此阮校所引惠栋校本实不可信，整理者据此实不可信之文字轻改底本，而又拿不出其他版本依据，实在有篡改底本之嫌，不仅有违校勘文献必当严谨审慎之旨，甚或以讹传讹，贻误深矣。

四　文献对勘出校不尽

整理本在《校点前言》中罗列了参校众本，这种参校是通校，还是有选择地对校，不得而知，若是通校，则失校之处可谓累累，若是有选择地对校，则不知若此校勘意义何在？此处仅以《礼记要义》为例，以见整理本出校不尽之处。

---

① 《礼记正义·校点前言》，第13页。
② 《礼记正义》，第2033页。
③ 同上书，第2034页。
④ 《影印南宋越刊八行本礼记正义·编后记》三"潘氏宝礼堂旧藏本"，第1708—1711页。

　　南宋刊《礼记要义》为南宋魏了翁《九经要义》之一，魏氏所编《九经要义》，其中《毛诗》《仪礼》《礼记》《周易》四种有宋本传世，而全帙者仅《毛诗》《仪礼》两种，《四部丛刊》续编曾收录宋本《礼记要义》，其后《中华再造善本》丛书收录宋本《礼记要义》《仪礼要义》《周易要义》，然皆非全本，《续修四库全书》收录宋本《毛诗要义》，台湾"国立故宫博物院"藏有全本宋刊《仪礼要义》一部，1992 年曾影印出版。

　　魏氏几乎是比较忠实的摘抄了《礼记》经注及孔《疏》，其中对于前者的抄录是极为零星的，而对于后者即孔《疏》的摘录却占有绝对分量，具有重要的校勘价值。整理本《校点前言》也提到参校了魏了翁《礼记要义》，但却不注明版本，不知其所据何本。以《中庸》部分为例，检整理本《校勘记》，提到魏氏《要义》仅两次。而据笔者对勘得知，实不止此数，择其要者，罗列如下。

　　　1. 八行本：此于别录属通论
　　　　十行本：北于别录属通论
　　　　要义①：此于别录属通论

　　　2. 八行本：皆感五行生矣
　　　　十行本：皆咸五行生矣
　　　　要义：皆感五行生矣

　　　3. 八行本：若身入夷狄夷狄无礼义当自正已而行
　　　　十行本：君身入夷狄夷狄无礼义当身正已而行
　　　　要义：若身入夷狄夷狄无礼义当自正已而行

　　　4. 八行本：周公以成王天子之礼
　　　　十行本：周公以成王大子之礼
　　　　要义：周公以成王天子之礼

---

　　①　文中所引《礼记要义》，皆为《中华再造善本》影印国家图书馆藏宋淳熙十二年魏克愚刻本，北京图书馆出版社 2003 年版。

5. 八行本：兄弟之子各举觯于其长也
十行本：兄弟之子各举觯于其长也
要义：兄弟之子各举觞于其长也

6. 八行本：虽恶不同义必同也
十行本：虽恩不同义必同也
要义：虽恩不同义必同也

7. 八行本：掌弓矢之材
十行本：掌弓矢之林
要义：掌弓矢之林

8. 八行本：故学之孰矣
十行本：故学之敦矣
要义：故学之熟矣

9. 八行本：贤人旧学已精孰在后更习之犹若温寻故食也
十行本：贤人旧学已精熟在后更习之犹若温寻故食也
要义：贤人旧学已精孰在后更习之犹若温燖故食也

据此所列，《要义》与八行本较为接近，有学者在评价《毛诗要义》时提出："宋版《毛诗要义》的文本质量极高，绝非十行本可比……我们推测它有可能出自现已失传的黄唐本。"① 笔者在校勘《礼记要义》时也发现其所摘录经注皆无《释文》，结合此处校记，可知《要义》与八行本关系紧密。但是，《要义》是否直接采录自八行本，值得怀疑，因为据上校，《要义》有独异于八行本、十行本之处，不仅如此，甚至是有与十行本同而反与八行本异者，则《要义》似又非本自八行本也。值得特别注意的是，在"凡为天下国家有九经"节孔《疏》"然后出口则言得流行不

---

① 李霖、乔秀岩：《影印前言》，见《南宋刊单疏本毛诗正义》，人民文学出版社 2012 年影印本，第 17 页。此处所谓黄唐本，即指越刊八行本《毛诗注疏》。

有踬蹶也"后,《要义》有一段小注文字"跲,其劫反,皇音给",八行本、十行本皆无,《正义》小注注音,在单疏本《毛诗正义》中偶有所见,今单疏本《礼记正义》《中庸》部分全缺,无从核对,但《要义》文字来源之复杂,借此可见一斑。整理本于上文所列皆未出校,不知何因也。①

　　综上所述,新整理本《礼记正义》在文献校勘方面仍有不少问题,有待整理者补充修订完善。

---

　　① 《批评意见》对于未能校尽《要义》,只字未提,《批评意见》所举失校诸例,就此部分而言,无一条涉及《要义》,由于《儒藏》本并未见到,则其出校情况无从确知。

上古本《尔雅注疏》经注校误^①

瞿林江

（陕西师范大学　文学院）

　　上海古籍出版社 2010 年 10 月出版的点校整理本（简称"上古本"）《尔雅注疏》，是继《传世藏书》本、北大本、台湾新文丰"分段标点"本、山东画报《家藏四库》本、《儒藏》本之后，当下可见的最新标点整理本。此本不仅排版精美、印刷优良，而且从策划到最终出版历时近二十载，仅参考的书目就达 68 种，书后还附有历代相关之题跋，可谓包罗古今，精打细磨，整理之艰辛，有目共睹，为学界所称道，可当得上最佳整理本。笔者近年来从事《尔雅注疏》的汇校工作，常常翻阅此书，受益颇深，但也发现此本在底本识读、标点以及校勘方面尚有部分提高之空间，故不揣简陋，矫文于此。

　　据《点校前言》所述，与之前版本最大不同在于此本"为《尔雅》宋刊经注本^②、宋刊《释文》^③、宋刻宋元明递修单疏本^④三书合一而成"，可见整理者完全避开了阮刻本《十三经注疏·尔雅注疏》的文本系统，故笔者即以阮刻本^⑤核之。凡遇有异文处，悉加标识，再将异文核诸底

<hr />

　　①　本文是 2017 年国家社科后期资助项目"《尔雅注疏》汇校"（项目号：17FZW002）阶段性成果。

　　②　（晋）郭璞注《尔雅》，《中华再造善本》影印国家图书馆藏宋刻本，国家图书馆出版社，2002 年版。下文中"宋十行本"即是此本。

　　③　（唐）陆德明《经典释文》，《中华再造善本》影印国家图书馆藏宋元递修本，国家图书馆出版社，2003 年版。

　　④　（宋）邢昺《尔雅疏》，《中华再造善本》影印国家图书馆藏宋刻宋元明初递修公文纸印本，国家图书馆出版社 2003 年版。

　　⑤　（清）阮元校刻《重刊宋本尔雅注疏》，嘉庆二十年南昌府学本，中华书局 2009 年版；（清）阮元《十三经注疏校勘记》，《皇清经解》本，上海书店出版社 2014 年版。

本、宋监本①、蜀本②、雪窗本③、巾箱本④等，参考前人校勘成果，比较优劣后，就上古本经注部分可商榷处摘录成此文。大致得"底本已误，上古本失校"53 处、"底本不误，上古本误"24 处、"标点破句"51 处。从中可见整理古书之难，而阮本之校勘价值也略见一斑。惟笔者校读不精，恐有遗漏，且所列不一定准确恰当，还望整理者和读者赐教。

一　底本已误，上古本失校

1. 17 页倒 5 行⑤："賚、贡"，宋十行本同，阮本、宋监本"賚"作"賚"。《释文》云"力代反，又力台反"，则从来是。《说文》云："賚，赐也，从贝来声。"40 页 3 行经注之"賚"亦当作"賚"。

2. 18 页 1 行："穀、介"，宋十行本同，阮本、宋监本作"穀"。《说文》云"穀，续也，百谷之总名，从禾㱿声；穀，楮也，从木㱿声"，段注云"穀与粟同义，引伸为善也"，则作"穀"是。

3. 25 页倒 1 行："丹朱憑身以仪之"，宋十行本、阮本同。阮校云"陈本、闽本同。《释文》、单疏本、雪窗本、正德本、监本、毛本'憑'作'馮'，《国语》同。此下加心，非"，此当出校。

4. 29 页 6 行："圮、垝，毁也"，宋十行本同，阮本"圮"作"圯"，注同。"巳""己"部件之字古可通，然《说文》云"圮，东楚谓桥为圮，从土巳声；垝，毁也，或从手从非，配省声"，《释文》又云"孙房美反"，则作"圮"是。103 页 1 行"圮，败"之"圮"亦当作"圮"。

5. 42 页 6 行："劫、鞏"，宋十行本同，阮本、宋监本"鞏"作"鞏"。《俗书刊误》卷二云"鞏，俗作鞏，非"，则作"鞏"是。注放此。

①　（晋）郭璞注《宋监本尔雅郭注》，《天禄琳琅丛书》影印，故宫博物院，1931 年。

②　（晋）郭璞注《尔雅》，《古逸丛书》影覆宋蜀大字本，光绪十年（1884）遵义黎氏刊于日本东京使署。

③　（晋）郭璞注《尔雅》，《中华再造善本》影印国家图书馆藏元雪牎书院刻本，国家图书馆出版社 2006 年版。

④　（晋）郭璞注《尔雅》，《中华再造善本》影印国家图书馆藏元大德己亥平水曹氏进德斋刻本，国家图书馆出版社 2006 年版。

⑤　"17 页倒 5 行"是指"上古本的第 17 页倒数第 5 行"，大字经文下双行小字只算 1 行，下仿此。

6. 48 页倒 4 行："痛、瘏、虺頹"，宋十行本、阮本同，宋监本"頹"作"穨"。《说文》无"頹"，其乃"穨"之俗体。阮校云："通志堂《释文》、唐石经、单疏本、注疏本作'虺穨'为是。"

7. 48 页倒 4 行："戁、瘣、癏"，宋十行本、阮本同。阮校云"《玉篇》'癏，体癏曲也'，《广韵》'癏，病也，瘦也'。《诗·棘人》'欒欒兮'，《说文》作'臠臠'。此从广，当省肉作'癏'，或作'瘰'，今本非"，此当出校。

8. 51 页 3 行："自勉强者，亦勤力者"，宋十行本、阮本同。阮校云"雪窗本、注疏本同。按下'者'字当衍，邢疏云'自勉强者亦为勤'"，此当出校。

9. 59 页倒 5 行："戻久将底"，宋十行本、阮本同，宋监本、单疏本"底"作"厎"。据阮校，经文当作"戻、底、厎"，上注文已云"戻、底，义见《诗》傅"，则此处作"厎"是也。周祖谟《尔雅校笺》云："宋刻十行本'厎'作'底'，误。"

10. 68 页 7 行："无漉陂池"，宋十行本、阮本同。阮校云："《释文》'毋，音无，本今作无'，按《月令》多言'毋'，此作'无'，非。"

11. 73 页倒 2 行："郡"，宋十行本、阮本同。阮校云"段玉裁云'郡，当为'那'之误'，按那、仍、迺、乃，皆一音之转，经传未见训'郡'为'乃'者"，此当出校。

12. 78 页 2 行："獲禾为稺"，宋十行本、阮本同。阮校云："'獲禾'字当从禾，此经注异文之证。今本依经改犬旁，非。"

13. 97 页 2 行："皆转车驿马之名"，宋十行本同，阮本"转"作"传"。阮校云"此本'传'误'转'，今订正，单疏本经中'传'字亦误'转'"，周校云"邢昺疏作'传'是也"，是此作"传"是，而后《校勘记》未作判断，当补。

14. 106 页倒 1 行："卤、矜、咸"，宋十行本、宋十行本、阮本同。《释文》"齡，音矜，本又作矜"，阮校云"按《广雅·释诂一》'齡，哀也'，《玉篇·卤部》'齡，苦也'，皆本此经。盖经作'齡'，注作'矜'，后人转写乱之"，此当出校记。

15. 116 页倒 6 行"剌探尝试"、250 页 5 行"绣剌黼文以褾领"、398 页 3 行"有细剌"、466 页 3 行"今之刺榆"、470 页 3 行"莢有毛剌"、478 页 6 行"其剌矗而长"、575 页 2 行"彙，毛剌"之"剌"皆当作

"刺"。

16. 124 页倒 3 行："洶，龕也"，当为大字经文。又阮本"龕"作"龕"，《九经字样》云"龕，龙兒也，从龙从今声。作龕，讹"，阮校云"唐石经、雪窗本作'龕'，当据以订正"，可见作"龕"是。

17. 128 页 5 行："硞，巩也"，宋十行本、阮本同。阮校引段玉裁云"据《说文》，知《尔雅》'硞'必'硞'之误，非告声，不得苦角切也。《五经文字》'硞，口八反，又苦角反，见《尔雅》'，盖张氏所见本始误从吉矣"，此当出校。

18. 129 页倒 3 行："诗曰'不可襄'"，宋十行本、阮本同。阮校云"陈本同，雪窗本、注疏本作'不可襄也'"，周校云"《诗·墉风·墙有茨》'墙有茨，不可襄也'，此'襄'下脱'也'字"，此当出校。

19. 159 页 5 行："緍，纶也。""《诗》曰'维丝伊緍'"，宋十行本同，阮本"緍"作"緡"。周校："注文'緍'，当从正文作'緡'。原本《玉篇》'緡'作'緄'，注引'《尔雅》：緄，纶也。郭璞曰：江东谓之緄。'""民"改"氏"，乃唐人避讳所为，此作"緡"为长。

20. 184 页 4 行："痯痯、瘦瘦，病也"，宋十行本同，阮本、单疏本"瘦瘦"均作"瘐瘐"。《释文》云"瘐瘐，羊主反，又羊朱反，本今作瘐瘐"，可见作"瘐瘐"是。

21. 199 页 2 行："疡，疮"，宋十行本、阮本同，宋监本"疮"作"创"，阮校云单疏本、《注疏》本、《释文》均作"创"，且说"疮，俗'创'字"，此当出校。

22. 229 页 5 行："婦室聚突"，宋十行本同，阮本、宋监本"婦"作"埽"，据《仪礼·既夕礼》，作"埽"是，单疏本引亦作"埽"。

23. 233 页倒 3 行："關谓之槷"，宋十行本同，阮本、宋监本"關"作"閞"。《释文》云"皮彦反，本亦作弁"，则作"閞"是。单疏本亦作"閞"。

24. 235 页 4 行："厨，连观也"，宋十行本同，阮本"厨"作"廚"。阮校引《五经文字》云"廚，俗作厨，非"，则作"廚"是，《释文》、单疏本亦作"廚"。

25. 271 页倒 5 行："篦以竹为之"，宋十行本同，阮本"篦"作"篪"。经文阮校云"'篪'是也，从竹虒声，作'篦'非"，则此注文亦当作"篪"。273 页倒 2 行"贾氏以为如篦"之"篦"亦当作"篪"。

26. 299 页 6 行："今飘风兮先驱，使涷雨兮洒尘"，宋十行本同，阮本"今"作"令"，据《楚辞》是。"令""使"相对而言。

27. 329 页 1 行："梁莫大于溴梁""溴，水名"，宋十行本同，阮本"溴"作"溟"。后《校勘记》指出异文未作判断，而阮校、周校明确说作"溟"是，《释文》云"古壁反"，是陆德明所据亦为"溴"。

28. 339 页倒 2 行："令江东呼地高堆者为敦"，宋十行本同，阮本"令"作"今"，据文意是。

29. 374 页倒 3 行："汩漱沙壤"，宋十行本同，阮本"壤"作"壤"，据文意是。《释文》、邢疏所引亦皆作"壤"。

30. 402 页 3 行："蘧，乌蘧"，宋十行本同，阮本"蘧"作"蘧"。阮校云："蘧，当从石经作'蘧'，从夕，下'须，蘧芜''泽，乌蘧'同。《五经文字》云：'蘧，见《尔雅》。'"《集韵》云"餐，夕食，故从夕，俗作殓，非"，则作"蘧"是。下 422 页 4 行"须，蘧芜"、427 页 5 行"泽，乌蘧"之"蘧"亦当作"蘧"。

31. 403 页 1 行："可以为扫篲"，宋十行本同，宋监本、阮本"扫"作"埽"是。阮校云"'篲'当作'篲'，郭序'辄复拥篲清道'《释文》'篲，字又作篲'"，周校亦云"'篲'，当从竹作'篲'"，则作"篲"是，此当出校。

32. 418 页 5 行："薄，茂藩"，宋十行本"薄"中"凡"原无"丶"，阮本作"薄"。阮校引《九经字样》云"寻，从口从工，作尋者，讹"，则作"薄"是。

33. 443 页 1 行："朿，刺"，宋十行本作"朿刺"，阮本、宋监本"朿"作"束"。《说文》云楚革切，《释文》云初革反，则从朿，不从束；《说文》段注又云"木芒曰束，艸芒曰朿"，则作"朿"是。阮校云"作'朿，刺'非"，误也。

34. 462 页 7 行："椵，枊"，阮本、宋十行本同，唐石经、宋监本"椵"作"椵"。《说文》云"叚，古雅切；段，徒玩切"，《释文》云"徒乱反"，阮校又云"此与下'檀，椵'之椵相涉乱耳"，则作"椵"是。郭注"椵"仿此。

35. 464 页 6 行："树似檞楸而庳小"，宋十行本同，阮本、宋监本"檞"作"槲"。《释文》云"斛木，胡木反，本今作槲"，则作"槲"是，单疏本引亦作"槲"。

36. 465 页倒 1 行："栭，杍"，宋十行本同，阮本、宋监本"杍"作"杼"。《释文》云"谢尝汝反，施音仁"，则作"杍"是。

37. 478 页 1 行："楝，赤楝，白者楝"，宋十行本、阮本同。阮校云"闽本、监本、毛本'楝'作'楝'，非"，误也。周校云"《释文》'山厄反，郭霜狄反'，据此是字当从'束'"，《说文》又云"楝，策省声，所厄切；楝，从木束声，丑録切"，则作"楝"是。

38. 484 页 3 行："楸树性其上竦"，宋十行本同，阮本无"其"。《皇清经解》本阮校云"正德本'性'下衍'具'；闽本亦衍，后剜去。雪窗本'上'改'甚'，此本作'其'，皆误，今订正"，则无"其"是。

39. 493 页 4 行："今促织也，亦名青𧎾"，宋十行本、阮本同。阮校据《释文》云："按《礼记·月令》正义引孙炎作'蜻蚓'，《说文》亦作'蜻蚓'，《诗·蟋蟀》正义引李巡、陆机作'蜻𧎾'，凡'蜻蚓'，字皆不作'青'，此当从陆本。"此当出校。

40. 494 页 2 行："趯趯阜蟲"，宋十行本同，阮本"阜蟲"作"阜螽"，宋监本作"螶螽"，单疏本引作"螶螽""阜螽"。阮校云"'阜'字盖顺《毛诗》改，注引《诗》当作'螶'"，则此当从宋监本。

41. 494 页 2 行："俗呼蝽蟒"，宋十行本同，雪窗本、单疏本、阮本"蝽蟒"作"蝽蟒"。阮校据《释文》《诗正义》云"'春黍'二字本无虫旁，当从陆本"，周校亦云"'蝽'当从春作'蝽'"，则此当从阮本。

42. 498 页 5 行："蜉，蝓何"，宋十行本同，阮本"蜉"作"蜉"。《释文》云"郭音劣，又力活反"，则当作"蜉"。宋监本、雪窗本亦作"蜉"。

43. 504 页 1 行："王蛛蝎"，宋十行本同，阮本"蝎"作"蝎"。《释文》云"《字林》音汤，或音荡，又音唐"，则作"蝎"是，郭注仿此。又同行郭注"即螳蝠"，阮本"蝠"作"蟷"。《释文》云"丁郎反"，则作"蟷"是。

44. 512 页倒 3 行："一名孑孒"，宋十行本同，阮本"孑孒"作"孒孑"。阮校云"《注疏》本及此本作'孒孑'，非，疏中同，今订正"，《释文》又云"孑，纪列反；孒，九月反"，则当作"孑孒"。

45. 540 页倒 3 行："鶁鵋也"，宋十行本同，阮本"鶁"作"鵊"。《释文》云"巨炎反"，则从今作"鶁"是。

46. 544 页 3 行："鷽也"，宋十行本同，阮本、宋监本"鷽"作

"鸐"。宋刊《释文》作"鷏"，并云"乌南反"。《广韵》云"鸐，以灼切"，则此当从今作"鸐"，"鷏"乃"鸐"之异体，通志堂本《释文》正作"鸐"。

47. 564 页 5 行："兔子嬎""俗呼曰鷰"，宋十行本同，阮本"嬎"作"媌"、"鷰"作"鷰"，宋监本亦作"嬎"。《说文》段注云"《释兽》曰'兔子娩'，本或作'嬎'。按《女部》曰'嬎，生子齐均也'，此云'娩，兔子也'，则二字义别矣"，则作"嬎"是。段注又云"郭云：俗評曰鷰"，则从兔作"鷰"是。

48. 567 页 2 行："毛深者为斑"，宋十行本、阮本、宋监本"斑"作"班"。阮校云"单疏本'斑'作'班'是也"，此当出校。

49. 570 页 5 行："似熊而长頭"，宋十行本、阮本同。后《校勘记》云"《诗·斯干》'维熊维罴'《正义》所引郭注同"，非。阮校云："《诗·斯干》《正义》、《一切经音义》卷二十四皆引作'似熊而长颈'，此作'頭'误。"则此当作"颈"。

50. 578 页倒 2 行："猩猩小而好啼"，宋十行本、阮本同。阮校云"按'猩猩'当作'狌狌'。邢疏引《周书·王会》'都郭狌狌'，《山海经·海内经》作'狌狌'，郭注云'或作猩猩'可证。此注引《山海经》亦当作'狌狌'"，此当出校。

51. 579 页倒 2 行："猷鼠"，宋十行本、阮本同。阮校云"段玉裁云'猷，当作鼣'。按《集韵》二十废'鼣，鼣鼠名，其鸣如犬吠，或从发'，是丁度等所据《释文》本作'鼣'，《艺文类聚》卷九十五引《尔雅》作'鼣鼠'，音吠，犮、发声相近，今本从犬，讹"，此当出校。

52. 582 页 1 行："颊裏贮食处"，宋十行本、阮本同，宋监本"裏"作"裹"。依文意，当作"裹"，单疏本引亦作"裹"。

53. 582 页倒 3 行："鼓鰓须息"，宋十行本同，阮本"鰓"作"鰓"。阮校云："《释文》：'鰓，西才反。'此旧作'鰓'，讹，今据《释文》订正。"

二　底本不误，上古本误

1. 64 页 1 行："覭髳"，阮本、宋监本"覭"作"覭"。《正字通》云"覭有微细难见义，故从冥"，故当作"覭"，宋十行本作"覭"，乃刻本字体，整理者误录。

2. 66 页倒 4 行："皆、巳，此也"，阮本、宋监本"巳"作"已"。《释文》云"音以"，则作"已"是。宋十行本作"巳"不误。

3. 104 页倒 3 行："皆谓用心差错，不专"，阮本、宋十行本"专"下均有"一"字，是。此为整理者漏录。

4. 109 页倒 1 行："如两已相背"，阮本同。周校云："宋刻十行本作'已'，当据正。"今按宋十行本亦作'已'，而《释文》云"因纪"，则当作"己"。

5. 114 页倒 5 行"基，设也"，114 页倒 3 行"祺，吉也"，116 页倒 3 行"髦，俊也"，117 页 5 行"栗，慼也"，120 页倒 2 行"肆，力也"，123 页 4 行"庶，幸也"，142 页 2 行"哲，智也"，145 页倒 5 行"弇，盖也"，371 页 5 行"缡，緌也"均当为大字经文，排版时误为注文。

6. 181 页 4 行："瞿瞿、**伏伏**，俭也"，阮本"**伏伏**"作"休休"，是。宋版书贯于某字旁加"丶"，宋十行本不误，此为整理者误录。

7. 189 页倒 6 行："百姓怀附與颂歌"，阮本、单疏本"與"作"興"，是。宋十行本磨损不误，此为整理者误录。

8. 190 页 7 行："宴宴、餐餐"，阮本同。阮校据邢疏认为当作"燕燕"，云"今本此作'宴宴'，与下作'晏晏'为一字，非"。周校云"《北山》云'或燕燕居息'是也"，是亦认为当作"燕燕"，此当出校。又"餐餐"，阮本、宋十行本均作"粲粲"，是为整理者误录。

9. 203 页 1 行："襢裼，肉祖也"，阮本"祖"作"袒"，是。宋版书"旦"常作"且"，宋十行本不误，整理者误录。

10. 235 页倒 5 行："两阶闲谓之乡"，阮本"闲"作"间"。两字古通，但宋十行本作"间"，则整理者不当识读为"闲"。

11. 240 页倒 1 行："室有东西厢曰庙"，阮本、宋十行本"厢"均作"庙"，是，从广、从厂两字不同，整理者误录。下"无东西庙"仿此。

12. 250 页 7 行："持衣上衽"，宋十行本同，阮本"衽"作"袵"。宋版书礻旁之字惯于作衤旁，识读时当改从衤旁方不误。校勘记〔三四〕一一列出，实不必。下郭注"扱衣上衽于带"之"衽"仿此。

13. 260 页 1 行："角谓之觿"，宋十行本、阮本"**觿**"作"觹"，是。

14. 264 页 4 行："染谓之繰"，宋十行本、阮本"染"上有"一"字，此整理者误脱。

15. 352 页倒 3 行："成，坏"，阮本、宋十行本"成"上有"一"，是。此为整理者漏录。

16. 370 页 2 行："衣谓禈"，宋十行本同，阮本"禈"作"褌"，宋监本作"褌"。《释文》云"音昆"，则作"褌"是。宋版书礻旁常作衤旁，此为误录。

17. 398 页 1 行："菥蓂大荠"，宋十行本同，阮本"蓂"作"蓂"。"蓂"为刻本字体，不误，作"蓂"是。下《释文》、邢疏引亦均当作"蓂"。

18. 402 页倒 5 行："菿蕽，豖首"，宋十行本同，阮本"豖"作"豕"。郭注云"今江东呼稀首"，则作"豖"是，邢疏引亦作"豖"。宋版书惯于某字旁加点，宋十行本不误，整理者误录。

19. 423 页倒 2 行："菓员锐"，阮本"菓"作"叶"，是，宋十行本磨灭不清，整理者误录。

20. 424 页倒 5 行："蓫薚"，阮本"薚"作"薚"，是。此字从艹从殇，故又写成"菛"，宋十行本不误，整理本误录。郭注中"薚"仿此。

21. 435 页 3 行："赤袍蓟"，宋十行本同，阮本、宋监本"袍"作"枹"，是。下注文"袍"，宋十行本即作"枹"，礻、木易混，故整理者误录。

22. 444 页 1 行："长楚，铫芅"，阮本"芅"作"芅"。《释文》云"音翼，字亦作弋"，则不从戈。宋版书惯于某字旁加划，宋十行本不误，整理者误录。

23. 444 页 6 行："或二藟似地黄"，阮本"二"作"云"，是。宋十行本"云"字下半部磨灭，故整理者误录。

24. 557 页倒 6 行："其鸟为鶛"，阮本、宋十行本"鶛"均作"鵤"。下文云"其鼠为鶛"，则此不作"鶛"。郭注、邢疏均作"鵤"，是。整理者误录。

三　标点破句

1. 13 页 6 行"文王烝哉"之"文王"，25 页 1 行"皋陶曰：都"之"皋陶"，26 页倒 2 行"下武维周"之"周"，31 页倒 1 行"师叔，楚之崇也"之"师叔""楚"，32 页倒 5 行"西伯堪黎"之"西伯"，33 页倒

7 行"亹亹文王"之"文王"，64 页倒 3 行"维周之翰"之"周"，65 页倒 4 行"禹拜昌言"之"禹"，82 页倒 7 行"狄人归先轸之元"之"先轸"，95 页倒 3 行："岠齐州以南"之"齐州"，110 页 6 行"齐子恺悌"之"齐"，143 页倒 3 行"今北海剧县有此道"之"北海"，143 页倒 1 行"鲦则殖死"之"鲦"，208 页 2 行"隐之考也"之"隐"，215 页 6 行"嫔于虞"之"虞"，302 页倒 2 行"颛顼之虚，虚也""颛顼，水德"之"颛顼"，431 页 3 行"今蜀葵也"之"蜀"，445 页 3 行"东海有之"之"东海"，567 页 2 行"幽都山"均当有下划线。而 296 页 7 行"取岁星行一次"之"岁星"，340 页倒 4 行"三成为昆崘丘"之"昆崘丘"，365 页倒 1 行"汧，出不流"之"汧"的下划线当删。

2. 14 页 5 行："刽义、未闻"，逗号当删。

3. 22 页倒 2 行："背皮、如鲐鱼"，逗号当删。

4. 23 页 8 行："燕、岱东齐曰谌"，"岱"下当有顿号。

5. 28 页倒 2 行："永悠迥远，遐也"，"永悠迥远"四者当以顿号断开。

6. 33 页倒 6 行："《方言》云：'周、郑之间相劝勉为勔。'钊、孟未闻"，"钊"当属上，为《方言》之语，疏引不误。

7. 63 页倒 3 行："谓树木叶缺落荫疏暴乐"，宋十行本、阮本同，阮校云："单疏本作'谓树叶缺落荫疏爆乐'，当据以订正。"又《大雅·桑柔》"捋采其刘"毛传云"刘，爆烁而希也"，是"荫疏"下当断开。

8. 67 页倒 2 行："会及暨皆与也"，阮本同。据《公羊传》，当标点为"会、及、暨，皆与也"。

9. 68 页 1 行："跻者何升也"，阮本同。据《公羊传》，当标点为"跻者何？升也"。

10. 71 页 3 行："废税"，阮本同。《公羊传》"废其无声者"何注云"废，置也"，《诗》"召伯所说"毛传云"说，舍也"，可见"废税"二字分别为义，故黄侃先生《手批白文十三经》断开。又郭注"《诗》曰"下当有冒号，下 112 页 6 行、134 页倒 2 行"《诗》曰"同。

11. 77 页倒 5 行："郁、陶"，阮本同。《孟子》曰"郁陶思君"，邢疏云"郁陶者，心初悦而未畅之意也"，是"郁陶"为联绵词，故黄侃先生不断开。又郭注"犹即繇也"非《礼记》文，当在引号外。

12. 86 页 1 行："古者死亡尊卑同称耳"，"死亡""尊卑"当以顿号断开。

13. 112 页 3 行：“今俗语呼树荫、为麻”，顿号当删。

14. 144 页 2 行：“翌明也”，“翌”下，黄侃先生断开，是。

15. 186 页倒 4 行：“挃挃获也”，“挃挃”下，黄侃先生断开，是。

16. 193 页 3 行：“佐兴虐政设教令也”，“虐政”下当以逗号隔开。

17. 206 页 4 行：“《书》曰：无或侜张为幻，幻，惑欺诳人者”，当标点为：“《书》曰：‘无或侜张为幻。’幻惑欺诳人者。”

18. 207 页 4 行：“鬼之为言，归也”，“之为言”乃训诂术语，故黄侃先生不断开。

19. 215 页 1 行：“语之转、耳”，顿号当删。

20. 236 页 6 行：“《左传》曰：‘盟诸僖闳，闳徛头门。’”当标为“《左传》曰：‘盟诸僖闳。’闳，徛头门”。

21. 242 页倒 3 行：“即膏登也”，下文是《释文》，其间当有“○”。

22. 258 页倒 5 行：“旄，牛尾也”，“旄”下逗号当删。《山海经·北山经》云潘侯之山“有兽焉，其状如牛，而四节生毛，名曰旄牛”，郭璞注：“今旄牛背膝及胡尾皆有长毛。”

23. 275 页 4 行：“桐之令左右击，止者其椎名”，当标点为：“桐之，令左右击。止者，其椎名。”

24. 299 页 3、5 行：“天气下地不应曰雺，地气发天不应曰雾”“挈貳其别名”，当标点为：“天气下，地不应曰雺。地气发，天不应曰雾”“挈貳，其别名”。

25. 344 页 3 行：“今齐之营丘淄水过其南及东”，“营丘”当加下划线，且其下当有逗号。

26. 349 页 4 行：“今终南山道名。毕，其边若堂之墙”，邢疏云“郭以毕，终南山之道名也，其边之厓如堂室之墙，言平正也”，则此句中句号当删。

27. 355 页倒 1 行：“谓山峯头、巘岩”，邢疏云“崒者，谓山颠之末，其峰巘岩厜㕒然者也”，则“山峯头”“巘岩”非并列关系，其间顿号当删。

28. 370 页 1 行：“济有深涉，深则厉，浅则揭”，此为《诗经·匏有苦叶》原文，据整理者上下文例，当有引号。

29. 417 页 8 行：“子有三角剌人”，“剌”当作“刺”，且其上当有逗号。

30. 421 页 4 行："其大者。蘬"，句号当删，黄侃先生标为顿号。

31. 425 页 5 行："颇似葵而小叶，状如藜，有毛，汋啖之滑"，既云"有毛，汋啖之滑"，则必为苋葵叶，而非苋葵，故"小叶"下之逗号当移至"小叶"之间。

32. 432 页 5 行："今江东有草五叶，共丛生一茎"，逗号当移至"五叶"上。

33. 446 页 1 行："草细，叶叶罗生而毛"，逗号当下移至"叶叶"间。

34. 448 页倒 1 行："蒲犹敷，蒲亦华之貌。"左思《吴都赋》"异荂蘫蘬"李善注引此郭注，且云"蘬与蒲同，蘫与敷同"，可见"敷蒲"为一词，则"蒲犹敷"下之逗号当下移一字。

35. 467 页倒 3 行："白华华而不着子"，"华华"之间当以逗号隔开。

36. 470 页倒 2 行："杬，大木子似栗"，"大木"下当有逗号。

37. 476 页 4 行："棪，实似柰，赤可食"，《山海经》"堂庭之山多棪木"郭注云"子似榐而赤，可食"，则此句当标点为"棪实似柰，赤，可食"。下《释文》引《山海经》郭注亦误。

38. 479 页倒 1 行："樱，小木丛生有刺"，"刺"当作"刺"，且当重新标点为"樱，小木，丛生，有刺"。

39. 481 页 5 行："今山中有棣树子如樱桃"，"棣树"下当有逗号隔开。

40. 498 页 3 行："即强丑捋。强其良反"，其下为《释文》，故句号下当有"○"，"强"下当有逗号。

41. 499 页 4 行："蜃，蚳酱"，《周礼》言蜃酱、蚳酱，故逗号当改为顿号。

42. 506 页 6 行："鱣大鱼"，"鱣"之下当有逗号隔开。

43. 509 页 4 行："喙小锐而长齿罗生，上下相衔"，清刘光贲《尔雅注疏校勘札记》及沈廷芳《十三经注疏正字》均于"而长"下断开。郭云"上下相衔"乃指齿而言，则当以刘、沈二人所断为长。

44. 520 页 6 行："蟒蛇最大者"，经释"蟒"，故此"蟒"下当有逗号。

45. 540 页 5 行："鹇鹖也"，"鹇"下当以逗号隔开。

46. 555 页倒 1 行："似山鸡而小，冠背毛黄"，逗号当下移一字。

47. 577 页倒 1 行："如奋迅，其头能举石擿人"，阮本"如"作"好"。邢疏云"好奋迅其头，故曰迅头"，则此句当标点为"好奋迅其头，能举石擿人"。

48. 578 页 3 行："似獭，尾末有岐"，"獭"下逗号当下移一字。

49. 584 页 3 行："如白马黑尾"，"马"下当有逗号。

50. 587 页倒 3 行："幹胁"，"幹"下当有逗号。

51. 592 页 1 行："髀膝，尾皆有长毛"，逗号当删，或以顿号隔开"髀膝尾"三字。

上引文献及版本情况：

[1] 唐玄度：《九经字样》，文渊阁《四库全书》本，台湾商务印书馆 1986 年版。

[2] 张自烈：《正字通》，中国工人出版社 1996 年版。

[3] 焦竑：《俗书刊误》，文渊阁《四库全书》本，台湾商务印书馆 1986 年版。

[4] 段玉裁：《说文解字注》，上海古籍出版社 1988 年版。

[5] 阮元校刻：《重刊宋本尔雅注疏》，嘉庆二十年南昌府学，中华书局 2009 年版。

[6] 阮元：《十三经注疏校勘记》，《皇清经解》，上海书店出版社 2014 年版。

[7] 黄侃：《手批白文十三经》，上海古籍出版社 2008 年版。

[8] 周祖谟：《尔雅校笺》，江苏教育出版社 1984 年版。

道宣文献词语考索四则

——以《广弘明集》序文为中心[*]

辛睿龙[**]

（河北大学 文学院）

　　道宣（596—667），唐代律僧，字法遍，俗姓钱，原籍吴兴（今属浙江省湖州市），是南山律宗开山之祖，是中国戒律思想史上重要的思想家。道宣一生著述丰富，编写撰集了大量佛教文献。从内容的角度进行划分，道宣的佛教文献主要可以分为以下三类：第一类是律学著作。道宣律学著作中的南山五大部是该派的开山之作，是中国四分律宗的基本典籍。南山五大部分别为：《四分律删繁补阙行事钞》十二卷、《四分律拾毗尼义钞》六卷、《四分律删补随机羯磨》二卷、《四分律比丘含注戒本》三卷、《四分比丘尼钞》六卷。除此之外，道宣的律学著述主要还有：《释门归敬仪》一卷、《释门章服仪》一卷、《释门忏悔仪》二卷、《净心诫观法》一卷等。第二类是史传文献。道宣作为律学之祖，不仅在佛经义理的创发和阐释方面成就卓越，而且在佛教文献纂集、佛家人物传记、佛典目录编纂等方面同样取得了重大成就。这方面的相关论著主要有：《广弘明集》三十卷、《续高僧传》三十卷、《集古今佛道论衡》四卷、《大唐内典录》十卷、《释迦方志》二卷等。第三类是应化感通文献。这类文

---

　　* 基金项目：河北省 2017 年研究生创新资助项目"俄藏黑水城佛经音义文献整理与研究"编号：CXZZBS2017011

　　** 辛睿龙，（1988— ），男，山西临汾人，河北大学文学院汉语言文字学专业在读博士研究生，主要从事文字学和文献学研究。

述主要是为了弘法护教，多是道宣晚年所作，主要包括：《集神州三宝感通录》三卷、《道宣律师感通录》一卷、《遗法主持感应》等。

《广弘明集》成书于唐高宗麟德元年，即公元 664 年，是道宣晚年编纂的一部佛教思想文献集。全书分 10 篇分类整理佛教文献，共 30 卷，辑录了从魏晋至唐初与佛教相关的文章 560 多篇，涉及作者 200 余人。[①] 从编纂目的来看，《广弘明集》承自南朝梁代僧佑的《弘明集》，旨在弘扬佛教精神、阐明佛学义理。从编排体例来看，《广弘明集》与《弘明集》稍异，《弘明集》分 12 卷不分类，《广弘明集》分 30 卷，又按照所编选论文的性质分为 10 类，分别为：归正篇第一、辩惑篇第二、佛德篇第三、法义篇第四、僧行篇第五、慈济篇第六、诫功篇第七、启福篇第八、悔罪篇第九和统归篇第十。《广弘明集》每篇之前都有道宣亲自撰写的小序，加上全书的总序，因此又有序文 11 篇之多。

道宣的佛教文献材料不仅是我国宗教史、思想史、文化史的研究宝库，同时也是我们语言文字工作者研究中古汉语的理想语料。《广弘明集》的十一篇序文皆为道宣所撰，属于严格意义上的道宣文献。这些序文在语言上，言辞激烈、活泼奔放、口语色彩浓重；在词语选择上，多使用口语词、俗语词，新词新义较多。学界目前对道宣文献进行关注，主要集中在宗教史、思想史和文学史的相关研究上，而在道宣文献的文本整理和语言研究方面，则相对薄弱。以道宣《广弘明集》序文为中心，参考不同版本《广弘明集》的用字用词，利用相关佛经文献材料，综合运用文字学、词汇学、文献学等方面的知识，笔者试对道宣文献中较为常见的四则词语进行考索。

一　决　滞

《广弘明集》总序："今且据其行事，决滞胥徒，喻达蒙泉，疏通性海。"[②]

---

① 刘林魁：《〈广弘明集〉研究》，中国社会科学出版社 2011 年版，第 2 页。

② 本文援引相关佛经经文材料，除专门注明外，皆本自日本《大正新修大藏经》（简称"大正藏"），台湾新文丰出版公司，1983 年。

　　按：《汉语大词典》收录"决滞"一词①，认为"决滞"有两个义项，其一："决滞"犹"去留"。所引例证为《潜夫论》。汉王符《潜夫论·潜叹》："尧参乡党以得舜，文王参己以得吕尚，岂若殷辛、秦政既得贤人，反决滞于雠，诛杀正直，而进任奸臣之党哉？"汪继培笺："'决滞'犹言'去留'。"其二："决滞"指判决积压的案件。所引例证为《新唐书》和《建康府教授惠君墓志铭》。《新唐书·陆贽传》："视桉籍烦简以稽听断，视囚系盈虚以稽决滞，视奸盗有无以稽禁御。"宋叶适《建康府教授惠君墓志铭》："铅山修废决滞，民畏爱过于令，令赖之如己出。"

　　我们将以上两个义项代入上引《广弘明集》的序文语句中，文义不合，语义未安。今检大正藏，我们发现"决滞"一词主要出现在道宣的文献材料中，除《广弘明集》此条材料外，还有以下诸例：

　　例一，道宣《续高僧传》卷三《唐京师清禅寺沙门释慧頵传二》："皆荃释章部，决滞有闻。"

　　例二，道宣《续高僧传》卷一一《唐京师延兴寺释吉藏传十二》："对晤帝王，神理增其恒习。决滞疑议，听众忘其久疲。"

　　例三，道宣《道宣律师感通录》："弟子性乐戒律，如来一代所制毘尼，并在座中听受戒法。因问律中诸隐文义，无不决滞。"

　　例四，道宣《量处轻重仪》卷一："今随以微缘而闇于决滞者，岂名博瞻机教弘济时俗耶。"

　　上引四例，例一中，"决滞有闻"与"荃释章部"相对成文，"荃释"即"诠释"，径山藏本正作"诠释"，动词"荃释（诠释）"接宾语"章部"，与之相对，动词"决滞"接宾语"有闻"，"决滞"一词语义当与"诠释"相近或相关。例二中，"决滞疑议"与"对晤帝王"相对成文，"对晤"当为"晤对"的同素逆序词，意指会面交谈。短语"决滞疑议"中，动词"决滞"接宾语"疑议"，"决滞"一词语义当与"对晤（晤对）"相关。例三中，从语义指向来看，"决滞"的宾语当为前文的"律中诸隐文义"。从上述分析可知，"决滞"作为动词，可与"荃释（诠释）""对晤（晤对）"相对成文，所接宾语主要有"有闻""疑议""律中诸隐文义"等。据此，笔者认为"决滞"一词在道宣佛教文献中专指对佛经义理答疑解惑，对佛教文献阐释解读，语义基本与"诠释"相

---

　　① 罗竹风主编：《汉语大词典》（第5卷）。汉语大词典出版社1995年版，第1024页。

当。具体到《广弘明集》序文中，"决滞胥徒"即指为佛教徒答疑解惑。
"胥徒"一词在道宣文献中多泛指佛教徒，考释内容详见下条。

二　胥　徒

　　《广弘明集》总序："今且据其行事，决滞胥徒，喻达蒙泉，疏通性海。"

　　按：大正藏本"胥徒"之"徒"，资福藏本、碛砂藏本、普宁藏本、径山藏本、永乐南藏本、龙藏本、日本宫内省图书寮本皆作"陵"。可洪《新集藏经音义随函录》卷二九《广弘明集》序文音义："胥徒，上息余反。"可知，可洪所见本《广弘明集》与大正藏本同，下字皆作"徒"。考"胥陵"当属地名用字，"胥陵"指汉代侯国东阳，故城在今山东恩县西北六十里。《汉书·地理志》："东阳，侯国。莽曰胥陵。"《初学记·州郡部·河北道第五》："胥陵，《汉书》：东阳县属清河郡，王莽曰胥陵。"《广弘明集》序文"决滞胥徒（陵？）"显然不是就地名而言，诸本作"陵"者，当为"徒"字之误，《广弘明集》序文此处当依大正藏本和《可洪音义》以"胥徒"为是。

　　《汉语大词典》收录"胥徒"一词①，认为"胥徒"本为民服徭役者，后泛指官府衙役，语本《周礼·天官·序官》："胥，十有二人，徒，百有二十人。"郑玄注："此民给徭役者，若今卫士矣。胥，读如谞，谓其有才知，为什长。"又引例证材料，如：南朝梁何逊《早朝车子听望》诗："胥徒纷络绎，驺御或西东。"唐元稹《韩皋吏部尚书赵宗儒太常卿制》："是以选贤与能之柄，或碍于胥徒；冠婚丧祭之仪，不行于卿士。"然而，无论"民服徭役者"，还是"官府衙役"，将此二义置于《广弘明集》序文中，语义皆不可通。考"胥徒"一词亦多见于道宣文献中，我们猜测"胥徒"一词到了道宣文献中，其语义所指可能发生了新的变化。

　　例一，道宣《集古今佛道论衡》序文："今以天竺胥徒声华久隔，震旦张葛交论寔系。故商确（榷）由来铨衡叙列，笔削芜滥披图藻镜。"

　　例二，道宣《续高僧传》卷十五《唐京师普光寺释法常传六》："金共美之，嘉叹成俗，遂有胥徒归凑，相续依承，四时讲解，以为恒任。"

---

　　①　罗竹风主编：《汉语大词典》（第6卷），汉语大词典出版社1995年版，第1239页。

例三，道宣《续高僧传》卷二〇道宣"论"："若知惟心妄境不结，返执前境非心所行，如此胥徒安可论道？"

例四，道宣《释门归敬仪》卷一《乘心行事篇第四》："棱层长慢抵筑朋流，忽突增痴处处呈拙，如此胥徒名痴毒也。"

上引四例，例一中，"天竺胥徒"与"震旦张葛"相对成文。"天竺"与"震旦"相对，"天竺"指古印度，"震旦"指古中国。"张葛"之"张"指以张道陵代表的天师道，"葛"指葛玄、葛巢甫为代表的葛氏道，此处"张葛"当泛指道教徒。"胥徒"与"张葛"相对，结合上下文语义，"胥徒"此处当泛指佛教徒。例二经文属《唐京师普光寺释法常传》，这里说的是，法常和尚在经院讲解佛经、敷陈义理的水平很高，使得"胥徒归凑，相续依承"，向法常和尚归凑的"胥徒"当即佛教之徒。例三和例四皆言"如此胥徒"，例三"如此胥徒安可论道"的大意是，像这样的僧徒怎样与其谈论佛道？例四"如此胥徒名痴毒也"的大意是，像这样行事的僧徒就是"痴毒"。具体到《广弘明集》的序文中，"决滞胥徒"正是为"胥徒"答疑解惑、敷陈佛理，因此可知，道宣文献中"胥徒"多泛指佛教之徒。

三　蒙泉　濛泉

《广弘明集》总序："今且据其行事，决滞胥徒，喻达蒙泉，疏通性海。"

按：《汉语大词典》《佛学大辞典》《佛光大辞典》等辞书皆未收录"蒙泉""濛泉"，今考"蒙泉""濛泉"亦多见于道宣文献，例如：

例一，道宣《广弘明集》卷三十引齐王元长《法乐辞十二章》："不有希世宝，何以导蒙泉。"

例二，道宣《关中创立戒坛图经·戒坛赞述辨德第十一·开壤创筑戒场之坛文》："所以四依御寓，必祖戒而启蒙泉；五乘方驾，亦因戒而张化首。"

例三，道宣《续高僧传》卷三《唐京师纪国寺沙门释慧净传三》："擢本森稍，干云阶乎尺木；长澜森漫，浴日道（导）乎濛泉。"

例四，道宣《集古今佛道论衡》卷丁"续附"："当使上弘下施，开遂古之蒙泉；福始罪终，显穷生之厚障。"

《广弘明集》序文"蒙泉"之"蒙",资福藏本、日本宫内省图书寮本皆作"濛";例一"蒙泉"之"蒙",资福藏本、普宁藏本、径山藏本、日本宫内省图书寮本亦皆作"濛";例三"濛泉"之"蒙",资福藏本、普宁藏本、径山藏本、日本宫内省图书寮本皆作"蒙"。据此可知,"蒙泉""濛泉"当是同一个词的不同词形,所指应当相同,"蒙""濛"同源通用字。

《广弘明集》"总序"中,"喻达蒙泉"与"疏通性海"相对成文,其中"性海"属譬喻性质的佛教语,谓真如之理性,深广如海。上引四例中,例一和例三为"导蒙泉","例二"为"启蒙泉",例四为"开蒙泉","蒙泉"作为宾语,前接动词属"开启""疏导"义的动词。唐敬播《〈大唐西域记〉序》:"廓群疑于性海,启妙觉于迷津。"《大唐西域记》序文中,"性海"与"迷津"相对,而"迷津"的前接动词亦是"启"。"迷津"属佛教语,指迷妄的境界,即三界六道也。"迷津"的"迷",用的是其本义"迷惑""迷乱"义。笔者认为道宣文献中的"蒙泉"的词汇意义和构词形式与"迷津"相近。"蒙"字应当解释为"蒙昧""初始"。《易·蒙》:"匪我求童蒙,童蒙求我。"孔颖达疏:"蒙者,微昧闇弱之名。"《素问·举痛论》:"令验于已发蒙解惑,可得而闻乎?"清王夫之《张子正蒙注·序论》:"蒙者,知之始也。"正因"蒙泉"有"蒙昧""初始""混沌"等语义特征,因此才需要被"开启"、被"疏导"。"蒙泉"以泉水喻指佛教智慧、佛教思想的根源,常与"性海"一词相对成文,除《广弘明集》序文之例外,又如:高丽崔彦撝《有唐高丽国海州湏弥山广照寺故教谥真澈大师宝月乘空之塔碑铭(并序)》:"所以事唯善诱,谭以微言,引彼蒙泉,归于性海。"

四　倒　情

《广弘明集》卷一《归正篇》序文:"孰觧妄想流爱,缠绵于九居?倒情徙滞,祛除于七识。致令惑网覆心,莫知投向。"

按:《汉语大词典》《佛学大辞典》《佛光大辞典》等辞书皆未收录"倒情"一词,"倒情"当属佛教用语,主要见于道宣文献中。

例一,道宣《释门归敬仪》卷一《济时护法篇第二》:"序曰:夫以立像表真恒俗彝训,寄指筌月出道常规,但以妄想倒情相汩固习,无思悛

革随业漂沦。"

例二，道宣《释门章服仪》序文："向蒙余论，薄示规猷，而昏识未萌，倒情难晓。"

例三，道宣《广弘明集》卷一八《法义篇》序文："至于如说修行，思择灵府者，则四依法正，创究识于倒情，八直明道，策净心于妄境。"

从以上用例来看，道宣文献中的"倒情"主要与"妄想""妄境"等相对成文或组合连用。"妄想"属佛教语，本自梵语 vikalpa，意指以虚妄颠倒之心，分别诸法之相，还可译作"分别""妄想分别""虚妄分别""妄想颠倒"，与"妄念""妄执"等佛教词意义相近。道宣文献中的"倒情"当即指颠倒之心，当是从"妄想""妄想颠倒"等演绎而来的。

"倒情"一词不仅见于道宣文献中，在同时代的佛教文献中亦不乏其例。

例四，唐波罗颇密多译《宝星陀罗尼经》卷三《魔王归伏品第三》："尔时，魔王说偈报曰：'欲界所有诸众生，迷醉倒情著诸欲，于我所作常随转，云何共汝不害彼？'"

例五，唐遁伦《瑜伽论记》卷九《真实义品》："执有定性，倒情所立自性，是'遍计所执'，随言说法，毕竟无。'相分'依非随言说倒情所立，故不得说'相分''依他'。"

例六，唐义净译《成唯识宝生论》卷一："是故虽无识外实境，识所现相，其理善成，或可此中言似相者，乃是随顺颠倒事义，如阳炎处翻作水解，便作水想，识亦于其色等相处生起倒情，故言现相。此不相违，有说其颠倒境亦依实事方始生心，此亦同前，悉皆征责。"

例四至例六不仅进一步证明"倒情"当即本自"妄想""妄想颠倒"，同时也揭示和阐明了佛教语词"倒情""妄想"的实质和内涵。隋慧远《大乘义章》卷三："言妄想者，所谓凡夫迷实之心，起诸法相，辨相施名，依名取相，所取不实，故曰妄想，故经说言：虚妄分别名字及相，名妄想也。"我们对事物的觉知和认识，是离不开语言活动的，想要对事物有所觉知或者想要了解事物的价值意义，首先应依据事物的法性和法体来给予事物一个合适的名称，这就是以虚妄颠倒之心分别诸法之相，施以名字而取差别之相。

我们以道宣《广弘明集》序文为中心对道宣文献中的新词新语进行整理和研究，这项工作主要有以下三方面的意义。

第一，填补了此前道宣《广弘明集》语词研究的不足。目前，国内语言学界对道宣文献进行语词研究主要集中在《续高僧传》上，对《广弘明集》关注得很不够。帅志嵩硕士论文《双重因素影响下的僧传语言——〈续高僧传〉语言研究》①（指导教师：董志翘）以《续高僧传》为研究对象，从汉语历时的角度初步对《续高僧传》的词汇和语法进行梳理和研究。王绍峰在其博士后出站报告《道宣文献语汇研究》②（合作导师：项楚）中，对道宣文献的口语词、俗语词以及新词新义作了研究和考辨，校订了《续高僧传》异文 96 条；在论及《广弘明集》时，王氏认为道宣《广弘明集》等撰集类作品不出中古、隋代、初唐，内容多为人物传记或论衡叙述，语言往往清新活泼，因此可将其看作道宣文献一并考察。此外，王绍峰还撰有《唐释道宣文献价值散论》③一文，论文中王氏主要以《续高僧传》为切入点，对道宣生平进行了考察，对道宣的创作特点进行了归纳，重点从语料价值、古籍整理的价值和文献校勘方面的价值三个角度对道宣文献的价值进行了举证和阐述。李明龙博士论文《〈续高僧传〉词汇研究》④（指导教师：董志翘）及专著《〈续高僧传〉词汇研究》⑤较早地从词汇学角度对《续高僧传》进行研究，李明龙博士论文与其专著章节设置与内容编排大体相同，绪论对《续高僧传》的作者、版本、价值等进行介绍，主体部分分为六章，分别研究了《续高僧传》的文言词、佛教词、俗语词、同义词、词语结构和词语演变。就笔者浅陋所知，目前国内外对《广弘明集》的研究大致有三种范式：一为综合研究，一为文献整理与考辨，一为宗教史、思想史、文学史研究。学界尚未见有相关论文或专著从汉语词汇的角度专门对《广弘明集》进行整理和研究。

第二，透过道宣《广弘明集》序文语词，观察以道宣文献为代表的中土佛教著述中新词的衍生方式和新义的变化方式。道宣的《广弘明集》《续高僧传》《集古今佛道论衡》等论著属于汉译佛典文献向传统中土文献过渡的与中土文献相关的佛教文献，对汉译佛典文献和传统中土文献的

---

① 帅志嵩：《双重因素影响下的僧传语言——〈续高僧传〉语言研究》，硕士学位论文，四川大学，2002 年。

② 王绍峰：《道宣文献语汇研究》，博士后出站报告，四川大学，2004 年。

③ 王绍峰：《唐释道宣文献价值散论》，《阜阳师范学院学报》（社会科学版）2005 年第 1 期。

④ 李明龙：《〈续高僧传〉词汇研究》，博士学位论文，南京师范大学，2011 年。

⑤ 李明龙：《〈续高僧传〉词汇研究》，中国社会科学出版社 2014 年版。

过渡和融合起到了至关重要的作用，是中古汉语研究的重要材料。口语化程度高，新词新语丰富，语言清新活泼，是这类文献共通的语言特点。前文所举"倒情"一词，我们认为它是佛教专有名词，属梵语意译用词，在道宣文献中指"颠倒之情"，与指"虚妄之心"的"妄想""忘念"等语义接近，还可译作"分别""妄想分别""虚妄分别""妄想颠倒"等，道宣在其文献中有意识地选择了"倒情"这一词形作为"颠倒之情"这一核心语义的代表词。前文所举"决滞"一词，我们认为它在道宣文献中专指对佛经义理的解惑、对佛学经要的敷陈，在上位语义场上，"决滞"具有疏通障碍、解决问题的语义特征，因此"决滞"在《大词典》中"判决积压案件"的义项与道宣文献中的"答疑解惑"是可以相通的。

　　第三，有助于《广弘明集》文本内涵的解读和语言文字的整理。前文已提，《广弘明集》分10篇分类整理佛教文献，每篇之前皆有道宣亲自撰写的小序，此外，道宣还为《广弘明集》撰写了总序，这11篇序文集中反映了道宣在三教论争方面的基本态度、在弘教护道方面的基本思想。我们对《广弘明集》序文中的口语词、俗语词、佛教词以及新词新义进行考辨和研究，有助于了解《广弘明集》每篇之下所辖文献的总体思想，有助于解读《广弘明集》所辑录魏晋至初唐的佛教文献的文本内涵。《广弘明集》属汉文大藏经《文史藏》"护法部"中的"文献类"典籍，是研究中国佛教史、哲学史、思想史和汉语史的重要思想文献集。学界目前研究和利用《广弘明集》主要参考和依据的是《大正新修大藏经》本，佛教文化界和语言文字界至今没有一个成熟的《广弘明集》整理本，这对于佛教史研究和汉语史研究不能不说是一个缺憾。洛阳师范学院河洛文化研究中心郭绍林先生点校《续高僧传》一书，2014年9月，中华书局将其作为"中国佛教典籍选刊"之一出版，该书是大陆《续高僧传》的第一部点校整理本。① 郭氏在前言中详尽地对《续高僧传》的编纂动机和版本系统进行了论述与梳理。在正文中以碛砂藏本《续高僧传》为底本，重点参考赵城金藏本、高丽新藏本和兴圣寺本对《续高僧传》进行校勘。《广弘明集》和《续高僧传》一样，同属道宣与中土佛教相关的史传文献，其研究价值和意义不在《续高僧传》之下，我们真诚希望业内古籍出版单位早日将其列入出版规划。

---

　　① （唐）道宣撰，郭绍林点校：《续高僧传》，中华书局2014年版。

黑水城出土《佛说竺兰陀心文经》整理及其与秘密宗教的关联[*]

崔玉谦[**]　徐　舒

（保定学院历史系暨衙署文化研究中心；
河北金融学院会计系）

　　《佛说竺兰陀心文经》是俄藏黑水城文献之一，刊布于《俄藏黑水城文献》（汉文部分）第六册，编号为Φ337。《俄藏黑水城文献序录》将其分类为疑似部，《序录》对《佛说竺兰陀心文经》所做题解为"宋刻本。卷轴装。白麻纸，厚。高26，宽123。共三纸，纸幅42.5。版框高21.6，天头2.3，地脚2.1。每纸18行，行15字。四周单边。写刻体，墨色均匀。有首尾题"[①]。《俄藏黑水城文献（汉文部分）》中宗教文献数量庞大、种类繁多，其中占大宗的为佛教文献，"疑似部"在《序录》中即分类为佛教文献的一部分。

　　《俄藏黑水城文献》（汉文部分）刊布之后，对于其中的佛教文献已

---

　　* 本文系教育部人文社会科学研究基地重大项目《〈政和五礼新仪〉整理与编撰研究》（批准号:2015JJD770022）阶段性成果之一;全国高校古籍整理研究课题《中国古代墨文献的汇集与整理》阶段性成果之一;2017年河北省研究生创新资助项目"清代周家口镇的市场网络体系研究——以日升昌票号信稿为中心的考察"阶段性成果之一。

　　** 崔玉谦,（1987—），男，河北唐县人，保定学院历史系暨衙署文化研究中心讲师，研究方向：宋代经济史，唐宋社会经济史。

　　① 孟列夫、蒋维崧、白滨：《俄藏黑水城文献序录》，上海古籍出版社2000年版，第46页。

有部分研究成果，但已有的研究成果均围绕其中入藏文献①部分，对于"疑似部"中的文献未见有相关研究成果。关于《佛说竺兰陀心文经》，笔者对其题记部分做了初步的研究②，对于其经文部分，本文拟做初步的整理，并对其性质再做界定。

《俄藏黑水城文献序录》将《佛说竺兰陀心文经》分类为疑似部，是有其依据的"《竺兰陀心文经》，大藏所无有也……赖公之赐，获生天矣。公诘以特索是经之意"③。按照佛藏理论，凡称之为"经"者，都应是由佛口述，凡非佛口述又妄称为"经"者都为疑伪经。为了保持佛教传统的纯洁，正本清源，历代佛教界十分重视经典的真伪之辨，对于无法确定真伪的经典，则一般称之为"疑伪经"置于藏外待考。唐代智昇所撰《开元释教录》对此有明确说明：

> 夫目录之兴也，盖所以别真伪，明是非，记人代之古今，标卷部之多少……欲使正教纶理，金言有序，提纲举要，历然可观也。但以法门幽邃，化纲恢弘，前后翻转，年移代谢，屡经散减，卷轴参差。复有异人，时增伪妄，致令混杂，难究踪由。……今其存者殆六七家，然犹未及根源，尚多疏阙。昇以庸浅，久事披寻……指陈臧否……幸诸哲人俯共详览。④

从智昇所撰《开元释教录》的序言结合《俄藏黑水城文献序录》的

---

① 关于俄藏黑水城汉文佛教文献的研究成果主要有宗舜的《〈俄藏黑水城文献〉汉文佛教文献拟题考辨》（《敦煌研究》2001年第1期）、《〈俄藏黑水城文献〉之汉文佛教文献续考》（《敦煌研究》2004年第5期）；韦兵的《佛教世俗化与宋代职业伦理建构——以俄藏黑水城文献〈慈觉禅师劝化录〉为中心》（《学术月刊》2008年第9期）、《俄藏黑水城文献〈佛说寿生经〉录文：兼论11—14世纪的寿生会与寿生寄库信仰》（《西夏学》第5辑，上海古籍出版社2010年版）、《黑水城文献汉文普礼类型礼忏文研究》（《西夏学》第8辑，上海古籍出版社2011年版）等。
② 崔玉谦、崔玉静：《黑水城出土〈佛说竺兰陀心文经〉题记相关问题考释——以人物生平与疑伪经出版传播为中心》，《宋史研究论丛》（第18辑），河北大学出版社2016年版。
③ 《俄藏黑水城文献》（汉文部分）第六册，上海古籍出版社2000年版，第130页。
④ （唐）智昇：《开元释教录序》，《大正藏》第五十五册，大正一切经刊行会1972年，第477页。

分类来看，《佛说竺兰陀心文经》即是属于疑伪经①。从笔者对其题记部分已做的初步研究来看，《佛说竺兰陀心文经》也确有疑伪经的部分特征②，但从笔者对其经文的初步整理来看，疑伪经仅是其特征之一，《佛说竺兰陀心文经》还具有民间宗教文献（抑或秘密宗教）的诸多特征，故也可视为一部民间经卷或写本。现将《佛说竺兰陀心文经》经文录文③如下：

1. 而时佛说无上之法无上之因无上之
2. 果明等等性发种种喻及有无空相入
3. 诸生灭胎化者至于人非人等蠢动含
4. 灵皆本佛性不能无心相故有善恶为
5. 善则福生为恶则祸至是故福从因缘
6. 生祸亦从因缘至过去见在报应往来
7. 犹诸影响今凡夫俗士不能行平等心
8. 自是非它巧作诈伪杀生害命以逐已
9. 欲造作口过诳惑众人舍清静法界观
10. 造苦恼地狱业积日累月无有悛心天
11. 龙不荫鬼魅来垂星辰谪谴于司命神
12. 识罚出于一身五土岳狱计其罪业转
13. 而入大地狱以至隔子地狱受诸极苦
14. 万死万生六道轮回无有休息由于一
15. 身造或于六亲造或于前世中造或于

----

① 关于《佛说竺兰陀心文经》为疑伪经，可参见宗舜的《〈俄藏黑水城文献〉汉文佛教文献拟题考辨》，《敦煌研究》，2001 年 1 期；范立君的《俄藏黑水城发愿文研究》（硕士学位论文，兰州大学，2011 年），曹凌的《中国佛教疑伪经综录》（硕士学位论文，上海师范大学，2009 年）。

② 崔玉谦、崔玉静：《黑水城出土〈佛说竺兰陀心文经〉题记相关问题考释——以人物生平与疑伪经出版传播为中心》，第 469 页。

③ 录文图版参照《俄藏黑水城文献》（汉文部分）第六册，上海古籍出版社 2000 年版，第129—130 页。虽然在黑水城文献逐渐刊布之后，对于黑水城文献的整理工作一直在进行，但对于其中的宗教文献涉及有限。《佛说竺兰陀心文经》在此之前并未进行整理，黑水城文献整理成果具体参见孙继民等《俄藏黑水城汉文非佛教文献整理与研究》（北京师范大学出版社 2012 年版）、《考古发现西夏汉文非佛教文献整理与研究》（社会科学文献出版社 2014 年版）。

16. 累世中造种种恶业不可忏悔未到命

17. 终已于生前受诸苦楚病劣忧惶虽今

18. 万死万生六道轮回无有休息由于一

19. 身造或与六亲造或与前世中造或与

20. 累世中造种种恶业不可忏悔未到命

21. 终已于生前受诸苦楚病劣忧惶虽今

22. 生父母亲爱子孙见其不可胜任无缘

23. 救拔故佛与三世诸佛及大声问及诸

24. 圣众普为众生说大威神秘印咒曰

25. 唵（引一）阿阿暗恶（二）伐折罗喻沙（三）萨婆

26. 诃（四）那谟（五）喝啰嚩啰（六）怛啰夜野（七）那

27. 谟（八）阿唎耶（九）婆诚嚩帝（十）怛你也他（十一）

28. 曩娑嚩（十二）嚩啰嚩左曩（十三）戌驮地（十四）诚

29. 多地瑟姹曩地（十五）娑嚩（二合）贺（引十六）

30. 此神咒秘印可以除一切病故可以消

31. 一切恶业重罪故可以延寿命故可以消

32. 解冤结故可以灭虚妄故可以除口业

33. 故可以增长诸善根故可以远离诸怖

34. 畏故速能成就一切希求或以天宫星辰

35. 为灾照临王国及庶人之家或居处家

36. 宅凶祸死绝之地邪神魑魉所聚多致

37. 凶灾或出入道路抵忤狞神恶鬼殃祟

38. 为灾照临王国及庶人之家或居处家

39. 宅凶祸死绝之地邪神魑魉所聚多致

40. 凶灾或出入道路抵忤狞神恶鬼殃祟

41. 精魅或宿主累世冤对因果花报种种

42. 灾殃无能解谢者但于晨朝清净斋戒

43. 焚香诵持此经三七遍乃至百遍其祟

44. 即除其福即至不可思议大威神力

45. 无量无边不可思议勿妄宣传

根据《佛说竺兰陀心文经》经文录文①，经文加标点后全文应为：

而时佛说无上之法、无上之因、无上之果明等等，性发种种喻，及有无空相，入诸生灭、胎化者。至于人、非人等蠢动含灵，皆本佛性，不能无心相。故有善恶，为善则福生，为恶则祸至。是故福从因缘生，祸亦从因缘至。过去见在报应，往来犹诸影响。

今凡夫俗士不能行平等心，自是非它，巧作诈伪，杀生害命，以逐己欲，造作口过，诳惑众人。舍清静法界观，造苦恼地狱业，积日累月，无有悛心。天龙不荫，鬼魅来，垂星辰，谪谴于司命，神识罚出于一身，五土岳狱，计其罪业，转而入大地狱，以至隔子地狱，受诸极苦，万死万生，六道轮回，无有休息，由于一身。造或于六亲，造或于前世中，造或于累世中，造种种恶业，不可忏悔，未到命终，已于生前受诸苦楚病劣忧惶，虽今万死万生，六道轮回，无有休息，由于一身。造或于六亲，造或于前世中，造或于累世中，造种种恶业，不可忏悔，未到命终，已于生前受诸苦楚病劣忧惶。虽今生父母亲爱子孙，见其不可胜任，无缘救拔，故佛与三世诸佛及大声问及诸圣众普为众生说《大威神秘印咒》，曰：

唵（引一）阿阿暗恶（二）伐折罗喻沙（三）萨婆诃（四）那谟（五）喝啰嚩啰（六）怛啰夜野（七）那谟（八）阿唎耶（九）婆诚嚩帝（十）怛你也他（十一）曩娑嚩（十二）嚩啰嚩左曩（十三）戌驮地（十四）诚多地瑟姹曩地（十五）娑嚩（二合）贺（引十六）

此神咒秘印可以除一切病故，可以消一切恶业重罪。故可以延寿命，故可以消解冤结，故可以灭虚妄，故可以除口业，故可以增长诸善根，故可以远离诸怖畏，故速能成就一切希求。或以天宫星辰为灾，照临王国及庶人之家；或居处家宅凶祸死绝之地，邪神魍魉所聚多致凶灾；或出入道路抵忤狞神恶鬼殃祟为灾，照临王国及庶人之家；或居处家宅凶祸死绝之地，邪神魍魉所聚多致凶灾；或出入道路抵忤狞神恶鬼殃祟精魅；或宿主累世冤对因果花报。

种种灾殃，无能解谢者，但于晨朝清净斋戒焚香诵持此经三七遍

---

① 《俄藏黑水城文献》（汉文部分）第六册，上海古籍出版社 2000 年版，第 129—130 页。

乃至百遍，其祟即除，其福即至，不可思议，大威神力，无量无边，不可思议，勿妄宣传。

根据整理后的《佛说竺兰陀心文经》经文录文来看，《佛说竺兰陀心文经》在内容上同佛教经卷很不一致，虽然有多处提及"佛"，但同常见的"疑伪经"有明显区别，在内容上有明显的神秘性及民间特色。《佛说竺兰陀心文经》在黑水城文献中具有独一性，《俄藏黑水城文献（汉文部分）》中"疑似部"总共有17部经卷，除了《佛说竺兰陀心文经》之外，其余16部经卷均不是单一的经卷，如《佛说无常经》有两部，《佛说父母恩重经》有四部，《高王观世音经》也有两部等。除此之外，《佛说竺兰陀心文经》的单一性还体现于同敦煌吐鲁番文献的对比，《序录》中其余几部"疑似部"经卷在敦煌吐鲁番文献中也多有收录，但唯独《佛说竺兰陀心文经》仅在黑水城文献中独存一份，这与其传播范围有直接关系，影响传播范围的原因应是该经与秘密宗教或民间宗教的关联上。

关于民间宗教，有学者对其定义为"中国历史上除了儒、道、佛等制度化或官方宗教之外，在民间社会或社会底层的信仰中存在着一个民间宗教系统，教门组织极多，……当然这个系统还包括制度化或官方宗教的民间散布状态和非官方的新兴宗教教派。民间宗教主要是农民的一种思想信仰，有自己的信仰体系、仪式体系、组织体系和象征体系"[1]。对照这一定义来看，《佛说竺兰陀心文经》的内容显然具有民间宗教的部分特征，但《佛说竺兰陀心文经》仅在黑水城文献中出现，也仅有这一份，

---

① 朱文通：《加强民间宗教史研究》，《社会科学报》2008年3月13日。除此之外，朱文通先生还在多篇文章中对于民间宗教做了界定，如《略论晚清时期燕赵地区民间宗教的民俗化——以一炷香教为中心进行的考察》（《燕赵学术》，2004年第2期）、《试论联庄会的起源、性质与作用——兼论景廷宾起义的性质》（《景廷宾起义一百周年学术讨论会论文集》，中国文史出版社，2004年11月出版）《近代燕赵地区民间宋教的公开化》（《赵文化论丛》，河北人民出版社，2006年出版社）《关于中国民间宗教史研究学科建设问题的一些思考》（《传统文化与河北地方史研究》，花山文艺出版社，2008年9月出版）《民间信仰对晚清时期华北民间宗教的影响探析——以天地门教为例》（《会党教派与民间信仰——第二届秘密社会史国际学术研讨会论文集》知识产权出版社，2012年1月出版）《中国民间宗教史学科建设问题刍议》（《宗教哲学》，台湾宗教哲学研究社2008年版）、《晚清时期华北民间信仰对民间宗教的影响探析——以天地门教为例》（《亚洲研究》，香港珠海书院亚洲研究中心2009年版）。朱文通先生对民间宗教的定义对本文有直接参考。

故其具有的民间宗教的特征也很有限，仅从这一份经文中看不出其体系。已有的关于民间宗教的定义针对的均是明清时期的民间宗教，民间宗教在明清时期广泛产生的社会背景在宋代并不具备，明清时期的民间宗教多自成体系，民间宗教在宋代多以秘密宗教代指"宋代秘密宗教上承汉晋，下启元明，是中国古代民间秘密宗教发展的重要时期。秘密宗教本质上是属于下层人民的，宋代下层人民思想意识变化剧烈，世界观中已有朦胧的阶级意识；追求'福''善'的社会伦理；并寻求社团的保护。而秘密宗教具有现实保护、经济互助和精神安慰功能，从而对贫苦农民产生莫大吸引力"①，可见宋代的秘密宗教还不能自成体系，仅是在特殊的环境下对普通民众有吸引力。结合宋代秘密宗教的发展背景，可见《佛说竺兰陀心文经》的传播也是在下层人民之间，具有一定的局限性，在范围上并不广泛。从对《佛说竺兰陀心文经》题记的分析来看"《佛说竺兰陀心文经》的传播符合深受战争影响的民众的生活状态，民众苦于无法摆脱战争的恶劣影响，《佛说竺兰陀心文经》恰好可以给民众以心理安慰，有利于维护战争背景下西北五路地区的社会稳定"②，《佛说竺兰陀心文经》的传播时间系元丰二年至六年，在元丰六年时该经已不易找寻：

> 大索关中，获古本于民间，饭僧诵之。一日，薛卿复附语以谢曰：赖公之赐，获生天矣。公诘以特索是经之意。……今三秦士民，竞传诵之。③

结合题记来看，《佛说竺兰陀心文经》的神秘性是存在的，但在经文中看不出其系异端，官方也是接受的，故其只具有秘密宗教的一些特点。已有的对"吃菜事魔"的研究也可对《佛说竺兰陀心文经》传播范围有限做些解释"作为南宋时各种异端宗教的总称的'吃菜事魔'，是不被官方意识形态接纳的宗教异端。统治政权将之视为颠覆了原本平静的乡村社会基于血缘伦理关系建构的人伦秩序的邪恶力量，最终成为不为官方政治

---

① 贾文龙：《宋代秘密宗教与法禁研究》，硕士学位论文，河北大学，2002年。
② 《黑水城出土〈佛说竺兰陀心文经〉题记相关问题考释——以人物生平与疑伪经出版传播为中心》，第481页。
③ 《俄藏黑水城文献》（汉文部分）第六册，上海古籍出版社2000年版，第130页。

秩序与正统意识形态所容的具有反叛意识与潜在破坏力的民间宗教组织"①，虽然从经文中看不出《佛说竺兰陀心文经》与哪一个民间宗教组织有关，但结合宋代官方对待秘密宗教的态度来看，其传播也是不易的：

> （熙宁三年十二月）中书言，司农寺定畿县保甲条制：……同保内有犯窃盗、杀人、谋杀、放火、强奸、略人、传习妖教、造畜蛊毒，知而不告，论如伍保律。②
>
> （元丰八年）九月乙未，三省、枢密院言："该配，合从开封府及军马司断遣者，并依法配行。无军名者，五百里以上，并配牢城邻州，本州并配本城。强盗，或三犯窃盗，因盗配军后再犯罪，若谋杀并以刃故伤人，放火、强奸，或人力奸主已成，造蓄蛊毒及教令人，并传习妖教，故沈有人居止舟船，拒捕，已上于法合配者，并诸军犯阶级及逃亡应配千里以上，并依法配行。内无军额，五百里以上，配牢城邻州，或本州配本城。已系本城，配牢城；已系牢城，配重役。"从之。③

可见在《佛说竺兰陀心文经》秘密流传的时期，民间的秘密宗教已被北宋中央政府称之为"妖教"，虽然从经文上看不出《佛说竺兰陀心文经》与宋代的秘密宗教或组织有关，但无论如何其神秘性是存在的，尤其是经文的后三部分。结合宋代政府对民间秘密宗教的态度来看本文认为《佛说竺兰陀心文经》具有民间宗教或秘密宗教的部分特征，故也可视为一部民间经卷或民间写本，仅称其为疑伪经是不全面的。

---

① 范立舟：《论南宋"吃菜事魔"与明教、白莲教的关系》，《杭州师范大学学报》（社会科学版）2016 年第 3 期。另参见贾文龙《宋代社会对"吃菜事魔"信仰的误解及变迁溯源》（《宋史研究论丛》（第 5 辑），河北大学出版社 2003 年版）、《妖魔到来：宋朝政府治理秘密宗教的法律策略》（《宋史研究论丛》（第 18 辑），河北大学出版社 2016 年版），潘丽霞：《宋代秘密宗教治理背后的法律调整》（《保定学院学报》2009 年第 5 期）。

② 《续资治通鉴长编》卷二一八"熙宁三年十二月乙丑"条，中华书局 2004 年版，第 5297 页。

③ 《续资治通鉴长编》卷三五九"元丰八年九月乙未"条，第 8591 页。

民国档案整理与研究

民国时期耀华玻璃公司
董事会议事录摘编(二)[*]

王莲英

(东北大学秦皇岛分校　社会科学研究院)

档案介绍：

　　耀华档案是一批极其珍贵的企业档案，规模大、内容丰富、保存基本完整，是研究近代工业企业和近代京津冀经济发展的重要的第一手资料。笔者此前对耀华档案曾进行过初步整理，其中的《民国时期耀华玻璃公司董事会议事录摘编》被《中华历史与传统文化研究论丛》第2辑收录（中国社会科学出版社2016年版），里面摘编的是耀华公司董事会的前三次议事录，使读者初步了解了耀华玻璃公司创立阶段的大致情形。此次董事会议事录摘编内容更加丰富，涵盖第四次到第四十二次董事会（或董事、监察人联席会）议事录全文，和此前的摘编形成连贯。从全部档案来看，因为种种历史原因，四十二次董事会之后的议事录有连续十余份是缺失的，再后面的议事录也有个别缺失的现象，而四十二次董事会之前的议事录（包含第四十二次）则保存完好，所以笔者此次摘编这一段以飨读者，其他议事录待日后再行续编。（注：第四至二十次董事会议事录现藏于秦皇岛市档案馆，第二十一至四十二次董事会议事录现藏于秦皇岛市玻璃博

---

　　* 本文为2017年度教育部人文社会科学研究项目"民国耀华玻璃公司档案整理与研究——兼论近代京津冀协同发展"（青年基金项目，课题编号:7YJCZH169）及中央高校基本科研业务费资助项目《民国时期耀华玻璃公司档案整理与研究》（编号:N162304011）阶段性成果。

物馆）

耀华玻璃公司第四次董事会议事录

中华民国十一年八月十四日下午五时半，本公司开第四次董事会。到会者如左：李伯芝君、杨嘉立君、王少泉君、李希明君、那森君（代表罗遮、于士德两君）。在坐者为：陈汝湜君、古伯君、史赞青君、翁之憙君、贾丽佩女士。

是日会议议决各项如下：

一、饬令总理会同总工程师君将原预算详细修正并按（甲）开办费；（乙）建筑费；（丙）管理费；（丁）流动资本金四项分别填明。关于成本一项，并须考核现在玻璃市价详细，将制造各色玻璃售价与每年获利数目详细填叙。

二、饬令秘书发出通知书，召集临时股东大会，日期定为本年九月二十八日（星期四）下午二时，在开滦矿务总局。会中应议事项为：（一）董事报告修正预算案；（二）讨论本公司所需款项办法案；（三）饬令总理对于工厂方面房屋主要部分、仓栈、办公室、锅炉房及总工程师住宅工程即日进行；（四）公司派中国副工程师一名。其选派当即从速，每月薪水四百元，如办事著有成绩时，以后酌量每年加给月薪一百元。该副工程师应与总工程师及关〔编者按：应为"开"〕滦矿总局会同选取工匠六名，带随同该副工程师前往比国丹瑞米工厂实地练习半年或一年。在此时，该副工程师每月应得比金一千法郎作为用费，来往川资均由公司付给。至于雇用工匠条件，应于报告董事部后始能订定。

议毕为时已晚，遂散会。

耀华玻璃公司第五次董事会议事录

中华民国十一年九月二十六日星期二，在本公司总事务所开第五次董事会。列席者为：总董李伯芝君、代理协董杨嘉立君、李嗣香君、李希明君、王少泉君、那森君。在座者为：古伯君、陈汝湜君、翁之憙君、史赞青君、贾佩克女士。

是日所议事项如左①：

（一）关于本月二十八日开股东会应行报告之件，经大众讨论后决将下列各件提出股东会：（甲）议案；（乙）预算概要；（丙）营业概算书；（丁）添招股本章程。

（二）继又讨论公司对于最初制造六十万箱玻璃上所应付之酬金问题，决议嘱托那森君函请饶明君请其将酬金减让，并托那君函致那少校及罗遮君，请用力设法达到减让之目的。那君答称遵办。

（三）关于秦皇岛方面公司工厂自来水之供给一事，董事部饬令总、协理与开滦矿务总局订立合同，以十年为期，每月五百元合算，另外用水每千加仑按洋一角五分付价。

（四）关于公司秦皇岛方面工厂电流之供给，董事部饬令总、协理与开滦矿务总局订立合同，以十年为期，每月按七百元合算，再除偿还利金及摊补费外，每月公司所付电费应以每月用电之码数与上月矿务局电台所发电每码之定价相乘付价。

（五）议决本公司股票现在应即付印。

（六）议决本公司商标应即呈报注册。

（七）关于秦皇岛工厂需用沙料应即饬令总工程师着手研究议决。

以上各项议毕，遂散会。

耀华玻璃公司第六次董事会议事录

中华民国十二年一月五日星期五，在本公司事务所开第六次董事会。列席者为：总董李伯芝君、代理协董杨嘉立君、王少泉君、那森君（代表罗遮）、于士德君。在座者为：古伯君、陈汝湜君、翁之憙君、马琴德女士。

是日所议事项如左：

追认合同。本公司法律顾问孟堪师在座，因于席上出示下列合同：

一、《秦皇岛玻璃公司与耀华玻璃公司发起人及耀华○○○○玻璃公司追认合同》

二、　《耀华机器制造玻璃○○○○公司与开滦矿务总局及耀华

---

① 原文系竖排，"如左"即指"如下"，其他议事录中亦有同此者，不再说明。

○○○○公司发起人追认合同》

询明以上合同是否妥适，孟堪师答甚妥。于是决议分送各方签定，孟堪师遂退席。

酬金问题。讨论之先，将本公司与秦皇岛玻璃公司关于要求核减酬金之来往各电宣读一过。杨嘉立君提议云，若甲方董事赞成，不妨照下列办法办理。

按应付酬金之数共合英金十万镑，约合华币九十万元。今试付应得酬金人以半数之乙种股票，计合票额四十五万元，以为减免酬金之交换。本公司既须筹五十万之现款，连此共计九十五万元。甲乙两方在公司之股额及利益必须相等，双方平分此数，各应筹四十七万五千元。既以乙方四十五万元之股票给予应得酬金人，是乙方仅须筹出二万五千元之现款。至于甲方之四十七万五千元，则应统筹现款。

杨君略谓鄙见如是，但亦不知应得酬金人对此承认否也。大众讨论良久，李伯芝君主张此种给予应得酬金人之股票应与寻常股票不同，即作为一种经过指定期限后再行付息之股票可也。杨君云，如甲方不愿筹四十七万五千元之现款，不妨改作四十万，比国方面亦筹四十万，以便双方股额平均。建筑工厂必需五十万元，甲方筹四十万现款，乙方仅须筹十万元，盖其余三十万即以乙种股票给予应得酬金人，即作为减免酬金之交换也。嗣又讨论建筑工厂需用资本之时期，最后决议稍缓再开董事会讨论之。

电流、自来水。那森君报告开滦矿务总局今既不肯以电流、自来水供给本公司之用，本公司在秦皇岛方面势须即行设立电台、安置自来水方可雇用。查天津前英国电灯房之全副机器正在出卖，该电机系供直接电流者，考察之下，甚合本公司之用。按该机器共有汽机四架、锅炉三架，一经使用，经常之费亦甚节俭。但锅炉之数尚不敷用，现拟再添两架，已与开滦矿务总局接洽，由林西地方转售与本公司。至于自来水一节，悬揣距本公司工厂厂地不远地面下即有水源，现已饬令东方铁厂前往试勘。拟开凿人工井一口或数口，为费不多，出水尽可敷用，然必须建置发动机械房一间焉。古伯君声称即使此法不行，地面之泉水质量当亦可敷工厂之用也。前述之电机，该电灯房拟以十万元货款两交售与公司，该机器外并坿有材料极多，如锅炉、凝化机、电线数千丈，此一项即以废铜论，亦估值一万五千元，电杆无数，大约此份机器有六万元即可到手。古伯君亦声称此项机器已经亲自会同前曾监用该机器之各工程师看过，考验之下，确知该机器甚为合用，足敷全厂机器动力、灯火之用矣。那森君因云，合电流、自来水两项，计不能超出十五万元，约计各项如下：

电机六万元

拆卸安装费三万元

林西锅炉三千元

搬运林西锅炉二千元

凝化机一万元

自来水机二万元

建筑费二万五千元

以上共十五万元。

于是议决饬令那森君以六万元购买此项机器。

那森君要求董事会给予进行工厂各工厂之权，大众讨论后，遂给那君以进行之权。于是又讨论本公司在建筑预算上如何节省，讨论之结果对于节省颇有希望。

遂散会。

耀华玻璃公司第七次董事会议事录

中华民国十二年一月九日星期二，在本公司事务所开第七次董事会。列席者为：总董李伯芝君、代理协董杨嘉立君、王少泉君、那森君。在座者为：陈汝湜君、翁之憙君、马琴德女士。

是日所议事项如左：

酬金问题。总董李伯芝君云，正月五日，上次董事会杨君所提议给予应得酬金人股票三十万元，因欲使甲乙两方股额平均，又欲筹募五十万元之现金，共计八十万元，每方面各四十万元。予已与李希明君及其他董事商洽，均以为此法亦不甚妥。各董事主张给予三十万元之债票。杨君答称本公司为完成工厂起见，尚须募债六十万元，连同此数须借九十万元，岂不大难？于是大众讨论，后有人提议发致比国一电，电中大意如下："甲方对于筹集二十五万元之新股，其困难正复不减于乙方，关于此事甲方殊不能有所助于乙方，然若二月廿八日以前能确知偿付酬金之条件已有改让，则一切困难当可锐减。今为筹集急需之五十万元股本起见，切恳乙方要求应得酬金人允认承受彼所要求九十万元之半数，以第二次债票付给，此项债票即照彼方所提议报八厘行息。"嗣后公司讨论决议照办,惟给予应得酬金人之债票额则由四十五万元减为四十万元。

玻璃成本。李伯芝君提议,今欲劝中国股东认入新股起见,倘能示以成本减少、红利增多之预算,必甚有益。今请总、协理会同总工程师对于酬金、自来水、原料、职员等项上可以核减者,切实斟考。那君答遵办。李伯芝君次复询问砂料问题。那森君答称现已拟定于本月十九日派古伯君前往威海卫调查矣。

陈君合同。陈协理合同提付讨论时,关于合同中"花红"二字以及房租颇有研究,结果完全议定,并议决将该合同分送签押。

那森君合同。那总理合同提付签定时,那君要求于五月初请公司准假五六个月。大众公同讨论之结果:请假照准,但如必需要时,那森君应允认不即动身。于是该合同亦议定,分送签押。

以上各项议毕,遂散会。

耀华玻璃公司第八次董事会议事录

中华民国十二年一月二十九日星期一,在本公司事务所开第八次董事会。列席者为:总董李伯芝君、代理协董杨嘉立君、王少泉君、那森君。在座者为:古伯君、陈汝湜君、罗景崇君、马琴德女士。

是日所议事项如下:

金邦正君之委派。本日提议委派金邦正君为副工程师,先将委派合同宣读,并付讨论。公同议决,金君在比为公司服务时每月除应得薪水外,公司付予用费三百元,此项用费即由其动身出洋之日起支,至回国之日为止。嗣复议及合同期限,决议以五年为任期,但两年后董事会即可将其撤免,仅须于六个月前予以通知,如不通知,则由公司付以六个月之薪金。两年后金君如于六个月前通知公司亦可解除合同。末又讨论工厂中可否选派中国学生入内作工以及可否用此等学生以代应行在欧选聘之职员。讨论之结果,决议允许。金邦正君在比得以选用中国学生一名,任其通译苦学玻璃事业以备将来可以入厂办事,少用比国职员一人云。

增加股本事。会议席上,末复议及增招股本余额一事,决议以此余额函尽上海开滦矿务局买办认入,并以分销事向之商办。

于是遂散会。

耀华玻璃公司第九次董事会议事录

中华民国十二年二月五日星期一，在本公司事务所开第九次董事会。列席者为：总董李伯芝君、代理协董杨嘉立君、王少泉君、那森君。在座者为：陈汝湜君、翁之憙君、马琴德女士。

是日所议事项如左：

分送议事录手续。此后董事会议事录决议于缮成后分送各董事，不必在会席上逐次宣读。

偿付酬金办法。关于减少酬金问题，又提付讨论。因比方来电答复董事会去电，所提各节殊不适宜，决议发电驳拒，并声明甲方决定招募新股二十五万元，亦希望乙方照办。至于酬金问题，应俟将来必须募集六十万公司债时再行提议。于是决议发电至比方如左："正月十八日来电敬悉，所提议之偿付酬金办法，董事会难以承认，甲方于二月前筹募二十五万元，深望乙方亦当照办也。"酬金减少问题遂公司议决，俟那少校回津时再议。杨嘉立君因王少泉君之问答云，一俟那少校回津，鄙人当即退出董事会，因鄙人仅系在那少校假中代理其职务也。李伯芝君因代表董事会全体致谢杨嘉立君，略谓在那少校假中，杨君对于公司事所助甚多。杨君答谓此次遇机仍当为公司尽力，盖鄙人不独愿为公司中名实相副之股东，亦愿与董事诸君为公司谋乐利也。

词毕，遂散会。

耀华玻璃公司第十次董事会议事录

中华民国十二年三月二日星期五，在本公司总事务所开第十次董事会。列席者为：总董李伯芝君、协董那少校、王少泉君、李希明君、乔治·那森君（代表罗遮及于士德两君）。在座者为：杨嘉立君、马琴德女士、翁之憙君、史赞清君。

当日所议事项如下：

一、关于增加股本应行讨论之电信两件；二、关于推选安得雷·古伯为公司董事议案；三、关于古伯君来函所称秦皇岛住宅建筑上之增改一案。

（一）关于选派中国工人遣赴比国实地练习制造玻璃问题。大众讨论良久。杨嘉立君云，此事虽不甚重要，然该项工人于十一月中工厂开工前必须赶回，而在比国又必须耽搁六个月，故如决定令其前往当，以立即就道为宜。那少校云，以予个人之意，此事殊不急急。比国人来此者当然可以教导华人，此与派人赴比其效力正复相同。至于教育之事，为法甚多，语言之困难殊无若何之关系。华人对于此种工作习学甚易，谨须观察比人之动作，学成必甚速也。于是决议此事暂付缓议，俟下次开董事会当请古伯君列席，征求其意见再行解决。

（二）那森君宣读二月十七及廿六两函于增加股本及提议推选安得雷·古伯君为本公司董事之来电。大众讨论后，因言公司《章程》限定七人，系由农商部批准立案，不能改动。那森君因宣读本公司《章程》于选举董事之规条第十八及廿五两款。于是大众决议，答复如下：甲方对于推选安得雷·古伯君为董事一节，甚为欢迎，惟按照定章，董事名额难以增加，故此项问题须由乙方决定，重将乙方董事分配，俾公司可以承认古伯为董事也。同时又提议安得雷·古伯君可以暂代于士德之职，俟下次开股东临时会时再行推选亦可。李伯芝君云，如能照此办理，鄙人亦甚欢迎古伯为董事，但此事之解决尚须俟之下次股东常会耳。于是决议先行电复古伯君，然后详函告若乙方将董事重行分配，以古伯君代他人，其应行之手续为如何。

增加股本事。李伯芝君云，甲方对于比国新股三月十五日先付一半，六月十五日再付一半之提议甚表赞同。此种办法华、比两方均应一致，并将登报以声明之。杨嘉立君询那森君云，六月十五日缴齐股款对于公司开支等项是否时间相当？那君答，当可照办。嗣又讨论筹集二十五万股本及发行六十万元债票事。李伯芝君云，中国股东入股所以不甚踊跃，其实因皆知酬金问题尚未圆满解决，若能得其减让，则招股自易。至于六十万元债票一事，应由公司全体筹集，不应专恃中国方面也。讨论之际，那少校云，无论何人，此时正不必遽行胆怯。鄙人以为此事必可大有成效，此种信心盖始终如一。至于玻璃现在市价如何，将来是否仍须再落，吾人正可不必措意，当谓比国既能制造玻璃运至中国，除运输上之破损，比国工价之昂贵，水脚等项外尚能办到，则其必能获利，大有成效无疑。目前虽有种种困难，吾人正可不必因而胆怯也。嗣又接续讨论，那少校允亲自电致安得雷·古伯君，请其设法维持，俾将酬金大为核减，以解目前之困难。其余各事均俟酬金问题定有办法再行解决。

（三）那森君出示关于秦皇岛住宅建筑上增改事之古伯君来函，后那少校谓当俟见古伯君后面说。

于是遂散会。

耀华玻璃公司第十一次董事会议事录

中华民国十二年三月十日星期六，在本公司总事务所开第十一次董事会。列席者为：总董李伯芝君、协董那少校、王少泉君、李希明君、乔治·那森君代表罗遮及于士德两君。在座者为：杨嘉立君、马琴德女士、陈汝湜君、翁之熹君、史赞清君。

上次议事录。李伯芝君提议，上次会议时关于遣送中国工人赴比学习一事，杨嘉立君所发之言并未详载上次议事录中。那森君允即行照叙补入。

偿付酬金及增加股本。公司接三月五日比国来电，当即决拟承认该电所述条件，最初所制二百万方尺之玻璃出货后应行付款时，出债票付给之，其余酬金当于股票上八厘官利发完剩有余利中拨付现金（皆应采入正法内）。那少校提议，对于十二年二月廿六日比国来电所提拟以八法郎零四分三按华币一元合算，亦可照允，但应责令于本年三月二十日将二十五万全数招齐，不得作两期缴付，再须以华币十五万元立即汇至中国。

于是大众公决对于三月五日比国团来电所提条件按照下列办法承认之：

一、比国团应担认代筹流动资金（记得提明六十万），利息不得过八厘。

二、支付酬金之债票利息亦不得过八厘。

三、应付酬金之债票须俟酬金到期应付时方付给之。

大众又公决对于以八法郎四分三按华币一元合算之条件，应照下列办法承认之：

一、该款全数须于本月二十日招足，不得按三月十五、六月十五作两期两次缴足。

二、在比国所筹款中应以十五万元立即汇至中国，所余之款即存比作为购买材料等物之用费。

华北玻璃分销处。李伯芝君提议，现在有新股东愿以得华北玻璃分销处为入股之交换条件。

各董事讨论之余俱无异辞，但属那森君草合同稿，并应包含意思如下：

一、应有合宜之抵押品。

二、扣佣费之数目必须酌定。

三、若该分销处办理不善，公司应有随时通知取消合同之权。

议毕，遂散会。

耀华玻璃公司第十二次董事会议事录

中华民国十二年五月四日星期五，在本公司总事务所开第十二次董事会。列席者为：总董李伯芝君、协董那少校、王少泉君、李希明君、乔治·那森君（代表罗遮及于士德两君）。在座者为：陈汝湜君、史赞清君、翁之憙君、马琴德女士。

议案。乔治·那森君宣读本日议题如下：

一、召集股东常会日期。

二、通过帐略。

三、续添股本甲方第二批收款截止日期。

股东常会。大众讨论是否有召集股东常会之必要及召集之理由。乔治·那森君因按公司《章程》解释，每年决算后六个月内应召集股东常会通过帐略并选举董事及监察人。董事每三年选举一次，监察人每年选举一次，故今年监察人即须改选。李希明君云，今年股东常会或早或晚均无关系，但明年股东常会必须在玻璃出货以后方佳。大众讨论之余，议决于本年六月十一日下午两钟假开滦矿务总局董事室开本年股东常会。于是大众请乔治·那森君作一报告，提出股东会报告、酬金接洽情形、帐略、出货时期及工程进行情形，并请总工程师古伯亦作一报告，提出股东会李伯芝君问关于沙事已有何种之规定，并谓最妙须在开股东会时对于股东可以有所报告。那森君答曰，鄙人对于威海卫方面不日即希望得有答复。两三日前，彼方来函略谓正在调查中，前已遣代表两人赴叶成县与产沙地方地主及县长接洽一切，大约不日即有详函报告。现在鄙人又在研究距烟台不远之某处所产沙料，该处沙地为中国人某某所有，沙质并不优于威海卫所产，不过此沙或亦可用耳。

　　增加股本与第二次收款。李伯芝君云,乙方第二批股款已经交齐,本年股东常会又已定于本年六月十一日举行,前曾规定以本年六月十五日为甲方第二批股款交付截止之期,今拟提早改为六月八日。大众一致赞成,遂议决,因由翁君将六月十一日股东常会中文广告宣读一过。

　　帐目及帐略。帐目一切呈交董事会核议,当时略有解释,即行通过。

　　董事会。大众于是公同议决于股东常会十日前即六月一日开一董事会,俾将总理及总工程师报告通过,以便付印,在股东会分致各股东。那森君问此项报告应否延请与本公司毫无关系之外人加以考查,抑有本公司之监察人于事已足?那少校以为若中国法律师并无其他之必要,但有本公司监察人即为已足。李伯芝君以为并无其他之必要。于是遂议决于六月一日开董事会,一切报告等提付会中时,请本公司监察人傅沅叔君、李伊德君、孟堪师君(代表甘恩泰君)到会考核议定。

　　后遂散会。

耀华玻璃公司第十三次董事、监察人联席会议事录

　　中华民国十二年六月一日星期五,在本公司总事务所开第十三次董事会。列席者为:总董李伯芝君、协董那少校、王少泉君、那森君(代表罗遮、于士德两君)。在座者为:傅沅叔君、李伊德君、古伯君、孟堪师君、邵富德君、马琴德女士、陈汝湜君、翁之熹君、史赞清君。

　　议题:一、通过帐略帐目;二、研究傅沅叔君之来函;三、研究总、协理,总工程师之报告;四、研究沙料问题;五、研究酬金问题。

　　民国十一年总、协理报告。总、协理报告提出董事会后其讨论之点如下:

　　一、自来水。关于此项问题有主张刻下即须筹一确定之办法,当时总理之答复略谓东方铁厂在秦皇岛掘凿人工井,虽不甚著成效,然势须假以时日,现正商洽掘凿地面井,倘使人工井不能用,则地面井即可应用也。

　　二、酬金办法。关于酬金办法一事,报告中叙述不甚详。当时安得雷·古伯君致那少校函提出该函详叙第一批应付酬金二十五万元上之债票应即刻发行,不必俟玻璃出货、酬金到期再为发行也,云云。讨论之余,因提议请那少校照下列意思答复安得雷·古伯君如下:

　　(甲)此项八厘十年期债票可以即刻发行,惟应于出货时方可起息,

俟玻璃出货、酬金到期之第二年再行开始还本。再付息还本办法系按每年制出玻璃应付酬金之数逐渐起算。

（乙）因酬金系按每方尺英金四辨士计算，故无须规定汇兑行市即以英金发行可也。

后那少校函复安得雷·古伯君，并将那少校复函抄存备案。同时又决定将此事列入议案，经由股东会通过后，董事会方可有发行此项债票之权。

三、沙料。关于此项问题，议定呈请威海卫方面县知事准可采沙之呈文应用本公司名义，不得令其他洋行列名。又议定俟股东常会毕事后即再令翁克斋君前往威海卫谒见县长，商定最后之办法。邵富德君因出示适间所得威海卫富威洋行之电报，声称呈文已呈县署，现正静候批准，云云。总董因请邵富德君即行电属富威行将呈文原稿速寄本公司，并令该行在翁君未到以前暂勿进行。

于是总工程师报告书亦提出会议当与总、协理报告书一致通过议定，连同帐略一齐付印，以备本年六月十一日股东会分送股东之用。

建筑进行情形。关于工厂之建筑，会中询问古伯君各项工程进行是否美满。古伯君答称现在一切均甚美满，若无意外事发生，建筑上决不至有何延迟也。

帐目帐略。民国十一年帐目帐略提出董事会约略讨论即行通过。那森君出示甲方监察人傅沅叔君来函，主张公司帐簿应用华、英文登记。因谈及如此办理，必须另用书记一人，讨论之余，决议令公司会计罗君自行办理华、英文帐目事务。此种办法不过将华文写入英文项下，数目字皆属相同，盖开滦矿务总局即用此法登记也。

议毕，遂散会。

耀华玻璃公司第十四次董事会议事录

民国十二年六月十二日星期四，在本公司总事务所开第十四次董事会。列席者为：总董李伯芝君、王少泉君、那森君（代表那少校、于士德君及罗遮君）、陈汝湜君（代表李希明君）。在座者为：马琴德女士、翁之憙君、史赞清君。

议题：一、决定采运威海卫沙事合同问题；

二、研究水井问题。

关于李希明君来函提及采运龙口沙料事，大众讨论后，决议仍先积极进行，将威海卫采沙合同规定妥协，并决议委派翁克斋君前往威海卫办理沙事，授与全权办理一切。又规定该事之前由富威洋行代办之呈文应行取消，另行改递耀华玻璃公司名义之呈文。兹将饬令翁克斋君所办各条列下：

一、取消试办三年之条件。

二、照付每年报效费一千四百元。

三、第一年报效费至多可付四千元，连一千四百元在内，但须以取消试办三年之条件为条件。

讨论之余，当将威海卫沙区图应行采取之区界注明。各董事并议决推李伯芝君及那少校对于采沙合同之修改有办理之全权，无须再费时以召集董事会矣。

自来水问题。前次董事会对于东方铁厂在秦皇岛工厂开筑人工井未有确实把握，因曾讨论掘筑地面井一节，那森君将关于此项地面井之计画约略陈说。按所计画，不拘何时缺少水料，此项地面井不拘水量多少均能供给，并云窦根君在唐山方面筑井富有经验，竭力主张耀华公司亦可开筑此井，虽属费用较多，然其结果比之平常水井实为优美也。那森君请求董事会立时核准建筑此项地面井，盖因此项工程极为紧要，即须着手进行，俾需水时即可供给矣。董事会遂予通过，决议按照窦根君之计画开筑地面井。

议毕，散会。

耀华玻璃公司第十五次董事会议事录

中华民国十二年九月二十七日星期四，在本公司总事务所开第十五次董事会。列席者为：李伯芝君，那少校、王少泉君、乔治·那森君（代表于士德及罗遮）。在座者为：马琴德女士、陈正有君、翁克斋君、史襄士君。

本日会议事项为：讨论十二年九月十五日安得·雷古伯君由比来电以及发行债票事，当将古伯君所提议对于为流动资本发行债票之办法付诸讨论。大众金以为万难赞同之理由厥有二端：酬金三分之一既须用债票付给，如无股东会上之决议，董事会决无多发债票之权，一也；股东屡次所闻深知，惟付给酬金一节须发行债票，而流动资本可用透支，无须再发债票，现在如再欲发行，向股东甚难声说，二也。于是大众决议发电致安得雷·古伯，请其竭力设法筹款，按照三月五日来电、四月五日来函，同其能担任由即行透支办法实行，俾可不发债票，盖发债票对于股东心理上有恶劣之影响也。

议毕，遂散会。

耀华玻璃公司第十六次董事会议事录

中华民国十二年十二月十日下午二时半，在本公司总事务所开第十六次董事会。列席者如左：李伯芝、杨嘉立、王少泉、李嗣香、乔治·那森（代表罗遮及于士德）。在座者为：陈汝湜、翁之憙、马琴德女士、史赞清。

是日议题为：讨论十一月二十八日开滦矿务总局总办来函催付建筑费十五万元一事以及本公司经济情形。董事部对于那协董在任时尽力办事极致诚忱，兹以其不日回国，当由乔治·那森君推举杨嘉立君为董事，李伯芝君赞成之。王少泉君又推杨嘉立君为本公司董事部协董，由李伯芝赞同，遂一致通过。于是，大众对于建筑玻璃工厂之修正预算以及公司营业所需之资本讨论良久，并无结果。嗣由李伯芝君动议，不如先行散会，再与董事部中数人作秘密之会议。于是遂散会。

耀华玻璃公司第十七次董事会议事录

中华民国十三年正月四日下午二时半，在本公司总事务所开第十七次董事会。列席者如左：李伯芝、杨嘉立、王少泉、李嗣香、乔治·那森（代表罗遮及于士德）。在座者为：陈汝湜、史赞清、翁之憙、古伯、马琴德。

是日议题仍为讨论十二年十一月二十八日开滦矿务总局总办来函催付建筑工程费十五万元一事以及讨论本公司经济情形。开会后，大众对于十二年十二月一日比方来函所述欧洲制造玻璃会社拟代公司筹款一节加以讨论，后复商询古伯君对于牺牲制造玻璃砖一事上之意见。公同议决以数条件请开滦矿务总局设法代为筹款，并立即电致比方告以现在此间正在筹款，但必须以减少酬金为条件。那森君报告对于开滦方面催取建筑费一项，彼已付十万元；又报告遵上次董事会之意旨，已将向卜内门洋碱公司前订炭酸盐五百吨、四月交货之合同取消，但该公司同时亦向我答明以后如再购炭酸盐，必须向该公司购买，以五百吨为度，云云。

于是遂散会。

耀华玻璃公司第十八次董事会议事录

中华民国十三年正月三十日下午二时半，在本公司总事务所开第十八次董事会。列席者如左：李伯芝、杨嘉立、王少泉、李嗣香、乔治·那森（代表罗遮及于士德）。在座者为：陈汝湜、史赞清、翁之憙、窦根、古伯、马琴德。

是日议题为：讨论本公司经济情形。开会时首将十三年正月廿五日伦敦开平公司来电宣读，其中略述乌得米银行愿代公司筹款八十万元及代筹各条件，其中条件之一即请开滦矿务总局工程师窦根君对于公司大概情形及将来光景作一报告书，云云。惟时窦根君已曾赴秦皇岛视察完毕，于是遂请窦根君列席，说明对于乌得米银行报告之内容。总董李伯芝君因指陈按照中国公司条例，外股不能占多数，是以乌得米银行所提各条件实难办到。遂议决先请杨嘉立君电复乌得米银行以八十万元改作债票而不作为股本，其所希望之利益与条件均可允办。

于是遂散会。

耀华玻璃公司第十九次董事会议事录

中华民国十三年二月十二日下午二时半，在本公司总事务所开第十九次董事会。列席者如左：李伯芝、杨嘉立、王少泉、乔治·那森（代表罗遮及于士德）。在座者为：陈汝湜、史赞清、翁之憙、马琴德。

是日议题为：讨论本公司经济情形。开会时首将二月四日乌得米银行来电宣读，其中提议发行优先股，该行认购七千股，每股百元，中国资本团方面认购七千股，每股十元，如此两方股数可以平均。此项优先股亦附有种种条件及利益。讨论良久，金以为按中国公司例，中外股本、股银额数必须相同，故所提办法万难办到。至其所要求之条件与利益，愿承认。

于是，遂请杨嘉立君发致复电如下："各董事对于正月卅一日尊电所提各条件愿为提出股东会，但尊议优先股办法决难办到，因按公司条例，股份无论普通或优先，股银额数须一律也。尊处对于此间所提债票办法，曾否明白其与尊处所提股本办法得同等利益，其不同者不过在名称上之区别，为对付法律方面起见耳。若尊处承认债票办法，董事可担任代设特种董事两人，由债票主有人指派，并敢信乙方三董事席中可以奉让一席。深盼对此事详办考虑，弟以为除此别无办法。酬金一事如何接洽，此事至关重要，望再督促为希。"

以上议毕，遂散会。

耀华玻璃公司第二十次董事会议事录

中华民国十三年三月十三日星期四下午二时半，在本公司总事务所开董事会。列席者为：李伯芝君、杨嘉立君、那森君（代表罗遮、于士德两君）、李嗣香君、李希明君、王少泉君。在座者：陈汝湜君、翁之熹君、马琴德女士、史赞清君。

议题：一、讨论比国来电关于公司经济问题及减让酬金办法；

二、准备三月十四日第二次临时股东会事宜。

宣读秦皇岛玻璃公司来电，略云承认添招优先股四十万元，并每箱玻璃减让酬金一元。又讨论次日开股东会应行准备各事及其手续，均经议决。其优先股收股期限如下：

三月二十四日以前，缴百分之五；

四月二十日以前，缴百分之四五；

六月二十日以前，缴百分之五十。

以上议毕，遂散会。

耀华玻璃公司第二十一次董事会议事录

中华民国十三年三月二十五日星期四下午二时半，在本公司总事务所开第二十一次董事会。列席者为：李伯芝君、杨嘉立君、王少泉君、李嗣香君、那森君（代表罗遮及于士德两君）。在座者为：陈汝湜君、翁克斋君、马琴德女士、史赞清君。

议题：一、讨论取消大成贸易公司事；二、讨论匀配优先股事；三、讨论本公司委托开滦代管事。

关于讨论取消大成公司与本公司包销玻璃合同一节，杨协董云，虽据法律顾问声称大成贸易公司无能为法律上之要求，但鄙人仍觉此事似为棘手。因大成贸易公司方面之提议，公司若允将原有股份如数换给优先股方，允取消包销合同。讨论之下，佥以此事系完全甲方之事，遂议定由甲方董事自商解决之法，匀配优先股分，议决由甲方董事商办。关于讨论委托开滦代管合同事，议决俟四月四日星期五开董事会再议。

遂散会。

李士伟①

耀华玻璃公司第二十二次董事会议事录

中华民国十三年四月四日星期五下午三时，在本公司总事务所开第二十二次董事会。列席者为：李伯芝君、杨嘉立君、王少泉君、李希明君、李嗣香君、那森君（代表罗遮、于士德两君）。在座者为：陈汝湜君、罗旭超君、马琴德女士、史赞清君。

议题：一、讨论委托开滦矿务总局代办之草合同事；二、讨论改订公司与开滦矿务总局原定合同事。

此次会议完全讨论本公司与开滦矿务总局商订之两种合同，均经稍有增改，并将最后议决之两合同稿寄往比国乙方征求同意。同时并议及通知本公司各职员，将来如委托开滦矿务总局代管合同决定后大约至六月一日，本公司职员中当有不须继续任用者，议决由协董会同总董密商办法具函通知。

遂散会。

李士伟

---

① 玻璃博物馆所藏版本为耀华玻璃公司最后存档版，须有总董签字，故第二十一至四十二次董事会每次的议事录后均有总董的手写签字（第二十八次除外）。李士伟，字伯芝，其签字有时用李士伟，有时用李伯芝，实为一人。

耀华玻璃公司第二十三次董事会议事录

　　中华民国十三年五月九日星期五下午二时半，在本公司总事务所开第二十三次董事会。列席者如左：李伯芝君、杨嘉立君、王少泉君、李希明君。那森君（代表罗遮、于士德两君）。在座者为：翁之憙君、马琴德女士、罗旭超君、史赞清君、李依德君。

　　是日议题：一、关于签订合同事：（甲）委托开滦矿务总局代办公司合同；（乙）改订公司与开滦原定合同；二、讨论开滦接管日期及此后账目编制方法；三、讨论董事部迁徙办公地点；四、函属总理拟订工厂办事规则；五、追认支送那总理、陈协理酬金事；六、报告大成贸易公司原有股分换给优先股办法。

　　首先，讨论编制耀华玻璃公司帐目办法。杨君提议请开滦矿务总局总会计李依德君莅会。大众讨论之余，责成开滦矿务总局编制帐略送呈公司董事会，每半年一次。此项帐略须列入公司董事会各项费用，其详细各款目当由董事会知照总局一并编入帐略。至于签发支票一项，总局方面对于公司随时所需用之款项得由专帐有支用之权，但董事会对于公司他种款项亦另立一专帐，由董事会负责保管。其在总局专帐之款项，则由总局总理同总会计签字支取。此事在耀华玻璃公司与开滦矿务总局合同中虽未订明，但系总局《内部章程》所规定，其支取董事部专帐之办法亦由总、协董会同签字支取之。其次，大众对于第四项议题提前讨论，属总理编制《工厂办事规则》。李伯芝君云，兹为明定权限起见，《工厂办事规则》必须规订。李依德君云，前为此事曾与古伯君议过，并订有条规，足使办事上便利。诸如帐目之编制、库房之掌管、工厂之组织等项，均不必由古伯君监督，惟关于玻璃之制造、制成之货品等则概由古伯君负责。另聘一会计员管理帐目、银钱出入，受李依德君之指挥。管库员仅负管理库房之责任，其运出玻璃则由开滦矿务总局运输部负运上货车以待买主收货之责。

　　同时，又宣读秦皇岛玻璃公司来电，对于公司与总局所订之材料合同上拟请少有更动。杨嘉立君云，此次合同现已修改，足使秦皇岛玻璃公司方面满意也。至于代管合同，大众议决将开滦代管公司之年限至少改为三年半，至一九二七年为止，期限并可展长。于是两项合同先行议决，随后再由总、协董签字。

关于董事部职员办公处移至中国实业银行一事，约定于本年六月一日迁徙至开滦矿务总局，接收公司事务日期则定于本年五月十五日举行。董事会嗣又追认付给那总理及陈协理酬劳金，完全通过。继又报告关于大成贸易公司事，甲方董事已议定妥善办法，将大成贸易公司原有之股分完全改为优先股，此事大成方面极为满意也。会议将终，总董代表董事会向杨君道谢，因杨君对于公司事务极为尽心并牺牲若干光阴，而公司得受莫大之利益也。杨君答称，余与甲方董事合作极为快慰，以后更当乐为公司业务尽力也。

议毕，遂散会。

李士伟

耀华玻璃公司第二十四次董事会议事录

中华民国十三年五月二十六日星期一下午三时，在开滦矿务总局开第二十四次董事会议。列席者为：李伯芝君（并代表李希明君）、杨嘉立君、王少泉君、乔治·那森君。在座者为：翁克斋君、史襄士君、加立克女士。

是日议决事项如下：

（一）公司开会决议事项应由开滦矿务总局派速记员一人记录之，译成正文后即送交翁君，用中英文缮成，尽开会后三日内分送各董事核阅。

（二）开滦矿务总局总理应制备帐略，连同引首报告书稿送请董事部核阅。又本公司定于本年六月二十七日下午二时在开滦矿务总局董事室开股东常会，亦须立即发出通知。

（三）本年六月二十七日股东常会议题议定如下：一、通过截至民国十二年十二月三十一日帐略；二、董事报告截至民国十二年十二月三十一日公司情形；三、报告优先股款收集情形；四、报告本公司按照十三年三月十四日股东临时会决议与开滦矿务总局所定委托代管合同；五、改选监察人。

（四）凡关于十三年五月十三日签定合同内载各节、公司与开滦矿务总局函件，特委任总董代表公司有签字之权。总董对于次要函件亦可委任秘书用秘书处印记缮发函件，此项秘书处发出之函件，应写"兹奉总董命令"，云云。

李士伟

耀华玻璃公司第二十五次董事会议事录

中华民国十三年六月二十六日星期四下午三时，在中国实业银行总行开第二十五次董事会。到会者为：

李伯芝君、杨嘉立君、王少泉君、那少森君（代表葛立亚君）、李嗣香君、李伊德君、甘恩泰君、傅沅叔君。

在座者为：翁克斋君、史襄士君、加立克女士。

是日所议事项如下：

本公司截至十二年十二月三十一日止帐略由会中通过，预备提出股东会议决。按之理论，三监察人对于帐目上均应签字。议决由开滦矿务总局提议秦皇岛玻璃公司自愿充任本公司驻比经理处一节，应照准每年除邮电外给予用费华币五千元。

总董报告昨曾函致外交、交通两总长，请其对于日内瓦府会议上行将提出勒令用池炉之玻璃工厂每星期停工二十四小时一案设法阻止，毋令通过。

李士伟

耀华玻璃公司第二十六次董事会议事录

中华民国十三年九月二十二日星期一，在中国实业银行开第二十六次董事会。列席者为：李伯芝君、杨嘉立君（并代表杜克儒君）、王少泉君。在座者为：翁克斋君、史襄士君、贾力克女士。

是日所议事项如下：

《董事会办事细则》经审查后通过；通过改订商标之新样；议决制备本公司股票新样送请各董事认可，至于息票应附于股票上，并应有二十年之息票。

关于比国寄来之购取佛克机器专有权人联合会函件，经提付讨论后，决答复比国方面，声明此间董事等对于所提各条甚表赞同，惟是本公司距制造玻璃工业中心甚远，不克有参预之活动，亦不克遣派代表莅会讨论，但俟彼方对于试验工厂以及可取有专利各种发明上有何具体办法时，甚愿得与函洽也。

　　杨君次复提及董事部秘书处之用费。议决现因发行优先股票在即，工厂甫经开工，事务殷繁，译件动须抄写多份，故现在之人数实难再少，一俟优先股票发竣，老股票换发新股票完毕时即可酌量减省云。

李伯芝

耀华玻璃公司第二十七次董事会议事录

　　中华民国十三年十二月二十三日下午三时，在中国实业银行开第二十七次董事会。莅会者为：李伯芝君、那少森君、王少泉君、李希明君、葛立亚君、杜克儒君。在座者为：翁克斋君、史襄士君、贾力克女士。

　　是日议决事项如下：

　　一、议决关于酬金问题应由那少森君函致雅多君，请其设法取得较好之条件，并请其将所提之议展期一年，同时向之声明自雅多君来函后局势之变动以及目下在华筹款之困难。

　　二、议决缮写一函致秦皇岛玻璃公司追认派为本公司驻欧经理处合同事。

　　三、议决关于保险与海上摊费对于本公司之影响一事，应由那少森君研究之。

　　四、议决关于股票上那少森君是否应以代协董签字，抑仅以一董事资格签字。又协董杨嘉立君是否应签，抑盖签字戳于上后再由那少森君会签，抑均应手签各节，请那少森君与甘博士君商洽。

李伯芝

耀华玻璃公司第二十八次董事会议事录

　　中华民国十四年五月二十七日下午四时，在中国实业银行开第二十八次董事会。莅会者为：李伯芝君、那少森君、王少泉君、李希明君、葛立亚君、杜克儒君。在座者为：黄屏仙君、史襄士君、贾力克女士。

是日议决事项如下：

一、议决请总工程师按每年十五万箱玻璃造一成本预算表，于下次股东会以前办齐，先送董事部核阅。

二、议决请那少森君函致雅多君，告以购买酬金条件公司绝不应允，并请其转告执有酬金权之人，每箱一元之酬金实足倾覆公司营业，并声明原定酬金数额时，比国玻璃在上海之市价系十元一箱，酬金实为市价百分之十。现在上海玻璃市价约计五元一箱，应纳之酬金已达市价百分之二十矣，其影响及于销货实属不浅，原定酬金之数应请核减。

三、第三议题（即讨论分红章程）仝议先分送各董事预阅，俟下次董事会再行讨论。

四、议定于本年六月二十九日下午二时，在开滦矿务总局开股东常会，报告十三年全年帐略，改选董事、监察人。

五、关于上次董事会第三议案，那少森君报告为保护公司不受摊水费之影响起见，公司应将各批玻璃均保水险。

六、议决责成秘书预备股票，协董签字，俟杨嘉立君返津时照签。

耀华玻璃公司第二十九次董事会议事录

中华民国十四年六月二十六日星期五下午四时，在中国实业银行总行开第二十九次董事会。到会者为：李伯芝君、那少森君、王少泉君、李希明君、杜克儒君、葛立亚君、傅沅淑君、李伊德君。在座者为：那少校、黄屏仙君、史襄士君、加立克女士。

是日所议事项如下：

（一）业经印就之报告及帐略悉已阅悉，总董随即宣布在股东会以前，拟与李伊德君另行研究帐目。

（二）那少校以应总董之招，曾经到会发表意见。关于公司前途，少校极抱乐观。

（三）成本。开滦呈来文件及总工程师之函件已交大众传观。总工程师按照年出十五万箱计算五元二角一箱之成本，以及开滦矿务总局所提议编制成本账略办法及工厂按照拟价发运玻璃交各经理处办法，大众领悉通过。

（四）签选董事。此事俟本月二十九日股东会再举行。

（五）分红章程。此案俟杨协董回华再议。

（六）酬金问题。议决请总理电复雅多君，告以耀华公司拟付酬金总额五十万元，其付法应由公司每会计年度余利内按百分之十五提付，惟须先行提存公积金并弥补十三年度之损失耳。

（七）总工程师酬金。议决付给古伯君英金一千镑作为其合同第三年期内服务之酬劳。

李伯芝

耀华玻璃公司第三十次董事会议事录

中华民国十四年九月十二日下午四时，在中国实业银行开第三十次董事会。莅会者为：李伯芝君（并代表王少泉君、李希明君）、杨嘉立君、杜克儒君、葛立亚君。在座者为：那少森君、古伯君、福克纳君、翁克斋君、史襄士君、贾力克女士。

是日议决事项如下：

一、总理报告与酬金债权人协商进行情形，大众均悉，一致通过。

二、议决股票签字办法，在中文方面，总董签字、协董盖名戳。在英文方面，协董签字，总董盖名戳。

三、议决授与总理全权订立十年合同采用云虬岛沙料，每年七千吨，每吨日金八元五角，并在合同加保留辞句（如工厂停办或因他故停工，可以随时截止一条），十年之后，并得有续购、订约之优先权。

四、总理报告关于公司事业一项，大众均悉。议决训令总理选择高等玻璃运往加拿大、美国，以期在该埠得有利之销场。

五、关于公司财政状况，负债项下有三十五万元，议决由总理设法筹借相等数之款，一年之内，偿还利息不得过七厘，即以所存玻璃为最初担保品。若必要时，则开滦矿务总局愿代备任何项之担保品以足成之也。

六、议决关于股票上填定之日期。第一批，十一年十二月十四日；第二批为十二年十二月五日；末批则为十四年三月二十九日。

七、股东名簿编制法当场传观、解述、明晰，各董事一致赞成，无异议。

李伯芝

耀华玻璃公司第三十一次董事会议事录

中华民国十四年十一月三十日星期一下午三时，本公司在中国实业银行开第三十一次董事会。列席者为：总董李伯芝君（并代表李希明君）、协董杨嘉立君、王少泉君、葛立亚君。在座者为：克瑞士·唐佛森君、翁克斋君、史襄士君、贾立克女士。

是日议决事项如下：

一、议决向秦皇岛玻璃公司解释，按照现在情形，吾人对于彼方所提议拟与比国玻璃制造家协订一节，不赞成其进行。但此时吾人尽可多方探究远东敌厂情形，以便将来过机连同远东各厂作一种之协定。

二、议决对于船运玻璃上之保险即行停止。

李伯芝

耀华玻璃公司第三十二次董事会议事录

民国十五年五月二十二日星期六下午二时半，耀华玻璃公司在天津中国实业银行开第三十二次董事会。列席者为：李伯芝君（主席）、杨嘉立君、王少泉君、李希明君、杜克儒君、葛立亚君。在座者为：黄屏宣君、史襄士君、亚芬士君。

议决六月二十八日星期一下午三时，在开滦矿务总局董事室内开股东常会，并由秘书登报通知。是日古伯君亦应到会。

公司年报及帐目业已当场查核，议决将此项帐略送呈监察人查核，并请从速报告，俾各股东得有时讨论之。

杨嘉立君已由总董聘请编制报告股东之底稿。

李伯芝

耀华玻璃公司第三十三次董事、监察人联席会议事录

民国十五年六月二十五日星期五下午三时，耀华玻璃公司在天津中国

实业银行楼上开第三十三次董事、监察人联席会。列席为：李伯芝君（主席）、那少森君（代表杨嘉立君）、王少泉君、葛立亚君、甘恩泰君、史得门君。在座者为：黄屏宣君、史襄士君。

是日讨论事项如下：

一、业经印就之报告帐略当场通过。

二、王少泉君交到杨嘉立君自上海拍来电报一纸，略谓杨因要事不克于六月二十八日股东会到场，甚为抱歉，云云。总董当即委托那少森君于股东会时代杨报告公司全年营业情形。

三、那少森君报告公司运赴旧金山之一批玻璃计六千箱业已妥运到美，据来电云，此批玻璃颇受购者之欢迎。那君以为将来太平洋一带之营业可望发达。

李伯芝

耀华玻璃公司第三十四次董事会议事录

民国十五年八月十六日星期一下午三时，耀华玻璃公司在中国实业银行楼上开第三十四次董事会。列席者为：李伯芝君（主席并代表王少泉君）、杨嘉立君、李希明君。在座者为：黄屏宣君、史襄士君、贾立克女士。

是日议决事项如下：

一、酬金问题。金谓按照中国现况，耀华股东或他人均不欲以大宗款项借予公司实行罗遮君之计划，是以无讨论之必要。议决由协董本此意函告罗遮。

二、古伯君截至十五年六月十八日止之酬劳问题。议决此项酬金应行照付并由协董起草，由总、协董会函告知古伯。

又杨嘉立君关于应留用之比国员司报告如下：甲、汇兑。嗣后各员薪金按华币计算比国佛郎完全不成问题，已请古伯君按照此意转告永久留用之十三名比国员司。乙、新合同以三年为期，其关于告假等项之条款均与开滦矿务总局之合同无异。

又关于公司现况，如销货暨比国佛郎跌价以及佛郎跌价关于玻璃市价上之影响等问题，均经讨论。杨嘉立君提出应付十一月汇丰借款及欠开滦款项问题。杨君对于发行新债券事允向比方探询，李君亦允在华作同样之调查。

李伯芝

耀华玻璃公司第三十五次董事会议事录

民国十五年十月九日星期六下午四时半，耀华玻璃公司在中国实业银行开第三十五次董事会。列席者为：李伯芝君、杨嘉立君、杜克儒君、葛立亚君。在座者为：那少森君、夏芬士君、罗旭超君、黄屏宣君、史襄士君、贾立克女士。李伯芝君主席。

是日所议事项如下：

一、首先讨论雅多君九月十五日来函，并提议该函内所述之四项办法，董事部应择其一以为公司目前政策。四项办法列下：（甲）出售工厂于亚沙海玻璃公司；（乙）工厂暂行停业，俟市情稍优、存货销去后再行续办；（丙）工厂永远停工；（丁）续办一年。

出售工厂于亚沙海玻璃公司所得之款不足支配股东，工厂暂行停业于公司财政实状上亦无补济，甲乙两条应行删去。又因秦皇岛玻璃（开平矿务）公司董事、比国著名财政家贾悌耳氏有言曰，"不出一年，比国财政状况即将恢复，佛郎价涨，远东玻璃市价亦必增加"等语，颇属至理，遂议决永远停工一节亦应删去。公司营业应由董事部设法续办一年。

二、汇丰银行借款行将到期，公司财政危状理应设法赈济俾得继续营业。惟因耀华房产仅于开滦稍有价值，除开滦而外似无他家允予接济，遂议决请开滦探询开平、滦州两公司能否允假耀华款五十万元，俾使耀华继续营业，耀华允以所有产业作抵。

三、杨嘉立君云，董事部目前要务为早日设法与酬金团清欠，缘工厂现时所制之玻璃每出一箱，吾人对彼之债务即增一元，提议酬金项下所欠之款应以股票清偿，并应商劝华人以现款购酬金团权利之半，收取新发股票半额，俾与章程内股本华洋各半条款相符。又请杨君电询雅多君酬金团方面应给以何项股票，并询彼等至少欲得若干现款，方允出让其权利之半。

四、议决饬令开滦矿务总局与欧、日各制造家磋商在远东各市合销玻璃、操纵市价等项事宜。

五、议决工厂比国员司新合同应行签字。

李伯芝

耀华玻璃公司第三十六次董事会议事录

民国十五年十一月十二日星期五下午四时，耀华玻璃公司在中国实业银行开第三十六次董事会。列席者为：李伯芝君（主席）、杨嘉立君、李希明君、杜克儒君、葛立亚君。在座者为：那少森君、赵君达君、黄屏宣君、贾立克女士。

是日讨论事项如下：

一、议决请杨嘉立君转告比京秦皇岛玻璃公司，如酬金团赞同，则董事部拟向股东会提议发给酬金团优先股四千股，两千系直接发给，两千系用中国人出名代为执掌。

二、杨君允向汇丰银行磋商，请将该行借与玻璃公司之款由开滦担保再行转期六个月，如汇丰允再展期，则杨君亦允照改抵押契约条款。

三、议决请杨君将李君所更改抵押契约条款交甘恩泰君研究。

四、以上议毕，暂行散会，俟十一月十六日星期二下午三时再行开会继续讨论。

李伯芝

耀华玻璃公司第三十七次董事会议事录

民国十五年十一月十六日星期二下午三时，耀华玻璃公司在中国实业银行开第三十七次董事会。列席者为：李伯芝君（主席）、杨嘉立君、李希明君、杜克儒君、葛立亚君。在座者为：赵君达君、黄屏宣君、史襄士君、施密司君。

是日讨论事项如下：

杨嘉立君首将甘恩泰君所拟关于李伯芝君更改抵押契约各条之意见书交众核议，并报告汇丰银行已允按照旧有条款将借款展期至十六年六月三十日。甘君之意见书经众逐条讨论，其关于更改契约之各项提议及删除原约第五（甲）项及展限至十六年六月三十日两条悉数通过。于是议决，重新缮写契约，将所修改各条一一列入，译成汉文，送请各董事察阅批准后再由总、协董办理执行手续。

讨论支付巨数薪金与公司财政上之关系，金谓亟应格外节省薪俸以免财政愈加拮据。讨论良久，始议决公司不应再与总工程师古伯君续订合同，俟其合同满后即行解职。古伯君现已假旋，将于其合同满限三个月前返津，众咸谓古伯回华费用大可省去，于是议决古伯君之薪金应付至合同期满之时为止，古伯可毋庸来华。嗣又讨论古伯君历年服务之酬劳问题，金以最初两年公司已按照合同每年给古伯酬劳费英金一千镑，后两年又经从优给予同样之酬劳金。目前问题为古伯君合同第五年之酬劳，就公司现况以及古伯君在此期内服务实仅三个月而论，董事部应否照给酬金，颇费斟酌。议决应由杨君将所有事实知照比京秦皇岛玻璃公司，请该公司与古伯君面商。后公同议决通知古伯此项议决，耀华董事部允为附和。又议决按照目下情形，公司实难雇用金邦正君，不得不照前与该员所订合同之条款，以六个月前之通知解除合同，已饬杨君照办。既有上述之变迁，应如何处分其他员司以及如何节省费用，众金以为：（一）赫尔曼君协同范温君足堪主持厂务；（二）比国员司应否再裁应再加考虑。关于（二）条，杨君谓古伯君曾经发表意见，工厂员司碍难再裁，当再征求赫尔曼君之意见，酌量施行。杨更允照此考虑处置中国员司之问题以及其他节省事项，如制造木箱应改例工为包工等事，盖如此则未经动用木箱以前毋庸耗款购买木料也。杨君又告董事部渠将乘机使厂中全体职员注意加工省费之必要，以期减轻成本，公［编者按：应为"工"］厂不致亏折而有盈余。

总董询杨君以盐饼代火碱之问题，杨君答以前经研究，但盐饼消耗过多，以之代碱殊不省费云。

以上议毕，散会，时已四点四十五分。

李伯芝

耀华玻璃公司第三十八次董事会议事录

民国十五年十二月十三日下午四时半，耀华玻璃公司在中国实业银行开第三十八次董事会。列席者为：李伯芝君（主席）、杨嘉立君、李希明君、葛立亚君。在座者为：赵君达君、黄屏宣君、史襄士君、施密斯君。

是日所议事项如下：

耀华玻璃公司向开滦抵押借款合同两分，连全汉文译本，由到会之董事代表抵押人暨开滦矿务总局总理杨嘉立君代表承押人签订，双方加盖印章并嘱秘书先将合同送请未到会之董事王少泉、李嗣香两君签字后，由开滦矿务总局转请唐山杜克儒君签字，再将合同原文暨译文各一份送还秘书保存。

齐震岩代

耀华玻璃公司第三十九次董事会议事录

民国十六年一月十日星期一下午三时半，耀华玻璃公司在中国实业银行开第三十九次董事会。到会者：杨嘉立君、李希明君、葛立亚君、齐震岩君、周志甫君。在座者：为傅沅叔君、黄屏宣君、施密司君。

是日议事如下：

杨嘉立君以协董名义主席。首先代表董事部对于李前总董伯芝、李前董事嗣香先后逝世一节表示哀悼，并谓两君对公司服务为全体所钦佩，今忽仙逝，本部深有遗憾。于是议决本此意义分函慰问两君家属。

又由在座董事选举甲方候补董事齐震岩君、周志甫君为本部董事。杨嘉立君又宣读公司《章程》关于董事部组织之一段，并谓遵照公司《章程》，所遗总董一席即应公推甲方董事一人继任。李希明君提议推举齐震岩君为总董，经众赞同，遂由齐君主席。

众又讨论十五年十二月三十日比京秦皇岛玻璃公司关于向酬金团结算事之来电。各董事对于电内所拟办法均表赞同，惟请发不记名式股票一节不能照办，应仍用记名式方与公司《章程》相符。于是议决如下：

一、应增加新优先股四千股，每股百元，权利与上次所发之优先股同，呈请政府注册。

二、此数之中应发三千七百股，其中一千八百五十股记酬金团所指定之户名，其一千八百五十股记耀华总董等或其他负责华人之户名。

三、由华人出名之一千八百五十股应以契约出押于开滦矿务总局，股票本息作为开滦所有，再由开滦立约将此一千八百五十股之本息交给秦皇岛玻璃公司所指定酬金团之人员。

四、耀华玻璃公司允将下开各款付给秦皇岛玻璃公司所指定酬金团之人员：

一九二七年付洋一万元；

一九二八年付一九二七年度之息等于优先股三百股所得之息；

一九二九年付洋一万元，又付一九二八年度之息等于优先股两百股所得之息；

一九三零年付一九二九年度之息等于优先股二百股所得之息；

一九三一年付洋一万元，又付一九三零年度之息等于优先股一百股所得之息；

一九三二年付一九三一年度之息等于优先股一百股所得之息。

以上各项酬金议决案均饬杨君转知秦皇岛玻璃公司矣。

　　　　　　　　　　　　　　　　　　　　　　　震岩

耀华玻璃公司第四十次董事会议事录

民国十六年二月二十一日星期一下午四时，耀华玻璃公司在中国实业银行开第四十次董事会。列席者为：齐震岩君（主席）、杨嘉立君、李希明君（并代表王少泉君）、那少森君、李伊德君。在座者为：黄屏宣君、史襄士君、施密司君。

是日所议事项如下：

一、关于提议召集股东会，增发优先股以还酬金团债务一事。齐君云，按照公司《章程》，会期一个月以前即应通知股东，值兹时局不靖之际，各股东能否在发通知一个月后到会，殊无把握。李君云，按照中国法律，公司在呈请农部注册以前须开两次股东会：第一次，各董事提议增加股本；第二次，监察人报告。杨君以为，在开股东会报告增加股本、修改章程时，可向股东陈述秦皇岛玻璃公司已将股票交付酬金债权人，现应加发股票补偿秦皇岛玻璃公司。杨君又云，首先须向酬金团商定清结条款，此项商定究需几许时期，现尚难料。遂提议于详细手续磋商清楚并决定应向股东如何提议后，由总、协董定期开会，一个月以前发给通知。李君云，值此多事之秋，北京政局未定，呈请农部注册增加股本困难殊多，可否给酬金团一种证券，畀以与优先股相等之权利？此计划如不能行，再行召集大会办理注册事宜。杨君以为，在吾人未尽力通过股东会呈请农商部并按适当法律手续办理此事以前，秦皇岛玻璃公司决不允证券办法，法律手续如再失败，其他办法或有商量余地。李君以为，此种补济方法可向大会陈述，杨君亦以为然。于是，决定请总、协董俟各种详细手续办毕后定期开临时股东大会。

二、关于前总董李伯芝君未签完之普通股票议决由齐君续签盖戳，中英文两面均应加盖换发日期、图戳。李君提议黄屏宣、史襄士两君管理换发股票之事，应在股票上加盖名戳，以昭郑重。一致通过。

三、杨君报告现继古伯君执行总工程师职权之郝尔曼君服务成绩甚佳。又谓古伯君在完全脱离以前，尚支总工程师之薪金，公司自不能又给郝尔曼君以总工程师之薪金，惟董事部现应稍加郝尔曼君薪水以酬其美满成绩及重大责任。一致通过将郝尔曼薪水自十六年一月一日起，月给六百五十元。

四、杨君报告秦皇岛玻璃公司按照董事部前予该公司之权，关于古伯君服务终止事已商洽就绪。总董以处分古伯君留华之家具事询杨，杨谓公司系按古伯君自估之价收买，计四千元。内二千五百元为木器、钢琴之代价，估计尚属公道；其余之一千五百元，乃汽车之估价。此车后经在秦皇岛请人凭公估计，只值五百元，故公司于木器之损失尚属有限，而于汽车一项当损千元。杨君又云，开滦矿务总局愿按五百元之估价收买此车，众表赞同。

以上议毕，散会。

齐震岩

耀华玻璃公司第四十一次董事会议事录

中华民国十六年五月十日星期二下午四时，耀华玻璃公司在中国实业银行开第四十一次董事会议。列席者为：齐震岩君（主席）、杨嘉立君、李希明君、杜克儒君、那少森君。在座者为：李伊德君、黄屏宣君、史襄士君、施米司君。

是日所议事项如下：

一、股东会日期。议决本年股东会定于一九二七年六月十五日下午三时，在开滦矿务总局董事厅内举行。

二、改选董事。杨嘉立君报告，本人日内即将回英，提议在缺席期内那少森君当以候补董事名义代理协董、列席董事会议并执行协董职权、与总董合签一切文件。众赞成。

三、一九二六年度营业报告。杨君云，公司营业报告业经造具完备，惟以时间过促之故，未能译出汉文，殊为怅惘。简言之，最重要之点即公司本年营业共亏洋三万五千元是也。此损失数中，汇丰借款三十五万元及开滦矿务总局垫款两项上之利息已达二万六千元。此外，尚有五千五百元为特别开支。工厂出货数目为十六万六千箱，较上次股东会时报告股东之预算已增六千箱之多，甚盼今年能出二十万箱。去年售货共计十八万七千箱，前年所售为七万二千箱。制货成本包括开滦代办费、驻比经理处用费及董事部用费，共计五元一角二分，利息及特别开支两项在外。前年成本不连冷修费用为五元六角六分。由此可见，售货增多，成本减少。然今年销路亦不能十分畅达，以出货有限故也。关于将来成本，甚盼能减至四元七角之数。盖处处业已实行搏节，裁减西员其尤者也，且自一九二六年初起迄今，共裁去洋员十三名，所有该洋员应得之薪金暨回国川资等项重大费用悉由公司担负，此项费用固不复发现者也。似此情形，度一九二七年度之成本约在四元九角至五元之间。倘能于一九二八年度减至四元七角（杨君甚盼成本不得较多于此），而售货能达二十万箱，公司可望获利十万元，以之付二万六千元借款利息当然有余。惟股息一项，即至一九二八年亦无希望，缘债款尚须付还银行也。吾人似应报告股东以数年内恐无股息可提，须俟大局平靖、建筑工程发展耳。杨君又报告大连建筑房屋兴旺情形，比较吾人沪、汉、津三大重要市场呆滞情形，相去霄壤。总董暨李希明君对于杨君报告甚为满意，并提议总理对于股东之报告亦应与此相仿。又议决董事部帐略上之报告应照去年由总理起草付印。

四、一九二六年度帐略。业经呈送各董事核阅之帐略，众以为清晰明了，毋庸加解，俟监察人核讫，即可呈交大会。

五、汇丰银行借款。杨君报告，公司目下债务共计四十七万三千元，内十二万三千元为开滦矿务总局代垫之款，全数均按七厘计息。今不知开平能否继续担保此笔借款，目前仅可再向恳商，拟先拍一电赴伦敦要求继续担保一个月，俟伊抵英时，再行面商。李君云，去年担保借款时，公司情形极其危险，按适所报告各节，公司景况已渐平稳，则开平、滦州两公司继续担保之危险自减，吾人苟向两公司商办此事或可邀准也。杨君又谓，开平公司于耀华未曾投资，此次说项能否邀准殊无把握，惟当竭力办理，拟以"彼等如不资助，于开滦矿务总局之信用有关"等语激动之。于是，杨君所提议向伦敦接洽一节，一致通过。

六、增发股票。杨君云，秦皇岛玻璃公司业将其名下四千优先股付予酬金团作为偿清酬金，该公司又须分六年付三万元赎回三百股，故耀华公司应加发新票补还秦皇岛玻璃公司所短之三千七百股。前经提议，发新票时，除半数用秦皇岛玻璃公司出名外，其半数用公司总董出名，然后抵与开滦矿务总局，再由该局付给秦皇岛玻璃公司。现该公司拟请从简办理，不用总董出名，将股票直接发给开滦。李君云，开滦本非洋商专名，此议似无困难，可先问律师。杨君云，总董应将此结束酬金团欠项之较优办法报告股东，使彼等决议声明本公司已承认发三千七百股予秦皇岛玻璃公司。

于是决议先由秘书草拟议案，于下次开会以前先送总、协董一阅。又议决将来报部应作为增加股本整数四十万元。

齐震岩

耀华玻璃公司第四十二次董事会、监察人联席会议事录

民国十六年六月十三日星期一下午四时，耀华玻璃公司在英界领事道中国实业银行楼上开第四十二次董事、监察人联席会议。到会者为：齐震岩君（主席）、李希明君、那少森君、杜克儒君、李伊德君、傅沅叔君、甘恩泰君、史得门君。在座者为：黄屏宣君、史襄士君、施密司君。

是日所议事项如下：

一、关于加发优先股票用开滦矿务总局户名一节，李希明君提议应先征求律师意见，上次议事录即应照改，众赞成。那少森君并允向开滦律师询问此事。

二、公司十五年度报告书及帐略经众细核通过。

　　三、关于股东会选举事，讨论选举手续（系票选抑系推选）。议决甲方选举法应向股东会当场解决，乙方则决用推选法。

　　四、那少森君与总董及李希明君讨论大会秩序事，并嘱秘书缮备详细秩序单，呈请总董及那少森君核阅。

　　又议决秦皇岛代理总工程师厂务过忙，开大会时可毋庸列席。

　　以上议毕，散会。

龚仙舟

秦皇岛港藏"滦外档"之顾振等人事档案解读[*]

张　阳　董劭伟

（东北大学秦皇岛分校　语言学院；
东北大学秦皇岛分校　社会科学研究院）

秦皇岛港自然条件优越，地理位置适中，是为清代自开通商口岸。腹地近代工业的发展、唐榆铁路的修建与通车等都是秦皇岛港开埠和发展的重要原因，但开埠之初，秦皇岛地亩权益即因为开平矿务局垫款购买土地而旁落。1901年，开平矿务局被英国墨林公司骗取，秦皇岛港开始由英人管理。1912年"以滦收开"失败，秦皇岛港改称"开滦矿务总局秦皇岛经理处"，仍由英商管理。在第二次世界大战期间，秦港一度被日本军管，战争结束后国民党政府将其交还英国管理至1950年。上述历史沿革，表明了秦皇岛港与开滦矿务总局紧密的联系，由英国人管理近五十年的历史也是秦皇岛港藏档案大部分为英文记录的原因。

本文基于秦皇岛港藏开滦外文档案（简称"滦外档"），对其中一卷人事档案进行解读。该卷人事档案的外文卷号是 G-10000-X，名称为《人事管理顾振、李蔚然、刘玉荷、宋恩浦、陈清》，档案按照时间倒序排列，解读依据内容进行划分。

＊　本文系2015年度教育部人文社会科学研究青年基金项目"秦皇岛港藏民国时期外文人事档案的翻译、整理与研究"的阶段性成果。项目批准号：15YJCZH227。

一　人事管理顾振卷

顾振先生于 1934 年就任开滦矿务总局中方总经理，是第一位出任此职务的中国人，也是开滦矿务总局中职位最高的中国人。在任职开滦中方总经理之前，1931 年 8 月至 1932 年 3 月，顾振曾任开滦秦皇岛经理处副经理。本卷人事档案就是关于顾振先生这次调往秦皇岛的安排。此处依据档案内容，将其分成两个部分，有关顾振的具体情况，将在后文介绍。

（一）上海调至秦皇岛的审批及薪酬等

1931 年 8 月 8 日，开滦秦皇岛经理处齐尔顿经理给天津总经理写信，随附顾振先生从上海临时调至秦皇岛的审批表一式四份，调任从 1931 年 8 月 3 日起生效。8 月 11 日，总会计师回信给齐尔顿先生，内容是与总经理讨论顾振先生调往秦皇岛期间的津贴支付问题，总经理回复住房津贴继续支付，因其家人仍在上海（此时顾振家人应该是并未随同前往，因后续档案中提到家人已经住在天津，遂将住房津贴改为发往天津——笔者注）。总经理确认了顾振先生在秦皇岛的职务是副经理，但对于汽车津贴和保镖费用等问题，建议齐尔顿与顾振本人探讨后再定如何支付。8 月 12 日齐尔顿回复天津总会计师，顾振因昨日（8 月 11 日）前往黑龙江[①]，8 月 25 日回来，那时才能探讨汽车津贴和保镖的问题。随后天津总会计师发给秦皇岛第一会计一封函件，提醒秦皇岛第一会计，顾振先生的调转事宜和未解决的津贴问题，将在本月底解决（恰好是顾振先生从黑龙江回来后的时间），并告知秦皇岛第一会计，秦皇岛从本月 1 日起支付顾振先生薪酬，与上海的薪酬一致。此信同时也抄送了齐尔顿经理。齐尔顿和顾振在讨论了 8 月 11 日天津总会计师来信中的问题后，于 8 月 29 日给总会计师回信如下：上海的住宅津贴从 31 日起停发，因为顾振的家人于该日乘船北上，到天津居住，且顾振在秦皇岛任职期间，家人会一直居住在天津。11 日信中汽车津贴问题的解决办法同上，即 31 日起停发[②]。关于保

---

① 　1930 年 1 月，开滦在沈阳设立满洲经理处，并在哈尔滨等地设立分销处及代理人……哈尔滨代理人为哈尔滨玻璃公司及波兰恩洋行。顾振此去或与此部门有来往。

② 　参见附录 6。

镖问题，齐尔顿经理建议将保镖也临时派往秦皇岛，做看守人总管。齐尔顿经理在信尾还特意提到，上述建议和安排都符合矿务局的规定，但是认为总经理也希望在解决时能够有适当的宽限，毕竟顾振先生在上海的住宅津贴是 210 元而现在拿 180 元的调转津贴，而顾振先生在秦皇岛工作，家人住在天津，必然会有额外的支出，此处可以说是开滦管理人性化的体现。值得注意的是，在 1931 年 9 月和 11 月的两封函件中，夹着第一页档案即 8 月 8 日函件中提到的审批表，上面清楚印有关顾振调动的薪酬安排，与月底齐尔顿给总会计师回信的安排一样。审批表的打印日期是 8 月 8 日，如果按照函件内容，当时还不能确定一些安排，而此表关于住宅津贴的发放地点和时间等，均采用的是将来时态，表格上有齐尔顿首字母缩略签名处的时间是手书的 9 月 4 日，与这份档案夹存的位置一起，这或可证明这份表格部分内容已填好，所有问题确认后，得以审批通过。依据开滦人事管理规定和后来档案中的关联内容，中、高级员司的聘用，都需要提交与这份表格一样的审批表。

　　档案中另外和薪酬相关的是顾振先生煤贴的安排。1931 年 11 月 14 日，天津裴利耶先生因顾振妻子申请煤贴问题给顾振写信，要求其确认是否从天津领取煤贴。顾振在 15 日的回信中确认，是从天津领取煤贴[①]。接下来天津就此事给秦皇岛齐尔顿经理写信，请他告知顾振先生应领煤贴的数量，无论是上海还是天津的数据，均可。就此事齐尔顿的回复是，顾振到秦皇岛开始就没有领过煤贴。在上海他一年的煤贴是焦炭 1 吨。

（二）那森与顾振的互动

1. 约见与休假

　　档案中 1931 年 9 月 2 日的函件，是时任开滦天津总经理的那森·爱德先生与顾振先生的互动。那森在 9 月 2 日的信中写道，期待与顾振在天津见面，不知何时可以。信的开头说刚在秦皇岛与顾振说过再见，说明那森应该刚刚去过秦皇岛。1931 年 9 月 3 日顾振的回信中说，周五（即 4 日）有人从哈尔滨来拜访，所以周六下午启程去天津，周日早晨拜访那森。此事并无后文，哈尔滨来人或许和之前月底前顾振刚从黑龙江返回有关。

---

① 参见附录 5。

接下来的几封函件是齐尔顿与那森之间关于顾振去天津与家人过圣诞节和春节的沟通和批准①。春节是中国人生活中重要的节日不言而喻，关于顾振与家人过圣诞节的解释，笔者认为原因大概有二。其一是顾振早年的留学经历。顾振生于1894年，1911年入清华学堂高等科学习，1918年即已取得美国康奈尔大学硕士学位，西方文化和生活方式会对年少的顾振产生影响。顾振1933年7月25日致那森的信中有言，"……一个政府行使权力，采取专断的行动，我认为这是不正当的，这种行动的后果，往往比其似乎可能产生的直接结果更为深远"②，可见民主思想对顾振的影响的痕迹。其二是开滦的企业性质。开滦是中外合资企业，高级管理者几乎均为外籍人士，圣诞节是他们的重要节日，因此管理上必定安排假期。作为高级管理者的顾振，也必定是趁此假期与家人团聚。

2. 对顾振先生后续工作的安排

1931年11月26日，那森写给齐尔顿的信中提到让顾振明年3月份去上海替换朗荷恩先生，朗荷恩5月请假回家。15日齐尔顿给那森的信中提到顾振前往天津安排家庭住宿问题，将会到办公室拜访那森，看他是否另有指示。1932年2月至3月的几封函件是那森与齐尔顿关于顾振的调回问题进行的商讨和批准③。其中，1932年2月25日的函件，那森提出，因上海方面暂时不急于要顾振回去，他想要顾振先去天津做他的个人助理，在3月初陪那森的家人在秦待几天，接下来陪那森本人去矿区视察④。那森请齐尔顿询问顾振对此事的态度，再决定明天是否来天津。齐尔顿在回复中同意顾振下周在秦与那森汇合，按那森安排行事⑤。

（三）顾振其人、其事

顾振（1894—1938），字湛然，江苏无锡人。1910年参加晚清游美学

---

① 参见附录3、4。

② 李保平、邓子平、韩小白：《开滦煤矿档案史料集（1876—1912）》，河北教育出版社2002年版，第1290页。

③ 参见附录1。

④ 参见附录2。

⑤ 那森·爱德曾在致特纳的信中，评价顾振是"思想和行为上的士君子"，由此信来看，那森对顾振的确是十分满意的。文见丁长清《开滦煤矿人事管理的历史考察》，《南开经济研究》1986年第4期。

务处第二届庚款游美生考试，录取为备选生。1911 年进清华学堂高等科学习。1918 年获美国康奈尔大学机械工程硕士学位。1925 年前后在交通部路政司任职。据说后曾任京奉铁路局局长，此或可在张伯苓致顾振的信中得以认证，"……开滦矿局捐助敝校煤斤，前蒙慨允代运，非常感谢。……本思即日趋谒，只因电询贵局，知尊驾适去北京……民国十七年五月廿五日。"[1] "顷闻荣膺开滦重任，长才克展……往年敝校在北宁路运煤，承蒙从中主持，受惠良多……民国二十二年九月十五日。"[2]

关于顾振进入开滦的时间，据《刘鸿生企业史料》，1931—1932 年间，（开滦）陆续增添了若干中国经理人员，顾振就是在这个时候进入开滦工作的。秦皇岛港藏档案《顾振人事卷》显示，顾振 1931 年 8 月 8 日已由开滦上海经理处调至开滦秦皇岛经理处，在这之前，顾振是何时进入开滦的，仍有待考证。

因为开滦矿务局增添了若干中国经理人员，英国人认为开滦矿务局本身已经具备了同华籍用户直接发生销售关系的条件[3]，到 1934 年 12 月 31 日，上海开滦矿务局代理人诺斯请刘鸿生去谈话，要求其同意提前取消合组公司第二期合同。或许事件的缘起恰是因为由那森指派的顾振，在一次年会上发表意见认为"上海开滦售品处的利润很多，其中的一半由刘鸿生分得，很不合理"[4]，他建议取消上海开滦售品处，开滦煤完全由开滦矿务局自销。顾振这一意见引起了开滦局洋人的重视，遂把他调到天津开滦总局，改任总局的华总经理。顾振担任开滦矿务总局总经理后，即迎合英国人的意图，发动了提前取消合组公司第二期合同的活动。根据刘鸿生的儿子刘念义口述，因为"看到我父亲在合组公司中分享的利润很优厚，也想吃这块肥肉，就设法要把我父亲排挤出合组公司……也就是买办吃买办"[5]。此事顾振的好友钱昌照在总局的回忆录里这样提及——"顾振对

　　[1]　崔国良：《张伯苓全集》第四卷，公文、函电（一），南开大学出版社 2015 年版，第 384 页。

　　[2]　周立成：《张伯苓全集》第六卷，公文、函电（三），南开大学出版社 2015 年版，第 278 页。

　　[3]　上海社会科学院经济研究所编：《刘鸿生企业史料》（中册），上海人民出版社 1981 年版，第 255 页，谢培德口述。

　　[4]　同上书，第 256 页，孙秉成口述。

　　[5]　同上书，第 257 页，刘念义口述。

开滦进行了一番整顿，很受英国人佩服……刘鸿生靠开滦起家，对顾振很是不满"①。钱昌照在回忆录中还提到，顾振是自己最好的朋友之一，钱对他的评价是"为人可佩"②。

钱昌照在国民党政府任职期间，孕育筹建国防设计委员会，向蒋介石推荐丁文江、顾振、翁文灏等人负责原料及制造方面。国防设计委员会即是资源委员会的前身，1934 年 4 月国防设计委员会改隶军事委员会，更名为资源委员会。在其一年半的历史中，交通运输方面所做的改进，铁路部门由顾振负责。这或与顾振曾在交通部路政司和北宁铁路局工作有关。1936 年 6 月 26 日，中央钢铁公司召开筹备会议，推举顾振、常中石为常务委员③。

翁文灏的研究和文字中对顾振和以顾为首的中国代表团赴德谈判，有不少的提及，《开滦煤矿史料集》对顾振此次行动也有记载。为兴办重工业，资源委员会在 1936 年派顾振等去德国，一方面联系技术合作，另一方面负责接洽借款。以顾振为团长的代表团与德国签署了一亿金马克的周转信贷，称《德华信用贷款合同》，并洽妥了煤炼油等技术引进项目。④蒋介石对顾振等在德国完成的工作很满意。顾振在德期间，完成了蒋介石的一系列要求，做好了中德之间的沟通工作，据同去的鄞悌 1936 年 3 月 31 日给时任国防设计委员会秘书长翁文灏所发电文，称"湛然兄此次工作努力，重以病待休养……"⑤可见顾振工作之敬业与尽责。

1932 年，中国现代政论杂志《独立评论》创刊，标榜"独立精神"，宣称"不倚傍任何党派，不迷信任何所见，用负责的言论发表各人思考的结果"，该刊头两年的经费由独立评论社社员自行集资。罗尔纲《读〈闲话胡适〉》⑥一文中详细罗列了最早出资的一批社员，其中顾振（顾

① 钱昌照：《钱昌照回忆录》，中国文史出版社 1998 年版，第 151 页。

② 上海社会科学院经济研究所编：《刘鸿生企业史料》（中册），上海人民出版社 1981 年版，第 152 页。

③ 李学通：《翁文灏年谱》，山东大学出版社 2005 年版，第 116 页。

④ 参见张北根《克兰计划与中德关系》，《学术月刊》1989 年第 5 期，第 119 页；龙翔《翁文灏主政国防设计委员会、资源委员会、战时生产局期间与国外对华军售及经援》，《中国地质学会地质学史专业委员会第 25 届学术年会论文汇编》，2013 年。

⑤ 戚如高：《顾振等赴德签署中德货物信用借款合同期间与翁文灏等来往电文选》，《民国档案史料》1993 年第 3 期。

⑥ 《社会科学战线》1993 年第 6 期。

湛然）出资最多，为 520 元。按文中介绍"捐薪俸百分之五"，则是时顾振的薪俸为 10400 元许。顾振到秦皇岛工作涉及上海汽车津贴和保镖的安排，可见，其 1931 年 8 月前即已收入颇丰。顾振在《独立评论》共发文两篇，其中创刊号上发表的文章《中国的包工制》以上海某公司为例，对包工制进行了批判，认为"包工者是不劳而获的人，包工制是不劳而获的制度"，其对用工制度的关注和个人的思考，契合《独立评论》向往自由、标榜民主的宗旨。此外，顾振对南开大学请煤事的慷慨也能表明此人对社会事业的贡献。1933 年 9 月，南开校长张伯苓向时任开滦总经理的顾振请煤，9 月 27 日在致顾振的信中感谢他"……慨允于今年为蔽校赠煤四百吨，在此营业不甚畅旺时期，异常可感……"①

关于顾振身故，有两种说法，一种是钱昌照在回忆录中所陈，"抗战开始后……顾振到上海，坐船去天津，被一个与日本有关系的人推下舱去摔死了……"另一说法是《胡适日记》1938 年 3 月 10 日记载，"得新六一信和慰慈一信，慰慈信中说，顾湛然为国事奔走，回到天津跌伤脑部身亡"。廖慰慈与顾振同年考取庚子赔款留学生，同年赴美，同为康奈尔大学毕业，应为同学。顾振的两个女儿在《回忆钱伯伯》一文中对此事的说法是，"我们的父亲顾振 1938 年春去世时，我们还不到 10 岁……钱伯伯（钱昌照——编者）是父亲最好的朋友（顾儿子的孩子取名字时，顾妻要儿子咨询钱，可见钱与顾的关系非比寻常。——编者）……父亲不幸意外身亡……"② 与其父好友钱昌照的说法如出一辙，或可借此确立顾的死因。不管出于什么原因，顾振英年早逝，非常可惜，钱昌照有挽诗，"昔年倾倒凌云赋，今日凄凉瀣露歌。血泪频挥和墨写，泪痕应比墨痕多"③。

关于顾振先生生平资料的整理，笔者的能力和资料有限，但对于这样一位民国时期英年早逝的风云人物的考察，绝不能仅限于此。云妍在《近代开滦煤矿研究》的后记中提及，有幸在英国结识顾振先生的外孙女，但也苦于无法将顾振先生的资料收集完整。对此，笔者将继续关注，

---

① 周立成：《张伯苓全集》第六卷，公文、函电（三），南开大学出版社 2015 年版，第 285 页。

② 江苏张家港市政协学习和文史委员会编：《纪念钱昌照专辑》，中国文史出版社 1992 年版，第 132 页。

③ 钱昌照：《钱昌照回忆录》，中国文史出版社 1998 年版，第 151 页。

希望此处的抛砖引玉也能引起其他学者的兴趣。

二　人事管理李蔚然卷

　　本卷人事档案的第二部分，以李蔚然命名，同时包含有苑春林（音译）和程淑琴（音译）的聘用安排，命名原因与第一页是李蔚然的中英文简历相关。李蔚然的中文简历中规中矩，十分简短，英文简历比中文简历呈现稍多的信息。第一，英文简历在李蔚然的名字后面标注了 Mu Jui Chen 的夫人。这个信息为什么会出现在英文介绍里？我们知道，开滦的中、高级员司基本由外国人担任，开滦的文件往来也皆以英文为工作语言，英语里加入此信息，应是为了让中、高级员司看到。开滦也有规定，子女优先录用，开滦子弟学校的优先录用，我们在其他的档案中也看到了为自己的子女谋职的情况。参照其他求职类的人事档案，出现是某人熟人的并不鲜见，且开滦的中级员司及中、高级员司都有保举制度，即由一名开滦员司推荐①，此制度在后续档案中得到了印证。第二，英文简历中出现了籍贯：迁安县，中文中没有。第三，与中文简历不同的地方是简历的形式。英文的简历是表格式的，与我们现在所用的简历基本相似。而中文的简历，则明显是叙述式的、段落式的。此三处明显差异，折射出中英文表达方式背后制度造成的差异——中国员司仍停留在娓娓道来的讲述，而英国管理者已经开始相对标准化的考核，在外国管理模式下的中国也有自己的应对。简历之后，教育部主任批准这三位的任用，齐尔顿给天津总经理写信继续汇报此事，并详细附上了三位的就职和薪酬安排②。

　　此卷档案到此为止。由档案我们无法确知最后三位女士是否均按照齐尔顿的申请而得以就职，但关于三位女士的聘用情况却帮助我们更多地了解了中级员司的任职情况，比如试用期为三个月，每月涨薪 10 元，当时开滦在秦皇岛开设的学校有男校、女校等信息。而苑春林女士是最资深的

---

　　①　1879 年（光绪五年），开平矿务局《开办规条》规定："司事（即后称员司火职员）由股大者推荐，经试用如不合格再由原荐者更换，但以调换一次为限，至于任何职务、多少薪水由局督办（或总办）酌定。开平、滦州两公司与 1912 年联合后，各类员司的录用有了具体规定。对于一般员司的录用，采取招考、自荐或由高级员司推荐之办法。参见《开滦煤矿志》第三卷（1878—1988），新华出版社 1995 年版，第 81 页。

　　②　参见附录 7、8。

女校教师，由校长女士建议提升为副校长，此一举恰恰吻合开滦的就职原则——考察资历，注重职位的可接替性①。

三　人事管理刘玉荷卷

（一）雇用原因

开滦秦皇岛经理处对刘玉荷的雇用原因，档案中呈现的三封类似"推荐信"的中文信件或可解释。三封信分别附英文翻译，第一封是刘玉荷的父亲写给秦皇岛经理处经理柴田的信件。1943年，刘玉荷的父亲刘德全，从后文中看到他是在控制处工作的职员，有子女9人，其中一人已经毕业，另外八个孩子都在求学。1943年女儿刘玉荷即将在昌黎女子师范学校毕业，成绩优异，曾在唐山淑德女中获一或二次奖学金，精通日语和汉语。刘德全希望女儿能在开滦工作，对于女儿的品行和专业知识，开滦女校的苑校长特别了解，可以帮助经理了解女儿的为人和知识掌握情况。此处提到的苑校长，应该就是本卷档案第二部分人事管理李蔚然中，提到的提升为女校副校长的苑春林老师。另外两封信件写于1947年，此时刘德全已经因病去世。其中一封是刘德全的遗孀刘张淑清（音译）写给秦皇岛经理处经理，另一封信署名是秦皇岛开滦矿务局职员协会，也是写给当时的经理齐尔顿②，目的都是要求给在职身故的刘德全的女儿刘玉荷安排到秦皇岛开滦女校做教员。两封信中都提到了刘德全为开滦服务20余年，身后九名子女，生活拮据，时局不稳，物价飞涨等。与第一封刘德全自己给经理写的信的不同之处，不仅是时间，主要是结果。在刘的遗孀和职员协会给经理写信后，刘玉荷被开滦秦皇岛女校录用，成为一名教员③。刘玉荷的雇佣说明开滦对职工子女尤其是在职身故的员司子女的照顾，也侧面证明了职员协会的作用不可小觑。

（二）雇用情况

接下来档案中存留的是刘玉荷的问卷调查，此问卷由求职者填写。问

---

① 云妍：《近代开滦煤矿研究》，人民出版社2015年版，第98页。
② 参见附录11。
③ 参见附录10。

卷的内容除了求职者刘玉荷的自然信息外，还有父亲的全名和职业、求职者认识的在开滦工作的人员信息等。此处刘玉荷填写了三位，其中袁我一和郑德高分别在推荐刘玉荷求职的信上签字盖章，还有一位程平利（音译），其名字没有出现在保举信上。另有一栏需要填写现在在开滦工作的人士，刘玉荷填写的是姐姐——涵（音译。笔者注）。在刘玉荷的员司任用单上，清楚记载了雇用原因、雇用的时间、地点、职位和薪酬等。刘玉荷于 1947 年 9 月 1 日开始在开滦秦皇岛小学任教，薪酬每月 80 元，与其之前在秦皇岛扶轮学校①做老师的工资相比，增长了 20 元。总经理依据 1947 年 8 月 8 日许可令 CWT－59 号②，同意聘用刘玉荷，给予其教育员司应有的全部津贴和薪酬。与刘玉荷同时聘用的还有一位 22 岁的振霞（档案中此人姓氏已不可见。笔者注），毕业于天津市立女师，由父亲申请做小学教员。随附刘玉荷的任用单还有袁我一和郑德高签名的保举信及刘玉荷的体检证明③和一份开滦矿务局矿立秦皇岛小学校教职员聘约存根 198 号。根据这份存根，英文为 Railway School 的学校叫做秦皇岛扶轮学校。刘玉荷在此处任职的时间是民国 1932 年 7 月至 1936 年 7 月，与开滦秦皇岛小学校签约的时间是 1936 年 9 月 1 日至 1937 年 1 月 31 日，薪酬 80 元。另一份聘约存根 202 号，签约时间为 1937 年 2 月 1 日至 1938 年 7 月 31 日，薪酬为 100 元。比较显示，第一份半年的聘约应该是实习期的聘约，第二份是转正之后的薪酬情况，薪酬比实习期略有提高。

（三）解雇情况

刘玉荷人事卷的最后一页档案是员司解雇单④，档案纸张颜色为粉色，与以往的人事档案颜色完全不同。与任用单一样，解雇单记录有刘玉荷的各项信息，包括开支单号 2030，1948 年 11 月 30 日起不发工资，最

---

①　中华民国时期，大凡铁路部门创办的中小学校皆统称为扶轮中学或扶轮小学，全国各地都有。扶轮学校其实就是全国铁路系统的职工子弟学校。这些学校均设置于铁路沿线，既照顾了铁路职工子弟就读求学，又借以培养铁路新秀，实乃中国铁路教育之一大特色。此处秦皇岛扶轮小学在档案中即以英文记做"秦皇岛铁路小学"。

②　其中提到的 CWT－59 是执行经理写给秦皇岛经理处，关于响应政府指令引入 Two-Department 体系，增加两个班级，但是却没有额外的教室的备忘。此意见矿务局学校已经采纳。

③　1930 年 9 月开滦中级员司服务及待遇规则第二条规定：员司于受雇之前其身体应受总局医士之检查，籍视是否健康。参见《开滦煤矿志》第三卷，第 100 页。

④　参见附录 9。

后的签署时间是 1949 年等。解雇单显示当时刘玉荷的工资是 120 元。解雇的原因是长期离岗未归，年终花红按照 11/12 乘一个月薪水的 3/4 外加面粉津贴发放。

四 人事管理宋恩浦卷

纵观这卷人事档案，内容均是宋恩浦的入职、请假和被解雇。他是谁？从事何种工作？为什么被解雇？

宋恩浦 1919 年 12 月 17 日受雇于开滦，级别为 C4（职员四级），过秤员，最初薪酬为 13 元。受聘时已婚无孩，和妻子住在大沽。1931 年 10 月在开滦秦皇岛供职，级别是 C4，砖厂工头，薪水 30.8 元。此时宋已有一孩，父母均亡故，居住地也改为了秦皇岛乡下。受雇以来的请假情况为，1921 年请 10 天假回大沽。1930 年请年假 10 天。按此表显示，这两次休假均未享受旅行津贴。除此表之外，并未有专门的函件表明宋恩浦是 1931 年开始在秦皇岛供职的。1925 年 1 月煤炭销售部申请表，内容是将宋恩浦由山海关的过秤员调至秦皇岛做砖厂巡查员助理，每月工资 22 元。1927 年 5 月，宋被调至地秤办公室做砖厂工头，月薪 24.2 元。1931 年 7 月 1 日，时任砖厂工头的宋恩浦想请年休假 40 天，档案伊始对宋入职和请假时间的统计，即是为这次请假所做的调查。这次请假后，宋当年的假期只剩 1 天。1931 年 8 月 25 日，部门领导给秦皇岛经理写信，报告宋恩浦的探亲假 24 日已休完，复工。在请假的函件批复中，领导提及了宋不在期间由谁来接替他的工作的问题。接下来，宋恩浦在 1932 年的可记载档案中请假一次，5 天，批准。1934 年 2 月请假一次，5 天，批准。1934 年 8 月 16 日，宋恩浦申请休年假 21 天，理由是在矿务局服务满 3 年，可以申请探亲假了，希望请 3 周，从 8 月 25 日开始。根据上文，宋恩浦 1931 年年休假剩余 1 天，1931 年 8 月 24 日至今剩余 26 天的情况，这次休假得到批准，剩余 6 天假期。部门审批日是 8 月 17 日，总经理批准日是 8 月 19 日。1936 年，宋恩浦请假三次，分别是 2 月 4 天，6 月 5 天，8 月 3 天。8 月 6 日的备忘录中，齐尔顿经理请 L. S. CHOW 先生注意，宋今年多次请假。也许是因为领导注意到了他请假过多的现象，档案中不再有宋此年请假的记录。1937 年 9 月 2 日，宋恩浦再次向部门领导申请休假 3 周回老家塘沽处理私事，根据接下来的探亲假日期计算，以及 1934 年 8 月的探亲假时间比对，此次宋申请的仍然是探亲假。在宋提交申请后

的探亲假日期表格中，上次转入本次的假期是 6 天，1934 年 9 月 17 日至
1937 年 10 月 6 日，宋可享受 36 天的休假，减去常规休假 12 天（此数据
恰是 1936 年宋请假的总日数），宋此次可享 30 天假期，申请休 21 天，余
9 天。1937 年 9 月 28 日，秘书告知宋所在部门，宋请假一事得到批准，
日期为 10 月 7 日至 29 日，多出的两日是旅途时间。此次旅程矿务局还支
付从工作地到塘沽的二等火车座席往返票价 30.4 元。在 1937 年 12 月，
宋又请假半天①。

　　1938 年 7 月，宋请假两次，分别是 2 天和 3 天，第二次是姑姑的葬
礼，两次请假间隔不到半月，也许均是由于姑姑病危一事，但是之前的请
假信中除姑姑葬礼外，并未明说请假理由，只是说有要紧的私事。1938
年 11 月，宋请假一天。1939 年 1 月，宋请假 1 天，4 月，请假 2 天，9 月
请假 4 天，均得到批准。1940 年 7 月，宋请假 3 天，9 月请假 2 天后顺延
假期 2 天，共请假 4 天。1941 年 1 月，请假 2 天。1942 年 4 月，请假 2
天。1943 年 6 月，请假 1 天。11 月请假 1 天，12 月请假 2 天。1944 年 7
月请假 4 天，11 月请假 1 天。1945 年 1 月请假 1 天，4 月底请假 4 天，时
间是 5 月 2 日至 5 日。1946 年 1 月请假 2 天，4 月请假 1 天，8 月请假 7
天，9 月请假 4 天。1949 年（此部分档案已由中文书写），9 月请假 5 天，
10 月续假 5 天，由 4 至 9 日。本卷档案的最末页是宋恩浦的解雇通知
单。通知单显示 1950 年 10 月 1 日解雇宋恩浦，工资发放截止到 1950 年 9
月 30 日。解雇单中并未明确指出解雇原因，只是写明参照秦皇岛暂行解
雇办法第三项。按总第 44 号条款应享 17 日带薪假期，享 9 个月年终花
红，解雇费 4 又 1/3 月，包括实物、年老补助金、末煤 2 吨、面粉 4 袋。
如果我们将其后来请假的日期进行计算，未到三年，他已经将余存的假期
用完，且请假的数量多，频率大，在没有其他过失行为记录的情况下，或
可判断，此人被解雇的原因即是请假太多。如果按照档案记载，他从
1919 年即进入开滦工作，1931 年调入秦皇岛经理处，到被解雇时，已至
少为开滦效力了 19 年。

五　人事档案陈清卷

　　人事档案陈清卷是关于一位中级员司陈清的聘用和请假情况。陈清于

---

① 参见附录 12。

1944 年 8 月被秦皇岛港务局雇用。根据时任港务局长日本人柴田一美所言，雇用陈清的原因是"港务局仍需要更多的打字员，因为有越来越多的中、日文文件……改组之前和之后都没有雇用新的职员，职员年龄太大不能适应新的趋势……我们还有许多新的岗位空缺"等①。档案显示，陈清 1944 年 20 岁，初中毕业于北京慕贞女子中学，高中毕业于北京市立第五女子中学，进入港务局的介绍人是时任副局长毕祖培先生②。求职人员调查表上显示其已故的父亲陈春华于 1929 年至 1938 年在秦皇岛栈房任总管。在聘用保证书上，除有陈清本人的保证外，还有名为李鸿奎的人为陈清作保，形式类似于联保。1944 年 8 月 2 日柴田申请雇佣新的打字员，8月 8 日唐山秘书处批复同意，8 月 13 日天津总经理同意雇用，彰显了开滦的工作效率。依据总经理批复，陈清实习期间没有任何补助，但享受免费医疗、面粉和玉米面补贴，工资实习期间每月 40 元。陈清的雇用表还附有医学证明，证明她健康状况良好，可以胜任港务局工作，没有残疾。

随后的档案就是陈清的病历卡，应该是由于肠炎而进行治疗。1944年 11 月 13 日，档案显示陈清通过了三个月的试用期，能够胜任打字员的工作，薪水从 40 元涨到 50 元，即日算起，并给予现有职员的所有待遇。1945 年 2 月，陈清请假 1 天，3 月病历卡显示需要手术，建议 4 月再上班。7 月 6 日陈请假 3 天去唐山办事，24 日请假 10 天去天津探望丈夫的祖母。8月生病，9 月生病。1946 年 2 月生病，4 月请假去北平。6 月生病，7 月请假 4 天，8 月生病，9 月生病 2 次，10 月生病。1947 年 2 月请假 6 天，9 月请假 2 天，还有一次因鼻炎诊疗的记录卡，日期为 1947 年，具体不详。1948 年 8 月请假 10 天。1949 年 2 月请假 4 天，1949 年 6 月请假 10 天，8 月肠炎，10 月生病，另 8 月还请假 1 天。1951 年 4 月因咽喉发炎在医院留存了诊疗记录。陈清的人事档案到此结束，整卷人事档案也到此结束。

陈清的档案，呈现了日本军管理开滦期间的一些特点。日本军管理时期，开滦加大了生产力度，不断地增加对中国煤炭和资源的掠夺，"改组"和"雇佣新的职员"都是为这一目的服务，雇佣陈清也是如此。日本军管理时期，虽对管理部门进行更名，但仍然遵循了开滦严格和有序的层级管理。一位新打字员的雇用，港务局长柴田也要给唐山秘书处写信请示，即是有力证明。

---

① 参见附录 15。
② 参见附录 14。

六　结　语

　　开滦在英人的锐意经营下，业绩长盛不衰。开滦的人事制度，是其管理成功的有力保障。

　　从这卷档案所见，开滦的人事制度首先表现为健全的组织。人事部、工务处、记账房、秘书处、会计处及秦皇岛经理处等附属单位，机构各司其职，制度有章可循，有条不紊。其次，制度运行良好。各级领导的沟通、请假时各级领导的审批、职员的定期升职、加薪和流动等，无不体现了开滦对既有制度的有力执行。再次，人才质量有保障。本卷中各位员司，都是人中翘楚，比如顾振先生、升为副校长的苑春林女士、通过考核的打字员陈清等，都受过良好教育，且有较强的工作能力。开滦还进行企业办社会的实践，通过兴办学校，培养和提高员司及后代的素质。最后，制度的调整具备灵活性。一是定期增加新的条目，二是综合中国国情酌情考虑本地实际，如人情的考虑等。经由档案佐证，上述人事管理制度的施行，是开滦企业在民国时期得以长盛不衰的重要原因。

1.　　　　　　　**THE KAILAN MINING ADMINISTRATION**

Application for Sancation for

　　　　Expenditure on：- *　　　Revenue　　　ACCOUNT.

　　Applied for by　　　**GENERAL**　　　　Dept.

　　　　　　　　　　TIENTSIN.

　　　　　　　　　　　　1st　　March.　　1932.

　* The allocation will be entered when Sanction is registered.　Form "A" 1.

　　　　　　　　　　　　　　　　　Printed by K. M. A.

DETAILS	AMOUNT			
	Cash		Stores	
MR. C. KU. Permanent transfer as from March 1st, 1932, of Mr. C. Ku from Chinwangtao Agency (to which he had been temporarily transferred from Shanghai on 3/8/31) to Head Office, General Manager's Department, with House Allowance Tls. 140. -p. m.				

2.
THE KAILAN MINING ADMINISTRATION.
GENERAL MANAGER FOR
THE YAO HUA MECHENICAL
GLASS COMPANY LTD
REFERENCE　　　　　　　　　　　TIENTSIN, NORTH CHINA

G – 1000 – X　　　　　　　　　　　　　25th February 1932

　　W. B. Chilton, Esq. ,

　　　　CHINWANGTAO.

Dear Chilton,

　　I was just about to write to you about my movements and also about the movements of Mr. C. Ku, when I got your telegram, NO. 484, asking permission for Ku to proceed to Tientsin tomorrow, to which I have replied asking you to await my letter.

　　As Ku's tenure of office as Assistant Agent, Chinwangtao, expires on the 29th instant, and as there is not at the moment any pressing need for his return to Shanghai, I propose to transfer him as from March 1st to Tientsin to act for the time being as a personal assistant to myself. I propose, however, to accompany my family to Chinwangtao, either on the 2nd or 3rd of next month, in order to see them off on the "ROWENA" and thereafter spend two or three days at Chinwangtao, where I am asking Valentin to join me. Then I propose to proceed to the Mines where I hope to be able to spend a week or so. I wish Ku to act as my personal assistant during this tour and for that purpose he should await my arrival at Chinwangtao. I anticipate that we should both be returning to Tientsin probably about the 14th or 15th March.

　　If you are agreeable, I have no objection to Ku coming up here tomorrow for the weekend, but thought it was just as well he should know my plans for his future before he made up his mind about coming up here tomorrow. Will you please let him know the contents of this letter, therefore, and decide yourselves whether he should come up here tomorrow or not.

　　Of course, all the above plans are subject to the unforeseen events arising to detain me here. At the present moment it looks as if I should be able to get away, but of course it is impossible to tell from one day to the next what is going to happen.

Yours sincerely,

E. J. Nathan

3. G – 10000 – X.

3rd February, 1932.

E. J. Nathan, Esq. ,
TIENTSIN.

Dear Mr. Nathan,

　　Subject to your approval, Mr. C. Ku will spend the Spring Festival holidays in Tientsin and Peiping.

Yours sincerely,

WBL

4. G – 10000 – X.

21st December, 1931.

E. J. Nathan, Esq. ,
TIENTSIN.

Dear Mr. Nathan,

　　Subject to your approval, C. Ku will proceed to Tientsin to spend the Christmas week-end with his family, from Thursday the 24th to Monday the 28th of December inclusive.

Yours sincerely,

WBL

5. W. Pryor, Esq. ,
TIENTSIN.

15th November, 1931.

Dear Mr. Pryor,

　　I wish to thank you for your letter of the 14th inst. concerning my coal allowance.

　　I confirm that, during 1931/32 and beginning from my transfer to the

Chinwangtao Agency, I like to draw my coal allowance at Tientsin.

    I am very grateful to the General Manager for his decision and wish you will kindly convey my thanks to him.

Yours sincerely,

C. Ku

6.   **THE KAILAN MINING ADMINISTRATION**.

Application for Sanction for

Expenditure on: -- *   REVENUE   **ACCOUNT**.

Applied for by   Agency,   **Dept**.

Chinwangtao,

8th   august,   1931.

    * The allocation will be entered when the Sanction is registered. **Form" A" 1**.

Printed by K. M. A.

DETAILS	AMOUNT			
	Cash		Stores	
MR. C. KU.				
Temporary transfer of Mr. C. Ku from Shanghai to Chinwangtao Agency with effect from the 3rd of August 1931, as Assistant Agent, on the following terms: -				
1) House allowance of $140.00 per month in Tientsin where his family will reside, payable as from 1st September, 1931.				
2) Transfer allowance of $180.00 per month, payable as from 3rd August, 1931.				
3) Motor Car allowance to cease as from 31st August, 1931.				
4) Shanghai House allowance to cease as from 31st August, 1931.				
5) Bodyguard to be transferred from Shanghai to Chinwangtao to act as Inspector of Watchmen.				
rate of exchange: --- = Tsin $				

Amount and Allocation Sanctioned: --- 　　　　CASH 　 TOTAL

　　　　　　　　　　　　　　　　　　　　　　　　GRAND TOTAL

7. The Director of Education, 　　　　　　　　21st January, 1933.

　　　TONG SHAN.

Dear Sir,

　　　I am enclosing two service records, one for Miss Cheng Shu Chih and one for Miss Li Wei Jan, who have applied for positions as teachers in our schools. I am considering engaging them on three months' probation, one for our Girls' School as previously agreed upon and the other to replace Mr. Ma Wan Hsun, teacher of the Boys' School, who has been asked to resign.

　　　I have also acceded to the Headmisstress' recommendation to appoint Miss Yuan Chung Lin as Assistant Directress of the Girls' School with an increase of $10.00 a month.

　　　Subject to your agreement, I shall submit the necessary sanctions to the General Manager.

　　　　　　　　　　　　　　　　　　　　Yours faithfully,

　　　　　　　　　　　　　　　　　　　　(Sgd.) W. B. Chilton.

　　　　　　　　　　　　　　　　　　　　　　AGENT.

　　　Enclos: --

　　　　2 Service Records.

8. 　　　　　　　　　　　SERVICE RECORD.

　　　Name: 　　　　　　　Miss Li Wei Jan (Mrs. Mu Jui Chen)

　　　Age: 　　　　　　　　22

　　　Native Place: 　　　　Chien An Hsien

　　　Qualifications: 　　　Graduate of the First Provincial Girls Normal

　　　　　　　　　　　　　School of Hopei, Tientsin.

　　　Previous Engagement: Teacher of the Primary School attached to the

　　　　　　　　　　　　　Girls Normal School, Tientsin.

9.　　　　THE KAILAN MINING ADMINISTRATION

to Dept. of origin

by C. A. M.

TERMINATION TICKET for $\left\{\begin{array}{l}\text{Clerical}\\\text{Supervisory}\\\text{Minor}\\\text{Police}\\\text{Educational}\end{array}\right\}$ Staff

Please read the instructions on the cover of the book of Termination tickets.

(English)　LIU YU HO　(Chinese)　　　　Payroll No. 2030

(Block capitals)

Termination　1st　December, 1948.	
Engagement: Tientsin .	
Chinwangtao Agency	Reason for termination, and special remarks:
?:　K. . MA.　Primary　Schools.	Terminated due to failure to her post after long
?"　Teacher	absence.
Clerical	
Salary:　120. – p. m.	

(a) Salary up to and including date of termination. 30th November, 1948.

(b) ###

(c) One month's salary in lieu of notice.

(d) Proportion of New Year Bonus　11/12 x 3/4 of 1　month's salary. Plus

　　　　　　　　　　　　　　Flour benefit.

(e) Provident Fund with/without Gratuity Fund to be applied for separately on Form A – 41.

(f) Travelling allowances as claimed separately on Form A – 180.

　　　(To be filled in by General Department) .

　　　　　　Manager

SECRETARY   ACCOUNTANT   A-
GENT.

Chief Administrator for approval: ---Managers	Termination & terms thereof approved: _
General Department P. & P. Dept.	Chief Administrator Managers.

10.   THE KAILAN MINING ADMINISTRATION

to Dept. Div. of origin   NO. 16330

approval by C. M. A.

EMPLOYMENT TICKET for { Clerical / Supervisory / Minor / Police / Educational } Staff

Please read the instructions on the cover of the book of Employment Tickets.

(English)   LIU YU HO   (Chinese)   Payroll No. 2030 ?
                (Block capitals)

	Reason for Engagement, & special remarks: --
	Employment approved by the Chief
Date from: 1st September, 1947.	Managers as per Requisition No. CWT – 59
Engagement: Tientsin .	of 8. 8. 47.
Chinwangtao Agency	With all Education staff privileges and allow-
Department/Division: K. M. A. Primary Schools.	ances in accordance with existing regula-
?" Teacher	tions.
Educational	Joined at Chinwangtao.
Salary: $ 80. 00 per month.	Actual employment to be regulated by Engagement Letter.

Department /Division	Chinese Secretary	Manager
? Mining Administration for approval, with questionnaire and certificate attached*	Engagement　approved：--Medical	
General Division	Chief of Mining Administration ACTING AGENT 20th August,　1947.	

Strike out the words which do not apply.

To be filled in by "A" Division.

The questionnaire and medical certificate will be retained by "G" Division after C. M. A. has approved.

11.   **TRANSLATION**.

Chinwangtao,

18th July, 1947.

The Agent,

  K. M. A. ,

    Chinwangtao,

Dear Sirs,

The late Mr. Liu Teh Chuan, one of our former members, died while in your service, being survived by the nine children with nothing to support them. His widow has repeatedly approached us and asked us to request on her behalf your favour to engage Miss Liu Yu Ho, one of her daughters, as a teacher in the Adm's schools. This question was brought up in our conference on 6th May, 1947.

Miss Liu was graduated from Chang Li Normal School and present semester at an end, it is time to consider the engagement of teachers. We regret that our late member died after over twenty years of satisfactory service with your Adm, at an age of nearly sixty without having received any solatium. As the daughter has adequate qualifications and experience as a teacher, we do not hesitate to recommend that she be given the first chance of employment. We shall obliged if you will favourably consider our recommendations.

Yours faithfully,

(Chopped) K. M. A. C. W. Tao Staff Association.

12. Agent,   16th December, 1937.

    Through Commercial Department,

        Present.

Dear Sir,

    I beg to apply for half day's leave on to – tomorrow morning for I shall have an important affair to be settled by myself.

    Hoping that this application will meet with your favourable consideration & approval.

Yours faithfully,

BRJCK-YARD-FOREMAN.

13.   **APPLICATION FOR HOME LEAVE (CLERICAL STAFF)**

NAME   APPOINTMENT

Sung En Pu   No. 2235   (2) Brick Yard Foreman, "C" Dept.

No. of days applied for 21 days

From 7th October, 1937 to 29th October, 1937.

Including 2 days for travelling (both ways)

Travelling Expenses to Tongku (place of engagement) 2 2nd class Train fare & return $ 30. 40

Leave carried forward from last Home Leave   6 days

Date of return from last Home Leave 16/9/34　　　　36″

Casual leave to be deducted　　　　12″

　　　　　　　　　　　　　　　　　　　　　────────

Leave applied for　　　　　　　　　Total 30 days

　　　　　　　　　　　　　　　　　21″

　　　　　　　　　　　　　　　　　　　────────

Balance of leave to be carried forward for one year only　　9 days

N. B. Clause 8 of the Regulations Governing Terms & Condition of Service of Clerical Staff.

14.　　　　　　　　　　　　　**ORIGINAL**

C. W. T. /TS/PK/TK/etc.

For Records Division, General Department, Tientsin.

　　　　　　　　　　　　Date　2nd　August, 1944.

H.　A's　　　? /Office,　　　Harbour　　　Administration

　　　　　Requisition No. C. W. T – 8

For Engagement of Clerical & Supervisory Staff.

(To be submitted in Duplicate)

PERSONNEL DEPARTMENT, TIENTSIN.

Number of Staff required　　　　ONE

Nature of Work：--

　　　　　　　　　　　Apprentice Typist

Reasons for Engagement：--

We are introducing more & more documents in Japanese and Chinese

have the following candidates：--　　（　One　Questionnaires herewith）

NAME	AGE	EDUCATION	INTRO-DUCED BY	PROPOSED APPOINT-MENT	PROP-OSED SALA-RY
Chen Ching	20	Graduate Gamewell Middle school, Peking and No. 5 Municipal Girls Higher Middle School, Peking.	Mr. T. P. Pi, Asst. Chief Of Harbour Administration, C. W. T.	Apprentice Typist	$ 40. – p. m.

15. Secretarial Department,

TONGSHAN　　　　　　　　　Chinwangtao　　2nd Aug. , 44

ENGAGEMENT OF AN APPRENTICE TYPIST

Although we have just engaged an Assistant Typist for this office, it has been found, however, that more typists are needed in this Administration as we are introducing more and more documents in Japanese and Chinese.

As you know, unlike other Administrations, we have made very few new engagements both before and after our reorganization. Most of our clerks are therefore rather too old to follow this new trend. Besides, we have had quite a few vacancies not yet filled. I would therefore recommend the engagement of one apprentice typist as per Requisition enclosed and shall be obliged if you will obtain the Chief Managers' approval on my behalf.

CHIEF OF HARBOUR ADMINISTRATION

Enclos.

上述档案中文翻译

1.

开滦矿务总局

提请审批　　　　支出：-*　＿＿收入＿＿账户

申请由　　　　总经理处　　　　提交

　　　　　　　　天津

　　　　　　　　　　3月1日　　　1932

*许可登记后将进行分配登记。　　表格"A"1

　　　　　　　　　　开滦矿务总局印

具体事项	总额	
	现金	补给
顾振先生 　　从1932年3月1日起，顾振先生将永久调离秦皇岛回总公司总经理处（1931年8月3日，顾振先生临时从上海调至秦皇岛），每月住宅津贴140元		

2. 开滦矿务总局　　　　　　　　华北　　天津

耀华玻璃工业有限公司经理　　参考　　　　　　1932年2月25日

秦皇岛　　齐尔顿先生

亲爱的齐尔顿，

　　我正要写信告知你我和顾振的行程，你在484号电报中请求同意顾振明天去天津一事，我让你等我的消息。

　　顾振在秦皇岛的经理助理一职将于29日到期，上海方面也不急于要他回去，因此我提议他从3月1日起到天津来暂时担任我的个人助理。我也想下个月2号或3号陪我的家人到秦皇岛待两三天，送他们坐上ROWENA号，我会让Valentin和我一起。然后我想去矿区待一个礼拜左右，我希望顾振能做我的私人顾问，因此提议他在秦皇岛等我。我预计我们会在3月14或15号一起返回天津。

　　如果你已同意，我同意明天顾振来天津，但你最好事先让他知道我未来的计划，再让他觉得明天是否来津。所以，你可以让他知晓这封信的内容，然后你们再决定他明天是否来天津？

　　当然，上述计划都要取决于我是否有事耽搁。目前看，我是可以成行的，但是谁也说不准未来一两天会发生什么。

　　　　　　　　　　　　　　你诚挚的　那森　爱德

3. G – 10000 – X   1932 年 2 月 3 日

那森先生   天津

亲爱的那森先生，

经您允许，顾振先生会在天津和北平过春节。

你诚挚的   齐尔顿

4. 1931 年 12 月 21 日   G – 10000 – X

那森先生   天津

亲爱的那森先生，

经您同意，顾振先生将从 24 日至 28 日，即周四到周一，去天津
与家人共度圣诞节。

你诚挚的   齐尔顿

5. 1931 年 11 月 15 日

天津   裴力耶先生

亲爱的裴力耶先生，

谢谢您 14 日的来信，信中提到我的煤贴问题。

我确认一下，1931 年和 1932 年，从我调任秦皇岛经理开始，我希
望从天津领取煤贴。

感谢总经理的决定，希望您能转达我对他的谢意。

你诚挚的   顾振

6.   **开滦矿务总局**

提请审批   支出：- *_____收入_____账户

申请由_____总经理处_____提交．

_____天津．

_____8 月 8 日_____1931

*许可登记后将进行分配登记．   表格 "A" 1.

开滦矿务总局印

具体事项	总额	
	现金	补给
顾振先生 顾振先生 1931 年 8 月 3 日起临时调往秦皇岛，按如下条件履行副经理职责： 1）从 1931 年 9 月 1 日起，在家人居住地天津开始领取每月 140 元的住宅津贴 2）从 1931 年 8 月 31 日起，领取每月 180 元的调动津贴 3）汽车津贴从 1931 年 8 月 31 日起停止领取 4）1931 年 8 月 31 日起停领上海的住宅津贴 5）顾振先生的保镖也随往秦皇岛，做<u>看守人总管</u>		

批准的数量和款项　　　　　　　现金
　　　　　　　　　　　　　　　　总计

7. 1933 年 1 月 21 日

唐山　教育部

亲爱的先生，

　　我随信附送两份履历，分别是李蔚然女士和程淑琴女士在我们的学校就职申请。我考虑聘用二人，一个是如前同意的在我们女校做三个月的实习老师，另一个在男校顶替被要求辞职的马万顺老师（音译，译者注。）我也同意校长女士的推荐即委任苑春林女士做女校的副校长，每月涨薪 10 元。

　　如果您同意，我将提请总经理许可。

　　你忠诚的 齐尔顿

　　随附　两份履历。

8. 履历表

姓名　李蔚然　　（Mu Jui Chen 夫人）

年龄　22

籍贯　迁安县

学历　河北第一女子师范学校（即天津直隶第一女子师范学院，译者注。）

就职履历　　天津女师附小教员

9.　　　　　　　　　　　开滦矿务总局

	职务		请阅读解雇单封面的
解雇单	监理低级警备教育	员司	说明

（英文）　LIU YU HO　（中文）　刘玉荷　工资单号码．2030
　　（黑体大写）

解雇日期：1948 年 12 月 1 日 雇佣地点：天津 单位：开滦矿务局小学 工作：教师 职员 薪资：每月 120 元	解雇原因及特别说明： 因长期离岗不能履行职责而解雇。

（甲）截至解雇日之薪水．1948 年 11 月 30 日

（乙）按照总字第 44 号规则应享-----日假期之薪。

（丙）替代通知之一个月薪水。

（丁）-----个月薪水之旧历年终花红　11/12　x 一个月薪水的 3/4，外加面粉福利

（戊）储备金连/不连慰劳金应填具帐字第 41 号格式另行请发

（己）旅费津贴应以帐字第 180 号格式另行请发。

　　　　　（由总务处填具）。

　　　　　　　　　　　　　　总经理

秘书　　　　　会计　　　　　　　　　经理

总经理批准：---	解雇及其条款之核准：_
总务处	矿区主管

10.　　　　　　　　　　　开滦矿务总局

　　　　　　　　　职务
　　　　　　　　　监理
聘用单　　　低级　　　员司　　　请阅读聘用单封面的说明
　　　　　　　　　警备
　　　　　　　　　教育

（英文）　　LIU　YU　HO　　　（中文）　　刘玉荷　　　工资单
号码．2030
　　（黑体大写）

聘用日期：1947 年 9 月 1 日． 聘用地点：天津 秦皇岛经理处 单位：开滦矿务总局小学 职务　教员 教育 薪水：每月 80 元	1947 年 8 月 8 日，依据 CWT－59 号许可令 总经理同意聘用。按现有规定给予全部教育员司享有的津贴和薪酬，在秦皇岛供职。实际聘用问题依据聘用信要求
部门主任	经理
员司调查表及医院证书送请矿务局长核准 总务处	核准任用 矿务局长 1947 年 8 月 20 日

11. 翻译　1947 年 7 月 18 日
　　开滦秦皇岛经理
　　亲爱的先生们：
　　　　我们的前雇员，已故的刘德全先生在任职期间去世，留下九个孩子没人供养。他的遗孀多次找到我们，要求我们雇佣他的一个女儿刘玉荷做矿务局小学的教员。这个问题我们已经在 1947 年 5 月 6 日的会议上讨论过。

刘小姐从昌黎女子师范学校毕业，能胜任教员职位。当前的学期即将结束，我们需要考虑雇佣教员的事情。很遗憾为我们工作 20 多年的刘先生，在近 60 岁时在岗位上去世，但没有拿到任何抚恤金。因为其女儿拥有足够的资历做教员，我们毫不犹豫的推荐，希望能将机会给她。如果能够接受我们的推荐，我们将不胜感激。

你忠诚的 开滦矿务局　CW　Tao 员司协会

12. 1937 年 12 月 16 日

亲爱的先生，

明天上午我想请半天假，去办些要事。

希望能得到您的批准。

你忠诚的 宋恩浦　砖厂工头

请您批准。　签名　经理　齐尔顿

13.
请假单（职员）

名字　　　　　　　　　　　　　　　　　　职务

宋恩浦　2235　　　　　　　　　　　　（2）砖厂工头，商务部。

申请请假 21 天

请假日期 从 1937 年 10 月 7 日至 1937 年 10 月 29 日包括来回 2 天的路途时间

旅途费用：从工作地塘沽　二等火车座席往返　共计 30.4 元

从上次探亲转入本次假期是	6 天
上次探亲假回来时间　1934 年 9 月 16 日	
1934 年 9 月 17 日到 1937 年 10 月 6 日 三年间可休	36 天
平时休假时间去除	12 天
	计 30 天
此次申请	21 天

今年假期剩余 9 天

NB 管理职员办法第 8 条

　签名　1937 年 9 月 28 日

14.　　　　　　　　　　　　　原　件

秦皇岛/天津/北平/塘沽/等。

档案部，总经理处，天津

H.　A'S　　　　　？/Office，　　港务局　　日期：1944 年 8 月 2 日

申请令 C. W. T － 8

（提交两份）

人事部，天津

需求员司数量　　　　　　一名

工作之性质：--

　　见习打字员

雇用原因：--　　　　我们产生越来越多的中文、日文文件

有下述申请者：--　　　　　　（　随附调查问卷一份　）

姓名	年龄	教育程度	推介人	提议岗位	预期工资
陈清	20	初中毕业于北京慕贞女子中学，高中毕业于北京市立第五女子中学	秦皇岛港务局副局长 毕祖培先生	见习打字员	40 元/月

15. 柴田写给唐山 秘书处 1944 年 8 月 2 日

　　　　一位实习打字员的雇用

　　尽管我们刚刚雇用了一位实习打字员，但是我们港务局仍然需要更多的打字员，因为我们产生的中、日文文件越来越多。

　　你知道，和其他港务局不一样，我们改组之前和之后都没有雇用

什么新的职员。我们的职员年龄太大已经不能适应新的趋势。此外，我们还有许多新的岗位空缺。因此我随附申请表，推荐雇用一位新打字员，如果总经理们能批准，我本人将不胜感激。

秦皇岛港务局　柴田

秦皇岛港藏日军侵占时期日文档案之日华语教育选译与题解[*]

齐海娟　董劭伟

（东北大学秦皇岛分校　语言学院；
东北大学秦皇岛分校　社会科学研究院）

引　言

开平矿务局是洋务运动时期官督商办的一个重要企业，义和团运动爆发后，被英比帝国主义骗占。1907 年，袁世凯命周学熙开办了北洋滦州官矿有限公司，意欲"以滦收开"，由于种种原因，最终却以滦矿遭开平吞并告终，开滦矿务局由此产生。秦皇岛港地理位置优越，自然条件得天独厚。1898 年，清政府为"藉裨饷源""扩充利源"，以解救自己"筹还洋款""恒苦不继"的苦衷，[①] 主动开辟秦皇岛为对外通商口岸。1900 年10 月，英国又以"开平矿务局"的名义骗取对秦皇岛港的统治权，成立开平矿务局秦皇岛经理处，占领其长达 40 余年。抗日战争爆发后，日军占领华北，但对于开滦却没有触动。目的是"让英人继续经营下去为其侵华战争效劳"[②]。1941 年 12 月 8 日，太平洋战争爆发，当天日军从英国手里以武力全面接管垂涎已久的开滦矿务总局及其所属秦皇岛港，自此，开始了日本人在开滦与秦皇岛港独占的局面。1942 年 11 月，开滦矿务总

---

　*　此文系全国教育科学"十二五"规划 2015 年度教育部青年专项课题"从秦皇岛港档案看日军侵占时期外语推广及奴化教育实施策略"（课题编号：EOA150359）的阶段性成果。

　①　黄景海 、沈瑞祥：《秦皇岛港史》（古/近代部分），人民交通出版社 1985 年版，第137 页。

　②　熊性美、阎光华：《开滦煤矿矿权史料》，南开大学出版社 2004 年版，第 28 页。

局对内改为军管理开滦矿务总局，对外为军管理开滦炭矿。1943 年 1 月 1 日，秦皇岛经理处也随之改称，对内为军管理秦皇岛港务局，对外为军管理开滦炭矿港务局。柴田一美为军管理秦皇岛港务局局长，毕组培为副局长，局长室办事为荒木忠次郎。军管理下的秦皇岛港成为日军重要的军事运输基地和实行经济掠夺的输出港口。① 上述历史沿革，一方面力图在厘清秦皇岛港与开滦矿务局间密不可分之关系及档案中所涉港务局名称的沿革变化，另一方面旨在究明此日文档案的由来。

秦皇岛港藏民国时期档案体量丰富，其中，涉及日军侵占时期的档案中，大部分为日文，也有部分中、英文。内容涉及外国营盘、行政机构设置、人事、财务、生产、运输、营运、业务、教育、文化、卫生管理等方方面面。本文择译了日文教育管理档案"职工学日语情况""秦皇岛举办日文学习班"和"华语班及对学员考试和奖励等规章"三卷中部分函件，拟对其中部分关于日语教育与华语教育的信函进行解析，详细钩沉其背景与内容，管窥日军侵占秦皇岛港时期日语教育与华语教育实施情况，对既有相关研究提供实证性补充。

一

【译文】

　　写　人事部长

G - 3450

　　昭和②十八年 8 月 16 日

港务局局长　柴田一美

总经理先生

关于港务局日语学习班

本港务局自去年 7 月对中级职员开始实施日语讲习以来，已满一年，

---

① 黄景海、沈瑞祥：《秦皇岛港史》（古/近代部分），人民交通出版社 1985 年版，第 341 页。

② 昭和，为日本年号，是由昭和天皇所创。昭和元年为 1926 年，昭和十八年即 1943 年。

本年 7 月 3 日举行了初等科的结业式。当初，参与讲习者 133 名，初等科结业者按照附表所记为 61 名，落伍者为 72 名，甚感遗憾。但所幸 61 名结业者均取得了不错的成绩，如此学习热情，倘继续进行足以增强其信心。此 61 名学员本年度将进入普通科一年、普通科二年，以共计三年的学习为一阶段，至此暂且终止讲习，如能遴选出此中优秀人员到高等科学习两年，即可完成培养未来有为职员之计划，所列课程如下：

初等科一年　会话　口语、东亚同文会出版上、中、下

　　　　　　阅读　日语读本、日语教育振兴会出版卷一、二

普通科两年　会话　一级会话（）

　　　　　　阅读　日语读本卷三、四、五、六

　　　　　　作文　汉译日、自由作文、书信文

高等科两年 以会话、阅读、作文均可达到毫无障碍的使用日语为日常工作语言为培养目标。

除以上外，自去年九月以高级员司、高中级员司为一级，称之为特别科。教授要领依照前者，采用英语解释方法。

本年度成绩表依据附件，以出勤率的百分比作为衡量讲习生学习热度的标准。对此以全勤、准全勤、精勤的顺序奖励相应日语学习参考书，且对五名成绩优秀者分别奖了一等一百元，二等五十元，三、四、五等各三十元的书费。

对特别科讲习生未进行特别考查，依据平时成绩以最优、优、良、可来标示其学习能力。

大部分讲习生人过中年，结束日常的工作，在回家应休息的时间，勤于日语学习，此事确为难得之事，但倘若学习日语者与未学习日语者在待遇上并无二异，势必会削弱难得的学习热情，进而对何时能够摆脱依存英语的现状深表堪忧。故烦请务必在权衡升职加薪之时参照附表，高虑学习日语者与未学习日语者之间的显著差异。

满铁、华北交通亦实施中，如举行口译考试，并分别授予四等、三等、二等、一等、特等的局公认的毕业证，对此一次性或按月分发奖金亦可作为一种方法。另外，每年一次由各局选拔选手举行日语竞演会，并对优秀者授予总经理奖等亦为提高日语学习热情的权宜之计。总而言之，如果现在各局各自实施的日语讲习仅仅靠教师势必收效甚微，故需在各局安排日本人干部监督指导。教授方法亦宜适中。再者，本年度将进一步从低

级员司及日工中挑选年轻人，简单考查，择约六十名，旨在培养未来精通日语的职员。

新建初等科二班，并预计九月开课。

以　上

荒木

【题解】

以上档案译文为 1943 年 8 月 16 日，由秦皇岛港务局人事部长荒木忠次郎抄送，秦皇岛港务局局长柴田一美（日本人）写给开滦矿物总局总经理的一封信函。信函主要针对秦皇岛港务局日语讲习会已实施情况及接下来的实施计划进行了汇报。

为稳定局势，日本一开始保持了开滦原有的组织机构和人事安排。那森爱德因承受英国政府谴责的压力，于 1942 年 8 月 31 日率其他英籍人员辞职，由日本军管最高监督官白川一雄兼任总经理。日军为了实行"以华制华"的政策加强掠夺开滦煤炭，将时任滦州公司董事的孙多钰推上台充当开滦的傀儡总经理。① 开滦矿物总局沿用三十年的中、英两总经理的制度至此废止。从此信函中可知，秦皇岛港务局日语讲习会自 1942 年 7 月始实施。日军于太平洋战争爆发当天，即 1941 年 12 月 8 日全面接管开滦矿务局所属秦皇岛港。接管后，日军"为了确保工厂不受破坏，并保障安全，不容一日间断"②，因深知"在管理五万名中国职员方面及工人方面也是一件难事，在这一方面的能力赶不上英国人，而且一般中国人还存在反日情绪，对此不能有所忽视"③。故而仅利用短短约半年时间，急于筹划完毕日语讲习会便不难理解。当然，之所以能够在短时间内完成日语讲习会的筹措，也与此时期已为日本侵华战争后期，在满铁、伪满等地实施的日语教育几近成熟，有蓝本可参不无关系。

信函中明确此日语讲习会实施的目的为"完成培养未来有为职员之

---

① 熊性美、阎光华：《开滦煤矿矿权史料》，南开大学出版社 2004 年版，第 29 页。
② 王庆普主编：《秦皇岛港口史料汇辑 1898—1953》，秦皇岛港务局史志编审委员会 2000 年编印，第 179 页。
③ 同上。

计划"，并"以会话、阅读、作文均可达到毫无障碍的使用日语为日常工作语言为培养目标"，重点培养其中优秀人员进入高等科学习。除此之外，对中高级以及高级职员另设特别科。更计划"从低级职员及日工中挑选年轻人"参与讲习。可见，日语讲习涵盖对象范围之广，培养"精通日语人才"达到日华"官吏办公敏捷，增进事务之能率"期望之迫切。港务局局长柴田一美在信中建议将学习过日语者与未学习过日语者区别对待，在升职加薪方面给予倾向性考虑，以此来鼓舞讲习生的学习热情。其原因实际上在信中开头有所提及，实施一年的讲习会，133 名讲习生参加讲习，仅 61 名结业，毕业率仅为 45.86%，实施效果可以说并非喜人。尽管信中柴田一美的口吻表达了一种乐观的态度，但从接下来"为提高日语学习热情"而提出的"区别对待学习日语者与未学习日语者"、效仿满铁及华北交通"举行口译考试、日语竞演会"等种种建议中，不难看出不尽如人意的讲习结果使其深感忧虑的一面。满铁，全名南满洲铁道株式会社，是日本根据日本特殊立法在中国大连设立的"国策会社"，是对中国东北进行殖民侵略的机构，承担着为日军侵略行为搜集情报的特务职能。华北交通是日本于 1938 年成立的"华北开发会社"的子公司"华北交通株式会社"，是当时华北最大的交通运输垄断机构，统管整个华北占领区的铁路、公路、水路各项业务，负责运输兵员、军需物资等，因此是一个不折不扣的军事机构。由此，以满铁、华北交通为参照，在秦皇岛港实施的日语讲习，不是日本侵华教育中独立的一环，而是纳入整个对华奴化教育体系中的。综上，尽管日军在秦皇岛港推行日语教育过程中颇费心机，但其实施的艰难性以及中国人职员不太热衷日语学习的事实显而易见。既然有抵触，便要有对策，信函中提及要在各局安排日本人干部进行监督指导，即为，随着日军在秦皇岛港较快统治步伐，强制与奴化的特点愈发明显。

二

【译文】

（一）

开滦 0603 号

　　昭和十八年 10 月 18 日

　　　　　　　　　　人事部长　　王崇植

港务局局长　　柴田一美先生

日本人职员华语学习班实施方法件

标题之事按附件实施之，以作参考，望周知。

　　附件

　　　　华语讲习会实施要领　　　　一册

　　　　　　　　　　　　　　　　以　　上

　　　　华语学习班实施要领

　　一、目的

　　鉴于本煤矿人员配置特点，兹对中国人职员进行日语讲习，复行对全体日本人职员（中年以上者除外）讲习，以达其初级水平华语会话能力。以此增进日华职员间的相互沟通，提高工作效率，以备将来废除英文，采用华文之需。

　　二、期间

　　自 10 月 18 日起至明年 3 月末为第 1 期，每周 3 次，下午 5 点始，每次 1 小时（星期六下午 1 点开始）。

　　三、课程

　　初级水平（以会话为主）

　　四、讲习生

　　天津①在职全体未满四十岁日本人职员，经委员长指定为学员（但目前已具备初级水平者除外）。

　　其余人员可自愿参与。

　　五、讲师

　　尾坂嘱讬

　　六、教科书

　　《急就篇》，指名讲习生免费领取。

---

　　①　开滦矿务总局原设天津，1944 年才在白川一雄主持之下将总局由天津移至唐山。

七、日程表

男子班 星期一、三、五

女子班 星期二、四、六

八、会场

总局会议室

九、奖励办法

指名讲习生无故缺席次数多者，经委员长申报，由总经理以玩忽职守论处。

出席情况良好且成绩优秀者，课程结束后给予表彰。关于日华语检定考试及奖金规则目前正在商讨中，另行安排。

十、主管人员

为本讲习会顺利实施，特设指导、监督及总务等管理人员如下：

委员长　峰间副局长

委　员　尾坂、大津、手塚、寺本

班　长　男子班　班　长　岸野

　　　　　　　　副班长　平山

　　　　女子班　班　长　長澤

　　　　　　　　副班长　市原

（二）

G－3123 号

　　昭和十八年 11 月 6 日

　　　　　　　　　港务局局长　柴田一美

人事部长　王崇植先生

日本人职员华语学习班件

标题之事，本港务局依照附件要项预计近日开始实施，敬请知悉。

　　附　件

　　对港务局日本人职员实施华语讲习要领　　一册

（三）

G—3123 号

昭和十八年 11 月 5 日

<h3 style="text-align:center">关于开设日本人职员华语学习班事宜</h3>

港务局局长　柴田

对中国人职员的日语讲习进行中，此番实施华语讲习，使日本人职员掌握汉语为目的，在港务局日语讲习会内开设华语部，实施要领如下：

一、期间

开课时间定为 11 月 15 日，亦是日华善邻周第一天。至明年 7 月末为第一期，上课时间另行规定。

第二期以后的开课时间每次另行告知。

二、课程

初等水平的会话及现代文章猜读

三、讲习生

港务局在职日本人职员，不满四十岁者均有接受讲习的义务，称之为义务学员。四十岁以上者亦应尽量参与讲习，但如确有无法参加讲习事由情况，应事先经港务局长同意。

四、教科书

翁克齐著《开滦炭矿华语课程》

五、教室

甲组　总务处建筑内

乙组　船务处建筑内

六、奖励办法

依据日语讲习生实施细则

七、负责人及讲师

干事　荒木忠次郎

同　　汤泽清

讲师　陶文辉

同　　岳家光

【题解】

上述三份档案译文分别为开滦矿务总局人事部长王崇植写给秦皇岛港务局局长柴田一美的信件、柴田一美写给王崇植的信件、柴田一美发布的对港务局日本人职员实施华语讲习要领。

三份档案的内容均围绕日本人职员学习华语事宜展开。按照档案时间、内容以及人物关系综合推断，第一封信件为给秦皇岛港的指导性或者说通知性文件，第二封信件为秦皇岛港向开滦矿务总局汇报性质的回复件，因当时的秦皇岛港务局从属于开滦矿物总局，如此密切的往来关系不足为奇，但从另一个侧面也表明了日军军管理下的开滦矿务总局对秦皇岛港务局的高度重视。

从以上三封档案中不难发现，尽管秦皇岛港务局与开滦矿务总局为从属关系，但在实施华语讲习方面依然存在较大差异。首先，讲习时间。开滦矿务总局实施的时间为 1943 年 10 月 18 日至 1944 年 3 月末，约 5 个月时间；秦皇岛港务局实施时间为 1943 年 11 月 15 日至 1944 年 7 月末，约 8 个月时间。按照"外语讲习会制"章程中规定每周三小时以上的话，秦皇岛港务局显然较之开滦矿务局华语讲习时间更长。其次，讲习对象。开滦矿务局不满四十岁的职员要经委员长指定为学员，秦皇岛港务局未满四十岁均要义务参与讲习，满四十岁者也鼓励其尽可能参与，讲习对象范围更广泛。最后，讲习使用教材。开滦矿务局所使用的教材《急就篇》，全称《官话急就篇》，是在日俄战争开战期间的 1904 年 8 月由日本善邻书院发行的日本汉语教学史上著名的一本汉语入门教材。该教材编者为曾在中国师从清末著名学者张裕钊近八年之久的日本人宫岛大八。这一书名是借自中国西汉时期史游所编纂的学童启蒙书籍《急就篇》，编者意在使这本教材要像中国的《急就篇》一样，成为日本人学习汉语的启蒙书籍。① 秦皇岛港务局所用教材为翁克齐著《开滦炭矿华语课程》。翁克齐原为开滦矿务局及秦皇岛经理处华语讲习委员会委员长。本教材其中详细内容目前尚不得而知，但从题目以及笔者多方调查未能获得此教材信息来推断，此教材可能为专门用于开滦矿务局及其所属其他部门所用，或并未公开出版、或出版范围有限、或出版数量极少。"在日军未接管秦皇岛港之前，

---

① 寇振锋：《日本汉语教材〈急救篇〉的编刊及影响》，《国际汉语学报》第 6 卷第 2 辑，学林出版社 2016 年版，第 176 页。

开滦矿务总局已然开始扩大生产，努力供煤，为战争服务。"① 可见，秦皇岛港务局之所以选择实用性很强的现地华语教材，速成语言是由急需运输开滦煤炭，为日本加速掠夺资源服务是毋庸置疑的。综上，日军在统治区相当重视不同地域特点的差异性，但其共同点是无论是在开滦矿物总局还是在秦皇岛港务局，均将学习华语与学习日语放到几乎同等重要的地位，目的即扫除加快掠夺步伐的语言障碍。除此之外，华语讲习与日语讲习，前者为旧事物，后者为新事物。据史料记载，1923 年起英人控制下的开滦局既已成立外籍员司华语学习班，1930 年 6 月起为一、二级职员还开设了英语学习班。可见，英日对于如何最大程度的获得在开滦及其附属秦皇岛港利益的想法如出一辙，二者欲长期占据的野心也昭然若揭。

三

【译文】

开滦〇六〇号

昭和十八年 11 月 19 日

人事部长　王崇植

矿务局局长　　　　中岛龟吉先生

港务局局长　　　　柴田一美先生

北京事务所所长　　永井克太郎先生

东京事务所所长　　太平进一先生

塘沽营业所所长　　李赓昌先生

上海经理处经理　　三井俊雄先生

关于日语、华语学习奖励件

首题之事按附页实施之，敬请知悉。

另"外语讲习会制""外语检定考试及外语学习奖励规则"预计以日、华文在公报刊载。

---

① 熊性美、阎光华：《开滦煤矿矿权史料》，南开大学出版社 2004 年版，第 742 页。

附件

一、外语讲习会制（日文）

二、外语检定考试及外语学习奖励规则（日文）

三、其他（日文）

目录

附件一　外语讲习会制

第一条　面向职员的日语与华语讲习会，除特殊情况外，依本则执行

第二条　各局应于适当场地举办讲习会

第三条　每种语言的讲习会应以六个月为一期，每年举办两期，每周讲习会的时长为三个小时以上，同时不影响正常业务。

第四条　讲习的外语水平分为四类，分别为初等，中等，高等，研究科。

第五条　参加讲习会的学员根据需要可由局长指定。被指定的学员作为经局长承认的人员参加讲习会，还可免费领取教材。

第六条　讲习会讲师由局长委任职员或职员外人员。经总经理认可后，可支付其报酬或谢礼。

第七条　局长应按需从部门职员中任命负责人，负责讲习会的指导，监督，日常事务等。

第八条　局长应监督被指名学员的出勤情况，针对出勤欠佳者可以玩忽职守论处。

第九条　对于各期完成规定课程的学员，将以局长之名义颁发结业证书。

第十条　对于出勤良好且成绩优秀的学员，结业后经总经理认可，可由局长授予其奖状及奖金或奖品。奖金金额每人不超过一百元。

第十一条　局长应在各期讲习会开始前，向总经理提出实施纲要，并

征得同意。各期讲习会结束后，应及时向总经理提交附有学员评价的成绩及出勤状况一览表。

附件二　外语检定考试及外语学习奖励规则

第一条　日语与华语检定考试（以下简称"考试"）的等级与标准为下记所示。详细标准另行规定。

一、日语

特等　普通报纸杂志的报道，现代文、近古文所书议论文的译读，口语，书面语及候文作文，高雅会话以及日本概况

一等　日语讲习会研究科结业水平

二等　日语讲习会高等结业水平

三等　日语讲习会中等结业水平

四等　日语讲习会初等结业水平。

二、华语

特等　报纸杂志的白话文、现代书面语的译读、白话体作文及书信体语法、高雅会话及中国概况

一等　《谈论新篇》程度的白话文、现代书面语的译读、主要语法及普通会话、白话体作文及中国地理、历史概况等。

二等　《官话指南》程度的白话文译读、日常会话及白话体作文

三等　《急就篇》程度的白话文译读、简单会话

四等　《急就篇》中问答程度的译读、简单会话

第二条　考试分为预备考试和正式考试。预备考试合格者方可参加正式考试。

第二条　考试科目如下所示：

预备考试：翻译阅读、写作

正式考试：会话、听写、翻译阅读

第四条　考试每年于春季举行一次。亦可按需随时举行。

第五条　考试语言如为日语，参考人员限为非日本人职员；考试语言如为华语，参考人员限中国人、满洲国人以外职员。有意参考人员应在规定日期前提交申请书。正式考试合格人员不得再次参加同等级以下的考试，但特殊人员除外，必要时经总经理指定人员仍可参加考试。

第六条　向正式考试合格人员颁发合格证书，并授予下一条例中规定的外语奖金（以下简称"奖金"）

第七条　奖金将从通过考试的次月始，依以下标准，为期二年分发。

特等　每月　二百元

一等　每月　一百元

二等　每月　六十元

三等　每月　三十元

四等　无奖励

但也可根据每次评议结果，一次性发放奖金或奖品。

第八条　已获得奖金人员若通过了更高等级的考试，将于次月根据更高等级的奖金标准发放。

第九条　对于以下一、二所述人员，即使通过考试，也不给予奖金。但特殊人员不受此限。

一　从事日语或华语翻译工作的人员

二　因掌握日语或华语能力而已获得待遇提升的人员

三　除上述各项外，认为无须发放奖金的人员

附件三　其他

（一）改善日语结业人员待遇

外语检定考试及奖金规则第九条相关，以日语口译、笔译为本职工作或者以擅长日语为条件被录用人员等，无领受奖金之资格。取而代之为升职加薪等（今后新录用者同）。或在升职加薪评议时对通过检定考试者优先考虑，在津贴制以外的基本工资方面需给予优待，以期运用良好，发挥最大之功效。

以上内容，在慎重研究基础上，明年四月为期实施之。

（二）日语竞演会

各地派遣参赛人员参加，在讲演、作文、朗读等方面的，经审查获得冠军者，授予总经理奖。举办方准备第一次竞演会将于明年（1944 年）春举行。

【题解】

以上档案译文为开滦矿务总局人事部长王崇植于 1943 年 11 月 19 日写予矿务局局长中岛龟吉、港务局局长柴田一美、北京事务所所长永井克太郎、东京事务所所长太平进一、塘沽营业所所长李赓昌、上海经理处经理三井俊雄关于外语讲习会制、外语检定考试、外语学习奖励规则等相关文件。文件对于外语讲习会的实施办法、外语检定考试的等级标准与实施方案、外语学习奖励细则等方面做了明确规定及解释。

通过对以上文件的翻译与解读，可总结当时外语教育的以下特点。首先，将日、华语教育以文件形式双语发布于公报中，并对外语检定考试的各等级划分标准详细规定，对其奖励规则和办法做详细诠释，其制度化、规范化程度可见一斑。其次，通过分析发现，日语教育的形式更加多样，标准也更加细化，在某种程度上反映日本人对日语教育更为重视。正如接管开滦最高监督官白川一雄向日本国务大臣藤原的报告中提到的"关于日本职员我们采取了少儿精的办法。……我认为，要求日本人能以少数抓住要点，掌握情况，使中国人能够发挥积极性，这是很必要的。"① 日本采取任用日本人少儿精的原则，使之掌管开滦的重要部门的方针，在"不声不响"中抓紧培养为己所用的中国技术人员，是其军管理下积极开展日语教育的原因和关键。最后，无论是日语教育还是华语教育，均强调要"监督被指名学员的出勤情况，针对出勤欠佳者可以玩忽职守论处"，其强制性贯穿始终。"之所以要求军管，是根据实际情况，如不军管，根本无法经营下去。因为军管可以在大动荡的时期，对工人和职员给予压力"。② 因此，强制实施对当时的日军来说是"适时适地"的需要。

结　语

本文选取了秦皇岛港藏开滦外文教育管理档案中关于日语教育与华语教育的部分信函与文件，其中涉及日军实施日语、华语教育的具体办法等。尽管在一定程度上对于日军侵占时期开滦矿务总局与秦皇岛港务局的

---

① 王庆普主编：《秦皇岛港口史料汇辑 1898～1953》，秦皇岛港务局史志编审委员会 2000 年编印，第 181 页。

② 同上书，第 182 页。

教育管理情况有所窥探，但仅限于部分内容的选译与题解。对于教育管理档案的进一步翻译与深入研究将是今后工作的目标与重点。比如：秦皇岛港日语讲习会所使用教材的研究；华语讲习会所使用教材的研究；日军在秦皇岛港与在伪满、满铁附属地以及华北其他地区等日语教育的比较研究；日军在秦皇岛港实施外语教育的结果；人事管理中职工培训的角度等方面的研究，还有待进一步深入与挖掘。

依上述可知，尽管华语讲习与日语讲习表面被认为同等重要，但从实施过程及细节上看，仍以日语讲习为主，这一方面说明日军在开滦矿务总局及其所属秦皇岛港务局的日语教育已然纳入整个日本侵华教育体系之中。另一方面也暴露了日本欲通过日语教育等奴化教育方式企图长期侵占中国的野心。尽管在实施过程中，采取的方式方法有符合教育规律的方面，但其强制性等特点抹杀不掉其奴化教育的本质与依靠多种手段达到侵略目的的行径。

综上所述，通过对秦皇岛港藏部分外语教育档案的翻译与分析，表明日本之所以在侵占秦皇岛港推行日语教育与华语教育，主要是为配合其军事占领、经济侵略的需要，根本目的则在于加强在秦皇岛港的军事管理，使日本人游刃有余管理好秦皇岛港务局事务的同时，通过日语教育使中国人也为己所用，加快对华资源掠夺的步伐，进一步为侵华战争服务。

附录：档案日文原文

一

寫　人事部長

G - 三四五〇

昭和十八年八月十六日

港務局長　柴田一美

総経理殿

港務局日語講習會ニ就テ

當港務局ニ於テハ昨年七月中級社員ニ日語講習ヲ開始シテ以来満一年ヲ経過シタルヲ以テ本年七月三日初等科修業式ヲ挙行セリ。當初講習

参加者ハ一三三名ナリシガ初等科修了者ハ別表ノ通リ六一名ニシテ落伍
者七二名ヲ出セシハ甚ダ遺憾ナリ、サレド修了者六一名ハ皆相當ノ成績
ヲ納メ尚ホ進ンテ学習ヲ熱望シ居ル事ハ意ヲ強クスルニ足ルモノアリ、
之等六一名ハ本年度更ニ普通科一年ニ進級セシメ普通科二年通計三年ノ
学習ヲ以テ一ト先ツ講習ヲ終了シ此中特ニ優秀者ヲ選ビ更ニ高等科二ケ
年ノ修学ヲナサレメ将来有為ノ職員ヲ養成スル計畫ナリ、課程ヲ示セバ

　　　　初等科一ケ年　　話方　　ハナシコトバ、東亜同文會発行上、中、下
　　　　　　　　　　　　讀方　　日本語讀本、日本語教育振興会発行巻一、二
　　　　普通科二ケ年　　話方　　一級会話（業務上参考トナル如ク寫點ヲ置ク）
　　　　　　　　　　　　讀方　　日本語讀本巻三、四、五、六
　　　　　　　　　　　　作文　　華文日譯、自由作文、書簡文

　　　高等科二ケ年　　話方、讀方、作文共ニ日常業務ヲ日本語ヲ以テスル
モ何等支障ナキ程度ヲ目標トシテ養成ス

　　　右ノ外昨年九月ヨリ高級、高中級社員ヲ以テ一級ヲ成シ之ヲ特別科
ト稱シ教授要領ハ前者ニ準ズルモ英語ニ依ル説明方法ヲ採用シ居レリ

　　　本年度成績表ハ別紙ノ通リナル方出席率ノ百分比ヲ以テ講習生ノ熱
心サノ尺度トシテ採用セリ。之ニ對シテハ皆勤、準皆勤、精勤ノ順位ニ
各各日語学修上ノ参考書ヲ賞與セリ、又成績優秀ナル者五名ニ對シテハ
一等金百圓、二等五十圓、三、四、五等各三十圓ノ書籍代ヲ賞與セリ

　　　特別科講習生ニハ特ニ考査ヲ行ハヌ日常ノ成績ニヨリ最優、優、
良、可ノ順位ニ学力ヲ示セリ

　　　日常ノ職務ヲ終ヘテ家庭ニ帰リ休養スベキ時間ニ中年ヲ過ギタル大
多数ノ講習生ガ日語ノ勉学ニ精励シ居ル事ハ誠ニ心強キ事ナルガ又一回
日本語ヲ学習スル者モセサル者モ其間何等待遇上ノ相違無キ事ハ折角ノ
勉強心ヲ鈍ラセテ引イテハ英語依存ノ現状ヨリ何時ノ日ニカ脱却シ得可
キヤ甚ダ寒心ニ堪ヘサルモノアリ、是非共昇給、進級等ノ御詮衡ニ當リ
テハ別表ヲ御参照被下日語学習セサルモノトノ間ニハ格段ノ相違ヲ生ズ
ル如ク高慮相煩度シ

　　　又満鉄、華北交通ニテ實施ニ居レルガ如キ通譯試験ヲ課シテ四等、
三等、二等、一等、特等ノ局公認免状ヲ與ハ之ニ對シテハ一時金、月額
等ニヨリ奨励金ヲ給スルモ一方法タルベク、又年一回各局ヨリ選手ヲ出
シテ日語競演会ヲ開催シ優秀者ニハ総経理賞ヲ與フル等ノ事モ日語学習

熱ヲ高ムル方便ナルベシ。之ヲ要スルニ現在各局ニ於テ思ヒ思ヒニ實施サレ居ル日語講習ハ　教師ニ任セキリニテハ其効果甚ダ薄カルベク是非各局ニ於ケルに日人幹部ニ依リ監督指導サレサルベカラズ思料ス。之ガ教授方法採用スル事、適當ナリト存ズ

　　尚本年度ハ更ニ下級社員及デーメン中ヨリ若年者ヲ選ビ将来日語ニ堪能ナル職員ヲ養成スベク簡単ナル考査ヲ行ヒ約六十名ヲ得タリ。

　　新ニ初等科ニ組ヲ作リ九月ヨリ開講スル豫定ナリ

　　　　　　　　　　　　　　　　　　　　　　　以　　上
　　　　　　　　　　　　　　　　　　　　　　　荒木

　　　　　　　　　　　　　二

　　　　　　　　　　　　（一）

開灤〇六〇三號
　　昭和十八年十月十八日

　　　　　　　　　　　　　　　　　　人事部長　王崇植
港務局長　柴田一美殿

日人職員華語講習會實施方ニ關スル件

首題ニ關シ別紙ノ通實施スルコトト相成タルニ付参考迄及通知
　　添付書類
　　　　華語講習会實施要領　　　　　一部
　　　　　　　　　　　　　　　　　　　　以　　上

華語講習會實施要領

　一、目的
　　本炭礦ノ人的構成ノ特質ニ鑑ミ華人職員ニ對スル日語講習ト相竝ヒ年輩者ヲ除ク日人職員全員ニ對シ取り敢ヘス初等程度ノ華語会話力ヲ附與シ、以テ日華職員間ノ意志疎通竝事務能率増進ヲ計リ且将来英文廃止華文採用ノ際ニ對スル準備ヲ為スモノトス
　二、期間
　　十月十八日ヨリ明年三月末迄ヲ第一期トシ毎週三回、午後五時ヨリ

一時間（土曜日ハ午後一時ヨリ）

　三、課程

　初等程度（會話ヲ主トス）

　四、講習生

　天津在勤日人職員中四十歳未満ノモノ全員ヲ委員長ヨリ講習生トシテ指名ス（但シ現ニ初等完了程度ノ能力ヲ有スル者ヲ除ク）

　其ノ他ノ者ハ任意参加スルコトヲ得（指名講習生ノ氏名別紙ノ通）

　五、講師

　尾坂嘱託

　六、教科書

　急就篇、指名講習生ニハ無料支給ス

　七、日割

　男子班　月・水・金

　女子班　火・木・土

　八、會場

　総局會議室

　九、奨励方法

　指名講習生ニシテ理由不明確ナル缺席多き者ニ對シテハ委員長ノ申告ニ基キ総経理ニ於テ職務怠慢ニ準シ處置スルモノトス

　出席状態良好且成績優秀ナル者ニ對シテハ終了後表彰スルモノトス尚日華語検定試驗並奨励金別途設定方目下研究中

　十、役員

　本講習會實施ニ關シ指導・監督並庶務ニ當ル為左ノ役員ヲ置ク

　委員長峯間副局長

　委　　員　尾坂、大津、手塚、寺本

　班　　長　男子班　班　　長　岸野

　　　　　　　　　　副班長　平山

　　　　　　女子班　班　　長　長澤

　　　　　　　　　　副班長　市原

（二）

G－三一二三號

　　昭和十八年十一月六日

　　　　　　　　　　　　　　　港務局長　柴田一美

　人事部長　王崇植殿

日人職員ニ對スル華語講習実施の件

　　首題ノ件當港務局ニ於テモ別紙要項ノ通リ近日開講の豫定ニ就き御参考迄及通知ス

　　　添　附　書　類

　　　　港務局日人職員ニ對スル華語講習実施要項　一部

（三）

G－三一二三號

　　昭和十八年十一月五日

日人職員ニ對スル華語講習実施ニ就テ

　　　　　　港務局長　柴田

　　從来華人職員ニ對シテハ日語講習ヲ實施中ナルガ今般日人職員ニ對シ華語ヲ習得セシムル目的ヲ以テ港務局日語講習會内ニ左記要領ニ依リ華語部ヲ開設ス

　　一、期間

　　來ル十一月十五日、日華善隣週間第一日ヲトシテ開講シ明年七月末ヲ以テ第一期トス、授業日時ハ別ニ指示スル所ニ依ル。

　　第二期以降ノ開始期日ハ其の都度告示ス

　　二、課程

　　初等程度ノ會話、並ニ時文判讀

　　三、講習生

　　港務局在勤日人職員中四十歳未満ノモノハ講習ヲ受クル義務アルモノトス、ノヲ義務講習生ト稱ス。四十歳以上者モナルベク講習ヲ受クベシ、但シ講習ヲ受ケ難キ事由アルモノハ豫メ港務局長ノ許可ヲ受クベキ

モノトス

　　四、教科書

　　翁克齊氏著　開灤炭礦華語課程

　　五、教室

　　甲組　総務處建物内

　　乙組　船務處建物内

　　六、奨励方法

　　日語講習生二実施中ノモノ二準ス

　　七、役員並講師

　　幹事　荒木忠次郎

　　同　　湯澤清

　　講師　陶文輝

　　同　　岳家光

三

開灤〇六〇號

　　昭和十八年十一月十九日

　　　　　　　　　　　　　　　　　人事部長　　王崇植

　　礦務局长　　　　　中島亀吉殿
　　港務局長　　　　　柴田一美殿
　　北京事務所長　　　永井克太郎殿
　　東京事務所長　　　太平進一殿
　　塘沽営業所長　　　李　賡　昌殿
　　上海経理處経理　　三井俊雄殿

日華語学奨励二關スル件

　　首題二關シ別紙ノ通實施スルコトト相成タルニ付了承相成度

　　尚「語学講習會制」及「語学検定試験及語学奨励金規則」ハ追テ
公報二日華文ニテ掲載ノ豫定

　　添附書類

一、語学講習會制（日文）

二、語学検定試験及語学奨励金規則（日文）

三、其ノ他（日文）

目次

一、語学講習會制（案）

二、語学検定試験及語学奨励金規則（案）

三、其ノ他

（一）日本語学修得者二對スル待遇改善

（二）日本語競演會

添附書類一、語学講習會制

「第一條　職員二対スル日本語並中国語ノ講習會二関シテハ特別ノ場合ヲ除ク外本規則二依ル

第二條　講習會ハ各局二於テ適當の場所二於テ之ヲ行フ

第三條　講習會ハ各語共六箇月程度ヲ以テ一期トシ毎年二期之ヲ實施ス　講習時間ハ毎週三時間以上トシ業務二支障ナキ時刻二之ヲ行フ

第四條　講習スヘキ語学ノ程度ハ初等、中等、高等、研究科ノ四トス

第五條　講習生ハ必要二応シ局長二於テ之ヲ指名ス　指名ヲ受ケサル職員ハ局長ノ承認ヲ経テ聴講スルコトヲ得　指名講習生二對シテハ教科書ヲ無料支給スルモノトス

第六條　講師ハ職員若ハ職員外より局長之ヲ委嘱ス　講師二對シテハ総経理ノ承認ヲ経テ手当若ハ謝禮ヲ支給スルコトヲ得

第七條　局長ハ必要二應シ所属職員中ヨリ係員ヲ任命シ講習會ノ指導監督並庶務二従事セシムルコトヲ得

第八條　局長ハ指名講習生ノ勤怠状況ヲ監視シ不良ナル者二對シテハ職務怠慢二準シ措置スルモノトス

第九條　各期所定ノ課程ヲ修了シタル者二對シテハ局長名ヲ以テ修了証ヲ交付ス

第十條　出席状況良好ニシテ成績優秀ナル者二對シテハ修了後総経理ノ承認ヲ経テ局長ヨリ表彰状並賞金（又ハ賞品）ヲ授興スルコトヲ得　賞金額ハ一人二付最高百圓程度トス

　　第十一條　局長ハ各期開始前其ノ實施要目ヲ提出シ総経理ノ承認ヲ求ムヘシ　各期終了後ハ成績並出缺状況總括表ヲ作成シ講評ヲ附シ遅滞ナク総経理二提出スヘシ」

添附書類二、語学検定試験及語学奨励金規則

　　「第一條　日本語及中国語検定試験（以下試験ト稱ス）ノ等級及標準ハ左ノ通トシ標準細目ハ別二之ヲ定ム

　　一、日本語

　　特等　一般新聞雑誌ノ記事、論説程度ノ現代文及近古文ノ譯読解、口語、文語及候文ノ作文、高尚ナル會話並日本事情一般

　　一等　日本語講習會研究科修了程度

　　二等　日本語講習會高等科修了程度

　　三等　日本語講習會中等科修了程度

　　四等　日本語講習會初等科修了程度

　　二、中国語

　　特等　新聞雑誌程度ノ白話文、時文ノ譯読解、白話體ノ作文及書簡文文法、高尚ナル會話並中国事情一般

　　一等　談論新篇程度ノ白話文、時文ノ譯読解、文法の大要及普通一般ノ會話、白話體ノ作文及中国地理、歴史等ノ大要

　　二等　官話指南程度ノ白話文ノ譯読解、日常會話並白話體ノ作文

　　三等　急就篇程度ノ白話文ノ譯読解、平易ナル會話

　　四等　急就篇問答上程度ノ譯読解、平易ナル會話

　　第二條　試験ヲ分チテ豫備試験及本試験トス　豫備試験二合格シタル者二非サレハ本試験ヲ受クルコトヲ得ス

　　第三條　試験科目ハ左ノ如シ

　　豫備試験　譯読解、作文

　　本試験　　会話、書取、譯読解

　　第四條　試験ハ毎年一回春季二之ヲ行フ　但シ必要二應シ随時之ヲ行フコトアルヘシ

　　第五條　試験ハ日本語二在リテハ日本人以外ノ職員　中国語二在リテ中国人、満州国人

　　以外ノ職員二限リ之ヲ受クルコトヲ得　受験志願者ハ其ノ都度定ム

ル期日迄ニ所定ノ願書ヲ提出スヘシ　本試驗ニ合格シタル者ハ再ヒ同等
級以下ノ試驗ヲ受クルコトヲ得ス　但シ特ニ認メラレタル者ハ此ノ限リ
ニ在ラス　總経理ニ於テ必要ヲ認メタルトキハ受驗者ヲ指名スルコトア
ルヘシ

　　第六條　本試驗ニ合格シタル者ニハ合格證を交付シ次條以下ニ定ム
ル語学奨励金（以下奨励金ト稱ス）ヲ支給ス

　　第七條　奨励金ハ左ニ依り合格ノ翌月ヨリ二箇年間ヲ限り之ヲ支給
ス

　　特等　　月額　　二百圓
　　一等　　月額　　一百圓
　　二等　　月額　　六十圓
　　三等　　月額　　三十圓
　　四等　　支給セス

　　但シ其の都度詮議ニ依り一時金若ハ賞品ヲ支給スルコトアルヘシ

　　第八條　奨励金ノ支給ヲ受クル者ニシテ更ニ上級ノ試驗ニ合格シタ
ルトキハ其の翌月ヨリ上級ニ従ヒ奨励金ヲ支給ス

　　第九條　奨励金ハ左ノ各號ノ一ニ該當スル者二對シテハ試驗ニ合格
シタル者ト雖モ之を支給セス　但シ特ニ認メラレタル者ニ對シテハ此ノ
限ニ在ラス

　　一　日本語又は中国語ノ通譯ヲ本務トスル者

　　二　日本語又中国語ヲ習得セルコトニ依り待遇上有利ノ取扱ヲ受ケ
居ル者

　　三　前各號ノ外支給ノ必要ナシト認メタル者」

添附書類三、其ノ他

（一）日本語学修得者ニ對スル待遇改善

　　語学検定試驗及奨励金規則第九條に關聯シ、日本語通譯、飜譯ヲ本
務トシ或ハ之ニ準スル者、日本語堪能ナルコトヲ條件トシテ採用サシタ
ル者等ニ就テハ奨励金受給資格ナキ代リニ本俸増額、優先的昇格等待遇
ヲ改善シ（今後新採用者ニ就テモ同様）又一般ニ検定試驗ニ合格シタル
者ニ對シテハ昇給、昇格詮議ニ當リ優先的ニ取扱フ等手當制以外ニ基
本給與ニ於テ優遇方考慮スル必要アリ、之カ運用宜シキヲ得ハ最モ大ナ

ル効果ヲ発揮シ得ヘシ

　　右ニ關シテハ慎重研究ノ上明年四月ヲ期シ實施スルコトト致度

　　（二）日本語競演會

　　各地ヨリ選手ヲ派遣参集セシメ演説、作文、朗読等ニ依リ審査ノ上優勝者ニ総経理賞ヲ授與スルモノトシ第一回ヲ明春開催方準備スルモノトス

秦皇岛港藏民国外文档案之战后
部分书信等资料整理及翻译[*]

赵 侯 董劼伟

（东北大学秦皇岛分校 语言学院；
东北大学秦皇岛分校 社会科学研究院）

秦皇岛港为清朝首批"自开口岸"，在开埠之初即被英国商人骗占，此后便由英国人管理。1941 年，太平洋战争爆发后不久，日本侵占秦港，实行"军管理"。1945 年，日本侵华战争结束，秦港仍由英国人管理，新中国成立后港权才回归祖国。在近五十年的外国人管理时期，秦港形成了大批外文企业档案，大部分保留在秦皇岛港务局史志科档案室，称"开滦外文档案"，现存档案总数约 2815 卷，其中英文档案占 80%，余下为日文和法文档案。这些档案涵盖了营运、人事、气象、军事等多个领域。秦港档案中年代最久远的部分距今已有一百多年，呈现特定的时代感。

1946 年 3 月，为准备内战，蒋介石在秦皇岛和葫芦岛设立了一个统一的补给点，称"国民党后勤总部秦葫区港口司令部"，宋世礼任司令。从 1946 年 3 月至 1948 年 11 月，"秦葫区港口司令部"存在了二年多的时间，占用了旧法国营盘和日本营盘，负责秦皇岛和葫芦岛两港军需物资的存储和运输。"秦葫区港口司令部"在整个国民党军事体系中体量并非首屈一指，但其所处战略地位非常重要，位于华北与东北衔接处，秦港成为国民

---

* 1. 东北大学秦皇岛分校民主党派人士调研立项重点项目：《从"滦外档"探析山海关六国营盘遗址的文物价值》；2. 河北省教育厅高等学校人文社科研究重点项目，《民国时期秦皇岛港军事业务研究——以"滦外档"为中心》，项目编号：SD172012。

党进攻东北解放区的军事运输基地，成为第三次国内战争发端的重要港口。

这个时期的秦港归属英国人管理的开滦矿务总局，称"开滦矿务总局秦皇岛经理处"，时任开滦矿务局秦皇岛经理处经理是英国人齐尔顿。由于英国人控制秦港的经营权，英国人优先安排外国船只进入泊位，多次刁难国民党海军，海军军舰迫不得已抢占泊位入港。

1946 年 1 月 14 日至 1948 年 9 月 23 日的开滦秦皇岛档案中，记录了秦葫区港口司令部与秦港的互动等情况，其中有一系列往来信件，涉及海事救助等方面问题，兹按来往顺序进行了初步整理，对港口发出的英文信件除展示原文外，还进行了翻译，秦葫司令部的中文信件则保持其原貌。下文即保持整体连贯性的数组信件，相关研究另撰文进行。

一

The Harbour Department, Kailan Mining Adm. , Chinwangtao.

(1) Your letter No. 7204 has been noted.

(2) Our vessel arrived at thisharbor at 15. 40 on the 21st Sept. and was going to be berthed when the engines got suddenly out of order. We were forced to anchor and hoist two black balls. At the same time we asked for the assistance of a tug by means of flag signals but in vain. There upon, we asked another naval vessel to pass our request but S/T "Fuping" did not come until 12. 25 next day.

(3) As you are in charge ofharbor affairs, you should know the meaning of the two black balls. At that time when the sea was very rough and our vessel was incapacitated, you failed to send out your tug to our rescue. This was inconsistent with the principle of mutual help on the sea and duties of your own department. Instead, you wanted to apply your harbor regulations in this case. We do not know what view you are holding. Is it provided in your regulations that an incapacitated vessel should be held responsible for any damage by collision?

(4) We will not accept your suggestion to pay attention to our movement when we were unable to control it.

(5) As the K. M. A. is a Chinese Company, CWT. Is Chinese territory and our vessel is a member of the Chinese Navy, there is no reason to use Eng-

lish in our correspondence. No further letter will be attended to unless in it is in Chinese.

(6) Please take note.

　　　　　　　　　　(sid.) Yung Tai Naval Vessel.

　　　　　　　　　　(Sgd.) Huang Cheng Pai, Captain.

【译文】

开滦矿务局　秦皇岛港务处：

一、收到 7204 号大函敬悉

二、查本舰于九月二十一日十五时四十分抵达港口，正拟靠码头之际，机器突然损坏不能行动，只得应急抛锚并悬挂两个黑球，同时挂旗要求拖轮来营救，未果。因此转请本地其他军舰来救，请求直至次日十二时二十五分方由铺平拖轮前来营救。

三、贵处应知悬挂两个黑球表示何意，当时风浪甚大，本舰不能行动，贵处不派拖轮来救，已有失海上互相救援之道义及自身职责，贵处反以港口规则相绳，不知是何居心，且贵处要让不能行动之船担负碰撞之责乎？

四、来函所讲注意一节因本舰当时无法行动恕不接受。

五、开滦矿务局系中国之公司，秦皇岛系中国之领土，本舰系中华民国之军舰，彼此书信往来无使用英文之理由，下次不使用国文恕不置理。

六、请务必记录，绝不重复。

　　　　　　　　　　　　　　　　　　　舰长　黄崇柏

　　　　　　　　　　　　　　　　　　　1948 年 9 月 23 日

二

22nd, September, 1948, The Commanding Officer, R. C. N. "Yung Tai", CHINWANGTAO

Dear Sir,

We have to draw your attention to the Harbor Regulations governing the movement of all vessels using the Chinwangtao Harbor.

The regulationreferred to in this particular case reads:

"Vessels must not anchor in the fairway and shall leave a clear channel for the arrival and departure of vessels to and from the wharves. "

Failure to observe this regulation holds the offending vessel liable for any damage which might take place arising through the breach of the regulation.

Your cooperation is kindly requested in this regard to the benefit of shipping using the port.

MARINE SUPERINTENDENT

【译文】

"永泰"舰舰长:

我方请求你务必注意秦皇岛港口规则中有关进出秦皇岛港的规定。

港口规则规定如下:

"船只不得在航道停泊,要为进出港口的船舶留出足够的通道。"

如不遵守此规定,非常可能造成其他船只受损。

请在进出港口和装运货物时,务必遵守港口规则。

请与合作,万分感谢。

开滦矿务局　水运办公分处
1948 年 9 月 22 日

三

3 rd, May, 1947. The Captain, R. C. N. "Hai Ning", CHINWANGTAO

Dear Sir,

We shall be obliged if you will kindly shift berth to the No. 1 lower berth as Berth No. 3 is required for the S/S "HAI PING" on the departure of the S/S "Ying Chun" about 2: 00 p. m this afternoon.

Many thanks for your cooperation.

MARINE SUPERINTENDENT

【译文】

"海宁"炮舰舰长：

　　请将舰艇移至 1 号码头，因为 3 号码头需要留给"海平"舰，"海平"舰将在今天下午 2 点离开港口，请与合作，不胜感激。

开滦矿务局　水运办公分处

1947 年 5 月 3 日

四

　　海宁炮舰公函　　青字第十一号

　　敬覆者顷奉

　贵监督大函遵即移靠第三号码头矣，敝舰诸凡荷蒙关照无任感荷相应函覆并致谢沈即希查照为荷。

　　此致

开滦矿务局监督台鉴

海宁炮舰舰长

民国三十六年四月三十日

五

30th April, 1947, The Captain, R. C. H. "HAINING", CHINWANGTAO

Dear Sir,

　　I shall be obliged if you will kindly shift berth to No. 3 before 2：00 P. M. today because we require the full use of berth No. 2.

　　Thanking you.

MARINE SUPERINTENDENT

【译文】

"海宁"炮舰舰长：

　　请今天下午 2 点前将舰艇移至 3 号码头，我方要使用 2 号码头。请与配合，不胜感激。

开滦矿务局　水运办公分处
1947 年 4 月 30 日

六

24th April, 1947, The Captain, R. C. H. "Yung Hsiang", CHINWANGTAO

Dear Sir,

I shall be obliged if you will kindly give instructions to have your vessel shifted close to the inner end of berth No. 3 before 6：00 A. M. tomorrow morning.

Thanking you.

MARINE SUPERINTENDENT

【译文】

"永咸" 炮舰舰长：

请命令你舰艇在明日下午 6 点前移至 3 号码头，请与合作，不胜感激。

开滦矿务局　水运办公分处
1947 年 4 月 24 日

七

TO BE SENT IN CHINESE. Chinwangtao,

11th March, 1947, Commander Tsung, C. N. N. , Naval Office, Chinwangtao.

Dear Commander Tsung,

I shall be obliged if you will draw the attention of the Commanding Officers of Chinese Naval vessels at Chinwangtao to that clause in the Regulations of the port of Chinwangtao which reads：

"Ashes & Refuse"

"Ashes or other refuse must not be thrown overboard alongside the wharves. On application to the Administration's representative arrangements will be made for the removal of such refuse at ship's expense. "

As everything in the way of ashes and refuse dumped into theharbor must be dredged out at considerable expense to the Administration, your cooperation in this matter will be much appreciated.

With kindest regards from

Yours sincerely

W. B. Chilton

八

秦皇岛港经理处发送中文电报，由高级员司翻译。

世礼仁兄及各军舰舰长：

近日得知，近日来在港停泊之军舰时有向海内丢弃煤灰沙土之事，不但有碍航行，且需派船挖掘和疏通，人力物力惧损失。因此请仁兄向各舰艇转告本局本港规则中所载下列条款提醒注意。

煤灰及弃物：停泊码头之船只不得倾倒煤灰及其他一切废弃之物，如有违背，本局法定代表人代为移去，一切费用由该船自理，谨此恳请敬叩。

拜启

弟　齐尔顿

1947 年 3 月 12 日

九

14th February, 1947, Commander H. C. Liu, C/O Commander Tsung,

Chinwangtao

Dear Sir,

Refyrtel 13th regret we have no craft to send but recommend "Hai Ning" go as weather and ice now satisfactory.

AGENT. W B. Chilton

【译文】

孙舰长，宋司令：

我港口已无船可供派遣，建议"海宁"舰前去搭救，因为气候和海面无结冰的情况判断可以前往。

经理　齐尔顿

1947 年 2 月 14 日

十

Tsingtao, 13th, February, 1947

Agent, Kailan Mining Administration, CHINWANGTAO.

S/S 'YUNG SHENG' (Gunboat) now ice-bound ten miles south-west of Chinwangtao, Lat. 39. 42 E. Long 119. 26 E. Food and Water on board only sufficient to last 3 days. The U. S. Marines here have got no ice-breakers. Shall be obliged if you send an ice-breaker for rescue.

Liu Hsao Chuan,

COMMANDER OF THE COAST FLEET.

【译文】

开滦煤矿秦皇岛港经理：

"云盛"炮舰被冰困住，停泊在北纬 39.42，东经 119.26. 食物和水只能维持 3 天。目前停泊此处的美国海军无破冰船，请贵处速派破冰船前来营救。

海防舰队队长　卧孝鉴

青岛　1947 年 2 月 13 日

十一

14th January, 1946, The Harbour Headquarters, Chinwangtao

Dear Sirs,

With referenc to your letter-telegram No. "Chu" 73 of 4.1.47 addressed to our Mr. T. P. Pi, I regret that S/S "Hai Hsu" was obliged to anchor outside for more than two days during her last call at Chinwangtao before we could manage to berth her. I can, however, assure you that, wherever and whenever possible, preference has always been given for the berthing of military vessels and that this practice will be strictly maintained in the future so as to give you satisfaction. I would at the same time request your co-operation in letting us know as early as possible the time of the arrival of your military vessels together with their draft, tonnage, length, etc, with a view to enabling us to make previous arrangements so that your vessels may be first served without upsetting our advanced berthing program.

Yours faithfully,

AGENT, W.B.Chilton

【译文】

秦葫区港口司令部：

回复本月四日电报，因为没有事先没有得到通知，我们没能安排"海曙"号船进入秦皇岛港，它停泊在秦皇岛港口外超过2天了。我向你保证尽一切可能优先安排军舰的停泊，让你们满意。我同时希望你方以合作的态度，尽早通知船舶到港时间、轮船吃水深度，轮船的长度等细节，以便我港口能尽快安排停泊。

经理　齐尔顿

1946年1月14日

十二

Letter-telegram from Chinwangtao-Hulutao Area Harbour Headquarters.

Chinwangtao, 4th January 1947, No. "Chu" 73, Asst.

Agent Pi, K. M. A. , Local,

Owing to the close of the Hulutao Harbour for the ice season all military transports for the North East and for North China have to be discharged here. With this port becoming busier, it is our duty to lay special stress on military transportation. We have repeatedly received letters from Mr. C. C. Wang, your Chief Manager, assuring us that instructions have been given to your Agency for all possible assistance. According to recent reports, however, cooperation is still lacking on your wharves, especially in the case of the present trip of S/S "Hai Hsu". This vessel loaded with military supplies and horses for the army was ordered to anchor outside for three nights and two days on the pretext that all berths were being occupied. As a result, both men and horses were nearly frozen and starved to death. If such state of affairs were allowed to continue thus delaying military transportation and giving rise to serious consequences, your Administration should be held responsible. In future, please allow military vessels to be berthed ahead of others and render all assistance so as to facilitate military transportation. We have to address this telegram for your note and reply. (signed) Ho Shih Li. Dated: 30. 12. 46.

(Sealed) Seal of Headquarters.

【译文】

开滦矿务局秦港经理处：

　　因为封冰季节，葫芦岛港口关闭，所有到东北的船只均在秦皇岛卸货，港口异常繁忙。我军舰艇需频繁抵达秦皇岛港，这是因为我们需承担军事运输的重任。我们曾收到你方总经理王先生的信件，答应给予我们必要的帮助。可是，我们收到最新的报告是，装满军事物资和马匹的"海曙"号在港口外已经停泊三天两夜，人员和马匹快冻僵了，如果这种状况持续下去，你方要承担相应责任，并且承担由此产生的后果及损失。未来，你方要优先安排军事运输船舶的港口泊位，并给予必要的帮助。敬请答复。

何世礼　1947 年 1 月 4 日

十三

M/S, Com. , C. C. O. , Lab. , Sh. & "A" . Present,

Chinwangtao, 16th Dec. , 46

JOINT LIAISON OFFICE

Further to my memo of 14th August, 1946, a Joint Liaison Office will be established in the Shipping Building within the next few days, and will be represented by one officer each from the Port Command Headquarters, Railway Administration and China Merchants S. N. Co.

The object of this office is to assist and where possible to improve the operation of military transports and transportation of military stores between the wharf and the station and in addition to deal directly with any minor question of a military nature. It is however clearly understood that this office will not in any way interfere with the operation of the port and the berthing and handling of merchant ships calling for coal and loading or discharging general cargoes.

As a result of the impending closure of Hulutao on account of ice conditions the port of Chinwangtao will be congested with military transports and stores throughout the winter and it is requested that full cooperation be maintained between the Joint Liaison Office and Departments concerned in so far as the operation of the naval ships, military transports and handling of troops and supplies are concerned.

AGENT

W. B. CHILTON

【译文】

联合办事处公告

　　在我 1946 年 8 月 14 日发出的备忘录的基础上，我方将在近日设立联合办事处，加强港口运输管理，需从秦葫区港口司令部、铁路管理处和中国北方商会三方中选出一位执行官员。

　　联合办事处的作用是保证港口军事运输的正常运行，加强港口与铁路之间的合作。这位执行官员负责处理军方的事物，但不得干涉港口和民用船只的调度。

　　鉴于葫芦岛封冰的情况，秦皇岛整个冬天挤满了军舰，港口军事物资堆积如山，需要联合办公室协调军舰、民用船只、以及军队和物资调配等协调工作。

经理　齐尔顿
1946 年 12 月 16 日

十四

13th Dec. , 1946, The Marine Superintendent Dept. ,

Kailan Mining Admin. , Chinwangtao,

Dear Sirs,

With a view to improving harbor affairs and facilitating both military and commercial transportation, we propose to inaugurate a joint wharf office. All units concerned are hereby invited to attend a conference to be held at 10 A. M. tomorrow (the 14th) at our Meeting Room. We shall be obliged if you will be present and put up your suggestions for discussion and enforcement.

Storage and Transportation Department,
Chinwangtao and Hulutao Port Command.

十五

开滦港务处：

　　本部为改进港务，便利军商运输起见，拟在秦港码头设立联合办事处，特定明（十四日）上午十时挂牌，请各有关单位至本部会议厅开会，届时敬请提出宝贵意见，以资商讨施行为荷。

水运办公分处，秦葫港口司令部

1946 年 12 月 13 日

十六

Marine Superintendent, 16th Nov. , 1946, Chinwangtao,

ARRIVAL OF MILITARY TRANSPORTS, NAVAL VESSELS, ETC.

　　Mr. Chin Ho Chou, Chief of the 33rd Wireless Station of the War Ministry, requests that we keep him informed of the arrival of military transports, naval vessels and merchant ships other than our coal steamers. I enclose Mr. Chin's card, on the back of which his address and telephone number are given, and I shall be obliged if you will instruct your wireless operators to see that Mr. Chin's request is complied with.

AGENT, W. B. Chilton

【译文】

　　军事委员会第 33 无线电台站长周庆胡要求我们随时告知运煤炭的蒸汽船、军舰的进港情况，我收到周先生名片，名片背面有他的地址和电话，希望无线电操作员遵守周先生的指示。

经理　齐尔顿

1946 年 11 月 16 日

十七

15th October, 1946CHINWANGTAO

Dear Mr. Wang and Mr. Watts,

I enclose an "Airmail" letter addressed to Mr. Zee Lau Tien, Chairman, Fuel Control Commission, Shanghai, which I shall be obliged if you will read and if you approve of the contents, dispatch the letter from your office. Should you not approve of the letter and feel that it would be better to approach the matter in another way, please destroy the communication and advise me of your wishes in the matter.

Yours sincerely,

W. B. CHILTON

【译文】

王先生和 Watts 先生：

随信附上我寄给上海燃料控制委员会主席 Mr. Zee Lau Tien（资劳天）的信件，希望你能认可并赞同我信件的内容。如果不认同，请用你的方式处理我信中所说的问题，并给予我一些建议。

经理　齐尔顿
1946 年 10 月 15 日

十八

KAILAN MINING ADMINISTERTION, CHINWANGTAO, 14th October, 1946.

Mr. Zee Lau Tien, Chairman, Fuel Control Commission, SHANGHAI

Dear Mr. Zee,

During recent weeks we have suffered much interference from small craft operated by the Chinese Navy. These small craft are allegedly on patrol service in the Gulf but appear to spend the major part of their time in harbor. They take on coal in quantities which appear to be much in excess of their requirements and when they do leave port they seldom remain away for a longer time than it would take them to make the return trip to Tsingtao.

The interference with the operation of the harbor is my principal cause for complaint and I quote for your information several specific cases.

（1）On October 2nd we received information that the S/S "HAI KAN"（海赣）carrying military supplies, would arrive at 1 p. m. on October 3rd. At that time there were two small naval craft berthed in No. 3, a berth which they entered without permission. Officers on both ships were informed of the arrival of the "HAI KAN" and requested to clear No. 3 berth during the forenoon of the 3rd. This they promised to do but repeated reminders of their promises on the day of the arrival of the "HAI KAN" only resulted in off handed replies to the effect that they would not move.

We then approached Commander Tsung（叶树梅）Chief of the Chinwang-tao Office of the Chinese Navy, National Defense Ministry, with a request that he have the "HAI NING"（海宁）and "HSIEN NING"（咸宁）moved out to anchor. Commander Tsung agreed to do so but when those in charge of the ships were approached they informed the commander that for various reasons they were unable to leave the berth. One reason given was absence of crew and another failure of their steam anchors which or windlass. It was suggested that they could have in their anchor cable by means of the hand gear fitted to the windlass but no amount of persuasion or advice would move them to clear the berth.

As a direct result of the refusal of these vessels to vacate No. 3 berth the "HAI KAN", after waiting at anchor for several hours, entered No. 2 berth which was reserved for the "FORT ASSINTBOING" or "JOHN W. FOSTER" whichever vessel arrived first.

The "JOHN W. FOSTER", as a result of the "HAI KAN" entering berth No. 2 and not No. 3, which was reserved for her, but unsuitable for the "FOSTER", was delayed at anchor for a period of twenty two hours. When the "JOHN W. FOSTER" finally berthed at No. 2 she was interfered with by another small craft, the "YUNG THE"（永德）which likewise promised to move and then even when pressed by the local military and naval officers refused to clear the berth.

The loading of the "JOHN W. FOSTER" was much slower than it should have been as her No. 1 hatch was beyond the wharf due to the ship being moored with her bow well outside, whereas with the berth clear of the "YUNG THE" there was ample room for her.

Again, on the arrival of the "CAROLE LOMBARD" the officer in charge of he "YUNG THE" was requested by us and instructed by his seniors to move but he refused to do so. The "LOMBARD" was berthed at No. 2 with bow to the west and No. 1 hatch clear of the wharf but after remaining alongside for some hours here Master refused to remain at the berth and proceeded to an anchorage until the following morning, October 11th, when his ship was berthed at No. 7. On the 13th, anticipating the arrival of the "HELGA MOLLER" at 3 p. m. berth No. 4 was cleared for her when without permission the "HAI CHENG" (海澄) entered harbor, seized the berth and refused to move. The "HELGA" was delayed by bad weather and did arrive until midnight on the 13th, but she was obliged, owing to the interference of the "HAI CHENG", to remain at anchor until 10 a. m. today.

Just one other unauthorized berthing which is at present interfering with the normal operation of the port is the small motor boat "LU PING" (鲁平) operated by the navy, which berthed at No. 1 lower berth where she is loading ten tons of coal purchased from a coal dealer in the village. Her unauthorized berthing has necessitated the "DAI TAKU", which is taking on 500 tons of bunker coal, under your orders, projecting her stern some sixty feet beyond the end of the wharf.

So much for the actual interference. All members of the staff when dealing with the officers of these ships have been most polite in pointing out to them the reason behind our request to vacate berths which they are occupying for no useful purpose. When requesting them to move we have offered other facilities such as tying up alongside other vessel or mooring stern on to the wharf as our own small craft do.

Vessels arriving here and entering harbor without permission, to occupy any berth they see vacant, frequently cause us considerable embarrassment as the berth which they occupy without complying with the usual courtesies when calling at a port is booked, according to a prearranged plan of operations for another vessel.

We have approached the highest of the local military and naval officers who appreciate the position and who do all they can to assist but unfortunately even their requests or instructions fall on deaf ears. As the interference with the operation of a small port such as Chinwangtao is a serious matter for those who operate expensive commercial ships and as the interference is often extremely costly at times when the port is congested and the best possible use must be made of wharf space available, I feel certain that you will appreciate the position and I suggest for your consideration, that you are in a position to present our problem to one of the highest naval commanders with a view to securing his help and an undertaking to issue an order which will be obeyed without question when his local representative requests any officer of any naval craft to clear a berth as required by the Administration in the general interest of the port.

Accept my warmest thanks and sincere appreciations for anything you can do to persuade the Higher Authorities to support us in the efficient operation of the port which is going to be kept unusually busy throughout the coming winter.

Yours sincerely,
W. B. Chilton

【译文】

上海燃料控制委员会，主席先生：

最近几周我们一直受到中国海军的小舰艇的干扰，这些舰艇声称进出港口是执行巡逻任务。而且他们船开出时装的煤炭量过大，超出他们实际需要的使用量，他们巡逻的线路是到秦皇岛到青岛，可是从每次往返时间较短上来判断，不足以到达青岛（齐尔顿暗示这些海军舰艇偷偷把煤炭卖了）。

我这封信主要目的是反映这些船只对我管辖下的港口的干扰，下面翔实说明。

（1）10 月 2 号我接到消息，装满军事物资的"海赣"号要在 3 号到达。而这时有两艘小军舰停泊在 3 号码头，其中一艘未经允许擅自进入码头。我们发出指令让这两艘小船让出码头，并且多次催促，未果。

我们联系国防部驻秦皇岛海军指挥官叶树海，指示"海宁"和"咸宁"两艘船让出码头，指挥官发出命令，可以这两艘船的长官给出各种理由说无法离开码头。最后"海赣"号只得停靠在 2 号码头。其中一个原因是船员不在岗位上，而且船锚需要摇起来，但是摇柄和绞盘无法正常运行。我们建议他们手动转动摇柄和绞盘，但是费了不少口舌，仍然不能说服他们让出泊位。

这艘船只肯让出泊位，直接后果就是导致了"海赣"号不能停泊在事先为它预留的 3 号泊位，在等待几个小时以后，只能进入 2 号泊位，而 2 号泊位是为"FORT ASSINTBOING"或者"JOHN W. FOSTER"事先预留的。

"JOHN W. FOSTER"号因"海赣"号进入 2 号泊位而非 3 号泊位，只能停在不适合它的 2 号泊位，为此多停留了 22 个小时。当"JOHN W. FOSTER"号最终停入 2 号泊位时，它收到另外一艘叫"永德"号小船只的干扰，"永德"号同样答应挪出泊位，即使是在驻秦皇岛国民党军队和国民党海军港口司令部的催促下仍然不肯腾出泊位。

为此，"JOHN W. FOSTER"因为泊位所限，船头不能靠近泊位，船的 1 号舱口离码头较远，装货速度比正常情况下慢很多，如果"永德"号能让出地方，空间大了，这种情况就不会发生了。

同样的情况再次发生，当"CAROLE LOMBARD"号要进入港口时，我们要求"永德"号的指挥官命令船上的高级船员开船，腾出泊位，他们竟然不予理睬。"CAROLE LOMBARD"号停入 2 号泊位，船头只能是朝西，1 号舱口远离码头，并排停留了几个小时以后，船长拒绝待着原处，开到了一个抛锚处，一直等到了第二天，即 10 月 11 日的早上才停靠 7 号泊位。13 号，预计"HELGA MOLLER"号在下午 3 点到达，4 号泊位需虚位以待，然而"海澄"号未经允许，擅进码头，抢占 4 号泊位，并且拒绝离开。"HELGA MOLLER"因为天气太糟糕，13 号的午夜才到达，可是"海澄"号占着泊位，迫不得在抛锚处待到今天早上 10 点。

另外一艘未经官方非经允许、擅自抢占泊位、干扰港口正常运行的小舰艇就是隶属国民党海军的"鲁平"号，它抢占了 1 号泊位，只装上了从小村子里煤贩子手里买的 10 吨煤炭。因为"鲁平"号抢走泊位，导致

"DAI TAKU" 号不能顺利进入泊位，船头远离码头近乎 60 英尺，却要完成装载 500 吨块煤的工作。

干扰港口运行的事件简直不胜枚举！我港口的工作人员反复地、有礼貌地与这些船只打交道，告知他们这样毫无理由地抢占泊位会造成的后果。当要求他们离开时候，我们同时提供便利，比如安排其他船只拖曳，比如像我们自己的船只那样船尾靠近码头。

这些海军的舰艇到了之后不经我们允许，看见有空的泊位就抢了，往往这些泊位是有安排计划的，或是事先有预定的，他们的行径搞得我们很尴尬。

我们联系了当地的军队和海军司令部，他们意识到了问题的严重性，试图来帮助解决问题，不幸的是，他们发出的命令竟然无人听从。这些小舰艇的干扰对于像秦皇岛这样的一个小港口来说，简直是灾难，船只形成的拥堵，会造成了大型商船的重大损失。所以，我相信你们已经意识到问题的严重性，希望你们能充分考虑我们的处境，使用你们的权利和影响力向国民党海军的上级官员反映问题，寻求他们的帮助，让他们发出命令，不得抢占码头，影响港口的正常运营，让他们的下级遵照执行，不得违抗。

请接受我最诚挚的谢意，请代为向最高管理机构反映问题，保证我们港口高效的运营，马上要进入冬季了，港口将非常繁忙，不得已才请求你们的帮助。

开滦矿务局，秦皇岛经理处

经理　齐尔顿

1946 年 10 月 14 日

十九

5th October, 1946, Chinwangtao-Hulutao Harbor, Headquarters,
CHINWANGTAO

Dear Sirs,

I have to advise that with the frequent visits of Chinese gunboats to this port, delays to the berthing of ships for loading coal have constantly been caused. It appears to me that such inconveniences could be avoided should the commanding officers of such gunboats be ready to co-operate with us, or else prepared to take instructions either from your Headquarters or the local Navy Office.

In order to prevent further delays to coal ships due to the occupation of berths by Chinese gunboats without important reasons, I shall be obliged if you will kindly make arrangements with the local Navy Office to issue strict orders for all Chinese Naval Ships in port to observe the port regulations.

Your assistance in this connection will be much appreciated.

Yours faithfully,
Kailan Mining Administration
AGENT, W. B. Chilton

【译文】

秦葫区港口司令部：

由于海军舰艇的频繁到港，致使运煤船只无法正常停泊，希望避免这种不必要的情况再次发生，海军舰艇应听从命令，要么是听从秦葫区港口司令部的命令，或是听从秦皇岛海军办公处的命令，与我方合作。

为了避免海军军舰无缘无故地占用港口泊位，延误运输船只的正常进出港口，请秦皇岛海军办公处严格管理海军舰艇，遵守秦皇岛港口规则，不得耽误运输船只的正常进出港口。

此致！

开滦矿务局秦皇岛经理处
经理　齐尔顿
1946 年 10 月 5 日

二十

秦葫区港口司令部：

巡查监督者查近月以来时有中国海军炮舰来岛靠岸，以致对于运煤船只之停靠码头常有耽误，按此项阻碍之事，倘若该军舰之舰长与我局协力，或听从贵部及本埠海军办事处之命令，时则俱可不致发生。兹为防止再有同样事件起见，谨此函请贵部分神与本埠海军办事处规定办法，对于非因必要而在码头停靠之中国军舰一律不得妨碍装煤船只之靠岸事宜，藉利煤运而维规章务祈惠予协助无任感荷。

　　此致！

　　　　　　　　　　　　军管理开滦矿务总局　　局戳

二十一

　　事由"为奉令并代水运处办主任请查收照办"，秦皇岛水运办公分处代电
　　秦祥字第十九号，中华民国三十五年八月二十四日，开滦船务处，鉴宗，奉联勤总部秦葫区港口司令何世礼
　　指副字第零八二号指令：
　　秦皇岛水运分处主任张肇康呈请长假应于照准遗缺派本部副官处中校副处长李廷祥为代仰，将交接情形报部为要此令。均因奉此遵。于八月一日到到差，视事，除呈报暨分行外，特电查照为荷。
　　秦皇岛水运分处兼主任—李廷祥（未扣印）

【二十二】

19th Aug, 1946, Head of the Shipping Department, K. M. A. Chinwangtao. "Yuen" No. 36

　　In order to achieve close cooperation with your Administration and to push the work of Shipping affairs on both sides, we have appointed 2nd Lieutenant Na Wen Kung of our Headquarters to deal in liaison business with your administration.

　　Your assistance will be much appreciated.

　　Ho Shih Li, Hui Te An and Yu Ching LLen.

　　　　　　　　　　　　（Chopped）C. W. Tao-Hulutao Area
　　　　　　　　　　　　Harbor Headquarters

中文译文是国民党海军译员的翻译稿：

　　派本部少尉副官那文光担任联络由，后方勤务总司令部秦葫区港口司令部信纸

运字第 36 号

　　本埠开滦矿局船务处处长愿本部为求与贵局密取联络及使彼此船务易于推进计，特派本部少尉副官那文光专任与贵局联络事宜，希赐指示为荷。

　　秦何世礼惠德安于敬濂代未皓运亚船印

二十三

14th August, 1946, CHINWANGTAO

2nd Lieutenant Na of the Port Comand Headquarters has been apointed to act as Liaison officer between the Headquarters and the Aministration and he will be accommodated in the Shipping Office.

Lieutenat Na's duties are purely liaison and he will assist our staff in any problems that may arise in connection with the handling of military transports and assist in dealing with questions concerning military personnel.

Lieutenant Na is to be granted every assistance in carrying out his military duties and kept fully informed as to the arrival and departure of war and merchant vessels.

AGENT　W. B. CHILTON

【译文】

内部备忘录

发自："永咸"炮舰舰长

呈递：船务部

主题：那副官

　　那文光少尉被任命为秦葫港口司令部联络处联络官。

那少尉的职责是协助管理军事船只，联络军事指挥官。

那少尉应被及时告知军舰和商船的进出港情况。

经理　齐尔顿

1946 年 8 月 14 日

二十四

11th June, 1946, The Commander, Gunboat "Yung Hsiang",
CHINWANGTAO.

Dear Sir,

I shall be obliged if you will kindly instruct the four motor fishing vessels which are now anchored in the inner harbour, to shift berth to a position East of the Dolphin as depicted on the attached plan, where they will be clear of shipping entering and leaving the harbor and out of danger from the same.

MARINE SUPERINTENDENT

【译文】

"永咸"炮舰舰长：

请命令你麾下所属四艘动力打鱼船按照事先的约定停靠在"海豚"泊位以东的位置，为进出港的船留出航道，以免发生危险，请与合作，不胜感激。

开滦矿务局 秦皇岛经理处　水运办公分处

1946 年 7 月 11 日

二十五

The Commander, 26th May, 1946, C. N. "Yung Hsiang", CHINWANGTAO

Dear Sir,

I shall be obliged if you will shift Berth to No. 3 before 14.00 hours today as your berthed is required by the C. N. "Chang Chi" at that hour.

MARINE SUPERINTENDENT.

【译文】

"永咸"炮舰舰长：

请在今日下午 2 点前移至 3 号码头，你目前停靠的泊位是给"长治"号预留的。

开滦矿务局　水运办公分处

1946 年 5 月 26 日

二十六

开滦局港务处：

"长治"军舰于午后二时可抵港并拟靠码头添装淡水，即请指定码头号数以便转电为荷。

此致

开滦局港务处

民国三十五年五月二十六日（1946 年 5 月 26 日）

二十七

（As per information from Shipping 29/4）To load 150 tons No. 1 lump Coal as Bunkers.

【译文】　装船指令

装 150 吨 1 号块煤作为燃料。1946 年 4 月 29 日

二十八

As per Shipping Dept's mmo of 3rd May, 1946

To load 40 tons No. 1 Lump Coal as Bunkers.

【译文】　　装船指令

装 40 吨 1 号块煤作为燃料。1946 年 5 月 3 日

二十九

开滦矿务局：

　　因添装淡水，拟停靠一号或二号码头，午后即可离开，相应函请查证为荷。

　　此致

"永绩"号军舰

民国三十五年四月二十日

三十

　　下列是为"海咸号"舰装军需货物的人力：

工作时间	汽车数	汽车装载量	Gang	工人数	工资	总额
	8336	40）				
	51930	40）				
	60605	40）				
	30063	30）	261	52	$ 35	$ 1820.00
	8842	30）				
	30431	40）				
17：30〃 –	164	30）				
21：30〃	50116	30）				
	8003	30）	262	26	$ 35	910.00
	51155	40）				
	7989	30）	263	21	$ 35	735.00
	7329	30				
	50119	30				
	51127	15				

续表

工作时间	汽车数	汽车装载量	Gang	工人数	工资	总额
	7007	15	269	34	$ 35	1，190.00
	12092	15	270	17	$ 35	595.00
	70789	15				
	6943	30				
	8083	30				
	60243	30	266	27	$ 35	945.00
17：30″－	4784	15	266	26		
21：30″	14506	15				
	51155	30				
	2313	30	250	50	$ 35	910.00
	3995	30				
	30492	30				
	10020	30	260	50	$ 35	2，000.00
	51222	30				
	6353	30				

港口司令部第六补给区招商会代办
　　劳动力经理

三十一

电　报

　　开滦矿务局查本部由海浙轮装运服装弹药等单品驶往葫芦岛，拟利用贵处机车铁道码头工人装运，所需费用另行清结，特电查照为荷。

　　　　　后方勤务处司令部　秦第一十六兵站吏部长贺净宇。

三十二

开滦局船务处：

　　经启此查我处海浙轮此次抵秦卸运军品业详 136 公函，请为准备，并按军方要求，因关外交通杜绝无法运转，该轮必须去葫芦岛并加装弹药服装约三百吨，请将该轮引港靠岸以便装运，事关军用，幸勿耽误，我处 136 号自应取消相应函达，希即查照为荷。

国营招商局天津分局秦皇岛办事处

三十三

Per Shipping Dept's memo of 11th April, 1946

　　　　To load 200 tons No. 1 Lump Coal as Bunkers.

【译文】

装船指令

装 200 吨 1 号块煤作为燃料。46 年 4 月 11 日。装运部备忘录

三十四

Per Shipping Dept's memo of 11th April, 1946

To load 800 tons No. 1 Lump Coal as Bunkers.

【译文】

装船指令

装 800 吨 1 号块煤作为燃料。46 年 4 月 11 日 装运部备忘录

三十五

后方勤务处秦葫区港口司令部公函　零零三二号

中华民国三十五年三月三十一日

开滦矿务局：

运启此兹为明了本港海上交通情形以适应军事运输起见,特派本部少校科员叶大中与贵局切取联络,嗣后凡有中外军商轮舰驶抵本港海面时,请随时予以通知,以利军运为荷。

秦葫区港口司令部

何世礼　1946 年 3 月 31 日

三十六

秦皇岛　中国国民党海军

何世礼将军:

　　随信附上"葫芦岛港口"调查报告。此报告的信息来自今年 1 月 17 日对葫芦岛的视察。

开滦矿务局

海运监管处

1946 年 4 月 4 日

三十七

后方勤务总司令部第十六兵站支部公函

开滦矿务局:

　　敬启者顷奉锦州第三兵站总监部命令新一军弹药一批计一千四百吨,由广州来秦皇岛着由该支部代运沈阳交付等因自应遵照办理所有需用码头力夫及车辆牵引等,敬请惠予协助需矣,由本部清结至纫公谊。

支部长　贺民宇

1946 年 3 月 26 日

保定商会档案夹藏《北洋淑兴渔业股份有限公司简章》[*]

崔玉谦　　崔玉静

（保定学院历史系暨衙署文化研究
中心；河北大学历史学院）

　　保定市档案馆藏的保定商会档案，是保定商会自 1908 年至 1956 年近半个世纪从事经济、政治、文化、教育及社会活动的珍贵记录，是研究近代保定、河北省乃至华北区域社会经济史、日本侵华史的重要历史文献。鉴于保定商会档案的极大学术价值，为改变这批历史文献藏在深闺人未识的状况，自 2008 年 11 月起，在保定市政府和河北大学有关领导的支持下，经过专家论证和对编纂体例的讨论后，由保定市档案局提供档案支持，河北大学宋史研究中心组织师生数十人进行了大量繁复的命名、分类、编排和数番校对修订，历时五年时间，先后于 2012 年 5 月由河北大学出版社出版了《保定商会档案》（20 册），于 2013 年 12 月由北京燕山出版社出版了《保定商会档案辑编》（25 册）。

　　但在《保定商会档案》（20 册）与《保定商会档案辑编》（25 册）中也夹藏有部分与保定、保定商会丝毫无关的部分档案，涉及民国初年的

---

　　* 本文系河北省人文社会科学研究重大课题攻关项目《民国时期京津冀文化研究成果整理与研究》（批准号:ZD201631）阶段性成果之一;2017 年河北省研究生创新资助项目"李鸿章的拉美认识与早期中拉关系研究"阶段性成果之一。

北洋淑兴渔业股份有限公司①的两份档案即是其中之一，有鉴于此，现将
两份档案分别依照原件录文。

《北洋淑兴渔业股份有限公司简章》②

赞成人

汪荣宝	华世金	冯耿光	李金榜
樊增祥	严　修	赵元礼	张嘉璈
钱能训	刘若曾	刘　珣	边守靖
冯国璋	金　永	杨寿桐	王者化
徐世光	吴炳湘	陆　锦	殷鸿寿
周学熙	史履晋	陈文运	吴毓麟
范源濂	李士鉁	卞荫昌	张汝桐
言敦源	董　康	赵玉珂	李金藻

一、立案　本公司于民国四年七月经股东特别会议决另行创始组织新
公司，承受原有北洋淑兴渔业有限公司，由清理人与承受人订立合同各项
条款均经本会期议决、认可、登报、宣告，悉遵公司条例之股份有限公司
条例办理。

二、定名　本公司定名仍为北洋淑兴渔业股份有限公司。

三、宗旨　本公司主要营业以采捕海产及关于鱼类制造、水族养殖等
件，以开利源为宗旨。

四、地址　本公司设在天津，分公司设在烟台，制造厂分设在直隶境
内大沽、北塘、岐口，鲁省境内长山岛、舵机岛地方及将来扩充各地点。

五、资本　本公司资本原定一百万元，兹由改组承受创办个人认集股
本二十五万元，其不敷之数分为阴历六月底、十二月底两期招足。

---

①　已有的涉及北洋军阀官僚的私人经济活动的研究成果可参见魏晓明的《论北洋军阀的私
人经济活动》（硕士学位论文，南开大学，1983 年）、《试论北洋军阀官僚的私人经济活动》
（《近代史研究》1985 年第 2 期）、《北洋政府官僚与天津经济》（《天津社会科学》1986 年第 4
期）等，但在相关研究成果中均未提及北洋淑兴渔业股份有限公司，几乎也没有涉及北洋军阀官
僚对水产业的投资经营。

②　本件档案总共有六面，收录于《保定商会档案》第 3 册，第 227—229 页。

六、图记　本公司图记文曰"北洋淑兴渔业股份有限公司"，图记为调度银钱发行货物一切函单之用，并经手人签字为凭，凡对于官长、文牍往来及印盖股票息单仍沿用前经声明，原有木质图记以昭信守。

七、商标　本公司商标仍以地球图为记。

八、股份　本公司股份以北洋银洋一百元为一股，以一万股为足额，每股官息当年六厘以交股款次日起息，但招集一百万元内特设优先股二十五万元，凡首先入股者每十股照加一股，以昭优先之利益足额后均作为正股，一切权利无论官绅商庶一律平均，但必须结账后有盈余，并经提存公积金方能分派股息。

九、华股　本公司专集华股不附洋股，如有华人影射洋股者一经查觉立将该股注销。

十、账目　本公司每届年终结账，次年正月刊布账略，所获余利准于三月一日凭折分给。

十一、余利　本公司赢余分二十成，先提存四成为公积金、次负官息六厘，余按十六成分派，以一成报交北洋渔业经费，以三成为办事同人花红，以三成为董事酬劳，其余八成归股东按股支配，一成补助天津县公署教育费。

十二、股权　凡入本公司股份每一股均有投票选举之权，十股以上者有被选举本公司董事之权。

十三、选举　本公司选举董事三员、监察人一员，均常在公司任事，董事以三年为满，监察人以一年为满，届期另行选举。

十四、会议　本公司会议分为常年会议、临时会议，常年会议每年二月招集一次，报告上年营业状况及征集将来业务上应行发达、改良之一切方法；临时会议遇有特别事故发生时由全体董事招集之，但须股东四分三以上到会方得开议。

十五、宣告　本公司各项公众通告除账异刊印成册发制外，余皆随时登报宣布，不另分报各股东。

十六、修正　本公司所定章程如有增删及变更时，得由股份总值十分之一以上之股东提议，经董事招集临时会议议决，修正呈部核准立案后方能有效。

十七、附则　本章程未尽事宜悉遵照公司条例股份有限公司规定办理。

保定商会档案夹藏《北洋淑兴渔业股份有限公司营业计划书》*

崔玉谦　　盘燕玲

（保定学院历史系暨衙署文化研究
中心；河北大学历史学院）

《北洋淑兴渔业股份有限公司营业计划书》系《北洋淑兴渔业股份有限公司简章》的附件，附着于公司简章之后，现一同依照档案原件影印、录文如下。

《北洋淑兴渔业股份有限公司营业计划书》①

按北洋沿海渔利甚大业务不止一端，而公司开办伊始必须分别先后次第举行，方得完善业。经派人调查、明晰切实计划，试将其业务程序及其理由陈说如下：

一、渔轮采捕业

查沿海帆行渔船未能开放远洋，是以外国渔轮年年侵入无人过问，非特利源外溢而且隐失海权，殊为可虑，本公司拟即遵照农商部《劝告国民广设渔轮公司办法》，极力筹备以便实行。

---

* 本文系河北省人文社会科学研究重大课题攻关项目"民国时期京津冀文化研究成果整理与研究"（批准号：ZD201631）阶段性成果之一；2012年河北省研究生创新创助项目"李鸿章的拉美认识与早期中拉关系研究"阶段性成果之一。

① 本件档案总共有七面，收录于《保定商会档案》第3册，第230—233页。

二、转运轮船

查沿海渔期旺时，转运鱼类或系鱼船自运到埠、或系商船在海中悬旗招买运至内港，其间往返需日，风波难测，颇为渔业、商业阻碍，且商船载货出海屡被海贼劫掠，尤为隐忧。本公司拟购备快轮专为运输，不惟鱼民鱼商省惜光阴，切可保持鱼类价值。

三、鲍鱼、海参、鲨鱼采捕业

查鲍鱼、海参、鲨鱼，北洋海区颇多，以无此种专业渔民，捕获寥寥，社会食用多自外国输入，而鲨鱼、海参两宗近且有外人在山东沿海捕得重利，是一大漏危，本公司拟仿用外洋渔法，试行捕拟以开利源。

四、干咸制造品

查北洋鱼货出口以干咸为大宗，惟其制法装饰未加研究，实为劣点，本公司拟设立制造厂，查找各地畅销情形加工制造并与，装运一事妥筹善法，以谋畅销而备军储。

五、熏制、糟制、油渍、酢渍、水煮、虾油、鱼酱及各种罐头业

查我国鱼类食品制造只有干、咸两宗，即为罐头一项岁销甚巨，多由外洋输入，何能与言商战，本公司拟在沿海产类最多地方设立工厂，选聘技师制造各品，以期推广销路。

六、风网渔业

查沿海风网渔船其形底平吃水不深，帆行遇横风时易流于风下，无速达渔场之便，且帆形上方与下方同宽，而上方所受风力往往加于下方，以致船体上重下轻，故屡有转覆之患，渔具多沿用旧法非常笨滞。本公司拟参酌中外船型网样，购造改良船网，以谋风网渔业之发达。

七、钩钓渔业

查北洋沿海钩钓鱼业种类无几，且用饵料甚多，往往有渔获不利因之受累者。本公司拟仿用新法于扩充用饵钓渔业外，更添办拟饵钩以为钩钓渔业之模范。

八、辘轳地引网渔业

查直省昌抚沿岸渔业之大者为地引网，每网需渔夫二三百人引曳，网网即使海产丰富而所费已属不赀，若捕获无多则亏累甚巨。又查日本筑前地方鰛冲曳网，系用辘轳卷引曳网，一网只需渔夫三十六人，不惟用费减少，其引网网尤为迅速。本公司拟在适当海岸试办大地引网二部，参以辘轳引曳之法，裨渔民见之之所取法。

九、鰡鱼、牡蛎养殖业

查北洋海产鱼介宜于养殖者惟牡蛎、鰡鱼二种，以其幼虫稚鱼概喜咸淡二水相合，之所多随潮汐飘入池沼成长，最速养殖之法甚简。天津近海居民间有业此者，不过就天然产地纳潮蓄养获，获利无几，本公司拟在海岸适宜之区，广辟养池扩充此业，以收无限之利润。

十、鱼市场

查文明各国因保持鱼类价格之平均及谋需要、供给双方之利便，均注意于食物卫生及人民经济，于是设立完全之鱼市场隶属于官厅，监督之下以期改良。我国人民墨守旧习，总之贩卖无标准之规章，无一定之地点，鲍鱼之市场错杂于市厘之间有碍卫生，早为警律所禁，且经营实业销路问题为第一要着，假使捕鱼之法尽善尽美而销路之机关未备，则虽有多鱼必致废弃，公司基础何以巩固。本公司拟设立完全之大鱼市场于天津、北京、烟台、济南及适宜之处，使机关完备销路扩张。

十一、冷藏库

查沿海每年当鱼期极盛之时冷藏无术，有时渔船捕获虽多而销场有限鱼价暴落，有时风向不利不能举网，虽有销场而无鱼可卖，贩运鱼商国之受污者不知凡几，本公司拟建筑冷藏库数处，逢多鱼时节即集而藏之，陆续出云以防鱼价暴落且免社会乏食。

十二、渔船渔具制造所

查我国修造渔船与商船同一造法，毫无便于渔业之特点，而渔具无分大小悉赖手工殊嫌笨滞。本公司拟设立渔船渔具制造所，选聘造船高手与天津高等水产学校专科毕业生互相参考，创造新式渔船及机织渔网以备渔民租购之用。

十三、筹设渔业研究所

查水产渔业为利远大，今日东西各国均此穷究靡遗，如渔捞有捕鲸、采珠等业，制造有公用药料、肥料，各品养殖有人工孵化、鉴别种子诸法尽善尽美。本公司采筹设渔业研究所一处，购办各种机械以备我国水产毕业生及海上经验家共同研究、发明新法而取渔业远大之利益斯为得也。

中华民国八年六月十四日

创办人

张伯愚　孙凤藻　常醴泉

张献廷　张志琦　杨志衡

冯金生　李春曦　宋国铸

徐　敏　张家宝　宋致长

汪莲墅　马文藻　刘汝霖

秦皇岛分校文史专论

礼之"仪"与礼之"义"之争[*]

秦 飞

（东北大学秦皇岛分校　社会科学研究院）

礼的内涵丰富，是孔子思想中的重要概念。其可简单概括为"礼仪"和"礼义"两大部分，然而，人们常常对礼仪与礼义的关系认识不清，不理解孔子重视礼仪的深层内涵，因而带来很多误解。本文对此进行探讨，以求方家指正。

一

"礼仪"是指礼在安排人间秩序时，呈现出的各种具体的仪式、规定和制度等，可以简单理解为礼的外在表现形式。《中庸》记载说"礼仪三百，威仪三千"，说的就是这里的"礼仪"，但"礼仪三百"中的"礼仪"是指纲领性礼仪规范，"威仪三千"则是指在纲领性礼仪规范之下更为细致具体的礼仪规定，故有"三百"和"三千"之别。"礼义"则是指"礼仪"的深层精神内核，指向以"仁"统领的儒家德目。如在《礼记·乡饮酒义》中有云："饮酒之义：主人拜迎宾于庠门之外，入三揖而后至阶，三让而后升，所以致尊让也。盥洗扬觯，所以致絜也。拜至、拜洗、拜受、拜送、拜既，所以致敬也。尊让絜敬也者，君子之所以相接也。君子尊让则不争，絜敬则不慢。不慢不争，则远于斗辨矣；不斗辨，

＊ 本文系河北省社会科学发展研究课题《先秦两汉"哀公问孔"材料的整理与流传》和中央高校基本科研业务费青年教师科研创新基金项目"孔子晚年思想再研究"的阶段性研究成果,项目编号分别为:201604060203 和 N162303010。

则无暴乱之祸矣。斯君子所以免于人祸也。"文中所说的"致尊让""致
絜""致敬"即是乡饮酒各种具体仪式、礼仪规定的深层内涵，是乡饮酒
这一"礼仪"之"礼义"所在。那么，"礼仪"与"礼义"之间的关系
到底如何？孔子对两者的认识是怎样的？可以通过分析以下两段孔子遗说
进行探析。

第一处文献记载来自于《荀子·哀公》篇，文曰：

> 鲁哀公问于孔子曰："绅、委、章甫，有益于仁乎？"孔子蹴然
> 曰："君号然也？资衰、苴杖者不听乐，非耳不能闻也，服使然也。
> 黼衣、黼裳者不茹荤，非口不能味也，服使然也。且丘闻之：好肆不
> 守折，长者不为市。窃其有益与其无益，君其知之矣。"

这段话是孔子晚年周游归鲁后，鲁君哀公与孔子之间的一段对话。为
方便讨论，我们将其命名为"服益于行"。翻看文献会发现古籍中不乏哀
公与孔子对话的记载，单是《论语》中就有 3 处，笔者对这些对话材料
有过专门的整理，在先秦、两汉的典籍中，共涉及 17 部传世文献中的 69
段对话材料，对这些史料我们将其统称为"哀公问孔"材料。这些对话
多以"（鲁）哀公问于孔子曰"开篇，以"孔子对曰"或"子曰"作答，
有些典籍的篇目还直接就以两人的对话为内容，如这里的《荀子·哀公》
即是如此（此篇篇末有"定公问于颜渊"一章，盖为错简，其他典籍的
篇目中很少有这类情况），此外《礼记·哀公问》《大戴礼记·哀公问五
义》《大戴礼记·哀公问于孔子》《孔子家语·哀公问政》等亦然。甚至
千年以后，在《隋书·西域列传》中还有对鲁哀公与孔子对话的记载：
"其（高昌）都城周回一千八百四十步，于坐室画鲁哀公问政于孔子之
像。"足见这批材料的意义之大，传播范围之广。

《荀子》中的这段记载还见于《孔子家语·好生》篇，两处文本内容
相差不大，除了文辞间微小的不同外，《孔子家语》中在"且丘闻之"前
多了一句"介胄执戈者，无退懦之气，非体纯猛，服使然也"，表达了与
前面两句相似的意思，都是"服使然也"，表现了孔子对外在礼仪制度的
重视。文中哀公问孔子，佩戴大带、戴古冠是否有助于仁德的修养？孔子
对此问的反应是"蹴然"，闻言色变，先是反问哀公为何说这样的话，但
不待哀公回答便开始阐述他对这个问题的看法及其原因，可见孔子除了惊

诧哀公无知之外，还有对国君些许的失望。孔子认为，那些讲身穿丧服、手执丧杖的人，心思不在享受音乐上，并不是耳朵听不见，而是因为身上穿的丧服使他这样；身穿华丽礼服、头戴礼冠的人，容貌举止庄重，这并不是本性矜持端庄，而是因为身上穿的礼服使他这样；身着铠甲、手持兵器的人，毫无退缩怯懦的样子，并不是他本身纯正勇猛，而是身上穿的军服使他这样。古礼主要有吉、凶、军、宾、嘉五类，这里便涉及凶、军、嘉三礼，从中可以看出"服使然也"的普遍性。而孔子以此为例，表达了对衣着服饰等"礼仪"的重视，强调它对人之行为的教化约束作用。此外，文中孔子还强调一个人内在品性对其行为的影响，孔子认为善于经商的人不会做亏本的生意，忠厚长者不会去做买卖，以此反向论证了"礼义"对于"礼仪"的重要决定意义。从而揭示了"礼仪"与"礼义"相互作用的一般规律，即一个人的内在品质，决定着这个人的言行举止和思想行动；但人的衣着服饰、行为举止，又对人内在品质的修养起着重要的教育意义。

　　有鉴于此，再来品读《论语·乡党》篇中孔子对自己饮食起居生活的严格要求就容易很多。篇中记载孔子在穿衣方面主张："君子不以绀緅饰，红紫不以为亵服。当暑，袗絺绤，必表而出之。缁衣羔裘，素衣麑裘，黄衣狐裘。亵裘长，短右袂。必有寝衣，长一身有半。狐貉之厚以居。去丧，无所不佩。非帷裳，必杀之。羔裘玄冠不以吊。吉月，必朝服而朝。"在吃食方面："食不厌精，脍不厌细。食饐而餲，鱼馁而肉败，不食。色恶，不食。臭恶，不食。失饪，不食。不时，不食。割不正，不食。不得其酱，不食。肉虽多，不使胜食气。惟酒无量，不及乱。沽酒市脯，不食。不撤姜食，不多食。"乍看来，在当时的时代条件下，如此讲究生活细节，体现的是奢侈无度的贵族生活，不类孔子一贯秉持的君子之风，更与其评价弟子颜渊"一箪食，一瓢饮，在陋巷，人不堪其忧，回也不改其乐，贤哉回也"相去甚远。形成这样认识的一个重要原因是《乡党》的记载简略，仅记载孔子日常起居生活，而未揭示这样做的原因，故而在解读的时候，仁者见仁，智者见智。结合"服益于行"再来解读《乡党》篇，就会消解此前的误解。黄克剑先生在解读此篇时也曾说过："把握《乡党》之意致，可留心于两点：一，'道'不在人伦日用之外，孔子对儒家所谓'道'的指点固然不能不诉诸'近取譬'式的言喻，而重要的还在于他这位'闻道'者的行迹；二，见于人伦日用的

'道'更多地是由'中乎礼'的践履体现的，'执礼'（《论语·述而》）、'约之以礼'（《论语·雍也》）或当作为'道'生命化于每个个人的路径视之。"① 笔者之意与黄先生不谋而合，结合前文对"服益于行"的分析，可知孔子对这些近乎烦琐的生活细节的严格要求，实质上反映了孔子在求道成仁的路上严于律己，做到了"君子无终食之间违仁，造次必于是，颠沛必于是"②，展现的正是孔子"文质彬彬"的君子之风。

二

"礼仪"的根柢是"礼义"，并且依"礼义"而定，学界对此已有较为统一的认识，但常忽略了"礼仪"对人行为的规范作用，及其对"礼义"的成全。前文"服益于行"已有所涉及，强调人伦日用、服饰仪式等"礼仪"，对于践行孔子思想的核心价值观"仁"（即礼义）的意义。同样是在"哀公问孔"材料中，还有一则史料也在论述"礼仪"与"礼义"的关系，它是通过讨论礼之"服"与礼之"核"关系来展现的，我们将这段史料称之为"儒服儒行"。此内容见于《孔子家语·儒行解》和《礼记·儒行》。文曰：

> 孔子在卫，冉求言于季孙曰："国有圣人而不能用，欲以求治，是犹却步而欲求及前人，不可得已。今孔子在卫，卫将用之。己有才而以资邻国，难以言智也。请以重币迎之。"季孙以告哀公，公从之。孔子既至舍，哀公馆焉。公自阼阶，孔子宾阶，升堂立侍。公曰："夫子之服，其儒服与？"孔子对曰："丘少居鲁，衣逢掖之衣。长居宋，冠章甫之冠。丘闻之，君子之学也博，其服以乡，丘未知其为儒服也。"公曰："敢问儒行？"孔子曰："略言之，则不能终其物；悉数之，则留更仆未可以对。"哀公命席。孔子侍坐，曰："儒有席上之珍以待聘，夙夜强学以待问，怀忠信以待举，力行以待取。其自立有如此者。儒有衣冠中，动作顺，其大让如慢，小让如伪。大则如威，小则如愧，难进而易退，粥粥若无能也。其容貌有如此者。儒有

① 黄克剑：《论语疏解》，中国人民大学出版社 2010 年版，第 169 页。
② 《论语·里仁》。

居处齐难，其起坐恭敬，言必诚信，行必忠正，道涂不争险易之利，冬夏不争阴阳之和，爱其死以有待也，养其身以有为也。其备预有如此者。儒有不宝金玉，而忠信以为宝；不祈土地，而仁义以为土地；不求多积，多文以为富。难得而易禄也，易禄而难畜也。非时不见，不亦难得乎？非义不合，不亦难畜乎？先劳而后禄，不亦易禄乎？其近人情有如此者。儒有委之以财货而不贪，淹之以乐好而不淫，劫之以众而不惧，阻之以兵而不慑。见利不亏其义，见死不更其守。往者不悔，来者不豫，过言不再，流言不极，不断其威，不习其谋。其特立有如此者。儒有可亲而不可劫，可近而不可迫，可杀而不可辱。其居处不过，其饮食不溽。其过失可微辩而不可面数也。其刚毅有如此者。儒有忠信以为甲胄，礼义以为干橹，戴仁而行，抱德而处。虽有暴政，不更其所。其自立有如此者。儒有一亩之宫，环堵之室，荜门圭窬，蓬户瓮牖，易衣而出，并日而食。上答之，不敢以疑；上不答之，不敢以谄。其为士有如此者。儒有今人以居，古人以稽。今世行之，后世以为楷。若不逢世，上所不受，下所不推，诡谄之民有比党而危之，身可危也，其志不可夺也。虽危起居，犹竟信其志，乃不忘百姓之病也。其忧思有如此者。儒有博学而不穷，笃行而不倦，幽居而不淫，上通而不困。礼必以和，优游以法，慕贤而容众，毁方而瓦合。其宽裕有如此者。儒有内称不避亲，外举不避怨。程功积事，不求厚禄。推贤达能，不望其报。君得其志，民赖其德。苟利国家，不求富贵。其举贤援能有如此者。儒有澡身浴德，陈言而伏，静言而正之，而上下不知也，默而翘之，又不急为也。不临深而为高，不加少而为多。世治不轻，世乱不沮。同己不与，异己不非。其特立独行有如此者。儒有上不臣天子，下不事诸侯，慎静尚宽，底厉廉隅，强毅以与人，博学以知服。虽以分国，视之如锱铢，弗肯臣仕。其规为有如此者。儒有合志同方，营道同术，并立则乐，相下不厌，久别则闻流言不信，义同而进，不同而退。其交有如此者。夫温良者，仁之本也；慎敬者，仁之地也；宽裕者，仁之作也；逊接者，仁之能也；礼节者，仁之貌也；言谈者，仁之文也；歌乐者，仁之和也；分散者，仁之施也。儒皆兼而有之，犹且不敢言仁也。其尊让有如此者。儒有不陨获于贫贱，不充诎于富贵，不溷君王，不累长上，不闵有司，故曰儒。今人之名儒也妄，常以儒相诟疾。"哀公既得闻此言也，言加信，行加敬，曰："终殁吾世，弗敢复以儒为戏矣。"①

　　"儒服儒行"介绍了几近所有类型的儒者，这在文献记载中并不多见，材料非常珍贵，引起了不少学者对此篇的重视。其中王锷的《春秋末期儒者德行和〈儒行〉的成篇年代》②、陈来的《儒服·儒行·儒辩：先秦文献中"儒"的刻画与论说》③ 以及宋立林、孙宝华的《读〈儒行〉札记》④ 等的讨论较具代表性。

　　关于"儒服儒行"的成书背景，王锷专有论述，认为其与孔子晚年是相符的。在孔子之时，自称为"儒"的人很多，起初仅作为一种相礼的职业存在，随着孔子对"儒"赋予了新的内涵，才逐渐成为一个学术流派的名称。但即使是在孔子之时，"儒"的概念和指向在很长时间里也没有固定下，不仅有孔子前和孔子后之别，即使是孔子眼中的"儒"，种类也十分繁多。孔子曾叮嘱其弟子子夏："女为君子儒，无为小人儒。"⑤ 杨向奎先生对此曾说："早期儒家的职业是相礼，自从孔子再次改造礼后，也改造了儒家本身……他（胡适）又说，用荀卿的话来比较墨子的话，可以相信，在春秋战国之间，已有这种俗儒，大概就是孔子说的'小人儒'。从这种描写上，可以看出他们的生活有几点要点。第一，他们很贫穷，往往'陷于饥寒，危于冻馁'；这是因为他们不务农，不作务，是一种不耕而食的人。第二，他们受人们的轻视和嘲笑，因为他们的衣食靠贵族供给，而且他们还有一种倨傲的作风。第三，他们的职业是一种宗教职业，他们熟悉礼乐，人家丧葬大事，都得他们相礼。"⑥ 总而言之，孔子之后"儒"的内涵被重新定义，其与"礼"的关系也发生了变化。

　　在宗法制盛行的时候，社会秩序靠周礼来维系，负责相礼的人在当时

① 《孔子家语·儒行》。

② 王锷：《春秋末期儒者德行和〈儒行〉的成篇年代》，《中国典籍与文化》2006 年第 4 期。

③ 陈来：《儒服·儒行·儒辩：先秦文献中"儒"的刻画与论说》，《社会科学战线》2008 年第 2 期。

④ 宋立林、孙宝华：《读〈儒行〉札记》，《管子学刊》2010 年第 3 期。

⑤ 《论语·雍也》。

⑥ 杨向奎：《宗周社会与礼乐文明》，人民出版社 1992 年版，第 411—412 页。

很受敬重。对于儒者来说，其身份的一大特征即是相礼。孔子生于春秋末世，社会已经开始礼崩乐坏，但孔子仍十分重视礼，讲求"克己复礼"，曾为鲁国相礼，也曾向老子问过礼。而孔子创立的儒家学派与过往之"儒"的一个本质区别，是孔子为"礼"注入了"仁"的礼义。但从"儒服儒行"的记载可以看出，这一区别在当时尚未深入人心，作为鲁国国君的哀公对此就不清楚，意图从衣着上将儒者区别出来并将孔子所谓的"儒"等同于孔子之前的"儒"。杨向奎先生对此就曾说过："他（哀公）知道当时所谓'儒服'不过是当时殷民族故国的'乡服'。儒服只是殷商传统的服制，他不承认它特别的'儒服'。"① 在"儒服儒行"中，孔子对其所谓之"儒"有详细的解说，他说自己是殷人后裔，他小时候居住在鲁国，穿的是衣袖宽大的衣服。长大以后曾居住在宋国，戴的是殷人流行的章甫帽，故而他身穿殷服，虽然有异于大众的服装，但这并不代表他儒者的身份，而人的内在德性修养，才是区分儒者真正的标准。对此，"哀公问孔"材料中还有一则史料可以作为佐证。文曰：

> 哀公问于孔子曰："寡人欲论鲁国之士，与之为治，敢问如何取之？"孔子对曰："生今之世，志古之道；居今之俗，服古之服。舍此而为非者，不亦鲜乎？"曰："然则章甫絇履，绅带缙笏者，皆贤人也。"孔子曰："不必然也。丘之所言，非此之谓也。夫端衣玄裳，冕而乘轩者，则志不在于食荤；斩衰菅菲，杖而歠粥者，则志不在于酒肉。'生今之世，志古之道；居今之俗，服古之服'，谓此类也。"

从这段对话亦可以看出，在哀公看来，儒者有特定服饰，一般衣着古服。大概当时标榜孔子的人很多，于是就以孔子身着的殷服作为儒者身份的象征而广泛流行。但这部分人鱼龙混杂，有真正倾心孔子之学的人，也有想依傍孔子之名，想继续做相礼这一职业的人。这段记载与"儒服儒行"一样，孔子都否定了单纯依据服饰来判断一个人是否是真正的儒者，而是强调真正可以将儒者区别出来的是"儒行"，是儒者的内在品行。对此，"儒服儒行"中对"儒行"的论述最为周全。

文中以"儒有……"开头，以"其……有如此者"结尾，从儒者的

---

① 杨向奎：《宗周社会与礼乐文明》，人民出版社1992年版，第416页。

修身立命、外在形象、做事风格、行为举止、性格特点、人生追求、为政治国、交友原则等方面，共举十六种品质的儒者形象。对此，陈来先生对文本中十六种儒行进行重新整合，认为此十六中品质表述了儒者在未出仕、出仕、不仕三种状态下分别应有的德行品质。另外，他否定了从字源上单向考察"儒"之特质的论证方法，认为"儒"不仅"没有任何'柔'的特点，相反，和孟子所说的'大丈夫'的人格尤为接近。这说明以柔论儒基本上是错误的"；而"这些儒行，也就是孔子以来儒家所主张、所实践的德行。从此篇最后的论述来看，作者还想表达这样的意思，即这些儒行都可看做'仁'的不同的实践侧面，这种突出仁德的思想，更完整地体现了儒家德行论的核心和重点"①。总之，虽然当时称"儒"的人很多，但不尽是孔子眼中的真儒；而即便是孔子眼中的儒，也有诸多不同类型。正如孔子自己总结的那样，儒者不因贫贱而愁闷不安，不因富贵而得意忘形，不因君主的侮辱、长官的负累、官吏的刁难而违背自己原有的志向。孔子在"儒服儒行"中特别强调了判断一个人是否是儒者的根本标准，是看其内在修养和心志。

三

　　根据对以上"服益于行""儒服儒行"等三则"哀公问孔"材料的讨论，得到的主要认识有：第一，孔子认为"服"有约束人思想行为的功用，有助于人内心的德性修养；第二，"服"是一个人内在品行修养的外化体现，不同品性的人会有不同的外化表现，依据其"服"来判断人的品行有其合理性；第三，不主张单纯依据人的外在之"服"来判定一个人是否修养高尚；第四，强调判断一个人德性修养的根本标准，是察其言观其行，体察其外在表现所内含的精神实质是根本所在，此非一时的一举一动、一言一行、穿衣服饰可以判断，需要对一个人做长期、全面的观察；第五，无论是对"服"的论述，还是对"儒行"的挖掘与总结，这都是求仁得道的途径，而非最终目的。依据孔子的这些观点，我们对孔子礼学思想中"礼仪"与"礼义"的关系可以归纳为以下三点：首先，应

---

① 陈来：《儒服·儒行·儒辩：先秦文献中"儒"的刻画与论说》，《社会科学战线》2008年第2期。

该肯定"礼仪"的价值。无论是从"礼仪"的发生学角度来看，还是从"礼仪"自身的作用来看，它对于"礼义"的意义重大，有助于"礼义"修身。其次，"礼仪"与"礼义"两者相辅相成，彼此成全，相互促进，故而"礼仪"可以作为判断一个人修养的标准。最后，对于礼之"礼仪"和"礼义"的关系，孔子思考的起点是"礼义"，最终的落脚点也是"礼义"，这是由孔子的仁学思想决定的。

宋代女性公益性消费研究[*]

任欢欢

（东北大学秦皇岛分校　社会科学研究院）

宋朝的诞生结束了五代十国的分裂与动荡，重新统一了中国的大部分地区。经济、社会、文化得到较大的发展，与此相适应，社会消费环境暨女性消费环境也发生了变化。

一　宋代女性经济力量的增长

宋代就其全国范围来看，城市、镇市和各种形式的集市，共同构成商品交换的网络。越是在农业、手工业发达的地区，这些市场分布得越密集。这样，广大农村同市场的联系加强了，广大农民卷入了交换当中，逐步打破了原来的农业与家庭手工业相结合的自然经济的限制。宋代女性不仅有一定的家产继承权，而且自己也多从事社会生产以增加收入。宋代女性参加农业生产，"大妇腰镰出，小妇具筐罗"①。甚至一些不甚富庶的士人家族女性也参加农业生产，如赵临善妻王氏"当是时，夫人去之余杭山中，居无庐，食无田，芟锄荒榛，经始耕稼，迎妇送女，细碎罄竭，辛苦淡薄十余年"②。在某些地区，妇女在农业生产方面的作用可能还要胜

＊ 本文为河北省社会科学发展研究课题《武臣知州与北宋河北边境安全研究》（课题号：201604060201）研究成果；中央高校基本科研业务费资助项目"唐、五代、北宋防御使职能转变与军政变迁研究"（N152303009）研究成果；河北省高等学校人文社会科学研究项目"唐至北宋团练使职权演变与军政变迁研究"（SZ16155）研究成果。

① （宋）张舜民：《画墁集》卷一《打麦》，文渊阁《四库全书》本。
② （宋）叶适：《叶适集》卷二四《夫人王氏墓志铭》，中华书局1961年版，第468页。

过男子，"江西妇人，皆习男事，采薪负重，往往力胜男子，设或不能，则阴相诋诮"，其后又描述了因方便农作，而形成的服装式样，"衣服之上以帛为带，交结胸前，后富者至用锦绣，其实便操作也"①。在手工业方面，也占有重要的地位，尤其是在棉纺、缫丝等方面凸显了自身特色。因为在中国古代社会的家庭经济中，妇女纺织起着非常重要的作用，纺织不仅能为家庭成员提供衣物，一些产品还可以进入商品流通领域。古语道："一女不织或受之寒"，可见对于妇女纺织的重视。另外，在宋代男人取得社会地位，博得大众的认可一般途径是经科举取士，后脱离体力劳动，而女人则有所不同。无论女人的地位多高，都以勤劳作为女性的基本美德，纺织也为认为女工之一，有些女性甚至有较高的纺织技能，如"夫人秀美惠和，治女工精工绝人，内外宗族无与比"②。但是客观上，女性从事纺织劳动为家庭经济带来了可观的收益。如某"家甚窘，母织席为业，少供盐米酰醢之给，皆自专之"③；"有村落小民家一妇人，以织麻为业"④。从事手工业的女性还往往佣作他人，成为雇佣劳动者，"其姑老且病，冻馁切骨，妇则佣织以资之，所得佣直尽归其姑，己则寒不营衣，饥不饱食，姑又不慈，日有凌虐……虽暗室无人之所亦无怨叹"⑤。"贾易，字明叔，无为人，七岁而孤，母彭以纺绩自给，日与易十钱，使从学。"⑥ 另外，妇女也广泛的参与到了商业活动，宋代女子有经营茶店、饮食店、药店等的老板娘，例如《梦粱录》的王妈在瓦中开了家名叫"窟鬼茶坊"的茶肆，是当时士大夫最喜欢的聚会场所之一。也有一些妇女不够资本盘店经营的，于是在街道上做小贩的，如杭州夜市上卖糖的张婆，敲响盏的茶婆。就连长途贩运的行商也不乏女性的身影，"宗立本，登州黄县人。世世为行商，年长未有子。绍兴戊寅盛夏，与妻贩缣帛抵潍州，将往昌乐"⑦。在福建也有女性充当牙人的记载："插花充牙侩，城市

① （宋）范志明：《岳阳风土记》，《丛书集成》本。
② （宋）张耒：《柯山集》卷五〇《张夫人墓志铭》，文渊阁《四库全书》本。
③ （宋）刘斧：《青锁高议·前集》卷二《慈云记》，《历代笔记小说大观·宋元笔记小说大观》（一），上海古籍出版社 2001 年版，第 1019 页。
④ （宋）周密：《癸辛杂识》，续集下《蜘蛛珠》，《历代笔记小说大观·宋元笔记小说大观》（一），上海古籍出版社 2001 年版，第 5821 页。
⑤ （宋）李元刚：《厚德录》卷二，《续修四库全书》本。
⑥ 《宋史》卷三五五《贾易传》，中华书局 1977 年版，第 11173 页。
⑦ （宋）洪迈：《夷坚志·甲志》卷二《宗立本小儿》，中华书局 2006 年版，第 12 页。

称雄霸。梳头坐列肆，笑语皆机诈。新奇弄浓妆，会合持物价。愚夫与庸奴，低头受凌跨。"牙人是中介人，是商品经济发展的产物，对于商品的销售有积极作用。总的看来，妇女通过参与经济活动，获得了较高的经济收入及经济地位，由此为其消费也提供了良好的环境。

二　宋代女性公益性消费活动

女性是宋代公益性活动中不可忽视的一股社会力量，宋代女性以多种方式对亲友、乡里、灾民等进行赈济和助益等公益性活动，而其带来的一系列的活动产生的消费也是不容忽视的。尽管宋代女性的慈善活动已经超越家庭、宗族而具有广泛的社会属性，但其慈善行为的设施却是按照由家内到家外的顺序而扩展的。具体而论，宋代女性慈善活动主要表现为赈济饥寒之民、辅助婚丧、收养孤儿、弃婴等以及对各种公益事业的捐助等。

（一）赈济贫民的消费

宋代方志中记载了各地灾荒年份之时女性赈济灾民的义举，孔氏"东土饥荒，孔氏发家粮以赈，邑里得活者甚众，生子皆以孔为名"[1]。丁氏"年荒，分食以贻饥者"[2]。袁说友还记载了叶氏主掌家事之时，却救济生活温饱不足的人们，可见其深明大义、乐善好施之义，"夫人佐馂之，余毫粟掉出内，不妄用一钱，思以慰吏部美意，于是割衣食以赒贫不足者，治药剂以施疾病之困乏者"[3]，叶氏自身生活节俭，但是对于赈济灾民毫不吝啬，足见其不嗜奢华的消费观念。宋代流传下来的女性墓志中多有此类赈济消费的记载，如刘氏，"岁大侵谷贵，必痛下其佑，寒者衣，疢者药"[4]。金坛蒋氏，"熙宁岁在单阏，勾吴大饥，夫人令子为食子路，与里之饥者"[5]。途有饿殍，难免疾病缠身，女性的善意之举有时不

---

①　（宋）范成大：《吴郡志》卷二七《人物·宋顾琛》，《宋元方志丛刊》（第一册），中华书局 2006 年版。

②　（宋）施宿等：《会稽志》卷一四，文渊阁《四库全书》本。

③　（宋）袁说友：《东塘集》卷二〇《故太淑人叶氏行状》，文渊阁《四库全书》本。

④　（宋）杨万里撰，辛更儒笺注：《杨万里集笺注》卷一三二《夫人刘氏墓志铭》，第 5092 页。

⑤　（宋）陆佃：《陶山集》卷一六《蒋氏夫人墓志铭》，文渊阁《四库全书》本。

仅仅施以衣食，还要赠予医药，章氏"嗜善喜施，济涉以梁杓，起病以药石……姻戚邻曲多蒙其惠"①。高氏，"疾病死丧者，处业振赡之"②。楼钥母亲汪氏"家藏夺命丹秘方，岁营珍剂以为施"③。

（二）助婚济丧的消费

婚丧嫁娶是宋代社会、家庭的主要消费形式之一，在重礼俗、厚葬的观念之下，婚丧普遍耗费巨大，"厚于婚丧，其费无艺"④。因为生活贫困，婚姻、丧葬成问题的记载比比皆是，而此类助婚济丧的性的资助也就成为宋代女性公益性消费中的大项了。

皇祐二年（1050），范仲淹为其在苏州的义庄制定的规矩中，明确规定接受义庄救助的族人娶妻，支钱 20 贯省。⑤ 这一费用可视为当地穷人娶妻最基本消费。而嫁女的费用普遍高于娶妻，其主要花费在嫁妆方面，并需要多年准备，如袁采记述了"至于养女，亦当早为储蓄衣衾、妆奁之具，及至遣嫁，乃不费力。若置而不问，但称临时，此有何术？不过临时鬻田庐"⑥。因为当时娶妻不问门户，直求资财。宣和年间，湘阴一富人临终遗嘱家人要接济族中的穷人："女议嫁者钱三十千，再嫁则减其半。"看来普通嫁女的基本费用为 30 贯，而到南宋物价上涨，庆元府的义庄也规定有资助出嫁女的花费 50 贯的记载，"孤女之不能嫁者，给五十缗"⑦。娶妻和嫁女在宋代最基本消费为 20 贯—50 贯，那么宋代女性资助他人婚姻的消费也就大体上不超过这个数量。宋人陆佃记载："夫人温州永嘉人出鲍氏……平居于财无所爱吝，以资奁嫁族中女数人，晚年自奉简俭，视世味甚薄。"⑧ 鲍氏自身生活节俭，然后以自身的奁产资助族中

① （宋）范浚：《范香溪先生文集》卷二二《右通直郎范公夫人章氏合祔志》，《四部丛刊》本。

② （宋）魏了翁：《鹤山先生大全集》卷八八《祖妣孺人高氏行状》，《四部丛刊》本。

③ （宋）楼钥：《玫瑰集》卷八五《亡姊安康郡太夫人（汪氏）行状》，《四部丛刊》本。

④ 《宋史》卷三四四《孙觉传》，第 10927 页。

⑤ （宋）范仲淹：《范仲淹全集·范文正公集续补》卷二《义庄规矩》，四川大学出版社 2002 年版。

⑥ （宋）袁采：《袁氏世范》卷中《事贵预谋后则时失》，天津古籍出版社 1998 年版，第 104 页。

⑦ （宋）方万里、罗浚：《宝庆四明志》卷一一《乡人义田》，《宋元方志丛刊》（第五册），中华书局 2006 年版。

⑧ （宋）陆佃：《陶山集》卷一六《鲍氏夫人墓志铭》，文渊阁《四库全书》本。

数女出嫁，可见资助婚姻上的公益性消费量比重较高。袁说友的《东塘集》中也记载了"叶氏……损资遣以相助婚姻之失时者"①。

宋代女性对于救济他人以丧葬的记载也较多，一般散见于宋代女性的墓志铭中。宋人范浚记载："夫人章氏开封人……嗜善喜施……恤死以葬埋，其有孤媭不能嫁者，为办装择对使有行，姻戚邻曲多蒙其惠。"② 宣城赵氏，夫早丧。夫人"鞠养其孤，大其家，仁其宗族里党……佐婚者衾襦焉，殡者棺衾焉，曰：'吾之宗也。'"③ 临川江氏，遇"岁饥且疫，僵死横道，皆犬彘之饱余也。夫人闻之恻然，出奁中金以瘗之"④。那么在宋代用丧葬的最基本的消费，究竟需要多少呢？宋初，"在大名，尝过酒肆饮，有士人在旁，辞貌稍异，开询其名，则至自京师，以贫不克葬其亲，闻王祐笃义，将丐之。问所费，曰：'二十万足矣'"⑤。大名的书生因为家贫，求20万以埋葬父母，可见每人大概需要100贯钱。宋仁宗皇祐二年（1050），范仲淹在其苏州的义庄中订立丧葬消费的标准："尊长丧事支10贯，葬事支15贯；次长丧事支5贯，葬事支10贯；卑幼19岁以下者，丧、葬共支7贯，15岁以下者3贯，10岁以下者2贯。"⑥ 由此看来，成年人的丧葬费用大概在15贯—25贯。宣和年间，湘阴一富人要求今后子孙应接济族人，在丧葬上要求"备丧者十千，及葬更给其半"⑦。丧葬费用共15贯。可知，在宋代普通人的最基本丧葬消费要几十贯到上百贯钱，可见消费量并不低廉，宋代有些慈善女性虽有爱心想资助穷苦之人，可只好选择对于丧葬的某些部分消费资助一些，如"夫人婺州金华县人……豫蓄棺，告疫死者以敛，人怀其惠"⑧。"丁氏，少丧夫，不再行……同里左侨家露四表无以葬，丁为办冢椁。"⑨

---

① （宋）袁说友：《东塘集》卷二〇《故太淑人叶氏行状》，文渊阁《四库全书》本。

② （宋）范浚：《范香溪先生文集》卷二二《右通直郎范公夫人章氏合祔志》，《四部丛刊》本。

③ （宋）马廷鸾：《碧梧玩芳集》卷一九《赵母夫人范氏墓志铭》，文渊阁《四库全书》本。

④ （宋）谢逸：《溪堂集》卷九《江夫人墓志铭》，文渊阁《四库全书》本。

⑤ 《宋史》卷四四〇《柳开传》，第13028页。

⑥ （宋）范仲淹：《范仲淹全集·范文正公集续补》卷二《义庄规矩》，第798页。

⑦ （宋）释惠洪：《石门文字禅》卷二二《先志碑记（代）》，文渊阁《四库全书》本。

⑧ （宋）朱熹：《晦庵先生朱文公文集》卷九〇《太孺人邵氏墓表》，《四部丛刊》本。

⑨ （宋）施宿等：《会稽志》卷一四，文渊阁《四库全书》本。

（三）对孤儿、弃婴等的救助消费

也许出于最原始的母性，宋代女性对于孤儿的收养、抚育等作用突出。如程颐程颢之母侯氏，"道路遗弃小儿，屡收养之。有小商，出未还而其妻死，儿女散，逐人去，惟幼者始三岁，人所不取，夫人惧其必死，使抱以归。时聚族甚众，人皆有不欲之色，乃别籴以食之。其父归，谢曰：'幸蒙收养，得全其生，愿以为献。'夫人曰：'我本以待汝归，非欲之也。'"① 雅州太守陈公雄之夫人林氏，"雅州季父死，诸孤惸，然有沦落忧，夫人收其子教之若已，嫁其女使得所从。姻旧急难，至脱笄解髢"②。更有甚者，"徐氏……有遗弃小儿，必收养之"③。凡看见的遗弃小儿就要收养，可想由此而来的消费，非寻常人家所能承受。还有文献记载某家贫女子，也慷慨收养弃婴的实例，"所居官舍无一物存者甚矣，夫人之贫也……又九年叔父入为三司度支副使，家犹不能以自给，夫人御骨肉有恩，善收孤遗而抚养之，又乐赒人之急，故终身无珠翠之玩"④。狄氏一生生活拮据，然又心地善良乐于收养孤儿，可想由此又带来了大量的消费，就连女性所钟爱的珠翠等饰品，她自己一件都没有，可见狄氏因其不嗜奢华的消费观，才将其有限的金钱顾及了众多的孤儿，让他们有家可归，能有温饱的保障。

（四）女性对于公益事业的捐助消费

宋代女性致力于公益事业的内容相当广泛，包括修筑陂堤、造桥修路等方面。王令妻吴氏致力于水利设施的建设，在吴氏寡居期间，返回娘家唐州居住，其间亲自监督率领民夫兴修水利，"凛然古之节妇，天下称之家，始来唐，唐多旷土，熙宁中诏募民，葡垦治废陂……吾非徒自谋陂兴实一州之利，当如是作，如是成。乃辟污莱，均灌溉，身任其劳，筑环隄以潴水，疏斗门以泄水，壤化为膏腴……其家资亦累巨万，夫人一毫不私

---

① （宋）程颐：《伊川先生文集》卷八《上谷郡君家传》，文渊阁《四库全书》本。

② （宋）真德秀：《西山先生真文忠公文集》卷四五《林夫人墓志铭》，《四部丛刊》本。

③ 《中国西南地区历代石刻汇编》编委编：《中国西南地区历代石刻汇编》，《宋徐令人墓志》，天津古籍出版社1998年版。

④ （宋）王珪：《华阳集》卷五七《同安郡君狄氏墓志铭》，文渊阁《四库全书》本。

服，用之俭犹昔也，方且汲汲振穷乏、周疾丧、贷不能"①。吴氏身任其劳，虽家资已累巨万，但一毫不私服，节俭而用。宋代女性对于修建堤坝、陂塘等水利设施方面最著名的要属福建的木兰陂。宋人郑樵记载："兴木兰之役者，有长乐郡之二人焉，始则钱氏之女用十万缗成既，而防决。"②《福建通志》中同样有所记载："钱四娘，长乐人，莆田南洋有六塘潴水，灌田千二百顷。城南有溪舍涧壑之水三百六十六，东趋入海。宋治平元年，四娘提金大如斗，至莆鸠工筑陂于将军滩前，开渠南行陂甫成。忽溪流横溢坏陂，四娘痛愤赴水死，七日尸浮出，远近闻乡里人立庙祀之。"③ 两条文献都记录了宋时治平年间钱氏为了修筑木兰陂"用十万缗既成"或"提金大如斗"最后因陂被水冲垮赴水而死的事迹。不论是"十万缗"还是"提金大如斗"，这笔资金都不是一个小数目。因公共工程而花费自身这么多财产，对于生活在宋代的一个普通女子来说是极为不简单的。木兰陂倾注了钱氏女子的全部心血，耗费巨大，难怪陂毁堤坏之时，钱氏以自身殉于那汹汹恶水之中。

另外，宋代女性出资修路建桥等公共设施的事迹也频频见于记载。"清信女弟子林氏三娘舍钱造此桥一所，为亡夫主王十一郎建平生界者"④；"清信女弟子陈二十七娘舍桥……绍圣四年十一月初二日建造"⑤；"陈绾妻张氏十四娘舍石桥一所，奉答四恩三有宣和七年正月造"⑥。宋时女性除了舍钱造桥，兴大众的交通之利，还对一些宗教信仰等建筑倾注心力，如"右南厢梁安家室柳三娘舍钱造宝塔二座，同祈平安绍兴乙丑七月题"⑦；"修建消灾灵□道场……晋国大长公主自□银二锭别建。灵宝道场三昼夜亦设大醮壹座"⑧。由此看来，在宋代女性对于公共设施的修建、维护等作用不可小视，因其公共设施本身造价不菲，女性若在此进行了公益性投入，那么由此而来的消费量一定不低。

---

① （宋）王令：《广陵集》附录《王云·节妇夫人吴氏墓碣铭》，文渊阁《四库全书》本。
② （宋）郑樵：《夹漈遗稿》卷二《重修木兰陂记》，文渊阁《四库全书》本。
③ （清）金鋐修：《福建通志》卷五十四《钱四娘》，文渊阁《四库全书》本。
④ 国家图书馆善本金石组：《宋代石刻文献全编》，（民国）《平阳县志》之《林氏三娘造桥题字》，北京图书馆出版社 2003 年版。
⑤ 《宋代石刻文献全编》，（民国）《平阳县志》之《陈二十七娘舍桥题字》。
⑥ 《宋代石刻文献全编》，（民国）《平阳县志》之《陈绾妻舍桥题字》。
⑦ 《宋代石刻文献全编》，（民国）《福建金石志》之《开元寺柳三娘造塔记》。
⑧ 《宋代石刻文献全编》，《金石萃编》卷二二七《晋国大长公主设醮题记》。

三　结　语

　　宋代上承隋唐，下启明清，在经济与制度上是中国封建社会的一个重要历史转折时期。邓广铭先生认为"宋代是我国封建社会发展的最高阶段，两宋期内物质文明和精神文明所达到的高度，在中国整个封建社会历史时期之内，可以说是空前绝后的"①。消费不但使生产得以最后完成，它还使人们产生新的、更多的需要，这些需要促使生产不断向前发展。中国古代妇女一直以来都是以男性精英为主体的传统叙述的"缺席者"与"失语者"，作为社会的弱势群体，他们的历史地位和作用得不到应有的反应和呈现。李华瑞先生认为："单从妇女史角度研究妇女问题，固然可以从理论上平衡女性与男性的性别对等关系，但不易使问题深化，更不易得到传统史学工作者的认同。因为妇女社会地位的升降，实际上反映着社会文明的价值取向，不能只就妇女问题而论妇女问题，而应站在对社会文明价值取向的整体来多角度审视妇女在宋代社会发展过程中所处的确切位置。"② 不可否认，"男尊女卑"这一观念在中国古代社会打下了牢牢的印记，同样在经济活动中男性也被认为成绝对的主体，但是女性不仅参加了类似于"男耕女织"的社会生产中的性别分工，而且同样在对经济发展有着决定作用的消费领域有着不可替代的作用。女性消费地位也便由唐代的贵族妇女的主导性过渡到宋代士庶并重的地位。宋代女性在自身生存性、享受性消费发展的同时，还有较多的公益性消费活动，对于社会风气的良性发展起了重要的推动作用。消费群体的扩展和消费规模的增大也就体现了宋代女性消费研究在经济史中的价值所在。

---

　　① 邓广铭：《谈谈有关宋史研究的几个问题》，《社会科学战线》1986 年第 2 期。
　　② 李华瑞：《宋代妇女地位与宋代社会史研究》，《唐宋女性与社会》，上海辞书出版社 2003 年版，第 915 页。

板厂峪明长城新出土碑刻及
相关史料探究

陈厉辞* 王莲英

（东北大学 马克思主义学院，秦皇岛市玻璃博物馆；
东北大学秦皇岛分校）

2016 年夏，秦皇岛市文物局开展板厂峪长城二期维修工程。此次修复的长城为明晚期长城，由国家文物局出资维修，总长 1060 米，包括 4 座敌楼，1 处马面，1 处墙台，平均海拔超过 700 米。在维护过程中发掘三块明代碑刻，形制分别为 40.5 厘米×40 厘米×7 厘米、38 厘米×37 厘米×7 厘米、38 厘米×39 厘米×7 厘米，下文称碑一、碑二、碑三。碑一出土于 163 号至 164 号敌台。碑二、碑三镶嵌于 164 敌台下段长城。三块碑刻按前后顺序排列，现存秦皇岛市玻璃博物馆。碑二、碑三记录于《长城志》[①]，碑一为已有文献补充。

一　碑文原文

"□□□□□□□ 定州营督工把總 □□□□□□□ 東頭止三等邊墙二□□"

"萬曆拾捌年秋防定州营 左部頭司把總□□□下 自立界石起至貳司

---

* 陈厉辞，秦皇岛市玻璃博物馆研究室主任，馆员，东北大学中国近现代史基本问题研究专业硕士研究生。

① 河北省地方志编纂委员会：《河北省志》第 81 卷《长城志》，文物出版社 2011 年版。

把總 黃喜文工界上创修叁等　邊城六丈貳尺"

　　"萬曆拾捌年秋防定州營 左部貳司把總黃喜文下 自立界石起至叁司把總 繆世元工界止创修叁等边城貳拾貳丈肆尺"

（碑一）

（碑二）

（碑三）

二　板厂峪村、板厂谷堡介绍，板厂峪长城考证

板厂峪村位于秦皇岛市驻操营镇北部山区，占地面积 30 平方公里。明朝前期，陈、杨、于、贾等姓由山东移民到此地长谷中落户，故因地命名"长谷村"。① 旧时有古堡。《万历二十七年·永平府志》记述："板厂谷堡嘉靖元年置。"② 《万历三十八年·卢龙塞略·边防表》："板厂谷，城石，高丈五尺，周九十二丈四尺，南门，有楼。居三十二家。"《光绪五年·永平府志》记述："板厂峪城在县北七十五里，周半里。废。"③ 据此大致可知村、堡与长城虽构成统一的防御体系，但建成时间并不相同。

板厂峪长城分山领、山腰两道长城。修建记载较少，从史料与保存现状推论并非一次建设而成。如板厂峪堡所属石结构长城（山腰长城）应与堡同为嘉靖元年修建。该段长城现存残墙，高 3 米，南北长 60 米，东

---

① 邢留逮：《秦皇岛历史词典》，中央文献出版社 2013 年版，第 8 页。

② 董耀会：《秦皇岛历代志书校注·永平府志·明万历二十七年》，中国审计出版社 2001 年版，第 32 页。

③ 董耀会：《秦皇岛历代志书校注·永平府志·清光绪五年（三）》，中国审计出版社 2001 年版，第 1254 页。

西宽 30 米。板厂峪山岭长城从外表与石刻、文献记载看，也属明中后期
（嘉靖、万历）长城。但在近年维护过程中，发现部分长城段落并非原
建，而是在原城址基础上修建。如后山的一道石结构长城，长 5 公里，墙
体宽 3 米，高 3 米至 5 米，上部有垛口墙，其间的两个实心敌台，是现存
明早期长城（洪武修建）的主要特征。还有学者坚持部分长城段落为隋、
甚至北齐年间初建。如秦皇岛市长城学会秘书长郝三进在网文《板厂峪
长城景区开发背景——我与秦皇岛长城（六十一）》中认为"板厂峪村东
北有山口直通狭窄村落。北山、东山、西山有老边长城（部分为北齐长
城）"该观点多次被本市文物、旅游、文史部门引用，并非毫无根据。
《北齐书·卷四·帝纪第四》记载：天保六年（555），"发夫一百八十万
人筑长城，自幽州北夏口至恒州九百余里"。次年十二月，"先是，自西
河总秦戍筑长城东至于海，前后所筑东西凡三千余里，率十里一戍，其要
害置州镇，凡二十五所"①。部分学者也先后提出对北齐长城在秦皇岛地
区走向的相关论述。如著名长城研究专家罗哲文认为："据《北史》记
载，北齐天保三年（公元 552），自西河总秦戍（大同西北）筑长城，东
至于渤海（今河北山海关）。"② 康群认为"随山屈曲二千余里，说明长
城自此向东，沿着燕山山脉主脉的走势逶迤而东到达海边，但并不是今天
的山海关，由于在辽宁东起墙子里村，西达河北抚宁县张赵庄西山一线，
发现了北朝长城遗迹"③。尚珩等学者引用前者的观点，并提出了进一步
见解："长城出北京后，再次进入河北地界，沿着燕山主脉向东，其中大
部分墙体被明朝修建长城时所利用，只有个别地段位于明长城内、外侧，
这也是我们难寻其踪迹的主要原因之一。不过在今秦皇岛的山海关、抚宁
县地区，还是保存有一大段北齐长城的遗址可以证明其大致走向。"④ 但
是，就具体段落的长城来说，史书并未直接提及北齐、隋长城从板厂峪或
板厂谷经过，板厂峪也未出土相关碑刻，北齐一说仍需证实。

　　关于板厂峪长城最早的文字记述为《永平府志明·万历二十七年》
"弘治十八年十二月，虏犯茡子谷关及板厂谷关"。正德"五年七月，虏

---

① 《北齐书》卷四《文宣帝纪》，中华书局 1974 年版，第 63 页。
② 罗哲文：《长城》，北京出版社 1982 年版，第 41 页。
③ 康群：《秦皇岛市境内古长城考》，《辽海文物学刊》1990 年第 2 期。
④ 张立敏：《秦皇岛市境内的古长城》，《文物春秋》2001 年第 3 期。

入大毛山、长谷口"。正德十年"五月，虏从板厂峪入"。万历元年，板厂峪附近发生三百人规模的战事，"万历元年二月，虏犯义院口，提调陈忠及南北军堵退，追斩一颗，又三百余骑至长谷口迤北窟窿台边外，战十余阵乃去"①。"窟窿台"即板厂峪村西山横亘南北的长城上的特殊敌台。该台遗址仍存，台上有大小数个圆形射孔，故以之命名。因此，板厂峪窟窿台段长城在万历元年前就已经建设。"窟窿台战役"结束八个月后，义院口提调陈忠，陪同兵部右侍郎汪道昆、总理练兵中军都督府右都督戚继光等十余名将领巡查义院口一带边关防务。此事记述于板厂峪东北部至平顶峪长城的碑刻《万历元年（1573 年）修筑长城阅视碑》。另一块城子峪（紧邻板厂峪东北，山海关以北军火库）发现的《万历元年九月——断虏台鼎建碑》记述该月汪道昆、戚继光等一干将领还视察了新建成的石门路大毛山断虏台。短短数月，为何如此多的高级将领频繁莅临边陲要塞，又在附近增修敌台，并刻碑留名？2002 年 12 月，秦皇岛市考古人员在板厂峪长城考古调查过程中发现明代长城砖窑群。秦皇岛市文物处处长闫乐耕认为："板厂峪作为义院口的北翼之臂发挥着巨大作用，同时他也是保卫板厂峪明长城砖窑群的重要来源。"②

　　纵观蓟镇出土碑刻，如在原有城墙上修缮、复原重建，碑文多用"拆修""增修"。"分修""派修"也较常见，多强调责任。本文碑刻使用"创修"一词，指该地本无长城，故该段长城为新建。例如：《万历四年民兵营修边碑》："今改创修下等边墙二段，共七十丈一尺二寸。"《涞源县汤子沟段万历二年长城碑》："创修羊栏沟口上等边墙三十七丈一尺八寸四分。"涞源县隋家庄《万历四年民兵营修边碑》："原议增修，今改创修上等边墙三段。"而碑二、碑三用"创修"，说明板厂峪长城中 163、164 号敌台附近原无长城，万历十八年首次修建。该段长城地势险恶，犹如倒悬，有"长城倒挂"之誉，其修建至少比窟窿台附近长城晚十八年。可能因为陡峭山岭战略价值不如相对平缓谷地的关隘城墙，也可能因为陡峭的山势自成屏障，驻守不易，攻占更难，故板厂峪多次修筑长城都忽略此地，但在明后期频繁战事中此地战略价值日显，故于万历十八年据险筑

---

　　① 董耀会：《秦皇岛历代志书校注永平府志·明万历二十七年》，中国审计出版社 2001 年版，第 451 页。

　　② 闫乐耕：《当一块块青砖在长城儿女面前苏醒》，《秦皇岛日报》2010 年 8 月 7 日。

城。

三　碑文解读

（一）春班、秋班制度

蓟镇长城的城砖与石碑出现"定州营""秋防定州营"字样较常见。《明史·兵制·卫所·班军》和《明史·兵制·边防》有详尽解释。"初，太祖沿边设卫，惟土著兵及有罪谪戍者，遇有警，调他卫军往戍，谓之客兵。永乐间，始命内地军番戍，谓之边班。"[1] 边班是班军的一种。"班军者卫所之军番上京师，总为三大营者也"初为永乐十三年"诏边将……各都司……留守司……卫官，简所部卒赴北京，以俟检阅。"仁宗初，英国公张辅等进言"调直隶（定州属直隶）及近京军番上操备，谕以毕农而来，先农务遣归"。后"岁春秋番上"、"三月毕务，七月来京"形成定制。随着与北方残蒙战事日炙，赴京检阅的士兵时常被派往边塞，或戍京备战。"正统中，京操军皆戍边"，"景泰初，边事棘，班军悉留京"。后因班军人数太多，"久不得休"，遂分为春秋两番人马，轮流备战。可见此时春班、秋班制度虽已成型。嘉靖时期，"令中都、山东、河南军分春秋两班，别为一营，春以三月至，八月还；秋以九月至，来岁二月还，工作毋擅役"。隆庆、万历年间，班军不但用于战事，还参与治河与工役，"有警可招募，有工可雇役"，"是时以班军为役夫"[2]。

（二）边墙等级制度

碑刻中"三等边墙"指长城等级。《明实录》《明史》并未提及长城等级制度。明徐日久的《五边典则·卷三》谈及"蓟辽总"长城时只说"各墙原分三等"。从近现代发现的蓟镇碑文中，可大体推测，三类长城的具体修筑标准。

一等边城，质量最佳。一般以方整条石为基座，墙身内外两侧用砖或条石砌筑，墙心填以灰土或毛石，上部的垛口和宇墙用砖砌出。最上乘的是下以条石为基，上接用砖垒砌墙体到顶。该类城墙极为坚固。因两边设

---

① 《明史》卷九〇《兵二·班军》，中华书局1974年版，第2242页。
② 同上书，第2229页—2231页。

垛墙，即使局部被攻破，长城守军不至于腹背受敌，故一等边墙多设于要塞，如慕田峪长城、居庸关长城，蓟镇也比较常见。如《秦皇岛长城》与《河北省志·长城志》收录：

1. 青龙满族自治县官场东蚂蚁滩村阳坡庄西南城墙有《修建一等边墙捌拾陆丈一尺碑》。"……万历三十五年秋防保定车营官军原蒙派修建冷板台子七十四号台西窗起至鸡林山七十六号台东窗止一等边墙八十六丈一尺……"

2. 迁西县擦崖子村村民侯云成家中院落有《修擦崖子正门及一等边墙碑》。"万历拾捌年岁次庚寅春防，通津营分修太平路擦崖子正门。东□城四十九号台东窗□□起，迤西一等边墙一十六丈，合式如法修完勒名□□□……"

3. 迁安县文保所现存《修擦崖子关住堡一等城工碑》。"万历三十七年岁次巳酉春防，修筑擦崖子关住堡一等城工一十八丈，内□楼一座，周围一十二丈，折城工六丈，实修城工一十二丈，底阔一丈五尺，收顶一丈三尺，高连垛口二丈五尺，以上二项共修二城工一十八丈……"

4. 也有一些部分重要位置的二等边墙经修葺后成为一等边墙，如董家口长城初为二等边墙，明隆庆五年（1571）戚继光重修为一等边墙。

二等边墙，墙身外侧用砖或条石砌筑，或为合筑。尺寸较一等边墙小。内侧用毛石，墙面为虎皮石，白灰勾缝，垛口及宇墙全部用砖砌筑，墙顶也用砖墁地。不同于一等边墙，有的外砖内石，有的不修内墙，有的为砖帽石墙，甚至内外都是虎皮石墙，仅垛口用砖砌筑。这种城墙在边墙中极为常见，长城碑刻提及较多。仅秦皇岛就有数十块此类碑刻，如：

1. 车场河北338号①敌台西侧墙垛有《德州营分修二等边墙一段碑》。"万历三十五年秋防德州营分修二等边墙一段，长一十二丈八尺，中军指挥佥事一员梁善，把总千户三员陈永征、刘显官，常养廉"。

2. 青石山349号②敌台下有《修完青山石敌台碑》："真定标下车营左部头司把总官郭□矿管修青石山敌台两座，本台根起二等边墙一丈六尺，照势修完讫，万历三十六年十月吉旦立。"

3. 义院口村东北老边沟北边墙有敌台有碑《修完二等边墙碑》："真

---

① 该台号为《秦皇岛长城》勘录。
② 同上。

定民兵营春防修完二等边城长九丈三尺平宽一丈五尺垛口五尺分为四工……"

4. 青龙满族自治县凉水河乡大马坪村城南墙有《分修二等砖边墙碑》："定州营右部头司把总官晏天福万历四十四年秋防分修二等砖边城八丈五尺……"

5. 《迁西县擦崖子万历四十四年秋防城工碑》："定州营右部三司把总指挥李国昌。万历四十四年秋防,分修二等砖边城十丈□尺五寸。督工旗牌冯十八,泥水匠头李六,石匠头贺均祥。"

三等边墙,一般用毛石砌筑,多修筑于山峰较险处或险要山脊。明嘉靖二十九年《提督副都御史何栋修举边防疏略》称:"边墙规格高一丈五尺,共高二丈,根脚一丈,收顶九尺。"说的就是三等边墙。这类边墙皆为石砌,墙体窄小、多为单边,在蓟镇边墙存世最多。虽有定制,但因地形险恶,墙体厚高规格因地而异,不尽相同。

(三) 修筑长城的人员管理及责任机制

修筑长城相关碑刻,大体可分两类。一为责任碑,二为巡视碑(鼎建碑)。长城的修筑、监督、管理体系十分完善,与地方防务体系挂钩。督理人员一般包括职位较高的总督、巡抚、经略、总兵官等,但巡视碑也记录与工程相关的低级官员,如参将、游击、千总、千户、把总等。某段修建任务分给某镇、某营、某卫所,然后再下分到各段、各防守据点的戍卒。施工人员以千总为组织者,分为左部、右部、中部,千总之下又有把总分理(督工把总或千户把总),以司为单位,分为一司、二司、三司,每司又有分司把总。故长城砖常有"左""中""右"的刻字,其含义应为:某营某部某司铸造。这在长城巡视碑碑文中有较多记录。如:《隆庆三年夏孟之吉——鼎建碑》《万历元年九月——断房台鼎建碑》《修建四十四号台——鼎建碑》《万历五年秋——石义窟窿台鼎建碑》等。[①]

责任碑为某段长城的分修碑与责任公示碑,与巡视碑区别较大,一般仅刻该段长城直接建者或基层官员,一般为完工后确认质量与规格责任所刻。本文碑刻即为此类,碑文提及"定州营督工把總""定州营左部頭司把總""贰司把總""叁司把總"是筑城的基层管理人员与负责人。其中,

---

① 沈朝阳:《秦皇岛长城》,方志出版社 2002 年版。

督工把总既是最基层施工责任人的直接管理者，又是层次较低的监督者。上级为管工千总，其下级为分司把总。

四　结　语

一、板厂峪东接董家口，西邻祖山。两道长城横贯两侧绝岭，扼守通往边疆重镇驻操营、石门寨的长谷口，是明代重要关隘。其防御体系由村、堡、城构成，创建时间不一。本文碑刻所涉及的 163 号至 164 号敌台下段长城地处陡峭山岭，修建较晚，由秋防定州营创修于万历十八年。

二、从形制看，板厂峪长城可分为两个类型，俗称"老边"与"新边"，符合蓟辽一线长城保存特点。从原料看，新边多为底部长石顶部城砖结构，保存情况较好。老边多为石质，保存较差。从外观看，空心城楼为新边特点，老边多为实心敌台。从史料看，明代长城多集中修建于洪武与万历年间，符合该地出土城砖、碑刻记述。早在 20 世纪 80 年代初期，有学者做出部分蓟镇长城是北齐长城的猜测，其中不乏罗哲文等大家。后世部分学者出于多种考虑，急于以此猜测为立论，在无碑刻、新史料佐证的情况下，孤证板厂峪、董家口、墙子里等多段蓟镇长城为北齐至隋朝修建。该观点后反被为考古界、理论界逆向引用，本文存保留意见。

三、文中所述碑刻记述板厂峪倒挂长城修建于万历十八年。这一年是蓟镇名将戚继光遭贬黜去世的第五年。兀良哈、土蛮等残元势力虽已被戚继光驯服，辽东却出现新的危机——女真族的崛起。此时，独撑局面的辽东大将李成梁已垂垂老矣。能臣病故，边将垂暮，外患频发，也是该段倒挂长城修建的历史背景。蓟镇紧邻战事频发的辽东地区。该段险隘的修筑也从侧面反映了明王朝对边关安定的忧虑与无奈。

清代粮船水手中罗教传播之区域性差异研究[*]

曹金娜[**]

（东北大学秦皇岛分校　社会科学研究院）

罗教是罗祖教的简称，流传于粮船水手内的秘密宗教。罗教创始人罗孟鸿曾充任过运粮军人，并在运军中传习罗教，这是罗教在粮船水手内传播的历史渊源。粮船水手每年运送漕粮及回空，历经千辛万苦，随时有生命之虞。无常的命运，残酷险恶的生活环境，罗教信仰为粮船水手提供精神慰藉和寄托。加之，罗教庵堂为粮船水手提供了更为实际的社会服务：庵堂为回空之闲散水手提供容身之所；庵堂还有庵地、义冢，成为一些无家可归粮船水手生可托足、死可归宿之地。由此可知，在精神层面和实际生活中，罗教对粮船水手来说均有重要意义。

关于罗教在粮船水手内传播的研究，吴琦在《清代漕运水手行帮会社的形成——从庵堂到老堂船》[①] 一文中专门论述了罗教在粮船水手内传播变化、粮船水手行帮和组织中权力体系的形成。《清代漕运》[②] 一书中论述了罗教和粮船水手组织的关系。以上研究虽有助于我们了解罗教在粮

---

　　* 基金项目：河北省高等学校人文社会科学研究项目（项目号：XNB201424）；河北省社会科学发展研究课题青年项目（项目号：201604060204）；国家社会科学基金青年项目（项目号：17CZS022）。

　　** 曹金娜，东北大学秦皇岛分校讲师，历史学博士，主要研究方向：社会史，政治制度史。

　　① 吴琦：《清代漕运水手行帮会社的形成——从庵堂到老堂船》，《江汉论坛》2002 年第 12 期。

　　② 李文治、江太新：《清代漕运》，社会科学文献出版社 2008 年版。

船水手内的流传和演变，但却忽视了一个问题：罗教在有漕省份粮船水手中的传播存在差异性。

本文参阅《朱批奏折》《录副奏折》等档案资料，发现多数资料皆关于罗教在江浙粮船水手中传播与演变情况。那么，罗教在其他有漕省份的粮船水手的传播情况是怎样的呢？道光年间，清政府下令调查有漕省份内罗教传播情况，得知除江浙二省外，其他有漕省份或者没有发现罗教传播，或者活动并不普及。为了加强对粮船水手的控制，清政府在船帮中推行保甲政策。却因忽视了罗教传播的区域性差异，致使保甲政策所取得效果有限。

一　江浙粮船水手中罗教传播情况

明末清初之际，罗教在漕运水手中传播开来。罗教信奉者中有钱姓、翁姓、潘姓三人到杭州，共兴罗教，在杭州兴建庵堂，供奉佛像，吃素念经。于是出现了钱庵、翁庵、潘庵三派。在教派流传过程中，"庵"逐渐变成"安"。钱、翁、潘三人在杭州共兴罗教，开创了粮船水手组织中最重要的三个派别，分别是钱安、翁安、潘安。

雍正五年（1727），清政府首次发现罗教与粮船水手之间有关系。雍正五年，江淮七帮水手严会生因为骗取其他水手工钱银，并持刀砍伤人，遭到金衢帮水手赵玉割耳的羞辱。赵玉被捕后供称在金衢所帮充当水手，他的师叔刘把式在嘉兴帮充当水手，信奉罗教。其中刘把式的师父李道人充当杭州前卫帮水手，病故有十二年了。[①]由此可推知，李道人病故在康熙五十四（1715）年，在此之前他传习罗教也应有一段时间了。清康熙年间，罗教已开始在江浙粮船水手中传播。这次粮船水手之间的殴斗，引起了清政府的注意。雍正五年末，漕运总督会同浙江巡抚李卫协同办理这次水手案件。事后李卫将案件中涉及罗教的内容报告给雍正皇帝：

> 浙帮水手，皆多信奉罗祖邪教。浙省北关一带有零星庵堂，住居僧道，老民在内看守。其所供神佛，各像不一，皆系平常庙宇，先有七十二处，今止三十余所。各水手每年攒出银钱，供给赡养，冬月回

---

① 《清代档案史料选编》，第二册，上海书店出版社2010年版，第321—322页。

空时即在此内安歇，不算房钱。饭食供给余剩，即为沿途有事讼非之需。而淮安、天津、通州、京师俱有坐省之人为之料理。①

这份奏折明确地告诉我们罗教在江浙粮船水手中传播的基本情况：因罗教而兴建的庵堂最多时达七十余座，雍正初年依然有三十余座。信仰者与庵堂之间还有密切的经济关系。水手募集资金为同业水手所用，提供住宿、诉讼等福利，在运河沿岸各地都有服务据点。这对粮船水手的生命财产安全，乃至漕运制度的稳定提供了保障。

为了保证漕运的畅通，浙江巡抚李卫并不赞成对水手信仰罗教进行深究，也不赞成拆毁庵堂。此后雍正帝采取了李卫的意见，并未拆毁庵堂，仅将其改为公所，粮船水手住歇往来自由。

雍正六年，雍正帝发布了对罗教处置的原则：

> 罗教……流传已久。……概严不可，概宽亦不可，惟在地方官随事因人分别轻重，首倡生事不可不惩，无知附和者量加宽宏。②

由此可知，雍正帝在处理罗教案件时宽严并重，客观上促使了罗教的传播兴盛。就罗教而言，导致四十年后更大的一次漕运水手的罗教案。

乾隆三十三年（1768），运河沿岸江南江北割辫案件教匪闹得沸沸扬扬，乾隆帝大为震怒，下令查访各地秘密宗教活动，在江南一带查访有罗教。同时，江浙一带地方官搜集到了大量有关水手聚众庵堂并大量扩建庵堂的证据，上报朝廷，并提出了相应的处理建议。浙江巡抚觉罗永德在奏折中提出处理办法：将庵堂改为公所，止许回空时暂为栖息，并禁止一切粮船不许再称有罗教等名色。此法受到乾隆皇帝的驳斥。乾隆帝认为，李卫虽查毁经、像，但庵堂尚存，以致罗教故态复萌，各庵内仍藏罗经、罗像，恶习难返，"非彻底毁禁不能尽绝根株"③，于是下令将从重办理，"所有各庵堂概行拆毁，毋得仍前留存复贻后患"④。清政府拆毁浙江庵堂

---

① 瞿宣颖：《中国社会史料丛钞》，商务印书馆1985年版，第460—461页。
② 同上书，第461页。
③ 《清代档案史料选编》第二册，第676页。
④ 同上书，第677页。

二十二座，江苏庵堂十一座，以致部分粮船水手生可托、死有归宿、回空时寻求精神寄托的地方被迅速的清除殆尽。此时，乾隆帝在处理罗教案件时，要比雍正帝严厉的多。

随着漕弊的加深，水手的生活工作环境日益恶化，罗教宗教信仰功能仍有其迫切需要性。至道光年间，罗教经堂地点转移至漕船上，或沿河偏僻的庙宇坊肆。

> 水手巢穴所在水次，则有经堂供奉神牌，设立老官师傅之位，在帮中则据漕船为经堂，号召徒众。……沿途则多于河滨旷僻处所开设茶酒等铺，约集匪徒，寄存脏物。①

道光之后，罗教在水手中的传播由公开转为地下。供奉神像的漕船有"老官船"或"老堂船"等名号，船上除供奉罗祖像外，还有观音大士像等。在粮船渡黄之前，粮船水手念经膜拜，以求平安。

自乾隆三十三年拆毁庵堂后，在档案中关于水手回空过冬寄寓之处就不见记载，可能寄居在茶馆之中。据史料记载，沿途僻静茶馆"供奉如来、韦陀及太子佛像，名为合智堂，诱人投师习教，敛取香烛钱文，择期建作道场，聚散无定，有力者送钱数千文至数十千文不等，无力者不派"②。

从明末到清中叶，罗教已在水手中传播近两个世纪。清政府虽对庵堂进行取缔，对部分教徒严厉的打击，在客观上反而促进粮船水手组织的进一步发展，这使罗教在江浙船帮的传播更加广泛。雍正五年，清政府调查江浙船帮信奉罗教情况：各帮中"有四五人，也有十数人"。可见并非人人皈教。但到嘉道间，情况就不同了。"凡投充水手，必拜一人为师，派到辈分，彼此照应。"道光五年官府估计：信奉罗教的水手"不下四五万，而沿途所雇纤手尚不在此数内"③。可见，罗教已在江浙船帮水手中

---

① 《军机处录副奏折》，道光十七年正月二十日，安徽巡抚色卜星额奏折（档号：03-3879-011）。

② 林则徐：《林文忠公奏稿》，《拏获罗祖教教徒郭蕴得等片》，台北文海出版社1986年版，第346页。

③ 《军机处录副奏折》，道光五年六月初六日，掌广东道监察御史王世绂奏折（档号：03-4032-004）。

广泛传播，甚至在拉纤人中传播。

由此可见，罗教在江浙粮船水手中传播出现了阶段性演变：其传播据点由庵堂转向老官船，体现出多样性；其传播方式由公开转为地下，体现出隐蔽性；其传播对象由粮船水手扩展至纤夫，体现出广泛性。

二　其他有漕省份中罗教的传播情况

以上探讨的是罗教在江浙一带粮船水手中的传播状况，那么罗教在其他有漕省份的传播状况如何？

以往关于罗教传播的研究，往往忽略罗教在粮船水手中传播的区域性差异。乾隆三十三年，上谕中曾提到"况有漕之处不止浙江一省，即如江南、湖广、山东、河南均有粮船，均需水手，并不闻皆有栖止公所，何独浙江为然？"① 由此可知，乾隆年间罗教经堂主要在浙江省内存在，湖广、山东、河南等境内则很少有。也就是说乾隆年间罗教还未在有漕省份内大范围的传播。

道光五年（1825），清政府下令调查有漕省份内罗教传播情况。除江浙船帮外，其他有漕省份船帮内罗教传播的调查情况如下：

（一）安徽省：曾有罗教传播，现在已无罗教传播

嘉庆二十年间，安辉省小南门外有水手公所一处，堂内供奉观音，并有年老水手看守。安庆府查明，此处公所为乾隆年间粮船水手筹资公建，为回空粮船酬顾谢神及年老水手念经求福之所。同年将公所内老水手送回原籍安插，革除公所名目。道光五年，安徽巡抚再次查看小南门外是否有粮船水手公所存在，得知有水手购买房产堆放货物。货空后，常年空锁并无念经等事。② 经调查后，安徽巡抚张师诚奏报安徽省粮船水手并无信奉罗教。

（二）山东、河南、湖南、江西、湖北：无罗教传播

山东省　漕粮运输路途短，粮船水手为临时雇觅，在船时间短，粮船

---

① 《清代档案史料选编》第二册，第 676 页。
② 《朱批奏折》，道光五年九月十五日，安徽巡抚张师诚奏折（档号：04 - 01 - 01 - 0672 - 066）。

抵达通州，水手立即解散。再年水手由旗丁亲自重新雇募，以致水手之间并不熟稔，难成帮派，船帮内并无聚众习教事件。①

河南省　河南省漕船数少，漕粮运输路途短，粮船抵达通州，水手随即遣散，易于约束，船帮内无聚众习教事。②

湖南省　湖南粮船水手尚无持众逞强，聚众习教事。③

湖北省　湖北省粮船水手虽良莠不齐，向听弁丁约束，并无聚众习教事件。④

江西省　江西粮船水手人数众多，良莠不齐，应加防范，并无聚众习教事件。⑤

从这些调查中，虽不能说除江苏、浙江二省之外，其他诸省水手都没有信仰罗教，但至少可以说情况是极少的。罗教传播并非遍布于整个运河流域。

三　运河区域中罗教传播之差异性原因

罗教在水手中传播开来，却只在江浙一带大量传播，其他有漕诸省传播极少。原因何在？以下分别从江浙地区和其他有漕省份漕运水手的基层生活状况进行分析。

首先，江浙两省承担漕粮大半，漕运船只多，所雇佣的粮船水手较多。自明末以迄，"本地（浙江）……所有头舵水手，向系招募淮徐及山东沿河一带之人"⑥。他们终年受雇在船，无家可归。这些聚集在江浙水次的游民，构成了江浙漕运水手的主体。出现这样的格局，主要是当时的地区经济差异及社会政治状况使然。清代漕运相沿已久，百弊丛生。主管漕务的各级封建衙门和沿途地方官吏层层盘剥，中饱私囊，民不堪命。清

①　《军机处录副奏折》，道光五年九月初五日，护理山东巡抚纳尔经额奏折（档号：03-2858-021）。

②　《清宣宗实录》卷87，道光五年八月壬戌条，中华书局1988年版，第391页。

③　《军机处录副奏折》，道光十五年十二月二十六日，湖南巡抚吴荣光奏折（档号：03-2647-037）。

④　《清宣宗实录》卷86，道光五年七月甲辰条，第374页。

⑤　《清宣宗实录》卷87，道光五年八月丁巳条，第386页。

⑥　《军机处录副奏折》，道光五年五月初四日，浙江巡抚程含章奏折（档号：03-4031-042）。

代"承平日久，漕弊日滋。东南办漕之民，苦于运弁、旗丁，肌髓已尽，控告无门，而运弁、旗丁亦有迫然"。因此谋生出路较多的江浙农民视漕运为畏途。加之，山东、直隶、河南一带历来地瘠民贫，灾荒频仍，"岁偶不登，间阎即无所持。南走江淮，北出口外"，"滋生无策，动辄流移"①。在这样的历史背景下，江浙富庶之区成为山东等省份大批流民的归依之所。

漕粮运输工作繁重，风险大，漕运水手之间需相互协作，共同的精神信仰更能维系他们相互关系的共同权威，以巩固本组织的共同利益。江浙粮船水手的这一特性为罗教的传播提供了社会土壤。

运送漕粮是季节性职业，江浙一带粮船回空费时半年以上。水手回空之后只能四处佣趁，要等到第二年才能再次受雇北上。由于水手多隶山东、河南、直隶一带的无业之人，回空后，"饭铺不敢容留"②，食宿是最大问题。这时，修建的罗教庵堂作为一种下层社会的宗教活动场所，为水手提供了方便：水手可以住宿其中，由"守庵之人垫给饭食""俟重运将开，水手得雇价，即计日偿钱"。这样闲散水手得以安身，守庵之人也"借沾微利"。而且庵堂还有庵地、义冢，一些无家可归的水手生可托足，死可为归宿之地。由于庵堂有这样的作用，随着北方流民日益加入漕运行业，他们对庵堂的需求也日益增加，于是分别筹备资金，分建庵堂达七十余座，"其闲散水手皆寄寓各庵，积习相沿，视为常事"③。这样天长日久，粮船水手纷纷皈依罗教。水手对罗教的需求主要表现在对庵堂的实际依赖上。

其次，除江浙以外，有漕省份还有山东、河南、安徽、江西、湖南、湖北，这几省的粮船水手的构成与江浙有所不同，具体情况如下：

（一）江西、安徽、湖南、湖北：雇佣土著民人，漕船回空散尽乡里

"江西漕船水手多系土著民人，每岁漕船受兑之时，则应募上船回空之后，则散乡里……湖广军船水手大略与江西相似。"④ 船帮"逐其外来

---

① 《山东通志》卷首《训典二》，上海古籍出版社1988年版，第60页。

② 《清代档案史料选编》，《浙江罗教案》，第675页。

③ 同上书，第679页。

④ 《江苏海运全案》卷一，道光五年八月初五日，掌浙江道监察御史熊遇泰奏折，南开大学藏书，道光年间刊本。

籍游民"①。

安徽省"粮船本少，所用水手籍隶本处者多，由旗丁拣选雇充……皆有家可稽"②。"所用水手先尽土著居民，择其平日，或种田，或捕鱼，本有守业，为人老实者，雇用在船"。"粮船归次后，水手只准留船三日，听其料理……三日之后……水手俱各回家"。③

湖南"责成旗丁选募本籍老实之人，并报运弁验充，外来流棍，概不得混行督雇。"④

由此可知，以上省份粮船水手招雇之人不是流民，而是"有家可依，有业可守"之人。在这几省水手之中，不存在业已成为社会力量的流民阶层，因而没有维护其共同利益的强烈要求，没有产生帮会的社会土壤。

（二）山东、河南：粮船水手虽为雇募，随雇随散

山东　山东省粮船水手均由旗丁亲自雇觅，因运输路途近，粮船水手在船时间短。粮船抵达通州交粮即时解散水手。再年漕运将重新雇募。这样一来粮船水手"聚处本无多时，再雇多非皆旧伴情"⑤，运输时日尚短，难成帮派，并无聚众习教事件。

河南　河南粮船水手由旗丁亲自随时暂雇，粮船抵达通州后，即时遣散。水手相处时日不多，难成帮派，易于约束，无立教争执等事。⑥

山东、河南两省运程短，均随雇随遣。水手相处时日不多，难以成帮派，易于约束。

通过以上分析可知，社会政治状况和经济差异，致使山东、河南无业游民雇佣到江浙船帮中，构成江浙漕运水手的主体。水手集团每一个行动

---

① 《军机处录副奏折》，道光十四年十二月初七日，江西巡抚周之琦奏折（档号：03-2634-021）。

② 《朱批奏折》，道光五年九月十五日，安徽巡抚张师诚奏折（档号：04-01-01-0672-066）。

③ 同上。

④ 《军机处录副奏折》，道光十五年十二月二十六日，湖南巡抚吴荣光奏折（档号：03-2647-037）。

⑤ 《军机处录副奏折》，道光五年九月初五日，护理山东巡抚纳尔经额奏折（档号：03-2858-021）。

⑥ 《清宣宗实录》卷八七，道光五年八月壬戌条，第391页。

都包含着共同因素——互助协作，江浙水手选择维系他们互助关系的共同权威，巩固本组织的存在，成为水手的精神慰藉。其他省份的水手多雇佣本籍安分之人，他们多"有家可依，有业可守"。并不存在流民阶层，没有产生帮会的社会土壤。山东、河南虽为雇佣水手，粮船数少，路途短，水手相处时日短，难成帮派，易于约束，也无罗教传播。

四　清政府治理政策及实施效果

清政府为了控制粮船水手，在各船帮中推行保甲政策。康熙五十一年，规定："每帮十船连环保结，互相稽查。"① 此规定比较粗略，只是船帮之间相互保结。

康熙六十一年（1722），规定："粮船…其雇募头舵工水手，取具互保各结，报名该管官存案。"② 此时的规定，已经具体到舵工水手个人。

雍正七年（1729），规定："运弁正丁，…雇觅粮船水手，俱开姓名、籍贯，各给腰牌，令前后十船互相稽查，取具正丁甘结。十船连环保结，如一船生事，十船连坐。"③ 此时保甲政策规定更为细密。每水手发放腰牌，十船相互稽查，如有生事，十船连坐。

通过以上可知，清政府的保甲政策日益具体化与严格化。清政府在粮船船帮中推行保甲政策后，出现了以下两种情况。

（一）在江浙船帮内推行效果有限

在推行保甲政策后，江浙粮船水手内仍有习教行为，且出现不同罗教帮派之间争斗。道光十五年，刑科掌印给事中周开麟上奏："江浙粮船水手习教、敛钱、分党聚众肆行"④，粮船水手"恃其党羽众多，盘踞帮船……分党争帮互相仇杀"⑤。江浙粮船水手罗教帮派势力增强，"不服旗丁及头舵管束，不畏有司访拿，沿途横行肆无忌惮，商民惧其徒党凶

---

① 《大清会典事例》卷二〇四，户部五四《漕运》，中华书局1991年版，第7798页。

② 同上。

③ 《大清会典事例》卷二〇八，刑部五七《户律仓库》，第390页。

④ 《军机处录副奏折》，道光十五年八月二十五日，刑科掌印给事中周开麟奏折（档号：03-2981-040）。

⑤ 同上。

横，而不敢告发，地方官恐其聚众酿事而不敢查拿"①。从此奏折中可知，江浙地区出现了不同罗教教派，各教派间殴斗，清政府基层官员无力弹压。船帮中推行的保甲政策效果十分有限。

（二）除江浙船地区，其他有漕省份帮内推行效果显著

其他有漕省份，"水手未经习教……均系雇佣土著之人，并皆安分畏法，并无滋事"②。皆"依保甲之法取具……各给腰牌，互相稽查……并造具年貌籍贯清册"③。

清政府在船帮内推行保甲制度，为了控制粮船水手，稳定漕运制度。在制定和推行保甲政策时，并未将有漕省份进行区别对待，而是统一施行，致使所取得效果有限。

五　总　结

明清两代，漕运进入全盛时期，每当漕船北上南下之时，千万漕船云集运河之中。在各有漕省份中，江浙两省承担漕粮大半，因此，江浙两省的运河码头成为漕运水手聚集的场所，为罗教的传播提供了有利的条件。由于各朝清政府对待秘密宗教的政策不同，罗教在江浙粮船水手中的传播出现了阶段性的变化。乾隆三十三年，清政府下令拆毁公所，罗教的传播由公开转到地下。因为地区经济和各有漕省份粮船水手构成的差异性，致使罗教在有漕省份的传播也出现了差异性。

在高度集权的社会里，统治者对于民间秘密宗教的传播十分敏感和恐惧，有着一种本能的防范心理。所以，粮船水手罗教事发之后，清廷立即进行了干预和压制。同时，下令筹议约束粮船水手政策。有漕各省督抚纷纷上奏在船帮中推行保甲政策控制罗教的传播。保甲制度推行后，有漕各省所取得效果各不相同，尤其江浙粮船效果有限。

清政府在处理罗教问题时应遵照有漕各省地区性差异来制定政策，并

---

① 《军机处录副奏折》，道光十五年八月二十五日，刑科掌印给事中周开麟奏折（档号：03-2981-040）。

② 同上。

③ 《军机处录副奏折》，道光十五年十二月二十六日，湖南巡抚吴荣光奏折（档号：03-2647-037）。

非一刀切统一推行保甲政策。江浙粮船水手多无业流民，粮船回空后，均无家可归。水手公所是其最好的去处。如果政府加强对水手公所的管理，可能控制水手会更加有效。

对近年来沦陷时期河北商会
研究的回顾与反思[*]

左海军[**]

（东北大学秦皇岛分校 社会科学研究院）

改革开放 30 年以来，商会史研究在中国近代史研究中曾经取得了不俗的成绩。自 1978 年章开沅先生提出进行商会研究以来，三十余年间商会史的研究从最初的着眼于考查"中国资产阶级"，到研究中国的早期现代化，再到"市民社会"的讨论，经历了研究视角的多重转换。在此期间，现代化理论、市民社会理论、市场理论、社会网络理论以及新制度经济学的等诸多理论的应用大力推动了商会的研究，其所取得成绩是最初所难以想见的。新世纪之后，商会史的研究高潮似乎渐趋平稳，虽然新成果仍有出现，学术会议也每年都召开，但是我们仍能明显感觉到商会史研究势微的种种迹象。一方面是新的研究热点不断兴起，另一方面商会史研究在理论突破上的困难以及新材料开发难度的不断增大，致使新世纪以后的成果从理论到观点几乎都没有超出章开沅、马敏、朱英、虞和平、徐鼎新等先生的成就。对于商会史研究所遇到的范式危机与材料上的瓶颈，学术

---

　　* 基金项目:河北省社会科学基金项目"近代天津银号与河北区域经济发展研究（1900—1937）"（HB15LS029）研究成果。

　　** 左海军（1984—），河北抚宁人，讲师，历史学博士，主要从事中国近现代经济史研究。

界也不断地进行反思①，但是商会史研究所面临的困境仍没能得到很好的解决。

商会研究在学术界取得的成果蔚为大观。仅综述就有十余篇，对于二十余年的商会史研究脉络早已有详细梳理，笔者在此不拟赘述。但是，对于沦陷时期商会以及河北省沦陷区的相关研究，则较为薄弱。

就目前已有的成果看，学界对日伪时期的商会大都持消极看法，评价较低。林纯业认为"在长达8年之久的沦陷时期，日本侵略者为了加强对商会组织的直接控制，对天津、青岛等华北重要商埠商会委派日本顾问官，而天津商会的会长及核心决策层，也由卖身投靠日本侵略者的汉奸人物把持。他们抛弃数十年来的立会宗旨，在许多重大问题上背弃民族立场和广大商民的根本利益，沦为日本统制华北市场、掠夺中国民族工商业、推行法西斯政令法规和巩固殖民统治秩序的工具"②。林波通过对日本殖民统治时期大连五个并存的华商组织的考察，认为大连市商会（1905—1945）在1931年以后"大连市商会已经变成为殖民统治服务的工具"，"除配合殖民当局推行各项经济统制法令外，主要是为日本侵略者摊派各种'国债券'，募集国防献金、国防慰问金和各种名目的储蓄金等苛捐杂税"③。宋美云在研究沦陷期的天津商会中也得到相似结论，认为天津商会"无论从组织与职能上，都与清末和北洋时期及国民党时期""大相径庭"，"在其上层领导人的把持下，充当了日本调控华北市场的忠实工具"④。此外，还有两篇硕士学位论文是专门研究沦陷时期商会的，即陈雪芳的《沦陷时期的天津商会》和李银丽的《浅论沦陷时期的汉口市商会》。陈雪芳认为沦陷以后的天津商会"主要从事协助日本的金融统制、粮食统制、政治统制等活动"，"组织与人事的设置在形式上没有太大变化"，但是"实质上已丧失了组织独立，人事自主的特征"。"在调节物价

①　马敏：《商会研究与新史学的范式转换》，《华中师范大学学报》2003年第5期；应莉雅：《近十年来国内商会史研究的突破与反思》，《中国社会经济史研究》2004年第3期；张芳霖：《中国近代商人、商会组织研究的问题意识与阶段性特点》，《江西社会科学》2004年第7期；朱英：《中国商会史研究如何取得新突破》，《浙江学刊》2005年第6期。

②　胡光明、宋美云、任云兰：《首届商会与近代中国国际学术讨论会综述》，《历史研究》1998年第6期。

③　林波：《日本殖民统治时期的大连华商组织》，《辽宁师范大学学报》2007年第4期。

④　宋美云：《近代天津商会》，天津社会科学院出版社2002年版，第98—99页。

及处理粮食问题上，商会不惜牺牲商人的利益，来维持临时政府低物价政策，违背了维护商人利益的宗旨。在反英及强化治安运动等政治活动中，商会扮演着忠心耿耿的执行者角色，表明天津商会已沦为日本及伪政权的统治工具"[①]。陈银丽通过对1938年武汉沦陷后的汉口商会研究也得出了类似的结论。陈银丽认为"由日军建立的汉口市商会与沦陷前的汉口商会相比，在政治、经济、社会各方面职能的发挥都相差甚远"，"在日本人的严密管理下，汉口市商会失去了昔日的辉煌，步入衰落的歧途，成为维护日军在华殖民统治、控制中国工商业者和商民的鹰犬"[②]。这些学界已经取得的成果无疑是在坚实的史料基础上，经过作者细致入微的考察与分析所取得的，为我们今后的研究奠定了基础。但是对于商会与伪政府关系、商会领导人是否完全是汉奸把持以及商会对商人利益的态度等问题上仍有进步深入研究的必要。

　　研究沦陷时期的基层社会，参考研究沦陷区的重要成果也是我们拓展研究视野重点。对沦陷区日伪机构的研究目前已经有多种专著问世。如：南开大学历史系、唐山市档案馆《冀东日伪政权》[③]；刘敬忠《华北日伪政权研究》[④]；郭贵儒、张同乐、封汉章《华北伪政权史稿——从"临时政府"到"华北政务委员会"》[⑤]；章伯锋、庄建平《抗日战争》第六卷《日伪政权与沦陷区》[⑥]；中国人民政治协商会议北京市委员会文史资料研究委员会：《日伪统治下的北平》[⑦]；《沦陷时期的天津》[⑧]；北京市档案馆编《日伪北京新民会》[⑨]　对日伪在沦陷区经济掠夺的研究也很多：浅田桥

---

①　陈雪芳：《沦陷时期的天津商会》，硕士学位论文，华中师范大学，2009年。

②　李银丽：《浅论沦陷时期的汉口市商会》，硕士学位论文，华中师范大学，2008年。

③　南开大学历史系、唐山市档案馆：《冀东日伪政权》，档案出版社1992年版。

④　刘敬忠：《华北日伪政权研究》，人民出版社2007年版。

⑤　郭贵儒、张同乐、封汉章：《华北伪政权史稿——从"临时政府"到"华北政务委员会"》，社会科学文献出版社2007年版。

⑥　章伯锋、庄建平：《抗日战争》第六卷《日伪政权与沦陷区》，四川大学出版社1997年版。

⑦　中国人民政治协商会议北京市委员会文史资料研究委员会：《日伪统治下的北平》，北京出版社1987年版。

⑧　中国人民政治协商会议天津市委员会文史资料研究委员会编：《沦陷时期的天津》，1992年版，出版社不详。

⑨　北京市档案馆编：《日伪北京新民会》，光明日报出版社1989年版。

二《1937—1945 日本在中国沦陷区的经济掠夺》①；林明德《日本对华北的经济侵略 1933—1945》②；王士花《开发与掠夺：抗日战争时期日本在华北华中沦陷区的经济统治》③；秦孝仪《中华民国重要史料初编——对日抗战时期》④；吴相湘《第二次中日战争史》⑤，等等。研究日本在华经济掠夺的成果很多，所以此处不一一列举。

　　近期以来，特别是一些青年学者逐渐将商会史研究的视角下移，近代市镇商会的研究逐渐得到重视。在这一趋势下，相应的在温州、成都、贵阳、高阳等中小商会的研究上出现了相应的新成果。虽然我们也发现，在商会史研究的领域中所取得的典型成就依然是对苏州、上海、天津等这些开埠大城市的商会研究上，中小城市商会研究所取得的成就难以和之前鼎盛时期的商会史研究相提并论，而且在短时期内这些中小城市商会的研究不会取得颠覆性的突破，但毕竟我们可以将这种空间上的拓展看作是商会是研究的一种积极地尝试。商会史的研究向中小商会以及市镇商会的拓展是事实上的一种积累，是商会史进一步繁荣的必要过程。我们不期望短时期取得突破性的成就，但至少在新材料开发上学界似乎可以多做一点工作。"商会档案的发掘与整理构成商会史研究的起点和基础"⑥，在趋于沉默的商会史研究中，对档案材料的重视与强调又被赋予了特别的意义。河北大学联合保定市档案馆整理出版《保定商会档案》正是顺应了这一种趋势，为保定商会史研究以及河北乃至华北区域史研究提供了一份宝贵的档案材料，新材的开发无疑将会给商会研究以最直接的推动。

　　保定长期作为河北省的省会城市，它本身就饱含着近代中国内陆中小城市在近代变革中的特殊性，是我们研究华北区域历史的重要环节之一。作为南直隶中心城市的保定，自古以来就是军事重镇。在清、民国长期作

---

　　① ［日］浅田桥二：《1937—1945 日本在中国沦陷区的经济掠夺》，复旦大学出版社 1997 年版。

　　② 林明德：《日本对华北的经济侵略 1933—1945》，《"中央"研究院近代史研究所集刊》，第 19 期，1990 年 6 月。

　　③ 王士花：《开发与掠夺：抗日战争时期日本在华北华中沦陷区的经济统治》，中国社会科学出版社 1998 年版。

　　④ 秦孝仪：《中华民国重要史料初编——对日抗战时期》，台北"中国"国民党中央委员会党史委员会出版，1981 年。

　　⑤ 吴相湘：《第二次中日战争史》，台北《综合月刊》社，1973 年版。

　　⑥ 宋美云：《近代天津商会》，天津社会科学院出版社 2002 年版，第 4 页。

为直隶（河北）的省会，人口众多，商业繁茂。同山西、张家口、河南，山东等地存在长期的贸易往来，不可否认的成为华北区域商业经济的重镇，平汉线的建立更加突出了保定商贸枢纽的位置。关于商业社会组织，在历史上曾经长期存在商帮、行会、会馆等组织形式。近代以来，伴随经济的大发展，这些商业组织完成自身组织、职能的近代化。在协调商业发展、保护商人利益、参与社会活动等方面更加凸显了商会在社会经济中的作用。商人的社会地位随之上升，在对社会的政治参与中有了更大的话语权。保定商会自从1907年建立到1948年新中国成立前夕，这四十余年的历史与保定的商业活动、经济发展紧密相连，经历了晚清、民国以及沦陷期的社会经济变革，见证了中国将近半个世纪的兴衰更替，承担了历史赋予她的种种角色转换。无疑，这所有的特点都紧紧地吸引着我们，拓宽视野，满足了我们研究不同于口岸开埠城市的"内地市镇型"商会的要求。

保定商会是一个在规模、形态、活动上都有别于开埠城市商会的市镇商会类型。目前学界商会史研究的优秀成果依旧集中在上海、天津、汉口、苏州商会的研究。这些城市的共同特点是均为近代口岸开埠城市并且近代以后受外国资本主义经济影响较深，商业贸易繁盛，其商会的规模和活动的领域都较为宽广，商会商人的意识超前，对近代社会上重大的政治、经济活动反应灵敏，并积极参与其中。和这些城市相比，保定虽然作为近代河北省的省会，但是在具体情况却和他们存在广泛的不同。保定市的工商业生产规模狭小，贸易上的交流与流通都蜷缩在一个狭小的区域，而且商业的经营种类以满足保定的消费为主，各类商业以及商号的规模都和开埠城市无法相比，商业的组织和资本都处于较为落后的传统形态。虽然在北洋时期也参加了全国商联会，参与到商会组织中去，但是保定商会的地位与作用都是从属性质的，对于各类商会参与政治、经济事物多跟随天津、北京商会办事，独立的社会活动受到很大的局限。看似的"平庸"正是保定商会独特的价值所在，为我们研究中小市镇商会提供了一个典型案例。透过《保定商会档案》我们可以追寻到保定商会在近代史上更微观的轨迹。

以往的研究对沦陷区商会关注的太少，很多研究对沦陷时期的商会采取规避的态度，即使有所涉及，也不很深入。对抗日战争时期的商会缺乏系统和深入的探讨，是商会史研究中较为明显的一个缺憾。对此学界已有认识，朱英先生指出："对抗战这一特殊时期商会的功能与作用、自身组织系统的变化、与政府之间的互动关系以及与各方面政治力量的关系，都缺乏全面而客观的了解。"① 另外，对于沦陷时期商会的研究，学界似乎难以摆脱"讨伐"的情结。对于沦陷区的商会的研究，长期以来我们得到的最重要的结论就是在沦陷期间商会的领导权为汉奸所把持，商会充当了日伪统治的工具。笔者认为，这种模式化的研究不再适宜我们今天商会史的纵深推进，沦陷时期的商会无疑是我们商会史乃至对近代社会研究的重要组成部分，我们不能因为它所处于的"沦陷状态"而进行"歧视"性的看待，我们要做的研究工作不应该是对"先验"式的结论进行重复证明，而是要在实证的基础之上，转换研究"沦陷区史"所要面临的视角与方法。目前沦陷区的研究在整个抗日战争史研究中本身就是最薄弱的环节，转换视角综合研究抗日战争时期的社会发展变化的任务十分迫切。在研究视角上，我们要注意区分"沦陷区"与"日军占领区"。笔者绝非刻意套用"社会与国家"的互动模式来解读日伪政府与沦陷区社会之间的关系，但是通过对沦陷时期商会的考察我们发现在日本侵略者与沦陷区社会之间确实仍然保留着一定意义上的互动平衡。以往我们对沦陷区的研究更为注重"施动"的侵略者对沦陷区的掠夺与破坏，而往往忽视了"被动"的沦陷社会的真实反映与所处状态，实际上"沦陷区史"较"日本掠夺史"要丰富得多。相应的在具体方法上，我们要尽量摆脱传统的从意识形态出发，而是要多维度地来观察沦陷区社会的演变，这似乎更为公正。"沦陷区"这种称谓实际上就是在民族主义立场上提出来的。研究沦陷区的历史，学界不应该仅仅将目光集中在日本对我国的物质资源掠夺，更应该看到沦陷区的历史仍然是我们中华民族历史的有机组成部分，沦陷区的历史主体仍然是我国民众。在特殊的历史状态下民众的种种复杂表现是我们研究沦陷区历史的重要内容。沦陷区的复杂性只有出于这样细致入微的考察下，才能层层剥现。处于"沦陷"状态的商会研究亦然。我们要摆脱那种依据商会的"政治性话语表示"来给商会定性的研究模式，更多的应该看到商会独立性与自主权的保留以及商会与日伪政府之间的合作与抗争的关系。其实，商会作为"市民社会"最突出的代表，它与政府之间从来就是合作与对抗的双向关系，只是在不同的时局下，具有不同的表现。对于"沦陷区史"我们应当尽量淡化意识形态以及"大一

---

① 朱英：《中国商会史研究如何取得新突破》，《江海学刊》2005 年第 6 期。

统史观"的影响，而重新审视"沦陷"状态下的区域社会，研究其特殊历史境遇下的实态。

商会研究在学术界取得的成果蔚为大观。仅综述就有十余篇①，对于二十余年的商会史研究脉络早已有详细梳理，笔者在此不再赘述。但是，对于沦陷时期商会以及河北省沦陷区的相关研究则有待进一步深化。

――――――――

① 朱英：《清末商会研究述评》，《史学月刊》1984 年第 2 期；徐鼎新：《中国商会研究综述》，《历史研究》1986 年第 6 期；赵洪宝：《近几年来大陆学者关于中国商会史的研究》，《近代中国史研究通讯》（台北）16 期；虞和平：《近八年之商会史研究》，《中国社会经济史研究》1995 年第 4 期；马敏：《近十年来中国的商会史研究及其展望》，《近代史学刊》2001 第 1 辑；冯筱才：《中国大陆近代商人之研究》，《近代中国史研究通讯》（台北）26 期；冯筱才：《中国商会史研究之回顾与反思》，《历史研究》2001 年第 5 期；马敏：《商会史研究与新史学的范式转换》，《华中师范大学学报》2003 年第 9 期；应莉雅：《近十年来国内商会史研究的突破与反思》，《中国社会经济史研究》2004 年第 3 期；刘芳：《近二十年来中国商会研究综述》，《历史教学问题》2006 年第 4 期。

秦皇岛地域文化专栏

夷齐考疑

〔明〕胡其久　著，李利锋　点注

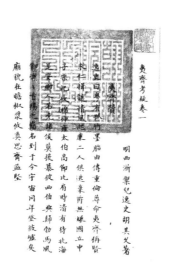

山西永济县金代夷齐庙诗碑（台湾藏）

（明）白瑜编《夷齐志》伯夷、叔齐画像

伯夷画像 叔齐画像

《夷齐志》逃国图

《夷齐志》归西伯图

《夷齐志》叩马图

《夷齐志》采薇首阳图

《古义士夷齐碑》（唐）梁升卿撰文并书丹

（南宋）黄善夫刻本《史记·伯夷列传》

（元）至元二十五年刻《史记》

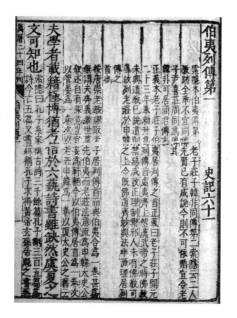

夫學者載籍極博猶考信於六藝詩書雖缺然虞夏之文可知也……

宋衷隱本伯夷傳第一 老子莊子韓非同傳第一索隱云二人

伯夷列傳第一

史記六十

（明）万历二十四年刊《史记》

伯夷叔齊殷之末世孤竹君之二子也隱於首陽山
采薇而食之野有婦人謂之曰子義不食周粟此亦
周之草木也於是餓死命論注

（东汉）谯周《古史考》

三十一年西伯治兵于畢得呂尚以爲師
三十年春三月西伯率諸侯入貢
二十九年釋西伯諸侯逆西伯歸于程
二十三年囚西伯于羑里
二十二年冬大蒐于渭
二十一年春正月諸侯朝周○伯夷叔齊自孤
竹歸于周
十七年西伯伐翟○冬王遊於淇
十年夏六月王畋于西郊

战国时期魏国史官编写的《竹书纪年》

也腾桀而让我，必以我为贪也。吾生乎乱世，而无道之人再来漫我以其辱行，吾不忍数闻也。乃自投椆（椆一作水）水而死。汤又让瞀光曰：知者谋之，武者遂之，仁者居之，古之道也。吾子胡不立乎？瞀光辞曰：废上，非义也；杀民，非仁也；人犯其难，我享其利，非廉也。吾闻之曰：非其义者不受其禄，无道之世不践其土，况尊我乎！吾不忍久见也。乃负石而自沈於庐水。昔周之兴，有士二人处於孤竹，曰伯夷、叔

齐。二人相谓曰：吾闻西方有人，似有道者，试往观焉。至於岐阳，武王闻之，使叔旦往见之，与之盟曰：加富二等，就官一列。血牲而埋之。二人相视而笑曰：嘻，异哉！此非吾所谓道。昔者神农之有天下也，时祀尽敬而不祈喜；其於人也，忠信尽治而无求焉。乐与政为政，乐与治为治，不以人之坏自成也，不以人之卑自高也，不以遭时自利也。今周见殷之乱而遽为政，上谋而下行货，阻兵而保威，割牲而

盟以为信，扬行以说众，杀伐以要利，是推乱以易暴也。吾闻古之士，遭治世不避其任，遇乱世不为苟存。今天下闇，周德衰，其并乎周以涂吾身也，不如避之以洁吾行。二子北至於首阳之山，遂饿而死焉。若伯夷叔齐者，其於富贵也，苟可得已，则必不赖。高节戾行，独乐其志，不事於世，此二士之节也。

《庄子通义·让王》伯夷叔齐记载

文王拘羑里，此六子者世之所高也，孰论之，皆以利惑其真而强反其情性，其行乃甚可羞也。（尧不慈，舜不孝，禹偏枯，汤放其主，武王伐纣）世之所谓贤士，伯夷叔齐。伯夷叔齐辞孤竹之君而饿死於首阳之山，骨肉不葬。鲍焦饰行非世，抱木而死。申徒狄从於……

庄子通》伯夷叔齐饿死首阳山

孟子卷第十

萬章章句下

凡九章

孟子曰伯夷目不視惡色耳不聽惡聲非其
君不事非其民不使治則進亂則退橫政之
所出橫民之所止不忍居也思與鄉人處如
以朝衣朝冠坐於塗炭也當紂之時居北海
之濱以待天下之清也故聞伯夷之風者頑
夫廉懦夫有立志

末見又不幸而蚤死故夫子云然○齊景公有馬千駟死之
日民無德而稱焉伯夷叔齊餓於首陽之下
民到于今稱之○駟四馬也其斯之謂與○
首陽山名

和刻《孟子》（日本大阪府立中之岛图书馆藏书）

三月不知肉味曰不圖爲樂之至於斯也○史
入曰伯夷叔齊何人也曰古之賢
人也曰怨乎曰求仁而得仁又何怨出曰夫
子不爲衛君也

伯夷叔齊孤竹君之二子其父將
立叔齊及父卒叔齊遜伯夷伯夷
曰父命也遂逃去叔齊亦不立而逃
之國人立其中子其後武王伐
紂伯夷叔齊叩馬而諫武王滅商
夷齊恥之義不食周粟隱於首陽山
而餓死
樂亦在其中矣○子曰飯疏食飲水曲肱而枕之
夫不義而富且貴於我如浮雲

（南宋）朱熹《论语集注》

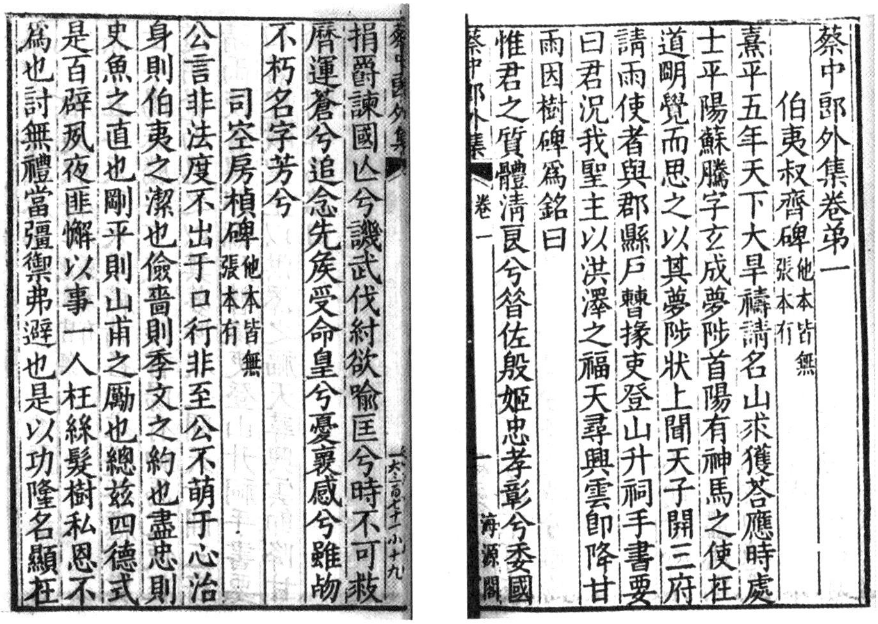

蔡中郎外集卷第一
伯夷叔齊碑 他本皆無 張本有
熹平五年天下大旱禱請名山求獲荅應時處
士平陽蘇騰字玄成夢陟首陽有神馬之使在
道明覺而思之以其夢陟狀上聞天子開三府
請雨使者與郡縣戶曹掾吏登山升祠手書要
曰君況我聖主以洪澤之福天尋興雲即降甘
雨因樹碑爲銘曰
惟君之質體清良兮晉佐殷姬忠孝彰兮委國
蔡中郎外集 卷一 一 海源閣

捐爵諫國亾兮譏武伐紂欲喻匡兮時不可救
曆運蒼兮追念先矦受命皇兮憂褢感兮雖㓜
不朽名字芳兮
司空房楨碑 他本皆無 張本有
公言非法度不出于口行非至公不萌于心治
身則伯夷之潔也儉嗇則季文之約也盡忠則
史魚之直也剛平則山甫之勵也總茲四德式
是百辟夙夜匪懈以事一人枉絲髮樹私恩不
爲也討無禮當彊禦弗避也是以功隆名顯在
蔡中郎外集 大三百七十一 小十九

海源阁丛书《蔡中郎外集》：（东汉）蔡邕撰《伯夷叔齐碑》

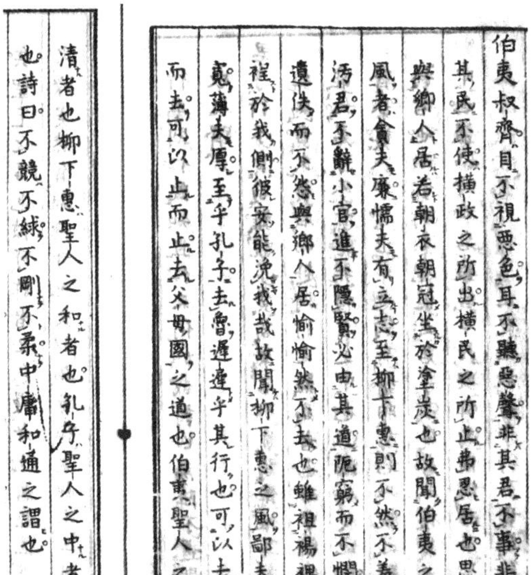

伯夷叔齊目不視惡色耳不聽惡聲非其君不事非
其民不使橫政之所出橫民之所止弗忍居也思
與鄉人居若朝衣朝冠坐於塗炭也故聞伯夷之
風者貪夫廉懦夫有立志至柳下惠則不然不羞
汙君不辭小官進不隱賢必由其道阨窮而不憫
遺佚而不怨與鄉人居愉愉然不去也雖袒裼裸
裎於我側彼安能浼我哉故聞柳下惠之風鄙夫
寬薄夫厚至乎孔子去魯遲遲乎其行也可以去
而去可以止而止去父母國之道也伯夷聖人之
清者也柳下惠聖人之和者也孔子聖人之中者
也詩曰不競不絿不剛不柔中庸和通之謂也

日本宝历刻本《韩诗外传》

（汉）高诱注《吕氏春秋》

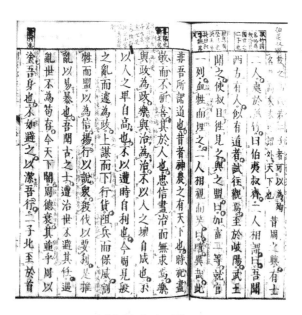

和刻晋郭象注《庄子》

王代桀放之于南巢。〔用尚书外纪修。〕
仲虺作诰。〔用尚书。〕
王归自夏诞告万方。〔用尚书。〕
三月王至东郊诸侯论功罪。立禹後箕圣贤古有
功者之後封孤竹等国各有差。〔用左传世纪史说索隐等书修。〕

乙未商王成汤十有八祀〔用大纪修。〕

怡
一曰黑怡今营之柳城亦作台即墨台禹师
墨如或云墨台
孤竹
今平之卢龙东有古孤竹城小白之所至地
钦定四库全书〔路史〕
道记在肥如南十二里秦之离支县汉今支
也营州皆其地一作觚〔本以孤生之竹可管而名〕

宋）金履祥著《御批资治通鉴纲目前编》　　（南宋）罗泌编《路史·国名纪》

济渡也汝水名方城楚北之阨塞也
至于陉时也在鲁语公四年文山是山也
而反荆州诸侯莫敢不来服遂北伐山戎
之故伐制令支斩孤竹而南归

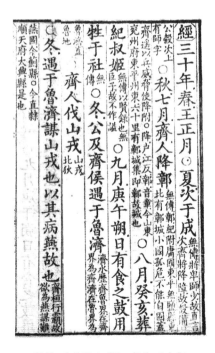

牲于社
纪叔姬
冬遇于鲁济谋山戎也以其病燕故也
齐人伐山戎
秋七月齐人降鄣
经三十年春王正月○夏次于成
○九月庚午朔日有食之鼓用
○八月癸亥葬
○公及齐侯遇于鲁济

（吴）韦昭注《国语·齐语》　　杜注《春秋左传》庄公三十年

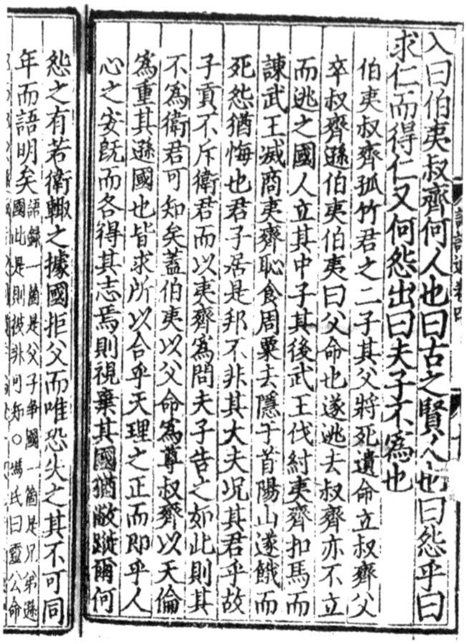

入曰伯夷叔齊何人也曰古之賢人也曰怨乎曰求仁而得仁又何怨出曰夫子不為也

伯夷叔齊孤竹君之二子其父將死遺命立叔齊父卒叔齊遜伯夷伯夷曰父命也遂逃去叔齊亦不立而逃之國人立其中子其後武王伐紂夷齊扣馬而諫武王滅商夷齊恥食周粟去隱于首陽山遂餓而死怨猶悔也君子居是邦不非其大夫况其君乎故子貢不斥衛君而以夷齊為問夫子告之如此則其不為衛君可知矣蓋伯夷以父命為尊叔齊以天倫為重其遜國也皆求所以合乎天理之正而即乎人心之安既而各得其志焉則視棄其國猶敝蹝爾何怨之有若衛輒之據國拒父而唯恐失之其不可同年而語明矣語錄一篇是父子爭國一篇是兄弟遜國此是則彼非明矣○馮氏曰靈公命

《论语通》

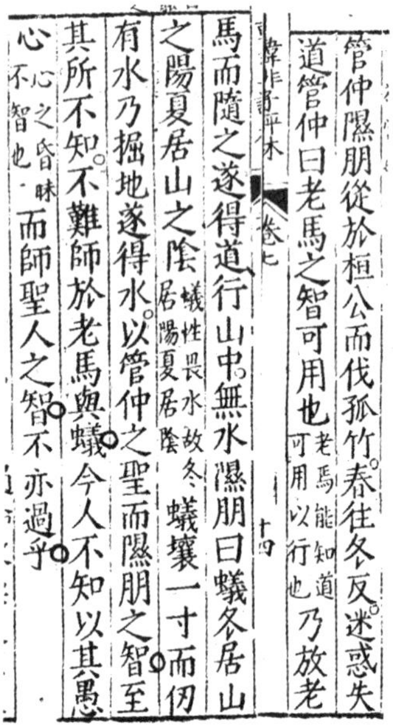

管仲隰朋從於桓公而伐孤竹。春往冬反。迷惑失道。管仲曰老馬之智可用也老馬能知道可用以行也乃放老馬而隨之遂得道。行山中無水。隰朋曰蟻冬居山之陽夏居山之陰蟻性畏水故冬居陽夏居陰蟻壤一寸而仞有水。乃掘地遂得水。以管仲之聖而隰朋之智至其所不知。不難師於老馬與蟻。今人不知以其愚心心之昏昧而師聖人之智。不亦過乎。

《韩非子·说林》

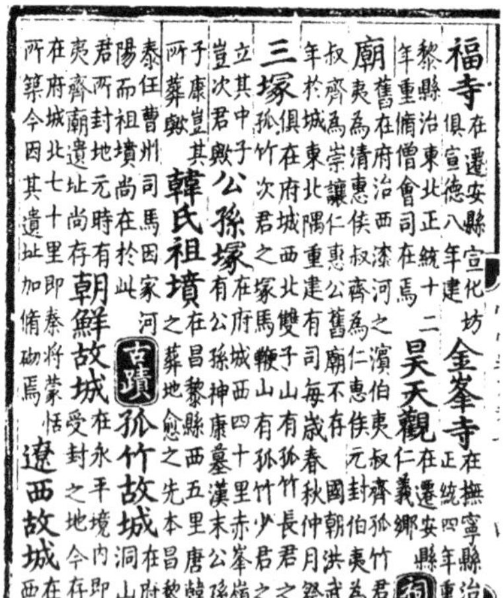

福寺在遷安縣宣化坊俱宣德八年建 金峯寺在撫寧縣治北正統四年重建 崇興寺在昌黎縣治東北正統十二年重修僧會司在焉 昊天觀在遷安縣仁義鄉 祠廟 伯夷叔齊廟舊在府治西漆河之濱伯夷叔齊孤竹君二子宋封伯夷為清惠侯叔齊為仁惠侯元封伯夷為昭義清惠公叔齊為崇讓仁惠公舊廟不存國朝洪武九年於城東北隅重建有司每歲春秋仲月祭焉 墳墓 孤竹三塚俱在府城西北雙子山有孤竹長君之塚團子山有孤竹次君之塚馬鞭山有孤竹少君之塚傳曰國人立其中子豈次君歟 公孫塚在府城西四十里赤峯嶺道南峰火山有公孫神康墓漢末公孫度據平州傳子康豈其所葬歟 韓氏祖墳在昌黎縣西五里唐韓愈高祖以上之葬地愈之先本昌黎人自其曾祖泰任曹州司馬因家河陽而祖墳尚在於此 古蹟 孤竹故城在府城西十五里洞山下殷孤竹國君所封地元時有夷齊廟遺址尚存 朝鮮故城在永平境內即箕子受封之地今存遺址 秦長城在府城北七十里即秦將蒙恬所築今因其遺址加脩砌焉 遼西故城在府治東一里西漢為郡於此

（明）景泰七年《寰宇通志》

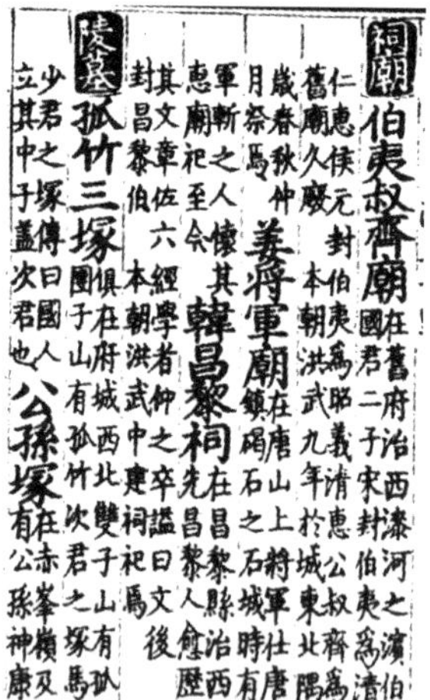

祠廟 伯夷叔齊廟在舊府治西漆河之濱伯夷叔齊孤竹國君二子宋封伯夷為清惠侯叔齊為仁惠侯元封伯夷為昭義清惠公叔齊為崇讓仁惠公舊廟久廢 本朝洪武九年於城東北隅重建有司每歲春秋仲月祭焉 姜將軍廟在唐山上將軍杜唐清泰間授命鎮碣石之石城時有蛟為民害將軍斬之人懷其惠廟祀至今 韓昌黎祠在昌黎縣治西北唐韓愈其先昌黎人愈歷官吏部侍郎其文章佐六經學者仰之卒謚曰文後封昌黎伯 本朝洪武中建祠祀焉 陵墓 孤竹三塚俱在府城西北雙子山有孤竹長君之塚團子山有孤竹次君之塚馬鞭山有孤竹少君之塚傳曰國人立其中子蓋次君也 公孫塚在赤峯嶺道南烽火山有公孫神康墓漢末公孫

（明）天顺五年《大明一统志》

吊夷齊

盧龍故孤竹也城西有伯夷叔齊祠吳人王
世貞奉使過此酌水斟馬而為之辭

《吊夷齐》赋王世贞著《四品稿》，（明）万历五年刊
（日本早稻田大学图书馆藏书）

1900 年永平府夷齐庙旧影

1900 年日本侵略军占领下的夷齐庙,《北清事变写真帖》,小川一真摄

1931 年卢龙县夷齐庙旧影（今属滦县）（民国二十年《卢龙县志》）

1931 年夷齐庙后临河处清风台（民国二十年《卢龙县志》）

目　录

凡 例

本书是东北大学秦皇岛分校本科生解亚敏同学到台湾交流学习时，从台湾"国家图书馆"复印得来。本次加以校注，仍称《夷齐考疑》。

一、为求读者阅读之便，将原书竖排版、繁体字改为横排版、简体字。

二、本次校注对原书进行标点、断句，难以理解之处加以注释，前面已注释者，后文略之。

三、对原书中遗漏之处，用（）加以补充；对错讹之字，用（）[ ]加以说明。为便于读者对比，书中干支纪年，用（）加注公元纪年。

四、为帮助读者了解诗文作者生平简历，本书在正文之后附有作者简介，为节省篇幅，作者简介不重出。

序

董劲伟

（东北大学秦皇岛分校社会科学研究院）

　　抚宁区档案馆馆长李利锋老师多年来致力于地域历史文化研究，今《夷齐考疑》一书由其注释后收入《中华历史与传统文化论丛》中刊布发行。这是我们秦皇岛地区孤竹文化研究的一项重要成果，也是我市文化建设中的一件大事。

　　孤竹国是商周时期我们秦皇岛地区的一个诸侯国，商汤十八年（约前1600）所封，周惠王十三年（前664）为齐桓公所灭，历国九百余年。今秦皇岛、唐山地区为孤竹国的核心地区，孤竹城就在今卢龙县城附近。伯夷、叔齐，简称"夷齐"，是孤竹国的二位王子，他们"让国逃封""避居北海""叩马而谏""耻食周粟""采薇而食""饿死首阳"的事迹散见于《论语》《孟子》《庄子》《韩非子》《吕氏春秋》《史记》《竹书纪年》《韩诗外传》等古籍中，在"天下熙熙，皆为利来；天下攘攘，皆为利往"的尘世中，他们重天伦，守孝悌，坚守自己的道德标准和价值观念，不为名利所动，洁身自好，清风高节，成为中华民族的道德楷模，孔子称其"求仁得仁"，孟子称之为"圣之清者"，韩愈称之为"特立独行"，司马迁将其列为《史记》七十篇列传之首，足见其在中国历史上的重要地位。他们不仅在中国千古传颂，还在日本、韩国、朝鲜、越南等国家有着重要的影响。

　　历史上，有三部关于伯夷、叔齐的专著，明朝嘉靖年间永平府知府张玭编著的《夷齐录》；万历年间永平府进士、刑科给事中白瑜编著的《夷齐志》；还有这部明隆庆年间胡其久编著的《夷齐考疑》。《夷齐录》和《夷齐志》，1996年已由齐鲁书社影印出版发行，而胡其久编著的这部《夷齐考疑》大陆未见存书，世人罕睹。2012年，李利锋老师得知台湾"国家图书馆"藏有《夷齐考疑》，但不对外借阅，就委托我寻找这部书。时隔不久，恰好我的学生解亚敏同学到台湾交流学习，于2012年年底从台湾带回这部书的复印件。

　　李利锋老师是秦皇岛地区一位知名的文史专家，在数年前因为我有意在以往研究基础上开辟新的方向，即地域文化研究，便有意识的关注当地学者的研究动态，而最先进入我视野的是李利锋老师，当时他在网上博客中发表了近百篇文章，几乎都是关于秦皇岛历史文化的，其中不乏大量考证性论述，也有很多图文并茂的田野考察的场景，让我在最短的时间内进行了一次地域文化的"洗脑"。此后经朋友介绍，得以相识，一见如故，成为工作以来最为亲密的亦师亦友的朋友之一。我了解到，他在近二十年的档案整理工作中，除了日常繁忙的本职工作，还整理、校注了多部地方史志，是当地档案系统中为数不多以一己之力完成多部著述的学者。同时，他还是一位热衷于孤竹文化研究的学者，他倾注大量的心血校注了这部《夷齐考疑》，使得年轻读者能够"看得懂"，更容易理解夷齐精神。是书整理完毕后，限于时间及才力，经李利锋同志允许，我对整理的格式等做了部分调整。另外，全书的文笔核对等工作，又委托秦皇岛日报社王红利先生协助进行。王先生利用工作之余，一丝不苟，精益求精，这对书稿的进一步完善起到了很重要的作用，这里表示真诚的谢意。

作为一个后学者，我绝无资格为人作序，但作为李利锋老师多年的朋友，我非常乐意借集刊出版之际，收录其整理注释的《夷齐考疑》，单独出版一部小册子使之流通更广泛，但额外产生的经费却不亚于出版一本字数更多的书籍。加上本集刊作为秦皇岛地区第一种学术集刊，从历史的角度也应有为地域文化传播做出相应贡献的担当精神，以反哺这方热土的滋养。因此，这篇所谓序言，谨代表对李利锋老师所做贡献的致敬！借此想向为秦皇岛历史文化研究做出贡献的当地诸贤表示崇高的敬意，靡不有初鲜克有终。在一系列已有成果的支撑下，我们后学者方有可能站在巨人的肩膀上进行新的研究。

一个民族需要有一种文化精神来支撑，需要有一种道德标准来规范。夷齐的礼让精神是中华民族传统美德的初始之源泉，对于弘扬社会主义核心价值观、提高国民的道德水准和社会文明程度等都具有现实的指导意义。

《夷齐考疑》一书的出版发行，填补了大陆夷齐专著的一项空白，为人们学习、研究夷齐精神提供了重要史料。作为夷齐故里之秦皇岛人应该人人学习夷齐精神，人人争做文明礼让楷模，弘扬社会正气，汇聚正能量。我相信元代御史中丞马祖常所描述的"行者让途，耕者让畔"美好境界将来定会实现。

2017 年 4 月 27 日

夷齐考疑卷一

明西浙御儿逸史胡其久著

夷齐赞

逸史①曰：粤有孤竹②，墨胎③由传。重伦尊命，夷齐称贤。求仁揖让，清风起廉。二人俱逃，弃爵无嫌。国立中子，宗祀攸绵。仲雍④太伯⑤，高节比肩。时清有待，北海是安。乡人若浼，诸侯莫援。慕彼西伯⑥，兴归勃焉。风节凛凛，首阳之巅。名到于今，宇宙同年。登彼墟矣，庙貌在瞻。椒浆攸奠，思齐益坚。

夷齐考疑

孔子论殷三子⑦曰："殷有三仁焉。"又曰："求仁而得仁，又何怨？"夫仁者，心也；心与理合之谓仁，苟有一毫芥蒂于其中，非仁也。圣门论

---

①　逸史：胡其久，号逸史，浙江崇德县（今桐乡）人。隆庆元年（1567）举人，万历十七年（1589）任福建龙岩知县。逸史曰，就是胡其久的评论；逸史考曰，即胡其久考证。

②　孤竹：商周时期诸侯国，辖域相当今辽宁朝阳市以西、河北秦皇岛市全境、唐山市东部地区。入周后，疆域缩小，西部置令支国（今唐山市迁安、迁西一带），东部为孤竹国（今秦皇岛市境、唐山市滦县、滦南、乐亭一带）。成汤时所封，周惠王十三年（前664），被齐桓公所灭，属燕国。

③　墨胎：音"眉怡"，商族庶支，孤竹君姓氏。

④　仲雍：又称虞仲、吴仲，吴国第二代君主。姬姓，名雍，父为古公亶父，即周太王，兄弟排行第二，哥哥太伯，弟弟季历。父欲传位于季历，后立季历之子姬昌，仲雍与太伯主动避让，从陕西渭水之滨迁居到江苏无锡、常熟一带，耕田自足。太伯即位吴国君主，无子，而仲雍继位。

⑤　太伯：吴太伯，又称泰伯，吴国第一代君主，姬姓，父为周部落首领古公亶父，兄弟三人，排行老大，两个弟弟仲雍和季历。父亲传位于季历及其子姬昌，太伯和仲雍避让，迁居江苏。

⑥　西伯：周文王姬昌，帝辛（商纣王）命为西方诸侯之长，得专征伐，故称西伯。

⑦　殷三子：指微子（子姓，宋氏，名启，纣王帝辛之兄长）、箕子（名胥余，纣王叔父，官太师）、比干（纣王叔父，官少师）。

仁，自颜渊①而下，即聪明果敢，如赐如由，不与焉。是故去之②、奴之③、死之④、饿之⑤、均之仁也。不然是死者非，不死者是；采薇者，非食粟者。不知首阳，殷土也；薇，殷薇也。夷齐曾不念及此耶？果尔将率天下而枯槁于岩穴中，无复有救溺亨屯⑥之举，皋夔⑦诎而洗耳之徒⑧进矣！乌乎！可哉！试观夷齐之行，若不降志，不辱身，治进乱退，不立恶人朝，以待天下之清，翩翩离世，亢行以绝众，殆圣世之逸民哉？如必曰不食周粟，采薇而饿死。是于陵⑨匍匐之廉也，奚甚仁？或曰二老⑩同归周也。太公相而伯夷饿，何也？曰望扶周鼎，夷隐西山，言遇也。尧舜遇之而揖逊，汤武遇之而征伐，迹殊而心一，惟其当乎？理而已矣。是岂圣人有心于其间哉？子谓韶武⑪均以尽美称意，盖有在也。而眉山苏公⑫谓武未善，殆与伯夷之义相去远矣。《易》曰："汤武革命，应乎天而顺乎

① 颜渊：颜回，字子渊，春秋末期鲁国人。孔子得意门生。

② 微子见商纣王屡谏不听，无可救药，离开商朝。《史记·宋微子世家》：（帝纣）"淫乱于政，微子数谏，纣不听……于是微子度纣终不可谏，欲死之。太师若曰：'今诚得治国，国治身死不恨。为死，终不得治，不如去。'遂亡。""亡"，逃走。《竹书纪年》："帝辛五十一年，王囚箕子，杀王子比干，微子出奔。"

③ 奴之：箕子屡谏，纣王不听，即装疯卖傻，避免灾祸。《史记·宋微子世家》："纣为淫泆，箕子谏，不听。人或曰：'可以去矣。'箕子曰：'为人臣谏不听而去，是彰君之恶而自说于民，吾不忍为也。'乃被发详狂而为奴。"

④ 死之：比干直言相谏，被纣王所害。《史记·宋微子世家》：（比干）"见箕子谏不听而为奴，乃直言谏纣。纣怒曰：'吾闻圣人之心有七窍，信有诸乎？'乃遂杀王子比干，刳视其心。"

⑤ 饿之：伯夷、叔齐耻食周粟，采薇而食，饿死于首阳山。

⑥ 亨屯：使危难困厄得到解救和通达。《易经》中"亨"，作"通"；"屯"，作"难"。

⑦ 皋夔：皋陶和夔的并称。传说皋陶是虞舜时刑官，夔是虞舜时乐官。后常借指贤臣。

⑧ 洗耳之徒：比喻高洁之士。《高士传·许由传》："尧欲召我为九州长，恶闻其声，是故洗耳。"

⑨ 于陵：地名，借指陈仲，字子终，战国时期齐国思想家、隐士。其兄戴，为齐卿，食禄万钟，仲以为不义，先后坚辞不受齐国大夫、楚国国相等职，迁到楚国，居于陵。《高士传》称其"穷不苟求，不义之食不食。遭岁饥，乏粮三日，乃匍匐而食井上李实之虫，三咽而能视"。后隐居长白山中，终日为人灌园，以示"不入污君之朝，不食乱世之食"，最终饥饿而死。

⑩ 二老：指姜尚和伯夷。

⑪ 韶武：《韶》乐和《武》乐。亦泛指高雅的古乐。《论语·八佾》："子谓《韶》，'尽美矣，又尽善也。'谓《武》，'尽美矣，未尽善也。'"朱熹集注："《韶》，舜乐；《武》，武王乐。"

⑫ 眉山苏公：苏辙，字子由，眉州眉山（今属四川）人。北宋著名文学家、政治家。嘉祐二年进士，历官御史中丞、尚书右丞、门下侍郎。与父苏洵、兄苏轼号称"三苏"。

人。"天命不违，至于汤齐，命之所集，谁能悖之？汤武知天命之不可却也而革之。革之者，倡天下之大义也。伯夷知天命之不可挽也而逃之。逃之者，明天下之大伦也。倡义明伦，总之乎，仁也。好事者曰：武王迁九鼎①于洛邑，义士犹或非之，盖指伯夷属也。噫！诬亦甚矣！

逸史曰：伯夷长而贤，其父无故舍而立叔齐者，必有故，故苏氏有违言之疑。刘峻云：夷齐毙叔媛之言②。子舆③困臧仓④之愬，若其父惑于嬖幸⑤者，子贡⑥怨乎之问似有此意。然学者不必疑，但看求仁得仁与无怨处，就见圣贤之心，事光明洞达矣！

世之论卫事者，从来学者将让国、争国为对，不知蒯聩⑦得罪于父而辄又拒父，是父子、祖孙之间俱失于天常，伦纪绝矣。而夷齐尊父命，重天伦，善处父子，兄弟之间正与卫事相反。此是子贡善问处。如夫子将齐景公⑧对举而言，非但以有国、无国已也。景公失政，多内嬖，而不立太子，其后继嗣不定，启陈氏弑君篡国之祸。孔子曰：君君臣臣，父父子子，正与夷齐尊父重伦，求仁得仁相反。盖谓名称不在富厚，而在节义

---

① 武王迁九鼎：武王灭商后，把九个铜鼎迁到洛邑。《春秋左传·桓公二年》："臧哀伯谏曰：'武王克商，迁九鼎于洛邑。义士犹或非之。'"晋杜预注："九鼎，殷所受夏九鼎也。武王克商，乃营洛邑而后去之，又迁九鼎焉，时但营洛邑，未有都城。"夏初，禹分天下为九州，令九州铸造进献九鼎。九鼎，象征至高无上的权力和国家的统一。《竹书纪年》："周武王十五年冬，迁九鼎于洛。"

② 叔媛之言：魏晋谯周《古史考》："夷齐采薇而食。野有妇人谓之曰：'子义不食周粟，此亦周之草木也。'于是饿死。"刘峻《辨命论》："夷齐毙淑媛之言。"刘峻，字孝标，平原郡（今山东德州）人，南朝梁学者、文学家，以注释刘义庆《世说新语》而闻名于世。

③ 曾参：字子舆，春秋末年鲁国南武城人。孔子弟子，古代思想家。

④ 臧仓：战国末年鲁国人，鲁平公的男宠，曾向鲁君进谗诋毁孟子，使其不接见孟子，后因以指进谗害贤的小人。

⑤ 嬖幸：宠爱，宠幸；指被宠爱的姬妾或侍臣。

⑥ 子贡：端木赐，字子贡，春秋末年卫国人，孔子得意门生之一。曾任鲁国、卫国相。

⑦ 蒯聩：卫后庄公，姬姓，名蒯聩，卫灵公之子、卫出公之父，春秋时期卫国第三十任国君。蒯聩为太子时，想密谋杀害卫灵公夫人南子，南子告诉卫灵公，蒯聩逃往宋国，后投奔晋国赵氏。灵公四十二年（前493）春，灵公欲立少子郢为太子，公子郢推辞不受。同年夏，灵公薨，灵公夫人让公子郢即位，但公子郢却让蒯聩之子姬辄即位，是为卫出公。

⑧ 齐景公：姜姓，吕氏，名杵臼，齐灵公之子，齐庄公之弟，春秋时期齐国君主。晚年荒淫酒色，民不聊生。又迟迟不立嗣，最后决定立宠妾鬻姒所生的公子荼。在齐景公尸骨未寒之时，大臣陈乞联合鲍牧（鲍氏为姒姓）及诸大夫发动政变，立公子吕阳生为傀儡国君，是为齐悼公，并派人弑齐侯吕荼。从此，齐国大权遂落入陈氏手中。

耳！邹守愚①公引景公登牛山②而流涕，以畏死，饿死不顾，相形亦牵合之说也。

孔子云："饿于首阳之下"。未尝言"饿死"，言"死"自《庄子·让王》③篇始。郭象④云：周言死者，亦欲明其饿以终，未必饿死也。《吕氏春秋》⑤止言"饿"。《列子》《战国》等书多言"饿死"不当，独病迁《史》⑥。其首阳山在河南者五：一去偃师县西北二十里五，夷齐隐此，有墓。成汤居西亳，即偃师，盘庚亦迁都于此。武王伐纣，还师徒，遂息偃师徒，遂名。成汤、伊尹、比干陵墓俱此。夷齐隐此，亦示故国之思云。阮籍诗："步出上东门，北望首阳岑。下有采薇士，上有嘉树林。"贾逵以为"蒲坂"，非也。王直公以为逊国暂栖之地，不知太伯逃吴，断发文身以辞之，且终身立国于吴，何云国人立君既定而可出也。

《传》⑦云："父死不葬。"《周纪》⑧云："上祭于毕""东观兵于孟津""载木主车中"。马融⑨曰："毕，文王葬也。"司马贞曰："毕星，主兵，故师出而祭毕。"古无墓祭，祭星之说亦妄。按："天子将出征，类于上帝。""宜（于）[乎]社，造乎祢，祃于所征之地。"《诗》曰是类是祃。又古者，将射则祭侯，将卜则祭先卜，火则祭爟，马则祭马祖，并无祭毕之云。然古者师行以迁庙主行，载于齐车。《记》曰："天子、诸

① 邹守愚：字君哲，福建莆田人。嘉靖五年进士，授户部主事、升员外郎、广州府知府、广东按察副使、江西学政、湖广右布政使、河南左布政使、都察院右副都御史兼河南巡抚、户部右侍郎、左侍郎。

② 登牛山：《晏子春秋》："齐景公登牛山，流涕曰：'美哉国乎！若何去此而死也？'艾孔、梁丘据皆从而泣，晏子独笑。公问故，对曰：'使贤者不死，则太公、桓公常守之矣。勇者不死，则庄公、灵公常守之矣，吾君安得此位乎？至于君独欲常守，是不仁也。'"

③ 《庄子·让王》："二子（伯夷、叔齐）北至于首阳之山，遂饿死焉。"庄周，字子休，宋国蒙人。东周时期思想家、哲学家、文学家。唐玄宗天宝初封为南华真人，将其著作《庄子》称为《南华真经》。

④ 郭象：字子玄，河南洛阳人。西晋玄学家。辟司徒掾，稍迁黄门侍郎。东海王司马越引为太傅主簿。好老庄，善清谈。有《庄子注》。

⑤ 《吕氏春秋》：秦国丞相吕不韦组织编撰。在"诚廉"篇中说："二子北行，至首阳之下而饿焉。"

⑥ 迁《史》：司马迁《史记·伯夷列传》。

⑦ 《传》：指《史记·伯夷列传》。

⑧ 《周纪》：指《史记·周本纪》。

⑨ 马融：字季长，扶风茂陵人。东汉著名经学家。历任校书郎、郡功曹、议郎、大将军从事中郎及武都、南郡太守等职。

侯将出，必以币帛、皮圭告于祖祢，遂奉以出。"告祖祢，祭庙也。夫文王卒于毕郢，今毕原，在咸阳县北。周文王、成、康皆葬此，有文王庙，武、成、康庙俱相近此，盖庙祭而非墓祭也。王、周二公之辨，俱非明矣！

孔子删《诗》，止存三百篇。如果夷齐所作必当录而不删，今迁以逸诗为夷齐采薇西山而作，是谓不食周粟之病根也。《庄子·让王》《吕氏春秋》二篇中有"神农易暴"等语，通篇意气颇相类，恐好事者援此以为歌耳！庄周、（吕）不韦去周不远，篇中止云："并乎周以涂吾身也，不如避之以洁吾行。二子北行，至首阳之下而饿。"曾无不食周粟。及观逸诗所谓"嗟徂！命衰"云云者，其辞悲而怨。殆与孔、孟所言二子气象大不相侔，故断以为非夷齐之歌也。

夫纪事莫详于《传》，《传》载孤竹君事及世系名字，皆当備见之。今止云伯夷、叔齐，而夷齐之父与中子名皆不及。可见孔子后既无考证，后之好事者遂附以名字：夷，名允，字公信；齐，名智，字公达；父名初，字子朝。盖据《韩诗外传》《吕氏春秋》而附会者也。国朝王祎《传》杂矣，何以取正后人？名且不能传，况其行事，如"叩马""耻粟"之类乎？

孤竹国考

逸史考曰："孤竹君①，盖殷汤十有八祀三月丙寅所封，姓墨胎氏。"《地里志》②："孤竹城，在辽西令支县。"《括地志》③云："孤竹古城，在卢龙县南二十里。"昔齐威北伐山戎④，尝过焉。今之永平府，古孤竹地

---

① 孤竹君：成汤十八年，灭夏桀，封墨胎氏于孤竹。孤竹君，炎帝之后，墨胎氏，与商王同为子姓，商族庶支。《资治通鉴前编》："商王成汤乙未十有八祀三月，王至东郊，论诸侯功罪，立禹后与圣贤、古有功者之后，封孤竹等国各有差。"西晋皇甫谧《帝王世纪》："汤特封墨台氏于孤竹。"南宋罗泌《路史·后纪·炎帝纪》："禹有天下，封怡以绍列山，是为默台。成汤之初，析之离支，是为孤竹。""禹封炎帝后姜姓于台，是为默台。成汤元年正月三日丙寅析封孤竹。"

② 《地里志》：指汉班固撰《汉书·地里志》。后作"地理志"。

③ 《括地志》：唐魏王李泰主持编撰的唐代地理志。

④ 齐威北伐山戎：应为齐桓公北伐山戎。齐威王乃齐桓公之子。周惠王十三年（齐桓公二十二年，公元前664），山戎联合令支，侵燕，燕求救于齐，齐桓公"遂北伐山戎，刺令支，斩孤竹而南归，海滨诸侯莫不来服"。

也，孤竹三冢①在焉：一长君冢在双子山（府城西北二十里）；一次君冢在团子山（府城西北十五里）；一少君冢在马鞭山（府城西北二十里）。《史记·齐世家》云："山戎伐燕，桓公救燕，遂伐山戎。至于孤竹，命燕君纳贡于周，诸侯闻，皆从之。"

夷齐姓氏②考

旧志：伯夷、叔齐，孤竹君之二子。父名初，字子朝；伯夷，名允，字公信；叔齐，名智，字公达；夷、齐，其谥也。

逸史考曰：墨胎氏姓名，始自《韩诗外传》③及《吕氏春秋》，并不见他经传，其为诸子附会可知，若果事核，史迁④号传，固好奇者，安有立传而不纪其名字者耶？或云中子名远，字公望，则又不足信矣！迁不知而后人何以知之？一云竹君姓"墨"（音"眉"）；名"台初"（"台"，"怡"音）。此见《孔丛子注》⑤，亦不足据。按"谥法"，安心好静曰夷，执心克庄曰齐，其从来远矣！

逊国考

按："孤竹君将死，遗命立叔齐，叔齐逊伯夷，伯夷曰：'父命也。'遂逃去。叔齐亦不立而逃之。"

逸史考曰："伯夷长而贤"，孤竹君曷为不立？私意也，私则谓之"乱命"。夷齐曷为逊而逃之？一尊父命，一重天伦，要之，尊之，所以重伦，重之亦所以尊命，均之求，合乎仁也。向使孤竹不遇二子之贤，是

---

① 孤竹三冢：明景泰七年《寰宇通志》、天顺五年《大明一统志》："孤竹三冢：俱在（永平）府城西北，双子山有孤竹长君之冢，团子山有孤竹次君之冢，马鞭山有孤竹少君之冢。"今俱在迁安市东南境。

② 夷齐姓氏：北宋邢昺《论语注疏》引自《春秋·少阳篇》，今其书不传。

③ 《韩诗外传》：西汉初年记述前代史实、传闻的著作。作者韩婴，燕人。汉文帝时为博士，景帝时为常山王太傅。

④ 史迁：司马迁。

⑤ 《孔丛子注》：《孔丛子》，旧题孔鲋撰。内容主要记叙孔子及子思、子上、子高、子顺、子鱼（孔鲋）等人的言行。孔鲋，字子鱼，孔子八世孙。仕陈涉为博士。宋仁宗嘉祐时，宋咸曾为该书作注。

长乱阶耳！与灵公事何异？当时蒯聩耻南子而出奔，辄又据国以拒父，皆无父之人也，天下岂有无父之人而为国哉？灵公尝欲立公子郢矣！郢辞。公卒，而夫人立之，又辞，遂立辄。君子曰：卫之养乱自公始也。嗟乎！储贰①系天下之命，不早建则国本疑，不早训则圣功塞。秦之亥②，汉之戾③，可鉴已甚者。定策国，老而门生，天子则食息中涓而天下之大计摇矣！所由酿成远也，是不可不慎也。

《考》曰一卫事耳，子路④有正名之迂，冉有⑤求为卫君之疑，子贡有夷齐怨乎之问。盖夷齐之贤，天下后世谁不知之？若其心之怨与不怨则未知也。此是子贡心事及得何怨之说，始知夷齐平生履历，略无一毫激发感慨不平之意，故出曰："夫子不为也"，即是，则子贡之颖悟可知，子路事辄不去，卒死其难，其识量较然见矣！

避纣考

《孟子》曰："伯夷避纣，居北海之滨。闻文王作兴，曰：'盍归乎来，吾闻西伯善养老者。'"

逸史考曰：《史记》本传，削去避纣之事，却以逊国俱逃之下即书"于是往归西伯。及至，西伯卒"。夫迁⑥削避纣者何也？迁以不食周粟为天下奇事，欲见伯夷为商之心终始不易，初未尝与纣恶也，不知避纣者，固其不降不辱之节而不念旧恶，乃其能容之量如此也。奚必迁就其间而削之耶？若其归周之事，《周纪》与本《传》不合纪之，言曰："文王继公季而立，敬老兹幼，礼贤待士。夷齐在孤竹，闻西伯养善老，往归之。"

---

① 储贰：储君、太子。

② 秦之亥：胡亥，秦始皇第十八子，公子扶苏之弟。秦始皇出游，病死沙丘，胡亥与中车府令赵高、丞相李斯秘不发丧，逼死扶苏，扶持胡亥当皇帝，是为秦二世。后被赵高所杀。

③ 汉之戾：刘据，汉武帝嫡长子。元狩元年夏，立为皇太子。征和二年（前91）夏，武帝病于甘泉宫，江充言武帝病在巫蛊。秋七月，江充在太子宫造蛊以陷，刘据斩杀江充。武帝以为太子谋反。八月，刘据自刎而死。本始元年（前73），刘据之孙刘询为其建陵改葬，追谥"戾"以表其冤屈，故刘据又称"戾太子"。

④ 子路：仲由，字子路，春秋鲁国卞人。孔门"十哲"之一。曾随孔子周游列国。

⑤ 冉有：冉求，字子有，鲁国陶人。孔门"七十二贤"之一。

⑥ 迁：司马迁。

然后继以太颠①、闳夭②、太公之徒往归，又继以囚羑里③，释文王，赐弓矢，专征伐等事，大都书文王即位未久，而夷齐之归为首④，及作《传》谓夷齐方至，文王已卒⑤，道遇武王，叩马而谏。《史记》出自迁父子手，其不合，固无论后之好事，或据《纪》以为归在文王之生，或据《传》以为归，值文王之没，谓归在文王之生者，必其无叩马、采薇之事；谓归在文王之没者，必其有叩马、采薇之事。愚尝详审夷齐之归，其在文王之末年乎？其言曰："吾闻西伯善养老者"，所谓"西伯"号者，自纣释囚之后，命为西方诸侯之长，得专征伐，故称云。前此未闻称"西伯"也。愚以为归在文之末年，若庄周止言其见武王，而不及文王，且附叔旦之盟，以启后世纷纷之议云。

按：孤竹去海百余里，总之曰"北海之滨"，当时夷见纣之播弃黎老，便居北海不出，不忍见横政横民所为。所谓"避"也，邹谓"逃立之后，避纣之乱。"尝隐于是，盖谓离孤竹，避之海上也，不知"北海"即孤竹总名，对"东海"而言，既非逊国大事，安有舍

---

① 太颠：周初大臣。因慕文王"善养老"而归周，武王伐纣时，与散宜生、闳夭皆执剑以卫武王。

② 闳夭（hóng yāo）：西周开国功臣，与散宜生、太颠等辅佐西伯昌（姬昌）。西伯被纣囚禁羑里，他与众人设计，献给纣王美女宝物，营救西伯脱险，后又佐武王（姬发）灭商。《史记·周本纪》："崇侯虎谮西伯于殷曰：'西伯积善累德，诸侯皆向之，将不利于帝。'帝纣乃囚西伯于羑里。闳夭之徒患之，乃求有莘氏美女，骊戎之文马，有熊九驷，他奇怪物，因殷嬖臣费仲而献之纣。……乃赦西伯，赐之弓矢斧钺，使西伯得征伐。"

③ 羑里（yǒu lǐ）：古地名，又称羑都，在今河南省安阳市汤阴县北4公里的羑里城遗址。为商纣囚禁周文王的地方。姬昌被囚七年，将伏羲八卦推演为六十四卦，著成《周易》。《竹书纪年》："帝辛二十三年，囚西伯于羑里。""二十九年，释西伯，诸侯逆西伯归于程。""逆"，迎的意思。《史记·周本纪》："其囚羑里，盖益易之八卦为六十四卦。"

④ 夷齐之归为首：伯夷、叔齐归周最早。《竹书纪年》："帝辛二十一年春正月，诸侯朝周，伯夷、叔齐自孤竹归于周。"《史记·周本纪》："公季卒，子昌立，是为西伯。笃仁，敬老，慈少。礼下贤者，日中不暇食以待士，士以此多归之。伯夷、叔齐在孤竹，闻西伯善养老，盍往归之。太颠、闳夭、散宜生、鬻子、辛甲大夫之徒皆往归之。"

⑤ 夷齐方至，文王已卒：《史记·伯夷列传》："及至，西伯卒，武王载木主，号为文王，东伐纣。"据《史记·周本纪》记载，伯夷、叔齐投周在纣王囚禁姬昌于羑里之前。《竹书纪年》称夷齐归周在帝辛二十一年，纣王囚姬昌在二十三年，释放姬昌在二十九年。"帝辛四十一年春三月，西伯昌薨。"从夷齐投周到周文王逝世，时间整整二十年。

宗国而避之他所也？又引青州孤山①、莱州孤山②，汉、隋以"北海"名郡邑，亦是虚文耳！

扣马而谏考

　　按：武王伐纣，伯夷、叔齐相与扣马，陈君臣以谏。左右欲兵③之。太公曰："此义人也。"扶而去之。

　　逸史考曰：《传》载"叩马"之谏，数其父死不葬④，以臣弑君。不葬，祭毕之说已见《考疑》中。然古者诸侯五月而葬，于时武王立九年矣！乃云不葬，诬甚。《庄子》《吕氏春秋》止载叔旦与盟之事，似与《孟子》诸侯有善，其辞命而至者，是亦不屑，就已意相合，并无叩马事。如果有叩马之谏，当如古史所谓陈君臣以谏云云。为正至其形容一时叩马，左右欲兵之状，殊失武王顺天应人之意，纣之贼害忠良，毒痛四海，天下孰不仇之？武王为天下除残，而师出无律，左右肆然欲杀谏士，是生杀予夺之权付之左右与太公，而武王梦梦⑤焉，若不知倘扶之稍缓，而果兵之，与杀比干何异？此又未可信也！

---

　　① 青州孤山：在山东青州府昌乐县。天顺五年《大明一统志·青州府》："孤山：在昌乐县东一十里，伯夷避纣居北海之滨，即此。山之侧上有伯夷叔齐庙。"康熙十一年《昌乐县志》："孤山：在县东二十里。夷齐避纣隐此。"清顾炎武《日知录·四海》："孟子言：'伯夷辟纣，居北海之滨。'唐时以潍州为北海郡，而昌乐县遂有伯夷庙。"

　　② 莱州孤山：在山东莱州府潍县。天顺五年《大明一统志·莱州府》："孤山：在潍县西四十里，祷雨于此多应，山之神曰广灵侯，夷齐庙亦在焉。"康熙十一年《潍县志》："孤山：在县西三十里，峰峦秀拔，崖谷幽深，远望之巍然天际，翠若抹黛。伯夷避纣待清于此，后人为之立庙，有司岁时致祭。"

　　③ 兵：兵器，此处为动词使用，杀的意思。

　　④ 父死不葬：《竹书纪年》："帝辛四十一年春三月，西伯昌薨。""帝辛五十二年庚寅，周始伐殷。秋，周师次于鲜原。冬十有二月，周师有事于上帝。庸、蜀、羌、髳、微、卢、彭、濮从周师伐殷。"第二年灭商。"周武王十二年辛卯，王率西夷诸侯伐殷，败之于牧野，王亲禽受于南单之台。""禽"，通"擒"。"受"，帝辛，名受，即商纣王。从西伯姬昌去世到武王伐纣相差二十余年。

　　⑤ 梦梦：昏乱，不明。

饿首阳考

按：武王平殷乱，天下宗周，而伯夷、叔齐耻之，隐于首阳，义不食周粟，采薇而食之，卒以饿死。

逸史考曰：孔子所称夷齐事，莫知所指，虽先儒亦将考证于《纪》《传》，如援逊国俱逃，以明夫子"求仁得仁"之旨，所以为卫君之意，晓然可知。此迁之多见先秦古书，为有功学者，乃其轻信以启后人之惑者，如不食周粟之类，是也。今据《论语》"齐景公有马千驷，死之日，民无德而称焉；伯夷、叔齐饿于首阳之下，民到于今称之"。未尝言其饿而死也。迁曰："及饿而死"，如曰饿则死，《孟子》所谓饥饿于我土地，饿其体肤。《论语》谓从者病，莫能兴，皆必死乎？但与景公对言者：一言其千驷之富，一言其饿首阳之贫。一言其死之日，已无德称；一言其到今且称。非各以死之日评之也。盖谓声称不在富厚，而在清节耳！若云夫子取其不食周粟，遂饿而死。此章本文未有也。王文端公①谓首阳之隐未必在武王之世，而意其在逃国之时，则又泥②矣！

首阳山，马融曰："首阳在河东蒲坂，华山之北，河曲之中。"《诗·唐风》曰："采苓采苓，首阳之巅。采苦采苦，首阳之下。"皆晋地也。曹大家③注《幽通赋》云："夷齐饿于首阳，山在陇西首。"戴延之《西征记》云："洛阳东北首阳山，有夷齐祠，今在偃师县西北。"《说文》云："首阳山，在辽西。"史传及诸书"伯夷饿于首阳"凡五所，各有据。《庄子》云："伯夷、叔齐西至岐阳，见周武王；北至首阳之山，遂饿而死。"诸子言饿死者，不独史迁，盖自《庄子》始。

采薇考

逸史考曰：予读《语》《孟》④，想见夷齐，抗志高行，俯仰浩然，

---

① 王文端公：王直，卒谥文端。

② 泥：固执，呆板，拘泥。

③ 曹大家：班昭，名姬，字惠班，扶风安陵人，东汉史学家、文学家，班固的妹妹。十四岁嫁曹世叔为妻。其兄班固著《汉书》，未竟而卒，班昭奉旨续写《汉书》。汉和帝多次召班昭入宫，给皇后和贵妃们当老师，人称"曹大家"。"家"，读"姑"。

④ 《语》《孟》：《论语》和《孟子》。

有凤凰翔于千仞之上气象。观《采薇之歌》，辞怨而气弱，绝与孟、孔论二子心事大不侔①。其云悲伯夷之志，睹逸诗可异焉者。此迁作《传》之病根也。迁见逸诗采薇章，私度之曰此必夷齐作也。尝饿首阳之下，采薇西山，故不食周粟也。夫《诗》称采草木者多，而言西山者凡几，奚必以为不食粟而后采薇耶？如后人称太伯逃荆蛮，亦曰采药而行，亦果不食人粟耶？然则歌采薇者谁欤？曰《三百篇》② 中，尚莫知何人所作，安知非诗人遭乱而作者乎？又安知非后人托言夷齐者也？何以故观歌中"神农虞夏，以暴易暴"等语，全采《让王篇》来？愚是以知其为托言也。世之学者病南华③，徜徉自恣，为不足信，而深信《史记》，然《让王》载武王使"叔旦与之盟，曰：'加富二等，就官一列。'二人叹而避之，北至首阳之山，遂饿而死"。并无叩马、采薇之事，而迁之《传》中多怨辞，正与"求仁得仁"者相反，是此诗误迁，而迁又误后世也，则《让王》优于迁《传》多矣！

司马贞曰：薇，蕨也。《尔雅》云：蕨，鳖也。陆玑《毛诗·草木》云："薇，山菜也，茎叶皆似小豆，蔓生，可作羹。"

夷齐考疑卷二
明西浙御儿逸史胡其久著

历代制④

商汤十有八祀⑤，封孤竹国。

《通鉴·前编》：乙未商王成汤十有八祀，三月，王至东郊，论

① 不侔：不相符、不相同、不相等。
② 《三百篇》：指《诗经》，中国先秦时代的第一部诗歌总集，现存305篇。
③ 南华：庄周，即庄子，唐玄宗追封为南华真人。《唐会要》："天宝元年（742）二月二十二日，敕文追赠庄子南华真人，所著书为《南华真经》。文子、列子、庚桑子，宜令中书门下更讨论奏闻。至其年三月十九日，宰臣李林甫等奏曰：'庄子既号南华真人，文子请号通玄真人，列子号冲虚真人，庚桑子号洞虚真人。其《庄子》《文子》《列子》《庚桑子》，并望随号称从之。'"
④ 制：古代皇帝的命令。
⑤ 商汤十有八祀：大约公元前1600年，成汤攻夏，将夏桀流放于南巢，不久夏桀病死。

诸侯功罪，立禹后及圣贤古有功者之后，封孤竹等国有差。

唐玄宗天宝七载（748）[①]，祭义士伯夷、叔齐：

　　诏曰：上古之君，存诸氏号，虽事先书契，而道著皇王，缅怀厥功，宁忘咸秩。其忠臣、义士、孝妇、烈女，史籍所载，德行弥高者所在，宜置祠宇，量事致祭。

　　（玄宗祀夷齐义士八人，令郡县长官春秋二祭。）

宋真宗大中祥符四年（1011）[②]，遣官致祭伯夷、叔齐。

　　徽宗政和三年（1121）[③]，封伯夷为清惠侯，叔齐为仁惠侯。

元世祖至元十有八年（1281），追封伯夷为昭义清惠公，叔齐为崇让仁惠公。

　　诏曰：盖闻古者伯夷、叔齐，逃孤竹之封，甘首阳之饿，辞列爵[④]以明长幼之序，谏伐以严君臣之分。可谓行义以达其道，杀身以成仁者也。昔居北海之滨，遗庙东山之上，休光重于千载，余泽被于一方。永怀孤峻之风，庸示褒崇之典。于戏！去宗国而辞周粟，曾是列爵之可縻，扬义烈以激清尘，期于世教之有补。可追封伯夷为昭义清惠公，叔齐为崇让仁惠公。

国朝宪宗纯皇帝成化九年（1473），颁清节庙额及祝册。

---

　　①　唐玄宗天宝七载：《旧唐书·玄宗本纪》："天宝七载五月壬午，上御兴庆宫，受册徽号，大赦天下，百姓免来载租庸。三皇以前帝王，京城置庙，以时致祭。其历代帝王肇迹之处未有祠守者，所在各置一庙。忠臣、义士、孝妇、烈女德行弥高者，亦置祠宇致祭。赐酺三日。"

　　②　宋真宗大中祥符四年：《宋史·真宗本纪》："大中祥符四年二月壬子，出潼关，渡渭河。癸丑，次河中府。乙丑，诏葺夷齐祠。"

　　③　徽宗政和三年：《宋史·徽宗本纪》："崇宁元年六月癸丑，封伯夷为清惠侯，叔齐为仁惠侯。"

　　④　辞列爵：辞爵。"列"为衍字。

祝曰：逊国全仁，谏伐存义。惟圣之清，千古无二。怀仰高风，日笃不忘。庸修岁事，永范纲常。

传

《庄周·让王篇》

昔周之兴，有士二人，处于孤竹，曰伯夷、叔齐。二人相谓曰："吾闻西方有人似有道者，试往观焉。"至于岐阳①，武王闻之，使叔旦②往见之，与之盟曰："加富三等，就官一列。"血牲③而埋之。（郭象曰"血牲"，一本作"杀特"）。二人相视而笑，曰："嘻！异哉！此非吾所谓道也。昔者神农之有天下也，时视尽敬而不祈，喜其于人也。忠信尽治而无求焉，乐与政为政，乐与治为治，不以人之坏自成也，不以人之卑自高也，不以遭时自利也。今周见殷之乱而遽为政，上谋而下行货，阻兵而保威，割牲而盟以为信，扬行以说众，杀伐以要利，是推乱以易暴也。吾闻古之士，遭治世不避其任，遇乱世不为苟存。今天下暗，周德衰，其并乎周以涂吾身也，不如避之以洁吾行。"二子北至于首阳之山，遂饿而死焉。若伯夷、叔齐者，其于富贵也，苟可得已，则必不赖高节戾行，独乐其志，不事于世，此二士之节也。

吕不韦《春秋》

昔周之将兴也，有士二人，处于孤竹，曰伯夷、叔齐。二人相谓曰："吾闻西方有伯④焉，似将有道者。今吾奚为处于此哉？"二子西行如周，至于岐阳，则文王已没矣。武王即位，观周德，则王使叔旦就胶鬲⑤次于

---

① 岐阳：岐山之南。西周发祥地，在今陕西岐山县境内。周太王迁于岐山箭括岭之南的周原。

② 叔旦：周公，姬姓，名旦，周文王姬昌第四子，武王姬发之弟。辅佐武王灭商，制作礼乐。因其采邑在周，列爵为上公，人称周公。

③ 血牲：谓杀牲取血。古代用以订盟或祭祀。

④ 伯：西伯姬昌，即后来的周文王。伯，古代官爵。

⑤ 胶鬲：民间信仰之一。原为鱼、盐贩子，周文王献给商纣王，官居上大夫，以作为内应。

四内①，而与之盟曰："加富三等，就官一列。"为三书同辞，血之以牲，埋一于四内，皆以一归。又使保召公②就微子开于共头③之下，而与之盟曰："世为长侯，守殷常祀。相奉桑林④，宜私孟诸⑤。"为三书同辞，血之以牲，埋一于共头之下，皆以一归。伯夷、叔齐闻之，相视而笑，曰："嘻！异乎哉！此非吾所谓道也。昔者神农氏之有天下也，时祀尽敬而不祈福，其于人也，忠信尽治而无求焉，乐（正）〔政〕与为政，乐治与为治，不以人之坏自成也，不以人之卑自高也。今周见殷之避乱也，而遽为之（正）〔政〕与治，上谋而行货，阻兵而保威，割牲而盟以为信，因四内与共头以明行，扬梦以说众，杀伐以要利，以此绍殷，是以乱暴易也。吾闻古之士，遭乎治世，不避其任，遭乎乱世，不为苟在。今天下暗，周德衰矣。与其并乎周以漫吾身也，不若避之以洁吾（行）。"而二子北行，至首阳之下而饿。人之情，莫不有重，莫不有轻。有所重则欲全之，有所轻则以养所重。伯夷、叔齐此二士者出，皆身（此处字序错乱，当为皆出身）弃生以立其义，轻（重）先定也。

司马迁《列传》

夫学者载籍极博，犹考信于六艺⑥。《诗》《书》虽缺，然虞夏之文可知也。尧将逊位，让于虞舜，舜、禹之间，岳牧咸荐，乃试之于位，典职数十年，功用既兴，然后授政。示天下重器，王者大统，传天下若斯之难也。而说者曰尧让天下于许由⑦，许由不受，耻之，逃隐。及夏之时，有卞随⑧、务光⑨者。此何以称焉！

---

① 四内：四内，地名。

② 召公：姬姓，名奭，又称召伯、召康公、召公奭，西周宗室、大臣，与周武王、周公旦同辈。姬奭辅佐周武王灭商后，受封于蓟（今北京），建立诸侯国燕国。因采邑于召（今陕西岐山西南），故称召公、召公奭。先后辅佐周成王、周康王，开创"成康之治"。

③ 共头：山名，共首山，在汉之河内共县（今河南辉县）。夏朝诸侯共伯的隐居之地。

④ 桑林：古乐曲名，为殷天子之乐。此处代指商朝江山社稷。

⑤ 孟诸：古泽薮名。在今河南商丘东北、虞城西北。

⑥ 六艺：指《诗》《书》《礼》《乐》《易》和《春秋》六种经书。

⑦ 许由：尧舜时的隐士。帝尧听说许由贤德，想将帝位让与许由，他坚辞不受，逃到箕山下，农耕而食。

⑧ 卞随：夏商时隐士。商汤将要讨伐夏桀，与卞随商量，卞随拒不回答。商汤战胜夏桀，要将天下让给卞随，卞随投水而死。

⑨ 务光：古代隐士，成汤想让位给他，务光不肯接受，负石沉水而死。

太史公①曰：余登箕山，其上盖有许由冢云。孔子序列古之仁圣贤人，如吴太伯、伯夷之伦详矣。余以所闻由、光义至高，其文辞不少概见，何哉？

孔子曰："伯夷、叔齐，不念旧恶，怨是用希。""求仁得仁，又何怨乎？"余悲伯夷之（志）［意］，睹逸诗可异焉。其《传》曰：

伯夷、叔齐，孤竹君之二子也。父欲立叔齐，及父卒，叔齐让伯夷，伯夷曰："父命也。"遂逃去。叔齐亦不肯立而逃之。国人立其中子。于是伯夷、叔齐闻西伯昌善养老，盍往归焉。及至，西伯卒，武王载木主，号为文王，东伐纣。伯夷、叔齐叩马而谏马，曰："父死不葬，爰及干戈，可谓孝乎？以臣弑君，可谓仁乎？"左右欲兵之。太公曰："此义人也。"扶而去之。武王已平殷乱，天下宗周，而伯夷、叔齐耻之，义不食周粟，隐于首阳山，采薇而食之。及饿且死，作歌。其辞曰："登彼西山兮，采其薇矣。以暴易暴兮，不知其非矣。神农、虞、夏忽焉没兮，我安适归矣？于嗟徂矣，命之衰矣！"遂饿而死于首阳山。由是观之，怨耶，非耶？

或曰：天道无亲，常与善人。若伯夷、叔齐，可谓善人者非耶？积仁累行如此而饿死！且七十子②之徒，仲尼独荐颜渊为好学。然回③也屡空，糟糠不厌，而卒早夭。天之报施善人，其何如哉？盗跖④日杀不辜，肝人之肉⑤，暴戾恣睢，聚党数千人，横行天下，竟以寿终。是遵何德哉？此其尤大彰明较著者也。若至近世操行不轨，专犯忌讳，而终身逸乐，富厚累世不绝。或择地而蹈之，时然后出言，行不由径，非公正不发愤，而遇祸灾者，不可胜数也。余甚惑焉。倘所谓天道，是耶非耶？子曰："道不同，不相为谋。亦各从其志也。故曰富贵如可求，虽执鞭之士⑥，吾亦为之。如不可求，从吾所好。""岁寒，然后知松柏之后凋。"举世混浊，清

① 太史公：司马迁，曾任太史令。《史记》原名为《太史公书》。

② 七十子：孔门七十二贤人。

③ 回：颜回，字子渊，春秋时鲁国人，孔子高足弟子。相传二十九岁白发，三十二岁去世。

④ 盗跖：春秋时期的江洋大盗。《庄子·杂篇·盗跖》载："从卒九千人，横行天下，侵暴诸侯，穴室枢户，驱人牛马，取人妇女，贪得忘亲，不顾父母兄弟，不祭先祖"。

⑤ 肝人之肉：烤人肉来吃，残忍至极。

⑥ 执鞭之士：执鞭替人开路，比喻地位卑贱的差役。

士乃见。岂以其重若彼，其轻若此哉？

（"君子疾没世而名不称焉。"）贾子①曰："贪夫徇财，烈士徇名。夸者死权，众庶凭生。""同明相照，同类相求。""云从龙，风从虎。圣人作而万物睹。"伯夷、叔齐虽贤，得夫子而名益彰。颜渊虽笃学，附骥尾②而行益显。岩穴之士③，趋舍有时，若此类名湮灭而不称，悲夫！闾巷之人，欲砥行立名者，非附青云之士④，恶能施于后世哉？

苏辙《古史》

武王伐纣，伯夷、叔齐乃相与扣马，陈君臣以谏。左右欲兵之，太公曰："此义人也。"扶而去之。武王以平殷乱，天下宗周，而伯夷、叔齐耻之，隐于首阳，义不食周粟，采薇而食之，卒以饿死。

【作者简介】

苏辙，字子由，眉州眉山，北宋文学家、诗人、宰相。嘉祐二年（1057），登进士第，初授试秘书省校书郎，充商州军事推官。宋神宗时，任制置三司条例司属官，出为河南留守推官。宋哲宗即位后，召为秘书省校书郎。元祐元年（1086），任右司谏，历官御史中丞、尚书右丞、门下侍郎。崇宁年间，以太中大夫致仕。与父苏洵、兄苏轼齐名，合称"三苏"。

朱熹《集注》

伯夷、叔齐，孤竹君之二子。其父将死，遗命立叔齐。父卒，叔齐逊夷伯（当作伯夷）。伯夷曰："父命也。"遂逃去。叔齐亦不立而逃之，国人立其中子。其后武王伐纣，夷齐叩马而谏。武王灭商，夷齐耻食周粟，去隐于首阳山，遂饿而死。

---

① 贾子：贾谊，洛阳人。西汉著名文学家。汉文帝时任博士，迁太中大夫，后受周勃、灌婴排挤，贬为长沙王太傅。三年后召回长安，任梁怀王太傅。梁怀王坠马死，贾谊自责，抑郁而亡，年仅33岁。《鵩鸟赋》："贪夫殉财兮，烈士殉名；夸者死权兮，品庶每生。"

② 骥尾：借名人而出名。唐司马贞《史记索隐》："苍蝇附骥尾而致千里，以喻颜回因孔子而名彰。"后用以喻追随先辈、名人之后。

③ 岩穴之士：生活在深山老林里的人，指隐士。

④ 青云之士：志存高远、德高望重之人。

【作者简介】

朱熹，字元晦，又字仲晦，号晦庵，谥文，世称朱文公。南剑州尤溪（今福建省尤溪县）人。宋朝著名的理学家、思想家、哲学家、教育家、诗人，儒学集大成者，世尊称为朱子。十九岁考中进士，曾任江西南康、福建漳州知府、浙东巡抚，官拜焕章阁待制兼侍讲，为宋宁宗皇帝讲学。

王祎《考定伯夷传》

伯夷、叔齐，孤竹君之二子也。伯夷，名允，字公信；叔齐，名智，字公达。夷齐，其谥也。始墨胎氏，父曰初，字子朝。父欲立叔齐，及父卒，叔齐让伯夷。伯夷曰："父命也。"遂逃去。叔齐亦不肯立而逃之。国人立其中子。于是伯夷、叔齐闻西伯昌善养老，盍往归焉。及至，西伯卒，武王载本（木）主，号为文王，东伐纣。伯夷、叔齐扣马而谏曰："父死不葬，爰及干戈，可谓孝乎？以臣弑君，可谓仁乎？"左右欲兵之。太公曰："此义士也。"扶而去之。武王已平殷乱，天下宗周，而伯夷、叔齐耻之，曰："吾闻古之士，遭世治而不避其任，遇乱世不为苟存。今天下乱，周德衰，其并乎周以涂吾身也，不如避之以洁吾（身）［行］。"义不食周粟，隐于首阳山，采薇而食之。及饿且死，作歌。其辞曰："登彼西山兮，采其薇矣。以暴易暴兮，不知其非矣。神农、虞、夏忽焉没兮，我安适归矣？于嗟徂矣，命之衰矣。"遂饿而死于首阳山。

太史公曰：夫学者载籍极博，犹考信于六艺。《诗》《书》虽缺，然虞夏之文可知也。尧将逊位，让于虞舜，舜、禹之间，岳牧咸荐，乃试之于位，典职数十年，功用既兴，然后授政。示天下重器，王者大统，传天下若斯之难也。而说者曰：尧让天下于许由，许由不受，耻之，逃隐。及夏之时，有卞随、务光者。此何以称焉？孔子序列古之仁圣贤人，如吴太伯、伯夷之伦详矣！余登箕山，其上盖有许由冢云。余以所闻由、光义至高，其文辞不少概见，何哉？孔子曰："伯夷、叔齐，不念旧恶，怨是用希。""求仁得仁，又何怨乎？"余悲伯夷之（志）［意］，睹逸诗可异焉。或曰：天道无亲，常与善人。若伯夷、叔齐，可谓善人者耶！洁积仁洁行①如此而饿死！由是观之，怨耶？非耶？且七十子之徒，仲尼独荐颜渊

---

① 　洁积仁洁行：当为"积仁洁行"。前一个"洁"字，为排印衍字。见《王忠文公文集》和程敏政《明文衡》。

为好学。然回也屡空，糟糠不厌，而卒早夭。天之报施善人，其何如哉？盗跖日杀不辜，肝人之肉，暴戾恣睢，聚党数千人，横行天下，竟以寿终，是遵何德哉？此其尤大彰明较著者也。至若近世，操行不轨，专犯忌讳，而终身逸乐，富厚累世不绝。或择地而蹈之，时然后出言，行不由径，非公正不发愤，而遇祸灾者，不可胜数也。余甚惑焉，傥所谓天道，是耶？非耶？孔子曰："道不同，不相为谋。"亦各从其志也。故曰："富贵如可求，虽执鞭之士，吾亦为之。如不可求，从吾所好。""岁寒，然后知松柏之后凋。""举世混浊，清士乃见。"贾子曰："贪夫徇财，烈士徇名。夸者死权，众庶凭生。"岂以其重若彼，其轻若此哉？《易》曰："同明相照，同类相求。云从龙，风从虎。圣人作而万物睹。"君子疾没世而名不称焉。伯夷、叔齐虽贤，得夫子而名益彰。颜渊虽笃学，附骥尾而行益显。岩穴之士，趋舍有时，若此类名湮没而名不称[①]。悲夫！闾巷之人，欲砥行立名者，非附青云之士，恶能施于后世哉？

逸史评云：《伯夷传》，此是太史公奇崛文章，别是一格，与老、庄、管、晏、申、韩、孙、吴等传不同，乃所以为妙笔。王公祎以为体制乖舛，意必错简，遂加补笺训援。据《韩诗外传》妄增夷齐姓名，似为不经。噫！褚少卿、小司马氏尝为补益，特因文润色之耳！若曰《史记》本不完之书而故补之，则谬矣！

【作者简介】

王祎，字子充，号华川，义乌人。明太祖召授江南儒学提举，后同知南康府事。洪武初，诏与宋濂为总裁，与修《明史》。书成，擢翰林待制。洪武五年以招谕云南，死于节，谥忠文。

王好问

二贤者何？殷二墨氏也。吾何以贤之？贤其可师也。吾何以师之？师其可常也。可常，非可师也。吾何为而师之？夫天下之治，天下之常为之也。天下之乱，天下之变为之也。君君臣臣，天下之常也，由之而治，兴焉。君不君，臣不臣，天下之变也，由之而乱作焉。二贤扣马之谏，欲天下之常有君也，欲天下之常无不臣也。其可常即其可贤，其可贤即其可师也。吾何为而不贤？吾何为而不师之？孔子，天下大圣也，亦尝师之。孟

---

① 名不称：《王忠文公文集》、程敏政《明文衡》无"名"字。

轲氏，天下大贤也，亦尝师之。孔子作《春秋》，诛乱贼也。孔子之志，即二贤之志乎？孟轲氏，距杨墨放淫诐也。轲氏之志即孔子之志乎？呜呼！自尧舜以来，典谟训诰炳如，要其大义，无非明天常而已，而二贤能独守之。孔子、孟轲氏能独明之，由孔子而后，君臣上下，万古如一日。伊谁使之？盖由孔子之道，得之二子。轲氏之学，传之孔庭。至于昌黎子①，则又闻轲氏而兴起者也。故道在兹焉。予也世远于前哲，而居迩乎二子，思昌黎子之贤，而才不逮焉，学不逮焉。吾之志，其何以明之？或曰：吾子贤二贤矣。然则汤武之放伐，吾子将勿贤之乎？曰：非也。汤武之志，欲天下之有君臣也。二贤之志，忧天下之无纲常也，天下有纲常，而万古有君臣矣！由是观之，则二子之贤，岂不尧舜等哉？

【作者简介】

王好问，字裕卿，别号西塘，乐亭双庙人。嘉靖二十九年进士，授太常博士，擢御史，迁大理寺，历左右少卿，晋太仆卿，移南京太常卿，召入为通政使，进工部右侍郎，改刑部、户部，迁南京右都御史，拜南京户部尚书。

论

孔子谓子贡曰："吾语女②耳之所未闻，目之所未见，思之所未至，智之所未及者乎？"子贡曰："赐得则愿闻之也。"孔子曰："不克不忌，不念旧恶，盖伯夷、叔齐之行也。"

孔子绝粮七日，子路愠见曰："夫子积德怀义，行之久矣，奚居之穷也。"子（曰）："汝以仁者为必信也，则伯夷、叔齐不饿死首阳。"

曾子曰："伯夷、叔齐死于沟浍之间，其仁成名于天下。夫二子者，居河济之间，非有土地之厚，货粟之富也。言为文章，行为表缀于天下。"

【作者简介】

曾参，字子舆，春秋末年鲁国南武城人。古代著名思想家，孔子晚年弟子，儒家学派的代表人物，相传他著述有《大学》《孝经》等儒家经典。

---

① 昌黎子：韩愈，字退之，"唐宋八大家"之首。自谓郡望昌黎，世称韩昌黎、韩子。

② 女：通"汝"。

庄周曰："贤士伯夷、叔齐，辞孤竹君，而饿死于首阳之山。"

【作者简介】

庄周，字子休，宋国蒙人。东周战国中期著名的思想家、哲学家和文学家，战国时期道家学派的代表人物。著有《庄子》。

列御寇曰："伯夷、叔齐实以孤竹君让而终亡其国，饿死于首阳之山。"

【作者简介】

列御寇，战国时期郑国圃田（今河南郑州）人。道家重要代表人物，著名思想家、文学家。世称"列子"。著有《列子》。

刘安曰："伯夷、叔齐非不能受禄任官，以致其功也。然而乐离世伉行以绝众，故不务也。"又曰："伊尹、伯夷异道而皆仁。"又曰："（法）能刑窃盗者，而不能使为伯夷之廉。"

【作者简介】

刘安，西汉皇族，汉高祖刘邦之孙。汉孝文帝十六年封为淮南王。西汉时思想家、文学家。组织编写了《淮南子》一书。

韩婴曰："伯夷、叔齐之行也，其所受天命之度，适至是而弗能改也。虽枯槁，勿舍也。《诗》云已焉哉！天实为之、谓之，何哉？"

【作者简介】

韩婴，西汉时燕人。汉文帝时为博士，景帝时为常山王刘舜太傅。武帝时与董仲舒辩论，不为所屈。著有《韩诗外传》等。

东方朔曰："伯夷、叔齐避周，饿于首阳之下，后世称其仁。"

【作者简介】

东方朔，本姓张，字曼倩，平原郡厌次县（今山东德州市陵县）人。西汉著名文学家。汉武帝即位初，诏拜为郎。后任常侍郎、太中大夫等职。著有《答客难》《非有先生论》等。

焦贡曰："伯夷、叔齐，贞廉之师，以德防患，忧恶不存，芳声后时。"

【作者简介】

焦贡，一作焦赣（gòng），字延寿，梁国睢阳（今河南商丘）人，汉代著名哲学家。汉昭帝时为官，专心读书，尤精《易经》，著有《焦氏易林》。

杨雄曰："孔子，东鲁之逐臣；夷齐，西山之饿夫。"

【作者简介】

杨雄，当作"扬雄"，字子云，蜀郡成都（今四川成都郫都区）人。西汉著名辞赋家。汉成帝时任给事黄门郎。王莽时任大夫、校书天禄阁。

罗隐曰："扣马而谏，计菽粟而顾钩网者也。"

【作者简介】

罗隐，字昭谏，新城（今浙江杭州市富阳区）人，唐末五代时期诗人、文学家、思想家。十举进士而不第，黄巢起义后，隐居九华山。55岁时归乡依吴越王钱镠，历任钱塘令、司勋郎中、给事中等职。

刘向曰："伯夷、叔齐杀身以成其廉，天下之通士也。"

【作者简介】

刘向，原名更生，字子政，汉朝宗室，西汉经学家、目录学家、文学家、史学家。汉宣帝时为谏大夫。汉元帝时任宗正。汉成帝时任光禄大夫，官至中垒校尉。

王允曰："太公、伯夷，俱贤也，并出周国，皆见武王。太公受封，伯夷饿死。夫圣人道同、志合，太公行耦，伯夷操违者，生非其世，出非其时也。"又曰："武王不诛伯夷，周民不皆隐饿。何则清廉之行，人所不能也。"

【作者简介】

王允，字子师，太原祁人。历任豫州刺史、从事中郎和河南尹。董卓掌权时，升司徒兼尚书令，密谋刺杀董卓，被董卓余党李傕、郭汜、樊稠等所害。

荀悦曰："思伯夷于首阳，想四皓①于南山，乃知秽妄者足耻也。"

【作者简介】

荀悦，字仲豫，颍川颍阴（今河南许昌）人。东汉史学家、政论家、思想家。汉献帝时任黄门侍郎，累迁至秘书监、侍中，为汉献帝侍讲。后奉汉献帝命写成《汉纪》三十篇。

刘轲曰："愚所谓首出者，谓四科②首颜闵③，三十世家④首太伯，七十列传⑤首伯夷。其为首出，岂不多耶？韶卿⑥不首于是，而欲首于何哉？仆又闻京兆等试，试官知与否，脱有知韶卿人闻，乌有不心躬嘿礼灵冠统以待之耶？夫然，亦何害？小伸于知己耳！不然则东国绌臣，西山饿夫，微仲尼，何伤为展季、伯夷矣。韶卿独不见既得者耶？岂尽为颜子、太伯、伯夷然？幸韶卿熟思之，无以予不食太牢为不知味者也。"

【作者简介】

刘轲，字希仁，沛人。唐元和末登进士第，历官史馆，累迁侍御史，终洺州刺史。

王符曰："伯夷、叔齐饿夫也，然世犹以为君子者，以为志节美也。"

【作者简介】

王符，字节信，安定临泾（今甘肃镇原）人。东汉政论家、文学家。著有《潜夫论》。

范晔曰："武尽美矣，终全孤竹之洁。"

【作者简介】

范晔，字蔚宗，顺阳（今河南南阳淅川）人，南朝宋史学家、文学家。历任彭城王刘义康门下冠军将军、秘书丞；元嘉九年（432），因得

---

① 四皓：东园公、夏黄公、甪里先生和绮里季，皆秦博士，因避秦乱世而商山。

② 四科：德行、言语、政事、文学为"孔门四科"。

③ 颜闵：孔子弟子颜回和闵损的并称。

④ 三十世家：《史记》记述子孙世袭的王侯封国史记，《吴太伯世家》为首篇。

⑤ 七十列传：《史记》人物列传有七十篇，《伯夷列传》为首篇。

⑥ 韶卿：陆宾虞，字韶卿，陆龟蒙之父，吴郡（今苏州）人。多次进京参加科举考试，均落第。唐文宗太和元年，擢进士甲科，任浙江道从事侍御史。刘轲写有《重与陆宾虞书》。

罪刘义康，被贬为宣城太守，于任内著写《后汉书》。元嘉十七年（440），投靠始兴王刘浚，任后军长史、南下邳太守、左卫将军、太子詹事。元嘉二十二年，因参与刘义康谋反，被诛。

苏颋曰："周德既广，则夷齐让国而归焉。天弃商矣，谏武王，正臣礼也。"

【作者简介】

苏颋，字廷硕，京兆武功人，唐代政治家、文学家。历任乌程尉、左司御率府胄曹参军、监察御史、给事中、中书舍人、太常少卿、工部侍郎、中书侍郎，袭爵许国公，后与宋璟一同拜相，担任紫微侍郎、同平章事。

苏轼曰："巢、由①不受尧禅，尧不害为至德。夷齐不食周粟，武②不害为至仁。"又曰："（禹铸九鼎），武王之迁洛也，盖已见笑于伯夷、叔齐矣！"又曰："武王以大义代商，而伯夷、叔齐亦以义非之。二者不得两立，而孔子与之，何哉？夫文、武之王，非其求而得之也，天下从之，虽欲免而不可得③。纣之存亡，不复为损益矣。文王之置之，知天命之不可先也；武王之伐之，知天命之不可后也。然汤以克夏为惭，而孔子谓武未尽善，则伯夷之义，岂可废哉？"

【作者简介】

苏轼，字子瞻，号东坡居士，眉州眉山（今四川省眉山市）人，北宋著名文学家。嘉祐二年进士及第。宋哲宗时任翰林学士、侍读学士、礼部尚书等职。

邵雍曰："孔子既尊夷齐，亦与汤武④。夷齐，仁也；汤武，义也。"又曰："伯夷义不食周粟，至饿且死，止得为仁而已。"（评曰：仁之道，

---

① 巢、由：巢父和许由的并称。相传皆为尧时隐士，尧让位于二人，皆不受。因用以指隐居不仕者。
② 武：周武王姬发。
③ 不可得：当为"不得"。"可"为衍字。
④ 汤武：商成汤、周武王。

大圣人不轻许也。子文①之忠，文子②之清，皆不得为仁。康节谓夷齐止得为仁，更有何道？康节以仁为止，勿以辞害义，犹未识"仁"字。)

【作者简介】

邵雍，字尧夫，北宋著名理学家、数学家、诗人，河南林县人。与周敦颐、张载、程颢、程颐并称"北宋五子"。宋仁宗皇祐元年（1049）定居洛阳，以教授为生。熙宁十年（1077）病卒，终年六十七岁。宋哲宗元祐中赐谥康节。

程颐曰："伯夷、叔齐逊国而逃，谏伐而饿，终无怨悔，夫子以为贤。"又曰："孔子之时，异端之害未甚，故其论伯夷也以德。孟子之时，异端之害滋深，故其论伯夷也以学。"又曰："不念旧恶，此清者之量。"

【作者简介】

程颐，字正叔，洛阳伊川人，世称伊川先生，北宋理学家和教育家。程颢胞弟。历官汝州团练推官、西京国子监教授。元祐元年（1086）除秘书省校书郎，授崇政殿说书。

刘恕曰："《易》称'汤武革命，应乎天而顺乎人。'孔子曰：'伯夷、叔齐求仁而得仁，又何怨？'二者意殊志戾，盖言汤武，所以惧后世之为人君者；称夷齐，所以戒后世之为人臣者，道悖而同归，虽万世，无弊焉。"

【作者简介】

刘恕，字道原，筠州人。皇祐元年（1049）举进士，历官和川、婺源县令。治平三年（1066），司马光编修《资治通鉴》，荐刘恕为著作郎。因得罪王安石，到南康监酒税。熙宁末年，改秘书丞。

胡宏曰："庄周云'伯夷死名于首阳之下'，非知伯夷者也。若伯夷，可谓全其性命之情者矣，谓之'死名'，可乎？"

---

① 子文：斗谷於菟，字子文，斗伯比与郧国国君之女私通所生之子，被遗弃在云梦泽中，由母虎奶大，后被郧君收养。春秋时楚国令尹。"谷"，喂奶的意思；"於菟"，老虎的意思。

② 文子：姓辛氏，号计然，老子弟子，与孔子同时，道家祖师，著有《文子》。常游于海泽，越大夫范蠡尊之为师，授范蠡七计。范佐越王勾践，用其五而灭吴。

【作者简介】

胡宏，字仁仲，号五峰，建宁崇安人。北宋末年著名经学家胡安国之子，"湖湘学派"创立者。

范仲淹曰："太公直钓，以邀文（武）［王］；夷齐饿死于西山，仲尼①聘七十国，以求行道，是圣贤之流，无不涉乎名也。"

【作者简介】

范仲淹，字希文，苏州吴县人。北宋杰出思想家、政治家、文学家。大中祥符八年（1015）进士及第，授广德军司理参军，后历任兴化县令、秘阁校理、陈州通判、苏州知州等职。康定元年（1040），任陕西经略安抚招讨副使。庆历三年（1043），任参知政事。

钱宰曰："夷、齐，殷人也。武灭殷，故采薇而饿。庄陵②非夷齐比也。"

【作者简介】

钱宰，字子予，会稽人。元代至正年间中进士甲科，亲老不赴，公车教授于乡。洪武二年（1369）以明经征为国子助教，后进为博士，校书翰林，撰功臣诰命。著有《临安集》。

张栻曰："夷、齐所为率夫天理之常，而其胸中休休然，初无一毫介于其间也。若有一毫介于其间，则是私意之所执，而岂夷齐之心哉？"

【作者简介】

张栻，字敬夫，号南轩，学者称南轩先生，汉州绵竹人，右相张浚之子。南宋初期学者、教育家。南宋孝宗乾道元年（1165），主管岳麓书院教事，从学者达数千人。南宋孝宗淳熙七年（1180）迁右文殿修撰，提举武夷山冲祐观。与朱熹、吕祖谦齐名，时称"东南三贤"。

---

①　仲尼：孔丘，字仲尼，从鲁定公十四年（前496）开始，周游列国十四年。

②　庄陵：严光本姓庄（后人避汉明帝刘庄讳改姓严），字子陵，会稽余姚人。少有高名，与东汉光武帝刘秀同学。建武元年（25），刘秀称帝，严光隐居在桐庐富春江畔，每日垂钓，后此地为桐庐严子陵钓台。刘秀派人寻访严光，授谏议大夫，严光不肯屈意接受，归隐富春山耕读垂钓，后人把他垂钓的地方命名为"严陵濑"。

朱熹曰："伯夷以父命为尊，叔齐以天伦为重。其逊国也，皆求所以合乎天理之正，而即乎人心之安。"又曰："太伯、夷齐事，鄙意正如此。盖逃父非正，但事须如此，必用权，然后得以中，故虽变而不失其正也。"

吕祖谦曰："天下不可一日无君也，一日无君者，固武王之忧，亦夷齐之忧。武王忧一日之无君，而夷齐忧后日之无君，忧不同而君一也。"

吕祖谦曰："对伯夷者，不敢论贿赂；对比干者，不敢论阿谀。"

【作者简介】

吕祖谦，字伯恭，婺州（今浙江金华）人。南宋著名理学家、文学家。隆兴元年（1163），登进士第，复中博学宏词科，调南外宗学教授。累官直秘阁、主管亳州明道宫。参与重修《徽宗实录》，编纂刊行《皇朝文鉴》。

林駉曰："隐居终南者，有捷径之言；号曰处士者，有盗名之陋。此轲书①所谓乡原②，《唐史》所谓假隐者，宁不为夷齐之罪人乎？"又曰："学伯夷不得，不失为名节；学柳下惠③不得，必流为诡随。"

【作者简介】

林駉，字德颂，宁德（今属福建）人。南宋学者。著有《源流至论》等。

饶鲁曰："夷齐遁世离群，与沮溺④之徒不同。逊国而逃，父子、兄弟之伦厚矣；谏伐而饿，君臣之伦厚矣。"

【作者简介】

饶鲁，字伯舆，一字仲元，号双峰，饶州余干（今江西万年）人。南宋著名理学家。著有《五经讲义》《语孟纪闻》《西铭图》等。

---

① 轲书：孟轲的书。《孟子·尽心》："阉然媚于世也者，是乡原也。""一乡皆称原人焉，无所往而不为原人，孔子以为德之贼。"

② 乡原：即乡愿。指乡里中言行不一、伪善欺世的人。今多作"伪君子"代称。

③ 柳下惠：展氏，名获，谥号惠，后人尊称其为"柳下惠"。周朝诸侯国鲁国柳下邑人。中国古代思想家、政治家、教育家和文化创始人。"坐怀不乱"的故事广为传颂。

④ 沮溺：长沮，传说中春秋时楚国的隐士。桀溺，春秋时隐者。

真德秀曰："千乘之国，可谓至重。夷齐兄弟此心，少有不安，便视之如敝屣①。盖伯夷违父而立，则是不孝；叔齐先兄而立，则是不弟、不孝。不弟则不可以为人，故宁舍千乘之国，而不忍失其所以为人之理。"

【作者简介】

真德秀，号西山，（本姓慎，因避孝宗讳改姓真），福建浦城人。南宋后期著名理学家。庆元五年（1199）进士及第，开禧元年（1205）中博学宏词科。理宗时擢礼部侍郎、直学士院。端平元年（1234），任户部尚书，改翰林学士、知制诰。次年拜参知政事。

叶梦得曰："伯夷、叔齐，同隐首阳，而《孟子》不言叔齐者，制行立教，以示天下，为之始者伯夷也，叔齐则从之而已。《孟子》论教之所始，故独举伯夷。夫子论行之所异，故兼称叔齐也。"

【作者简介】

叶梦得，字少蕴。苏州吴县人，宋代词人。绍圣四年（1097）登进士第，历任翰林学士、户部尚书、江东安抚大使等官职。

林駉曰："英风清节，可以激顽薄之习，如西山蕨薇，昭映千古。"又曰："矜薪崖绝异之行而得高尚其志。此大《易》之道也，伯夷常行之矣。"

章俊卿曰："伯夷岂不知食粟之美甘于采薇？"亦曰："君臣，天地之大义也，大义不明，则天下后世不得以安其生。吾宁屈吾身以明大义，毋宁吾身获处出之便，而天下后世被不可一朝居之祸。"

【作者简介】

章如愚，字俊卿，号山堂，婺州金华人。南宋宁宗庆元二年进士，授朝奉郎、国子博士。未几，改知贵州，政绩大著。开禧初年，被召回京，官至史馆编校。后因上疏忤权贵罢归，结草堂于章祁村山塘岭之中，致力于讲学。著有《山堂先生群书考索》。

---

① 敝屣：破旧的鞋。比喻没有价值的东西。

　　齐梦（龙）曰："父子也，兄弟也，君臣也，父子①，人之伦也；三才之所以立也，二三子②交让也，所失者国，而所得者父子、兄弟之纪。其非武王而饿以死也，所含者生③，而所取者君臣之义，是皆脱然有见于富贵贫贱，死生之外，而一毫私已不与焉，谓非仁乎？"

【作者简介】

　　齐梦龙，字应祥，饶州德兴人。南宋理宗宝祐元年登进士第，官江淮总干，力探理奥，著作甚富，尤深易学。著有《论语解》。

　　陈栎曰："非其君不事，不降志可见；不立于恶人之朝，不辱身可见。"

【作者简介】

　　陈栎，字寿翁、徽之，休宁人。崇朱熹之学。宋亡，隐居著书。学者称定宇先生。所著有《定宇集》十六卷。

　　程敏政曰："范文正公④之学，莫知其师承，然每有所事，知要而不从，得圣门遗法，如在韩文⑤中，独取《伯夷颂》书之，隐然立懦廉顽之意，与先忧后乐之意语如出一辙。"

【作者简介】

　　程敏政，字克勤，中年后号篁墩，南直隶徽州府人。成化二年（1466）榜眼，授编修，累迁詹事府少詹事兼翰林院侍讲学士。弘治元年（1488），同修《宪宗实录》兼侍文华殿讲读。七年，升太常寺卿兼侍讲学士，掌院事。十一年，擢礼部右侍郎，任《大明会典》副总裁，专掌内阁诰敕。

---

　　① 父子：日本内阁文库藏、元胡炳文著、刘氏南涧书堂刊《论语通》无"父子"二字。
　　② 二三子：明胡炳文撰《论语通》为"二子"，"三"系衍字。
　　③ 所含者生：系刻印错误。元胡炳文著《论语通》为"所失者身"。
　　④ 范文正公：范仲淹，卒谥文正。世称范文正公。
　　⑤ 韩文：韩愈的文章。宋仁宗皇祐元年（1049），户部侍郎、青州知府范仲淹应京西转运使苏舜元之请，用小楷书写韩愈的《伯夷颂》，至今传世。次年病逝。

夷齐考疑卷三

明西浙御儿逸史胡其久著

记

蔡邕撰《伯夷叔齐碑记》①：

略：熹平五年②，天下大旱，祷请名山，求获答应。时处士平阳苏腾，字玄成，梦陟首阳，有神马之使在道，明觉而思之，以其梦陟状上闻。天子开三府请雨使者，与郡县户曹掾吏登山升祠，手书要曰："君贶我圣主以洪泽之福。"天寻兴云，即降甘雨也。

【作者简介】

蔡邕，字伯喈，陈留圉人。东汉著名文学家、书法家。汉灵帝时召拜郎中，校书于东观，迁议郎。汉献帝时为侍御史，官左中郎将。著有《蔡中郎集》。

皮日休《首阳山碑》：

天必从道，道不由天，其曰（由）人乎哉？大圣应千百年之运，仁发于祥，义动于瑞。上，圣帝也，次，素王也，莫不应乎天地，亘乎日月，动乎鬼神。或有守道以介死，秉志以穷生。确然金石不足以为贞；淡然冰玉不足以为洁。非其上古圣人，不能不动其心，况当世富贵之士哉？斯其自信乎道，则天地不可得而应者也。呜呼！夷齐之志，尝以神农、

---

① 《伯夷叔齐碑记》：碑在河南偃师首阳山。北魏郦道元《水经注·河水》："河水南对首阳山。（《元和志》：山在偃师县西北二十五里。）上有夷齐之庙（会贞按：《史记·伯夷传·正义》引戴延之《西征记》：洛阳东北首阳山，有夷齐祠，在今偃师县西北。）前有二碑，并是后汉河南尹广陵陈导、洛阳令徐循与处士平原苏腾、南阳何进等立。"弘治十七年《偃师县志》："首阳山，在县西北一十五里，其势旋绕，日之方升，光必先及，故名。"乾隆五十四年《偃师县志·祥异志》："汉灵帝熹平五年夏，大旱，开三府请雨使者，与郡县户曹掾吏登首阳山并祠求雨。见《后汉书》注蔡邕《伯夷叔齐碑》。"

② 熹平五年：公元176年。唐欧阳询等编《艺文类聚·人部·隐逸》后附碑铭："后汉蔡邕《伯夷叔齐碑》曰：'惟君之质，体清良兮。昔佐殷姬，忠孝彰兮。委国捐爵，谏国匡兮。讥武伐纣，欲喻匡兮。时不可救，历运苍兮。追念先侯，受命皇兮。忧怀感□，□□□兮。虽没不朽，名字芳兮。'"

虞、夏形于言。由是观之，岂有意于文武者哉？然迹其归周，不从谏而死，彼当求西伯也，而得武王，不曰得仁乎？既得其仁，而不取其谏，则夷齐之死，宜矣。太史公以其饿死，责乎天道。呜呼！若夷齐之行，可谓道不由天者乎？如不得仁而饿死，天可责也。苟夷齐以殷乱可乎（去），而臣于周，则周、召之列矣，奚有首阳之阨乎？若夷齐者，自信其道，天不可得而应者也。天尚不可应，况于人乎？况于鬼神乎？

【作者简介】

皮日休，字逸少，后改袭美，襄阳人。晚唐文学家、散文家。咸通八年进士，咸通十年为苏州刺史从事，后任著作佐郎、太常博士官、毗陵副使。唐僖宗乾符五年，黄巢下江浙，"劫以从军"。广明元年，黄巢攻占长安并称帝，皮日休任翰林学士。

马祖常《圣清庙记》①：

大元建国全燕，以御华夏，永平为甸服股肱之郡。至元十有八年（1281 年），世祖皇帝②甫平江南五岁矣，即襄干戈、放马牛而不用，大召名儒，修礼乐之事，敕有司咸秩无文。于是永平郡臣以其邦为孤竹旧壤，伯夷、叔齐兄弟让国之所也，列闻以请，上曰："其令代言为书，命以褒之。谥曰清惠、仁惠。"于今又五十年矣。郡臣前后凡不计几人，漫不兹省。某年某官等乃状上书曰："郡境庙像清惠、仁惠之神，岁无牲牢，祭品不备，领祀无官。尚书秩宗，有礼有义，谨以告。"其日，会太常议制，白丞相府，符下永平曰："夷齐求仁得仁，庙食固宜，岁春秋蠲吉具仪，有司行事。"符且署矣，乃重白丞相府，以孟轲称伯夷"圣之清"也，孤竹其宗国也，今既像设而庙食之，宜以"圣清"额庙。丞相府佥曰："允哉！"呜呼！大道之郁也，则民乌得而知古焉。士盖有一二世不知其传者，大道之彰也，则民不识金革战斗之暴，内则有父子夫妇，相与饬于礼节；外则有官师之教，朋友之交，相与讲于古。岂独知己之所

---

① 《圣清庙记》：碑在永平府城西北孤竹故城，在今滦县油榨镇孙薛营村夷齐庙遗址，1946年 7 月以前属卢龙县管辖。清高宗敕撰《续通志·校雠略》："圣清庙碑，马祖常撰并书，正书至元十八年，卢龙。"

② 世祖皇帝：字儿只斤·忽必烈，元朝开国皇帝。1260 年 3 月，忽必烈于开平即汗位，建元中统。1271 年（至元八年），建国号为大元。1274 年（至元十一年），命伯颜大举伐宋。1279年（至元十六年）消灭了广东崖山南宋残余势力，完成了全国的统一。

传，又知当时之名世者而传之。是则永平之人，遭逢国家之隆而沐浴大道之彰也。吾将见行者让途，耕者让畔，学士相让于俎豆，工商相贷以器货而市价不二矣！推本我世祖皇帝教化之意，顾不由此与？邦之人尚砺其志而施之于行哉！毋徒神之而已也。

【作者简介】

马祖常，字伯庸，光州人。延佑初乡贡会试皆第一，廷试第二，授应奉翰林文字，擢监察御史。泰定间，升典宝少监、太子左赞善。寻兼翰林直学士，除礼部尚书。天历间召为燕王内尉，仍入礼部，升参议中书省事，拜治书侍御史，历徽政副使，迁江南行台中丞。元统初，拜御史中丞，除枢密副使，致仕。卒谥文贞。

商辂《清节庙记》：

成化九年癸巳（1473），前监察御史、知永平府事臣玺①言：臣所守郡，实孤竹旧壤，伯夷、叔齐所生之地也。夷齐兄弟逊国而逃，节义凛凛，虽百世犹一日，故孔子称其"仁贤"，孟子称为"圣之清"。（信）[迨]夫宋元，加以封爵。至我朝洪武初，再饬祠祀，岁久祠圮，祀亦寻废。事载《大明一统志》，可考见矣。窃惟表章前贤，风励邦人，臣之职也。因谋诸同官，捐俸倡义，鸠工敛材。重建（正堂三间，翼以两庑，神库、神厨、斋房为间各三）。肇役于是岁春三月，至秋八月落成。庙有余地数百亩，给居民侯玉等种之，岁入其租，以供祭祀。伏惟皇上追念二贤平生节义，赐以庙额，庶几永终弗坠。臣玺昧死以请。制曰可，赐额"清节"，并降祝册，命守臣春秋行事如仪。恩典焕颁，臣民胥悦。于是，太守具是状加书，介郡人兵部左侍郎张文质②属辂为记。

谨按：孤竹有国，封自殷汤，传至夷齐之父，墨胎氏将死，遗命立叔齐。其后叔齐逊伯夷，伯夷曰："父命也。"遂逃去。叔齐亦不立而逃之。盖伯夷以父命为尊，叔齐以天伦为重。其逊国也，皆求所以合乎天理之

---

① 臣玺：王玺，陕西鳌屋人，由举人授武陟县令，擢监察御史，成化初升永平知府。奏复夷齐庙，赐额"清节"。成化十三年四月调湖广德安府。二十年二月升陕西苑马寺卿。弘治元年闰正月致仕。

② 张文质：字允中，永平府昌黎人，正统七年进士，授工科给事中，升都给事中，迁通政使。成化二年擢兵部左侍郎。十一年升工部尚书。十四年十月加太子少保。十五年十二月调礼部尚书。

公，而即乎人心之安，诚有功于世教，如孔孟之所称道是已。夫有功世教，虽天下犹将祀之，况宗国乎？太守此举可谓知所重矣！是宜朝命允俞，礼秩有加。自今二贤节义益以表白于世，殆见逊让成风，民德归厚，由近达远，举一劝百。夫岂小补云乎哉？噫！邦人士毋徒以祠祀视之则善焉，用书以为之记。

【作者简介】

商辂，字弘载，号素庵，浙江淳安人。宣德十年乡试解元，正统十年会试会元、殿试状元，除翰林院修撰。土木堡之变后，英宗被俘，郕王监国，入阁参赞机务，进翰林院侍读。景泰元年升学士，五年擢兵部左侍郎，兼左春坊大学士。成化初，进兵部尚书，改户部尚书，兼文渊阁大学士，加太子少保，进吏部尚书，兼谨身殿大学士。卒谥文毅。

袁炜记

孤竹为殷商侯国，永平，其故墟也。永平庙祀夷齐旧矣，厥兴废所由，郡志载之，详可考也。嘉靖丙午（嘉靖二十五年，1546），兵部尚书郎石州张君玭[1]出守是郡，濒行，梦神人持二墨[2]，赠且曰："若守土，其兄弟二人君其善待之。"君不解所指，觉而语人，人曰："夷齐，墨台氏二子。君梦所见，其是乎？"君心殊异之。比莅郡，往谒夷齐祠，周视之，堂止四楹，规制湫隘，岁且久，栋宇倾圮，漫漶不可之矣。君怆然感焉，（顾谓同知苏君烈、推官霍君冀曰："古仁贤祠宇，乃使之颓敝弗葺，咎将谁执邪？"即与二君谋新之，然以其费不赀，不敢专列，状上抚巡诸台以请，中丞孙公应奎、侍御吴君相、车君邦佑、王君应钟、张君登高、王君达咸龊君议，而孙公嘉乐奖成之尤力。公命取燕河、桃林巨木百余章

---

① 石州张君玭：张玭，山西石州人。嘉靖十四年进士，初授大名府清丰县知县，升兵部主事、郎中。嘉靖二十五年任永平府知府，嘉靖二十九年二月升陕西按察副使，迁河南按察使，嘉靖三十八年三月升都察院右佥都御史，巡抚顺天。不久，左迁布政使司参议，历升大理寺左右少卿、顺天府府尹、南京户部右侍郎，嘉靖四十四年八月改任工部右侍郎，十月卒。

② 梦神人持二墨：清康熙五十一年十二月朝鲜使臣崔德中《燕行录日记》记载："又有立碑：一则乃张玭知府时重修之碑。碑文有曰：永平乃商殷侯孤竹之国也。张公为知府时，梦有二人持墨来赠曰：'君守兹土，善待弟兄。'觉来不知指教。问诸人，人言此地墨台氏二子伯夷、叔齐之旧国也。张公大感悟，请财于诸卫，营立此宇，而极其宏侈云矣。"光绪七年《永宁州志·张玭传》："出知永平府。先是梦二朱衣人遗墨二笏。至是谒夷齐庙，所见宛如梦。莅任三年，克励清操。"

为梁栋，而诸侍御各取赎金若干两，户部郎张君松复使来告君曰："闻君新仁贤祠以崇化砺俗，顾以百金佐经费。"君乃益自喜，谓苏、霍二君曰："郡志所协从兹役易集矣！"乃檄滦州守及卢龙县令输金鸠匠，伐石具材，君躬为区画，授以矱度，既而工人竞劝，邦民子来，公私靡侵，新庙有奕。)① 肇事于丁未（嘉靖二十六年，1547）秋七月，讫工于己酉（嘉靖二十八年，1549）冬十一月。（为堂五楹，两庑各七楹，仪门三楹。堂之后，亦三楹，扁之曰"揖逊"。斋房六楹，扁其左为"斋明"，右为"盥荐"。揖逊堂后曰"清风台"，筑坚之而卫以石，孙公更其扁为"采薇亭"。祠之前为大门三，左右扁之曰"天地纲常"，曰"古今师范"。门之前为坊曰"清节庙"。)② 堂宇靓深，形制宏敞，轮奂祎荪，山川改观，不有以褒表圣贤，翊振风教，垂功烈于不朽哉！庙成，将树碑纪其事。君走使征文于余，余惟忠孝节让，乃天理之根，于人心者万古常新。夷齐当商周之际，遵命以成孝，谏伐以全忠，逊国以惇让，采薇以明节，是为求，足乎？吾心之理而非以要，后之人崇慕不穷也。乃今张君感诸梦思，而新庙之议，达诸抚巡诸君子，罔不翕然乎允行之。此岂有政教征发哉？忠孝节让，各牖其衷，夷齐高蹈，千载如揾。是役之就绪，非所谓天之所符而人心自然之验邪？张君，字席玉，举乙未（嘉靖十四年，1535年）进士，以清节著称。

【作者简介】

袁炜，字懋中，号元峰，浙江慈溪人。嘉靖十七年探花，授翰林院编修，迁侍读学士。超迁礼部右侍郎。翌年，加太子宾客兼学士。四十一年，升为少保、礼部尚书。四十三年，晋为少傅兼太子太傅、建极殿大学士。

颂

韩愈曰：士之特立独行，适于义而已。不顾人之是非，皆豪杰之士，信道笃而自知明者也。一家非之，力行而不惑者，寡矣。至于一国一州非之，力行而不惑者，盖天下一人而已矣；若至于举世非之，力行而不惑

---

① 此段《夷齐考疑》中省略，《夷齐录》《夷齐志》有之。
② 此段《夷齐考疑》中省略，《夷齐录》《夷齐志》有之。

者，则千百乃年人一①而已耳！若伯夷者，穷天地，亘万世，而不顾者也。昭乎日月不足为明，崒（然）［乎］泰山不足为高，巍乎天地不足为容也。

当殷之亡，周之兴，微子，贤也，抱祭器而去之；武王、周公，圣也，从天下之贤士，与天下之诸侯而往攻之，未尝闻有非之者也。彼伯夷、叔齐者，乃独以为不可。殷既灭矣，天下宗周，彼二子者，乃独耻食其粟，饿死而不顾。由是而言，夫岂有求而为哉？信道笃而自知明也。

今世之所谓士者，一凡人誉之，则自以为有余；一凡人沮之，则自以为不足。彼独非圣人，而自是如此。夫圣人，乃万世之标准也。余故曰：若伯夷者，特立独行，穷天地，亘万世而不顾者也。虽然，微二子，乱臣贼子接迹于后世矣！

【作者简介】

韩愈，字退之，河内河阳人，世称韩昌黎。唐德宗贞元八年进士。宪宗元和年间，随宰相裴度平定淮西吴元济叛乱，迁刑部侍郎。以谏迎佛骨，贬潮州刺史。穆宗朝，历官国子监祭酒、京兆尹等，官至吏部侍郎。卒谥"文"，世称韩文公。

赋

董仲舒《士不遇赋》：上古之清浊兮，廉（士）亦茕茕而靡归。殷汤有卞随与务光兮，周武有伯夷与叔齐。卞随务光遁迹于深渊兮，伯夷、叔齐登山而采薇。

【作者简介】

董仲舒，广川人，西汉思想家、政治家、教育家。汉景帝时任博士。汉武帝元光元年（前134），武帝下诏征求治国方略，董仲舒上《举贤良对策》，"罢黜百家，独尊儒术"的主张为武帝所采纳，使儒学成为中国封建社会的正统思想。汉武帝元光元年（前134），任江都易王刘非国相10年；元朔四年（前125），任胶西王刘端国相，4年后辞职回家。

扬雄《逐贫赋》：摄齐而兴，降阶下堂。誓将去汝，适彼首阳。孤竹二子，与我连行。

---

① 千百乃年人一：刻印错误。应为"千百年乃一人"。

【作者简介】

扬雄，字子云，蜀郡成都人。西汉著名辞赋家、学者。汉成帝时任给事黄门郎。王莽时任大夫，校书天禄阁。

班固《幽通赋》：三仁殊于一致兮，夷惠舛而齐声。
【作者简介】

班固，字孟坚，扶风安陵（今陕西咸阳东北）人，东汉著名史学家、文学家。建武三十年（54 年），撰写《汉书》，前后历时二十余年，于建初中基本修成。汉和帝永元元年（89 年），随大将军窦宪北伐匈奴，任中护军，行中郎将，参议军机大事，大败北单于后撰写了著名的《封燕然山铭》。

左思《白发赋》：二老归周，周道肃清。
【作者简介】

左思，字太冲，齐国临淄人。西晋著名文学家。晋武帝时，因妹左棻被选入宫，举家迁居洛阳，任秘书郎。

陶潜《感士不遇赋》：夷投老以长饥，回早夭而又贫；伤请车以备椁，悲茹薇而殒身。虽好学与行义，何死生之苦辛！
【作者简介】

陶潜：字元亮，一说晋世名渊明，刘宋时改名潜，浔阳柴桑人。东晋末至南朝宋初期著名诗人、辞赋家。曾任江州祭酒、建威参军、镇军参军、彭泽县令。

卢照邻《悲才难》：巢由①满野，不知稷契之尊；周召②盈朝，莫救夷齐之饿。
【作者简介】

卢照邻，字升之，自号幽忧子，幽州范阳人，初唐诗人。唐高宗永徽五年为邓王李元裕府典签。唐高宗龙朔末，调任益州新都尉。

---

① 巢由：巢父和许由的并称。相传皆为尧时隐士。
② 周召：周成王时共同辅政的周公旦和召公奭的并称。

杜笃《首阳山赋》：嗟首阳之孤岭，形势窟其盘曲，面河源而抗岩，陇塠隈而相属。长松落落，卉木蒙蒙。青罗落漠而上覆，穴溜滴沥而下通。高岫带乎岩侧，洞房隐于云中。忽吾睹兮二老，时采薇以从容。于是乃讯其所求，问其所修；州域乡党，亲戚胥俦，何务何乐，而并兹游矣。（其）二老乃答余曰：吾殷之遗民者也。厥胤孤竹，作藩北湄。少名叔齐，长曰伯夷。闻西伯昌之善政，育年艾于黄耇，遂相携而随之，冀寄命乎余寿，而天命之不常，伊事变而无方，昌服事而毕命，子忽遘其不祥。乃兴师于牧野，遂干戈以伐商，乃弃（子）［之］而来游，誓不步于其乡。余闭口而不食，并卒命于山傍。

【作者简介】

杜笃，字季雅，京兆杜陵人。东汉学者。建初三年（78 年），以从事郎中随车骑将军马防与西羌作战阵亡。

柳识《吊夷齐文》：洪河[①]之东兮，首阳穹崇；侧闻孤竹二子，昔也馁在其中。偕隐胡为？得仁而死。青苔古木，苍云秋水。魂兮来何依兮去何止？掇涧溪之毛，荐精诚而已。初先生鸿逸中州，鸾伏西山；顾薇蕨之离离，歌唐虞之不还。谓易暴兮又武，谓墨缞[②]兮胡颜[③]。一吒兮忘饥，若有消兮千岩之关。岂不以冠敝在于上，履新处于下？且曰一人[④]之正位，孰知三圣[⑤]之纯嘏？让周之意，不其然乎？是以知先生所恤者偏矣！当昔（帝辛）［夷羊］在牧[⑥]，殷纲解结；乾道息，坤维绝，鲸吞噬兮鬼孽。王奋厥武。天意若曰覆昏暴，资浚哲[⑦]，于是（二）［三］老归[⑧]而

① 洪河：指黄河。

② 墨缞：黑色丧服。古代礼制，在家守孝，穿白色丧服。如有战争等重大事件不能居家守孝，穿黑色丧服。指周武王“父死不葬”。

③ 胡颜：有何颜面。

④ 一人：天子，指商纣王。

⑤ 三圣：周文王、周武王、周公旦。

⑥ 帝辛在牧：应为“夷羊在牧”，传说中的怪兽。牧，牧野，在殷都南郊。

⑦ 资浚哲：资，帮助；浚哲，深沉有智慧，代指周武王。

⑧ 三老归：伯夷、叔齐、姜太公，投奔周文王。

八百会①，一戎衣而九有截。况乎旗锡黄鸟②，珪命赤乌③，俾荷巨桥之施，俾申羑里之辜。故能山立雨集，电扫风驱。及下车④也，五刃不砺于武库，九骏伏辕于文途；虽二士不食，而兆人其苏。既而普天周土，率土周人。吁嗟先生，逃将奚臻？万姓归饰兮，独郁乎方寸；六合莽荡兮，终（跼）［局］乎一身。虽忤时而过周，故臣心而恻殷；所以不食其食，求仁得仁。然非一端，是各有志。若旁通以阜厥躬，应物以济其利，则焉有贞节之规、（仁）［君］亲之事？灵乎灵乎！虽非与道而保生，乃勖为臣之不二。

【作者简介】

柳识，字方明，襄州襄阳人。唐代散文家。曾任屯田郎中、集贤殿学士，大历年间累官至左拾遗、秘书郎、水部员外郎。

王世贞《吊夷齐（赋）》⑤：

卢龙，故孤竹也，城西有伯夷叔齐祠。吴人王世贞奉使过此，酌水酹焉，而为之辞曰：

予奉辀以东（游）［逝］兮，束马放乎令支⑥。山巉屼而嵬垒兮，众草蓁薱而条纬。俞儿⑦道⑧余于卑耳兮，武夫磷磷其参差。曰青帝之握枢兮，颙改煦沉寥而悒凄。玄宫承云而黵霸兮，佥告余二子之所都。羌回虑以返照兮，渿涩蹢靡而（内）疑。足次且欲却兮，又雀跃而前趋。段含光冽余之素兮，挩清冷使濯余之崴魄。招沆瀣以酳醴兮，褁朝霞以为餱

---

① 八百会：周武王伐纣，至孟津，八百诸侯汇聚于此。

② 旗锡黄鸟：黄鸟之旗，指赤色的军旗。《墨子·非攻》："天赐武王黄鸟之旗。"孙诒让间诂："黄与朱色近，故赤旗谓之黄鸟之旗。大赤为周正色之旗，流俗缘饰，遂以为天锡之祥矣。"

③ 珪命赤乌：珪，一种上尖下方的玉器，天子以之封诸侯，诸侯以之朝天子。赤乌，一种神鸟。《墨子·非攻》："赤乌衔珪，降周之岐社，曰：'天命周文王，伐殷有国。'"

④ 下车：初即位。

⑤ 吊夷齐赋：作于嘉靖三十五年四月。许仲南、林伯谦《王世贞年谱简编》："嘉靖三十五年丙辰（1556）正月出使察狱畿辅。四月，经卢龙，谒伯夷、叔齐祠，作《吊夷齐》。"

⑥ 令支：周武王灭商后，析孤竹，置令支国，辖域相当今唐山市迁安、迁西县一带。齐惠王十三年时，齐桓公北征时所灭。

⑦ 俞儿：古时候传说中的登山之神。《管子·小问》：（管仲对齐桓公说）"臣闻登山之神有俞儿者，长尺而人物具焉。霸王之君兴，而登山神见。且走马前疾，道也；祛衣，示前有水也；右祛衣，示从右方涉也。"

⑧ 道：通"導"（导）。

餭。嘘玄冥之窍机兮，噫噫拊歌之慷怆。受哀弦于太娥兮，涓延和之以清商。灵萧萧而若睹兮，冀回蠵烛乎微躬。又惝恍其不可即兮，掌梦疏帝以奚从。眺孤竹之亶曼兮，台要灵以故祷。生剽举而脱屣兮，宁郁郁处彼幽方。溟波委输濊貃兮，箕（篆）〔蒙〕难而延宗。灵庶偕以翱游兮，语侏离而不可通。北海泱漭灵所辟兮，受浮（滴）〔溲〕使不得宁。将岐丰沃以愉兮，灵又薄周德而莫宫。诸毗绵延具区兮，太虞夷犹于其旁。羌德配而耦娱兮，灵谓狎附乎周盟。陂陀首阳忽嶵嶁兮，益薇以荃之芬芳。灵闿阖而下临兮，将继驾以憩息掌。梦申申以表诚兮，丰隆臾而来假。霓车殷殷以翩缤兮，皎双鸿之次翼。匪宝璐而陆离兮，舍蘦芷以弥馥。介九宾而见予兮，祝史要予以靡忒。伯从父以成命兮，叔违亲以成德。俶舍君以明志兮，既殉主以明极。昔巢许之让皇兮，托勋华而稍佚。尹五就而拯涂兮，愀然面故主以惶怩。谓题趹以死名兮，庄任诞而废节。迁哓哓于骥尾兮，嗜微声之有托。彼累修辞而求白兮，卒牢慅沉乎湘泽。绎邹人之无怨兮，乃从容于天则。世滔滔而怘涌兮，战伐莽其相仍。顾蒿目以挨挡兮，竞含沙而蛊光。驺虞草以伏食兮，於菟夸咀夫衡生。阳鳡之齿纤鳞兮，偃蜒神龙以自矜。灵既悼农虞之忽没兮，岷蹢躅而殷慕。愧突梯之苟容兮，将捐足乎灵御。胡司命之不晰微兮，抑餔糟以昏骛。（聘）〔盼〕姁娥之要渺兮，（硝）〔捐〕浊躯而不反顾。

【作者简介】

王世贞，字元美，号凤洲，又号弇州山人，明代南直隶苏州府太仓州人。明代文学家。嘉靖二十六年进士，授刑部主事，升员外郎、郎中。嘉靖三十五年正月，出京巡察狱事。同年十月，升山东按察副使、青州兵备道。后累升至南京刑部尚书。

赞

司马贞曰：天道平分，与善徒云。贤而饿死，盗且聚（郡）〔群〕。吉凶倚伏，报施纠纷。子罕言命，得自前闻。嗟彼素士，不附青云。

【作者简介】

司马贞，字子正，唐河内（今沁阳）人。唐代著名史学家。开元中官至朝散大夫，宏文馆学士，执掌编纂、撰述和起草诏令等。编纂《史记索隐》三十卷，与南朝宋裴骃《史记集解》、唐张守节《史记正义》并称"史记三家注"。

梁（萧）[肃]：接舆肆狂①，孤竹求仁。介推②山死，龚胜兰焚③。遗风是仰，终古不泯。

【作者简介】

梁肃，字敬之，安定临泾（今甘肃泾川县）人。唐朝文学家。建中初，擢太子校书郎。萧复荐其材，授右拾遗，以母羸老不赴。杜佑节镇淮南，辟为掌书记，召为监察御史，转左补阙、翰林学士、皇太子诸王侍读。

孙承恩曰：求仁得仁，去国如屣；叩马一谏，君臣大义。乾坤清气，萃于一身；独立万古，邈焉无伦。

【作者简介】

孙承恩，字贞甫，号毅斋，松江人。正德六年进士，授编修，官至礼部尚书兼掌詹事府。

歌　　辞

屈原《橘颂》：年岁虽少，可师长兮。行比伯夷，置以为象兮。
屈原《悲回风》：求介子之所存兮，见伯夷之放迹。

---

① 接舆肆狂：接舆狂，典出《论语·微子》。接舆，楚人，姓陆名通，字接舆也。昭王时，政令无常，乃被发佯狂不仕，时人谓之"楚狂"也。后遂以"接舆狂"等咏隐士或狂者。

② 介推：介子推，又名介之推，春秋时期晋国人。晋献公宠妃骊姬为立其子奚齐为太子，害死太子申生，公子夷吾和重耳畏惧出逃。介子推随重耳在外逃亡19年，重耳最终返回晋国，即位为晋文公。介子推"割股奉君"有功，封赏时被晋文公遗忘。介子推"不言禄"，偕母隐居山西绵山，晋文公纵火烧山，逼迫介子推出山，但是介子推母子被烧死。晋文公深感愧疚，改绵山为介山，立庙祭祀，寒食节因此而来。

③ 龚胜兰焚：龚胜，字君宾，西汉彭城（今江苏徐州）人。与龚舍相友善，并著名节，世谓之"楚二龚"。初为郡吏，州举茂才，为重泉县令。哀帝时征召为谏议大夫，迁丞相司直，徙光禄大夫，出为渤海太守，被征为光禄大夫。王莽篡汉后强征为太子师友、祭酒，拒不受命，绝食十四日而死。芳兰遭焚，比喻高人受摧折。

【作者简介】

屈原，芈姓，屈氏，名平，字原，战国时期楚国诗人、政治家。早年受楚怀王信任，任左徒、三闾大夫，兼管内政外交大事。他主张对内举贤任能，修明法度，对外力主联齐抗秦。因遭贵族排挤毁谤，被流放至汉北和沅湘流域。公元前278年，秦将白起攻破楚都郢（今湖北江陵），屈原悲愤交加，怀石自沉于汨罗江，以身殉国。

王恭曰：卫君拒父据其国①，绝灭纲常有惭德。唐宗谋立恣剪屠②，背乱忿争同一辙。予观二士真天人，不降其志不辱身。独行特立诚且确，高节远过殷三仁③。当时父命岂不义？弟逊兄兮兄逊弟。由来天理重人伦，曷若遁世完吾谊④。

【作者简介】

王恭，字一飞，益州成都人，南宋宁宗、理宗时诗人。笃学尚气，吴曦谋反来请，佯阳病疯瘖，潜往安丙，谋诛曦。事定，匿巴中，为农终身。

伯夷殉洁以莫怨兮，孰克轨其遗尘？

【作者简介】

柳宗元，字子厚，河东（今山西运城永济）人，唐代文学家、哲学家、散文家和思想家。贞元九年登进士第，贞元十九年为监察御史。历任尚书礼部员外郎、邵州刺史、永州司马，元和十年任柳州刺史。

李白《上留田行》：孤竹（遗）［延］陵⑤，让国扬名。高风缅邈，颓

---

① 卫君拒父据其国：卫灵公太子蒯聩得罪卫灵公夫人南子，出奔宋，后又投奔晋国赵氏。卫灵公四十二年（前493）夏，卫灵公卒，立蒯聩之子出公辄为君（卫出公姬辄）。同年六月，赵简子送蒯聩回卫国，与儿子争位。卫国人发兵击蒯聩，不得入。

② 唐宗谋立恣剪屠：唐武德九年（626）六月初四日，秦王李世民发动玄武门事变，杀死太子李建成和齐王李元吉及二人诸子，被立为太子，不久，唐高祖李渊退位，李世民即位为唐太宗。

③ 殷三仁：箕子、微子、比干，商纣王时三位忠臣。

④ 曷若遁世完吾谊：弘治十四年《永平府志》、明张玭《夷齐录》、白瑜《夷齐志》为"曷若遁逃俱废坠"。

⑤ 延陵：指季札让位。春秋时吴国贵族季札多次推让君位，封于延陵（今江苏常州）。

波激清。

【作者简介】

李白，字太白，号青莲居士，唐代著名诗人。

诗

吴隐之：古人云此水①，一歃怀千金。试使夷齐饮，终当不易心。

【作者简介】

吴隐之，字处默，东晋濮阳鄄城人。曾任中书侍郎、左卫将军、广州刺史等职，官至度支尚书。

陶潜：积善云有报，夷齐在西山。善恶苟不应，何事空忘言？九十行带索，饥寒况当年。不赖固穷节，百年当谁传？

李白：辞粟卧首阳，屡空饥颜回。

岑参：暮春别乡树，晚景低津楼。伯夷在首阳，欲往无轻舟。

【作者简介】

岑参，唐代边塞诗人，南阳人。唐玄宗天宝三载（744）进士，初为率府兵曹参军，两次从军边塞，先在安西节度使高仙芝幕府掌书记。天宝末年，任安西北庭节度使常清幕府判官。代宗时，官嘉州刺史（今四川乐山）。

白居易：朝采山上薇，暮采山上薇。岁晏薇亦尽，饿来何所为？坐饮白石水，手把青松枝。击节独长歌，其声清且悲。枥马非不肥，所苦长絷

---

① 此水：贪泉，在广州西北三十里石门（今石井镇）。俗传饮此水，廉士亦贪。东晋元兴初，廉吏吴隐之赴任广州刺史，途经石门，饮此水，并赋诗。励精图治，清操自守，廉声益著。《晋书·吴隐之传》："朝廷欲革岭南之弊，隆安中，以隐之为龙骧将军、广州刺史、假节，领平越中郎将。未至州二十里，地名石门，有水曰贪泉，饮者怀无厌之欲。隐之既至，语其亲人曰：'不见可欲，使心不乱。越岭丧清，吾知之矣。'乃至泉所，酌而饮之，因赋诗曰：'古人云此水，一歃怀行金。试使夷齐饮，终当不易心。'及在州，清操逾厉，常食不过菜及干鱼而已，帷帐器服皆付外库，时人颇谓其矫，然亦终始不易。"唐杜佑《通典》："吴隐之召为广州，州界有贪泉，父老云：'饮此水使廉士变贪。'隐之先至水，酌而饮之，赋诗曰：'古人云此水，一饮重千金。若使夷齐饮，终当不易心。'"明万历二十二年四月，郡人、广东右布政使李凤立碑，镌刻"贪泉"二大字以及吴隐之诗，至今犹存。

维。豢豕非不饱，所忧竟为牺。行行歌此曲，以慰常苦饥。

【作者简介】

白居易，字乐天，号香山居士，河南新郑人。唐代著名诗人。贞元十五年（798）进士，任翰林学士、左拾遗。贬江州司马，移忠州刺史。后召为主客郎中，知制诰。太和年间，任太子宾客及太子少傅。会昌二年（842），以刑部尚书致仕。晚年官至太子少傅，谥号"文"，世称白少傅。

李颀：古人已不见，乔木竟谁过。寂寞首阳山，白云空复多。苍苔归地骨，皓首采薇歌。毕命无怨色，成仁其若何。我来入遗庙，时候发清和。落日吊山鬼，回风吹女萝。石门正西豁，引领望黄河。千里一归鸟，孤光东逝波。驱车层城路，惆怅此岩阿。

【作者简介】

李颀，河南颍阳人，唐代边塞诗人。开元二十三年中进士，曾任新乡县尉，后辞官归隐于颍阳之东川别业。

石延年：逊国同来访圣谟，适观争国誓师徒。耻生汤武干戈日，宁死唐虞揖让区。大义充身安是饿，清（风）[魂]有所未应无。始终天地无前后，名骨虽双此行孤。

【作者简介】

石延年，字曼卿，南京宋城（今河南省商丘市睢阳区）人。北宋文学家、书法家。宋真宗年间以右班殿直，改太常寺太祝，累迁大理寺丞，官至秘阁校理、太子中允。

司马光：夷齐双骨已成尘，独有清名日日新。饿死沟中人不识，可怜古今几何人。

【作者简介】

司马光，字君实，陕州夏县涑水乡人，世称涑水先生。北宋政治家、史学家、文学家。宋仁宗宝元元年（1038）登进士第，累进龙图阁直学士。宋神宗熙宁三年（1070）二月擢枢密副使，后以端明殿学士知永兴军（今陕西西安市）。熙宁四年，退居洛阳。元丰七年，编完《资治通鉴》。卒赠太师、温国公，谥文正。

苏（辙）[轼]：夷齐耻周粟，高歌诵虞轩①。禄产②彼何人，能致绮与园③。（评云：古人无心于功名，信道而进退，若伯夷之非武王，四皓之从禄、产，举天下之是非不能夺也。）

【作者简介】

苏轼，字子瞻，号东坡居士，眉州眉山人，北宋著名文学家、书法家、画家。

王十朋：八百诸侯会孟津，民心天意总归仁。须知不食干戈粟，尚有登山采蕨人。

避纣穷途北海滨，归来端为有仁人。武王不听车前谏，饿死西山志亦伸。

【作者简介】

王十朋，字龟龄，号梅溪，温州乐清四都左原人。南宋著名政治家、诗人，爱国名臣。宋高宗绍兴二十七年（1157）状元，官秘书郎。孝宗立，累官侍御史，历知饶、夔、湖、泉诸州。

刘尧举：天留中子坟孤竹，谁向西山饭伯夷。

【作者简介】

刘尧举，字唐卿，舒州人。宋孝宗淳熙末年诗人。

王恽：远避东邻雪④，还遮北伐频。与天重立极，叩马死成仁。落日悲歌壮，东风紫蕨春。一（饿）[饥]虽可疗，终愧是忠臣。

【作者简介】

王恽，字仲谋，号秋涧，卫州路汲县（今河南卫辉市）人。元朝著名学者、诗人。至元五年任监察御史。除翰林待制，拜朝列大夫、河南北道提刑按察副使，迁山东西道提刑按察副使，升少中大夫、福建闽海道提

---

① 虞轩：虞舜和轩辕黄帝。

② 禄产：《苏轼集》作"产禄"。汉高祖吕后长兄泽为周吕侯，次兄释之为建成侯。吕产，泽之子。吕禄，释之之子。

③ 绮与园：绮里季和东园公，代指商山四皓。

④ 雪：弘治十四年《永平府志》为"雪"。清胡聘之撰《山右石刻丛编》第 2 册卷十为"虐"。

刑按察使。二十九年春，授翰林学士、嘉议大夫。元贞元年，加通议大夫、知制诰同修国史，奉旨纂修《世祖实录》。大德元年，进中奉大夫。

陈赓：天风吹琼瑶，自冒首阳顶。欲和采薇歌，千山冻云冷。

【作者简介】

陈赓，字子飏，号默轩，河中府临晋人。金、元间诗人。正大年间举明经，历任解盐司判官、河东山西道行中书省参议等职。后弃官教学，任大同道儒学教授。金亡后，辗转隐居于永济、华阳、洛阳等地。

段成己：薇歌一曲对青山，万古千秋老翠（蛮）［峦］。望断空岩人不见，光摇银海玉峰寒。

【作者简介】

段成己，字诚之，号菊轩，绛州稷山人。金正大七年词赋进士，授宜阳主簿。金亡，避居龙门山，后徙居晋宁北郭，闭门读书。

黄佐：求仁本无怨，感义闻盍归。清风满孤竹，首阳何巍巍。拜诵孔孟言，永矣旭日辉。何哉马迁传，（复）［遥］与周纪违。

【作者简介】

黄佐，字才伯，号泰泉，广东香山人。岭南著名学者。正德十五年进士，选庶吉士，授翰林院编修，兼左春坊司谏。外放任江西佥事，再改广西学督。起为编修兼司谏、侍读，掌南京翰林院、南京国子祭酒、少詹事等职。

钱宰：不事王侯去又还，清风高节有谁攀？夷齐甘受西山饿，可与齐名宇宙间。

【作者简介】

钱宰，字子予，一字伯均，会稽人。元末明初诗人。元至正年间，中甲科，亲老不赴，公车教授于乡。洪武二年（1369）以明经征为国子助教，后进为博士，校书翰林，撰功臣诰命。

刘基：伯夷清节太公功，出处非邪岂必同？不是云台兴帝业，桐江无用一丝风。

【作者简介】

刘基，字伯温，青田县南田乡人。明朝开国元勋。元至顺间举进士。博通经史，尤精象纬之学，时人比之诸葛亮。至正十九年（1359），朱元璋闻刘基及宋濂等名，礼聘而至。吴元年（1367）为太史令。明洪武三年（1370）十一月封诚意伯。

凌云翰：夷惠真为百世师，先生高节亦如之。只将立懦廉顽意，九鼎分明重一丝。

【作者简介】

凌云翰，字彦翀，号柘轩，钱塘（今浙江杭州）人。元至正十九年（1359）举浙江乡试。除平江路学正，不赴。洪武十四年（1381）以荐授成都府学教授。工诗，著有《柘轩集》四卷。

张廷（刚）［纲］：首阳之巅幽且岑，滦江之水清且深。试（问）［将］一酹生刍意，不尽万古仁人心。

祠前满地多芳草，祠外长松广啼鸟。登临感慨豁吟眸，数点青山云外小。

【作者简介】

张廷纲，永平卫人。成化八年进士，授行人司行人。成化十一年出使安南（今越南）。成化十三年四月，被太监汪直诬陷，下西厂监狱。六月，"鞫其使安南时挟货贸易、多受馈遗诸事。刑部问拟为民，命俱冠带闲住"。弘治十四年编纂《永平府志》。

吴守：山色葱菁对夕晖，商贤遗壤尚依依。东来赤羽疲孤竹，西望白云护采薇。揖逊最怜仁共得，干戈直使愿多违。千年祠庙还今日，三代兴亡业已非。

王翔：逊国求仁已得仁，马头忠谏逆龙鳞。一时穷饿甘心死，万世褒崇大义伸。衰草寒烟迷故里，清风明月伴遗真。剜苔几读荒碑字，孝弟由来出荩臣。

【作者简介】

王翔，字汝温，永平卫人。弘治十二年进士，历任御史、刑科给事中、顺天府丞、河南布政司右参政、都察院右佥都御史、山东巡抚，累升兵部右侍郎。

王好问：镐京商邑总蒿莱，千载何人吊墨台？啼鸟似伤人世改，野花还向故原开。荒城隐隐水声去，古殿岧岧山势来。一望凄然成旷感，尘车欲发更徘徊。

【作者简介】

王好问，字裕卿，别号西塘，乐亭城北双庙村人，嘉靖二十九年进士，授太常寺博士，迁大理寺左右少卿，晋太仆卿，移南京太常卿，召为通政使，进工部右侍郎，转刑部，迁户部，仕至南京户部尚书。

孙应元：当年孤竹倚云峰，此日荒城傍水阴。一自轩裳轻似叶，遂令声价重于金。求仁大节回天地，扣马精忠冠古今。怅望平台思无限，夕阳芳草独关心。

【作者简介】

孙应元，字体仁，湖广钟祥人。嘉靖四十一年进士，嘉靖四十三年任山海关 兵部分司主事，累官至山西巡抚。

刘达己：天挺英豪伯仲贤，孤城遗迹尚依然。精灵已逐风云去，高节还同日月悬。薇老空山闲（慕）[暮] 雨，祠荒故国锁寒烟。我来吊古情无限，一啸风生万里天。

王玺：忆昔孤标不殉名，一时推让见真情。耻居汤武兴师地，肥遁唐禹建国城。薇老空山无故迹，风流百世有余情。圣贤有意垂青史，一睹令人百感生。

【作者简介】

王玺，字廷用，陕西周至人，正统六年举人，授武陟县训导，升武陟县令。擢监察御史。成化四年任永平府知府。成化九年，奏复夷齐庙，请赐额及祀典祭文，时论伟之。后调襄阳知府。

李杻：遗荣曾弃国，远迹后逃商。食粟惭周室，殒薇自首阳。墨胎人已杳，孤竹祀犹芳。清圣吾师表，趋庭切望洋。

昔贤能让国，孤竹叶如遗。北海聊归养，西山竟采薇。庞垭犹故垒，清节自新祠。却笑营营者，徒劳此问岐。

【作者简介】

李栻，字孟敬，号石龙，江西丰城人。嘉靖四十四年进士，历任直隶魏县、肥乡知县，河南巡按御史，湖广、浙江按察副使。著有《困学纂言》等。

贺一桂：古台临绿水，何岁到于今。孤竹留高节，清风送好音。但将逊国意，总识采薇心。览胜逢知己，樽前一洒襟。

【作者简介】

贺一桂，字文南，江西庐陵人，嘉靖四十四年进士，巡按山西御史，升大理寺卿。

黄洪宪：停骖古墨望宫墙，庙宇巍峨俯大荒。故国几家城堞在，清风千载薇蕨香。生平义已捐孤竹，身后神应傍首阳。此日登临倍惆怅，一杯何处酹椒浆。

山城古堞气萧森，遗庙松杉白日阴。扣马不回黄钺伏，行吟谁识采薇心。孤标（避）[壁]立阳山耸，百折中流砥柱深。回首南巢悲往事，沧桑何代不沉浮。

【作者简介】

黄洪宪，字懋中，浙江嘉兴人。隆庆五年进士，授翰林院编修。十五年升右春坊右庶子兼翰林院侍读，充经筵讲官。十七年八月升詹事府少詹事兼翰林院侍读学士，掌院事。奉旨出使朝鲜，有《朝鲜国记》《玉堂日钞》《春秋左传释附》《碧山学士集》等。

王敬民：避纣曾居北海，辞周竟饿西山。当日采薇风在，故邦孤竹岩环。

万古君臣义尽，一时兄弟仁全。尊重天伦父命，闻风懦立顽廉。

【作者简介】

王敬民，字西华，句容人。隆庆五年进士，授山东东昌府推官，补大名府推官。召为工科给事中，历左、右都给事中，迁太常寺少卿、大理寺少卿，提督南赣军务，兼巡抚岭海间。

王好问：纲常万古同天久，功利须臾过眼无。请看渭水鹰扬者①，不薄（南）［西］山二饿夫②。

张文熙：卢龙西望是幽关，义士长征去不还。身隐岂将名字在，千秋遗恨首阳山。

荒城鸟道乱云遮，绝塞龙堆走白沙。孤竹二君何处是？古祠啼杀暮栖鸦。

拳石孤撑叠浪中，五丁空负拔山雄。河流此日狂澜静，千古谁怜砥柱功。

山深龙去鸟空啼，野旷天高日影低。墨子③城边春已暮，令人回首忆昌黎④。

【作者简介】

张文熙，字念华，广西桂林临桂县人。万历五年进士，授御史，巡按陕西、浙江兼浙江乡试考官，改应天府丞，万历二十年任太仆寺少卿。

胡其久：客路逢秋心自哀，况登旧国望天台。地连荒塞阴如雨，水激空江昼起雷。欲问采薇清隐处，试看孤竹白云隈。我来非是寻幽胜，故何西风吊古台。

寄旅相逢谢盹才，洞山深处喜追陪。穷边暮色催人渡，孤竹秋声隔水来。珠树几枝村外落，锦帆一片镜中开。偶寻法侣传册诀，鹤去江空待月回。（因访道人不遇）。

秋色成佳兴，偏宜二妙过。朝寻名胜迹，晚甜乱藤萝。杨子草玄罢，鸣琴山水多。复有陈参府，意气凌金戈。合围入深谷，饮马投荒河。登高望碣石，溟海喜无波。对菊莫辞醉，采薇尚有歌。物代如移换，宦游能几何？

---

① 渭水鹰扬者：姜尚，字子牙，吕氏，一名望，尊称太公望，世称姜太公。垂钓于渭水之滨，遇周文王姬昌，拜为太师。辅佐武王伐纣，建立周朝。

② 西山二饿夫：指伯夷、叔齐，耻食周粟，采薇西山，饿死。

③ 墨子：墨胎氏之子，容易与战国思想家墨翟混淆。明张批著《夷齐录》作"二墨"，指伯夷、叔齐。

④ 昌黎：韩愈，字退之，河内河阳人，唐代著名文学家，官至吏部侍郎。自称郡望昌黎，世称韩昌黎，曾作《伯夷颂》。此"昌黎"，非指今河北昌黎县。

夷齐考疑卷四

明西浙御儿逸史胡其久著

辨

王安石曰：孔、孟皆以伯夷遭纣之恶，不念以怨，不忍事之，以求其仁，饿而避，不自降辱，以待天下之清，而号为圣人耳。然则司马迁以为武王伐纣，伯夷叩马而谏，天下宗周而耻之，义不食周粟而为采薇之歌，韩子因之，亦为之颂，以为微二子，乱臣贼子接迹于后世，是大不然也。夫商衰而纣以不仁残天下，孰不病纣而尤伯夷也？尝与太公闻西伯善养老，则往归焉。及武王一奋，太公相之，伯夷乃不与，何哉？盖二老所谓天下之大老，行年八十余，而春秋固已高矣。自北海之滨而（起）［趋］至文王之都，亦数千里之远。文王之兴以至武王之世，岁亦不下十数，岂伯夷欲归西伯而志不遂，乃死于北海耶？抑未至而死于道路耶？（抑）其至文王之都（而不足以）已及武王之世而死耶？如是而言，伯夷其亦理有不存者也。且武王倡大义，太公相而成之，而独以为非，岂伯夷乎？

【作者简介】

王安石，字介甫，号半山，临川人。北宋著名思想家、政治家、文学家、改革家。庆历二年（1042），进士及第，历任扬州签判、鄞县知县、舒州通判等职。熙宁二年（1069），任参知政事，次年拜相，熙宁七年罢相。卒，赠太傅，谥文，故世称王文公。

司马光《疑孟篇》曰：孟子称伯夷隘，柳下惠不恭，所愿学者，孔子。然则君子之行，孰先于孔子？孔子历聘七十余国，皆以道不合而去，岂非非其君不事欤？孺悲欲见孔子，孔子辞以（病）［疾］，岂非非其友不友乎？阳货为政于鲁，孔子不肯仕，岂非不立于恶人之朝乎？为定哀之臣，岂非不羞污君乎？为委吏、为乘田，岂非不卑小官乎？举世莫知之，不怨天，不尤人，岂非遗佚而不怨乎？饮水，曲肱，乐在其中，岂非阨穷而不悯乎？居乡党，恂恂似不能言，岂非由由然与之偕而不自失乎？是故君子，邦有道则见，邦无道则隐，事其大夫之贤者，友其士之仁者，非隘也。和而不同，遁世无闷，非不恭也。苟毋失其中，虽孔子由之，何得云君子不由乎?

余隐之《辨〈疑孟篇〉》曰:孟子曰:"伯夷隘,柳下惠不恭。""隘"与"不恭",君子不由夫孟子,非是瑕疵夷、惠也,而清、和之弊,必至于此,盖以一于清,其流必至于隘;一于和,其流必至于不恭。其弊如是,君子由之乎?苟得其中,虽圣人亦由之矣。观吾孔子之行,时乎清而清,时乎和而和,仕止久速,当其可而已,是乃所谓时中也。是圣人之时者也,讵可与夷、惠同日而语哉?或谓伯夷制行以清,下惠制行以和,救时之弊,不得不然,亦非知夷、惠者,苟有心于制行,则清也,和也,岂得至于圣哉?夷之清,惠之和,盖出于天性之自然,特立独行而不变,遂臻其极致,此其所以为"圣之清""圣之和"也。孟子固尝以"百世之师"许之矣,虑后之学者,慕其清、和而失之偏,于是立言,深救清、和之弊,大有功于名教,疑之者误矣。如温公之说,岂非吾夫子一人之身,而兼二子之长欤?然则时乎清而非一于清矣,是以清而不隘;时乎和而非一于和矣,是以和而未尝不恭。其曰:圣之时者,如四时之运,温凉和燠,各以其序,非若伯夷之清则一于寒凉;柳下惠之和则一于温燠,而不能相同也。以是言之,则是温公之所援以为说者,乃所以助孟子而非攻也。

【作者简介】

余允文,字隐之,两宋之际建州建安(今福建建瓯)人。宋孝宗隆兴元年(1163)撰成《尊孟辨》一书。

陈淳问曰:"伯夷何以只知有父命,而不知有天伦;叔齐何以只知有天伦,而不知有父命?恐是在伯夷,则其兄弟系于己,而父命系于公,以二者权之,则父命为尊,而兄弟为卑;在叔齐,则其父子系于己,而天伦系于公,以二者权之,则天伦为重,而父子为轻否?"朱子答曰:"以天下之公义裁之,则天伦重而父命轻;以人子之分言之,则又不可分轻重,伯夷、叔齐得之矣。"

【作者简介】

陈淳,字安卿,亦称北溪先生,漳州龙溪人。南宋理学家,朱熹晚年得意门生,理学思想的重要继承者和阐发者。著作有《北溪全集》。

林駧曰:伯夷之清,后世莫窥其际,不闻有偏曲之失,而孟子以为隘者，后世效伯夷而不至者之过也。夫以伯夷之不立于恶人朝，不与恶人言，似近于隘。而夫子称其不念旧恶，其心量之广大如此，则伯夷岂有清之弊哉？

王直《夷齐十辨》：一辨夷齐不死于首阳；二辨首阳所以有夷齐之迹；三辨山中乏食之故；四辨夫子用齐景公对说之由；五辨武王之世恐无夷齐；六辨《史记》本传不当削海滨辟（世）［纣］之事；七辨道遇武王与《周纪》书来归之年不合；八辨父死不葬，与《周纪》书祭文王墓而后行者不同；九辨太史公之误原于轻信逸诗；十辨《左氏春秋传》所载武王迁鼎，义士非之说亦误。

谨按《论语》第七篇（冉有曰："夫子为卫君乎？"章），第十六篇（"齐景公有马千驷"章）。此二章，孔子所以称夷齐者，事无始末，莫知其何所指。虽有大儒先生，亦不得不取证于《史记》。盖孔子之后，尚论古人无如孟子。孟子止言伯夷，不及叔齐。其于伯夷也，大概称其制行之清，而于孔子二章之意亦未有所发，惟《史记》后，孔孟而作成，书备而记事。当时有以补前闻之缺遗，如子贡"夷齐何人"之问，孔子"求仁得仁"之对，倘不得《史记》以知二子尝有逊国俱逃之事，则夫子不为。卫君之微意，子贡虽知之，后世学者何从而知之也？此史迁多见先秦古书，所以为有功于世也。然迁好奇而轻信上世之事，经孔孟去取权度，一定不可复易者。《史记》反从而变乱之，以滋来者无穷之惑，则迁之功罪，岂相掩哉？盖夷齐不食周粟之类是已。《史记》既载此事于传，又于《周纪》《齐世家》诸篇历言文王、武王志在倾商，累年伺间备极，形容文字（既）（工）［上］荡人耳目，学古之士无所折衷，则或两是之，曰："武王之事不可以已"，而夷齐则为万世立君臣之大义也。昌黎韩公之论是已，其偏信者则曰："夷齐于武王谓之弑君，孔子取之，盖深罪武王也。"眉山苏公之论是已。呜呼！《论语》未尝言其以饿而死也，而史迁何自知之？饿者岂必皆至于死乎？夫首阳之隐，未见其必在武王之世，而二子昔尝逃其国而不立，证诸孔子对子贡之意，则可信矣！安知其不以逃国之时至首阳也？盖仓卒而行，掩人之所不知，固宜无所得食，又方君父大故，颠沛陨越之际，食亦何心？其所以兄弟俱在此者，一先一后，势或相因，而今不可知耳！然亦不必久居于此，逾月移时，国人立君既定，则可以出矣！惟其逊国俱逃，事大卓绝，故后称之，指其所尝栖止之地曰："此仁贤之迹也夫。"是以首阳之传久而不泯，何必曰死于此山，而后见称邪？夫孔子以景公与夷齐对言，大意主于有国无国，尤为可见。问国君之富，数马以对诸侯曰千乘，所谓有马千驷者，盖斥言其有国也。夷齐可以有国而辞国者也。崔子弑景公之兄庄公，而景公得立，崔子犹为政，景公安为之上？莫之问也。享国日久，奉己而已，观其一再与晏子感慨悲伤，眷恋富贵，直欲无死以长有。其死也，泯然一无闻之人耳！孔子叹之曰："嗟哉，斯人，彼有内求其心，弃国不顾如夷齐者，独何人哉？彼所以千古不泯者，岂以富贵哉？"由此论之，则孔子所以深取夷齐，但指其辞国一节，而意自足，若曰夫子取其不食周粟，以饿而死，则此章本文之所无也。孟子言伯夷之归周也，曰伯夷（辟）［避］纣居北海之滨，闻文王作兴，曰盍归乎来。《史记》本传则不然，削其海滨（辟）［避］纣之事，但（以）［于］逊国俱逃之下即书曰："于是往归西伯。及至，西伯卒。"此下遂书叩马谏武王之语，数其父死不葬，以臣弑君，盖以为遇武王于道也。所谓于是云者，如《春秋》之书，遂（事）［是］才逃其国，遂不复返而归周也，则不知此行也，二子亦已免丧，否与？厄于势而不返，容或有之，然逃彼归此，如同时以身丧父死，自不得与哭泣之哀也，而忍以父死不葬责他人欤？呜呼！故曰当一以孟子为断。夫伯夷、太公两不相谋，而俱归文王，孟子称为天下之大老。太公之老，古今所共传，则伯夷之年，当亦不相上下，孟子必不虚加之也。然伯夷德齿，昔纵与太公同，而后来年龄，岂必与太公等？吾意武王之时，未必犹有所谓伯夷也，而迁所作《周纪》，又自与传不同，何以言之伯夷以大老而归文王？文王享国凡五十年，吾不知其始至也在文王，初年欤？中年欤？末年欤？不可考也。而迁于《周纪》则尝以为初年矣。及作《伯夷传》乃言夷齐方至，文王已卒，道遇武王以木主为文王伐纣，叩马而谏，不知此当为两夷齐乎？抑即《周纪》所书之夷齐乎？若即《周纪》所书之夷齐，则归周已数十年，非今日甫达岐丰之境也。谏武王当于未举事之初，不当（候）［俟］其戎车既驾，而后出奇骇众于道路也。太公与己均为大老，出处素与之同，不于今日，白首如新，方劳其匆匆扶去于锋刃将及之中也。呜呼！纪、传，一人作也，乃自相（低）［抵］牾如此，尚有一语之可信乎？传曰："父死不葬"，纪则曰："武王祭于毕，东观兵，至于孟津，载木主车中。"毕也者，文王葬地也。古无墓祭，祭毕之说亦妄然。一曰"祭于毕"，一曰"父死不葬"，又何也？故凡迁书谏伐以下大率不可信，使其有之，孔子不言，孟子言之矣！予若以孔孟之说折迁，迁未必屈服，惟传自言之，纪自破之，其他卷犹曰破碎不全，不尽出于迁之手，而此纪、此传，皆迁全文，读者知其非迁莫能作，又不得疑其补缀于后人也。曰然则纪与传，孰愈曰纪书文王，其妄居半，及书武王，则妄极矣！若其书夷齐一节犹略优于传也。盖纪言其归周及文王之生，而传言其至值文王之死也。及文王之生者，与孟子同，而值文王之死者，无稽之言也。夫读论、孟则见二子可师，乃志士仁人甚自贵重，其身抗志甚高。观理甚明，俯仰浩然，清风可仰而不可及。孔孟之所谓贤由之，而俱入尧舜之道也。读《史记》则见二子可怪，乃羁旅妄人，暗于是非，进退轻发，尝试不近人情，悻悻然以去，终与自经于沟渎，而莫知之者，比史迁之所谓贤由之，则不过于陵仲子之操也。曰如此，则迁无所据，而容心为此，何也？曰迁自言之矣！所谓予悲伯夷之志，睹逸诗可异焉者。此迁之所据，乃一传之病源也。然则试使夷齐之教行，一世之人无一人肯食周地之粟，而后可乎？夷齐之风，百世闻之而兴起，何当时此事无一人见之而听从乎？夫天下所谓西山，不知其几？诗言"西山"，不言"首阳"，不当以附会《论语》之所云也，末句曰："吁嗟徂兮，命之衰矣！"迁以为夷齐死矣！悲哉，此临绝之音也。夫徂者，往也。安知作歌者之意，不思有所往？既而遂自决曰："命之衰矣"，归之于天，而终无可奈何之辞也。岂必为殂卒之殂乎？神农、虞、夏固不可见，而以暴易暴，何可以指武王？武王，非暴君也，必欲求其称此语者，则自春秋战国至于秦项灭国灭社，何处不有乎？或曰，然则春秋之初，鲁臧哀伯曰："武王克殷，迁九鼎于洛邑，义士犹或非之。"杜元凯以为伯夷之属也。此在孔孟之间，岂亦非欤？曰，非也。武成之后，武王岁月无几，散财发粟，释囚封墓，列爵分土，崇德报功，亟为有益之事，则吾闻之迁鼎，恐非急务也。灭人之国，毁人宗庙，迁其重器，强暴者之所为，谁谓武王为之？使果有所谓鼎，则天下一家无非周地，在彼犹在此矣！岂必皇皇汲汲，负之以去而后为快乎？况罪止纣身，为商立后，宗庙不毁，而重器何必迁乎？书称营洛乃成王、周公时事，在武王无之，义士所非，亦不审事实矣！而义士又不知为何人。自克商至于周衰，然后左氏载此语，盖已四五百年，四五百年之间，岂无一士心非武王者，得称为义，亦各有见也，而何必以夷齐实之乎？窃读《论语》，偶思首阳之章，未尝言死，遂得以尽推其不然，惟此章之疑既释，则史迁失其所以凭借附会之地，岂非古今之一快哉？然此愚见也，不知来哲又以为然否？

【作者简介】

　　王直，字行俭，号抑庵，江西泰和人。永乐二年进士，授修撰。累升至少詹事兼侍读学士。正统三年，升礼部侍郎。正统八年晋升吏部尚书。天顺六年卒，赠太保，谥号文端。

外　录

　　齐桓公北（往）［征］孤竹国，将至卑耳溪①，见一人，长尺许，具冠②，右祛衣③，走马疾前导。管仲曰："登山之神有俞儿，霸王之君兴，而登山之神见，且走马前导。左祛衣示前有水。今右祛衣示右方涉也。"及至溪，从左方涉，其深及冠；从右方涉，其深至膝。桓公拜曰："仲父之圣至此。"

　　张华《博物志》：灵帝和光元年④，辽西太守黄翻上言：海边有流尸，露冠绛衣，体貌完全，使翻感梦云："我伯夷之弟，孤竹君也。海水坏吾棺椁，求见掩藏。"

夷齐考疑卷五

明西浙御儿逸史胡其久著

辨

邹守益

　　余尝读王文端公⑤《夷齐十辨》，掩卷而伏思之，叹曰："士生百世之

---

　　①　卑耳溪：齐桓公北伐山戎，制令支，斩孤竹。令支，即今唐山市迁安、迁西县地；孤竹，即今秦皇岛市全境及唐山市乐亭、滦县、滦南等地区。滦河为冀东第一大河流，故卑耳溪为古濡水，即今滦河。

　　②　具冠：戴着帽子。

　　③　祛衣：掀起衣服。

　　④　灵帝和光元年：汉灵帝光和元年（178）。"和光"应为"光和"。

　　⑤　王文端公：王直，字行俭，号抑庵，江西泰和人。永乐二年进士，授编修。历事明仁宗、宣宗二朝，累升少詹事兼侍读学士。正统三年升礼部侍郎，八年晋吏部尚书。天顺八年卒，赠太保，谥文端。著有《抑庵集》《抑庵后集》等。

下，持一时之见，破千古之疑，必其援据精详，议论正大，天理民彝，不可泯灭，非但使天下后世灼然见昔非而今是，即使其人当时见之，亦不敢以有辞于我也。"庶乎其可耳！吾读迁史，迁固好奇者，夷齐之辨，公亦未为得也，何以言之？公曰："齐景公有马千驷，死之日，民无德而称焉。伯夷、叔齐饿于首阳之下，民到于今称之。"《论语》未尝言其以饿而死也，而迁何自知之？愚曰：不然。吾闻之夫子陈蔡之厄①，告子路曰："汝以仁者为必信也，则夷齐不饿死首阳。"则夫子固已言之矣。《庄子》曰："昔周之兴也，伯夷、叔齐二人相谓曰：'吾闻西方有人似有道者，试往归焉。'至岐阳，□□□□（武王闻之），使叔旦与之盟，□□（二人）相视而笑曰：今天下暗，□□□（周德衰），其并乎周，□□□□（以涂吾身）不如避之以洁吾行。□□□（北至于）首阳，遂饿而死。"《列子》曰："伯夷、叔齐始以孤竹君让，而终饿死于首阳之山。"《战国策》曰："廉如伯夷，不敢素飧，污武王之义而不臣，辞孤竹之君，饿而死于首阳之山。其言又与夫子合。"公曰：首阳之隐，未见其必在武王之世，而二子昔尝逃其国而不立，安知其不以逃国之时至首阳也？何必曰不食周粟，而后隐此耶云云。余曰：不然。夷齐之逃，以成让也。其心炯炯若日星，然仓皇就道，不相要约，齐不知夷，夷亦不知齐也。岂有俱入首阳之理耶？况其逃也，不过徐徐以俟国人立国之定耳，而首阳之距孤竹几二千里，岂有当君父之丧，废蹢踊②之戚，踰都越邑以要让国之名也哉？吾恐其获小廉而丧大节也，而谓夷齐为之乎？然偃师，旧亳地，武王伐纣，还息偃师，徒遂以为名。恐夷齐不当有此耳！然皆与孤竹相去之远，虽未暇论其孰是，要皆有以见其非逃国之时也，则首阳之所以有夷齐之迹，当亦克商之后，天人革命，绝景穷居之时，与夫岂所谓仓卒乏食之故哉？公曰：孔子以景公与夷齐对言，大意主于有国、无国犹为可见。余曰：不然。景公登牛山而流涕，至为晏子所笑，亦可谓畏死者矣。夷齐则宁饿死而不顾。夫子以景公、夷齐并言之，盖亦有所感而云尔。公又曰：武王之时，未必犹有所谓伯夷也云云。予曰：不然。伯夷、

---

① 陈蔡之厄：《史记·孔子世家》："孔子迁于蔡三岁，吴伐陈。楚救陈，军于城父（在陈国境内）。"楚昭王闻孔子在陈蔡之间，使人聘之，孔子将往拜礼，被陈、蔡大夫发徒役围于野，不得行，绝粮。弟子病饿倒地，无力站起。于是"使子贡至楚。楚昭王兴师迎孔子，然后得免。"

② 蹢踊：捶胸顿足。哀痛貌。

太公，二老也。计太公之初过文王，年且八十矣。武王之时，犹且以膺扬奋而独疑无所谓伯夷者，何哉？且均之归周也。太公则已至者也，夷齐则归之而未至者也。叩马之谏，义士之称，其不相识也固宜，若《庄子》则正言其见武王而不及文王，亦可概见。以前后考之，太公之来①，当在文王之末年，而夷齐之来，其文王既没之后、武王初立之时耶！海滨避纣之事，非迁削之也。按孤竹至海仅百余里，有孤山屹然，独立于海上，四面皆水，岂逃立之后，避纣之乱，盖尝隐于是与？今青州昌乐邑亦有孤山，不知汉始以"北海"名郡，故好事者因《孟子》"北海"之说而为之庙耳！《孟子》以孤竹为"北海"，迁以"北海"为孤竹，乌可谓迁削之耶？道遇武王，虽与《周纪》来归之年不合，然《周纪》但称"闻西伯善养老，盍往归之"之语，则亦未可遽以是即为来归之年也。公又曰：传曰："父死不葬"，纪则曰："武王祭于毕"云云。余曰：不然。"毕"有二说：一曰文王墓，一曰星名。毕星，主兵，师出祭毕，岂亦若右者类禡之礼与？然曰：上祭于毕，固不可遽以为祭墓之礼也。公又曰：观夷齐者，惟当学其求仁得仁，与夫制行之清，廉顽起懦之类，而不必惑其叩马耻粟，以至于死，是所以见夷齐之大者也。君臣之义，与天地并立，与日月并耀，此义明而人纪立，此义明而名分定，此义明而乱贼息，忠臣烈士其不可夺者正以是耳！仁孝之言，赫赫乎天地鉴之。太公以为义士，而武王独无言焉。吾知武王之心，不但伯夷非之而后知也。公又曰：《诗》自孔子删后，迁偶得逸诗，而妄意之曰：此必夷齐也，是不食周粟故也云云。余又曰：是大不然，耻食周粟，夷齐之所以为此者，其亦无如之何，而姑以是尽吾心之所安焉而已也。若曰使夷齐之教行，无一人肯食周粟而后可，则亦将以号之天下？夫孔子之杀生成仁，孟子之舍生取义，忠臣之

---

① 太公之来：伯夷、叔齐投周在西伯姬昌被囚羑里之前，太公归周在被囚之后。《史记·周本纪》："公季卒，子昌立，是为西伯。……笃仁，敬老，慈少。礼下贤者，日中不暇食以待士，士以此多归之。伯夷、叔齐在孤竹，闻西伯善养老，盍往归之。太颠、闳夭、散宜生、鬻子、辛甲大夫之徒皆往归之。"《竹书纪年》："帝辛二十一年春正月，诸侯朝周，伯夷、叔齐自孤竹归于周。二十三年，囚西伯于羑里。二十九年，释西伯。三十一年西伯治兵于毕，得吕尚以为师。"《史记·齐太公世家》："周西伯拘羑里，散宜生、闳夭素知而招吕尚。吕尚亦曰：'吾闻西伯贤，又善养老，盍往焉。'三人者为西伯求美女奇物，献之於纣，以赎西伯。西伯得以出，反国。"

捐身报国,若王蠋①、龚遂②、张巡③、文天祥④之为皆率天下之人相趋以死,则生人之类绝尤不可之大者,必若萧瑀⑤之于隋唐,冯道⑥之于五代,朝雠暮君,然后为疾风劲草,然后为屹若巨山不可动而以为贤乎哉?况武王与夷齐不两立,自其以救天下之大乱而言,谓之仁;自其以立天下之大分而言,谓之暴;若夷齐者以武王为暴也,亦宜。公又曰:鲁臧哀伯曰:"武王克殷,迁九鼎于洛邑,义士犹或非之。"杜元凯以为"伯夷之属,非也"云云。予曰不然。夫九鼎也者,神禹之所铸,以象九州者也,历世宝之。夏亡,鼎归之商;商亡,又归之周,不可得而私也。禹尚不可得而私,而况商乎?然则谓迁其重器,亦误矣。其载诸史称释箕子之囚,表商容之闾,封比干之墓,散财发粟。公则皆信之,而命南宫括、史佚展九鼎宝玉独疑焉,何哉?武王克商,定鼎郏鄏,至于南望三涂,北望岳鄙,顾瞻有河,粤瞻伊洛,则经营规画,盖非一朝一夕之故矣。岂迁鼎在营之时耶?左氏载义士非之者,虽不必指为夷齐,要周之时,宜亦有之,亦足以见天理民彝之不可已也。或曰然则《易》之"顺天应人"非耶?余曰

---

① 王蠋:战国时齐国画邑(今临淄区高阳乡)人,退隐大夫。公元前284年,燕将乐毅攻破临淄,齐愍王逃奔莒州。乐毅使人重金礼请王蠋,并封他万户地方。王蠋说:"忠臣不事二君,贞女不更二夫。国既破亡,吾不能存。"遂自缢死。众士民大夫无不感动奋起,共奔莒州,导访愍王,图谋复国。

② 龚遂:字少卿,山阳郡南平阳县人。初为昌邑国郎中令,侍奉昌邑王刘贺。汉宣帝继位后,任渤海太守。平定盗贼叛乱、鼓励农桑,很有政绩。后升水衡都尉,卒于任。

③ 张巡:字巡,蒲州河东(今山西永济)人。唐玄宗开元末年中进士,历任太子通事舍人、清河县令、真源县令。安史之乱时,起兵守雍丘,抵抗叛军。至德二载(757),安庆绪派部将尹子琦率军十三万南侵睢阳,张巡与许远等数千人死守,前后交战四百余次,叛军损失惨重,终因粮草耗尽、士卒死伤殆尽而被俘遇害。

④ 文天祥:初名云孙,字宋瑞,号文山,江西吉州庐陵人。宝祐四年(1256)状元及第,官至右丞相,封信国公。于五坡岭兵败被俘,宁死不降。至元十九年(1282)十二月初九,在柴市从容就义。

⑤ 萧瑀:字时文,南朝梁明帝萧岿第七子,梁靖帝萧琮异母弟,萧皇后之弟。初封新安郡王,西梁灭亡后随其姐萧皇后进入长安,任内史侍郎,不久被贬为河池太守,随后又降唐受封宋国公,任光禄大夫。太宗李世民即位后六次担任宰相,又六次被罢免,严重时甚至被削爵贬出京城。

⑥ 冯道:字可道,瀛洲景城人。早年效力于卢龙节度使刘守光,历仕唐、后唐、后晋、后汉、后周五朝,先后效力于唐昭宗、后唐庄宗、后唐明宗、后唐闵帝、后唐末帝、后晋高祖、后晋出帝、后汉高祖、后汉隐帝、后周太祖、后周世宗等十多位皇帝,期间还向辽太宗称臣,始终担任将相、三公、三师之位,在五代时期有"当世之士无贤愚,皆仰道为元老,而喜为之称誉"的声望。

圣人之言，各有指要，不当以执一论也。若谓汤之心，果于放桀；武之心，果于伐纣，则非所以为汤、武矣。然则汤武与夷齐孰是乎？余曰：夷齐哀万世之乱也，经也；汤武哀天下之乱也，权也。其可是彼而非此乎？要之汤武之心，犹夷齐也；伊尹①五就孟津观兵，使夏癸、商辛②由兹而悔祸，可以为少康③、太甲④，则禹、汤之泽犹未遽斩于天下也。太伯，文王之至德，亦将归之矣。此则事之或然者也。汤武何至于有惭德、未尽善之云也哉。时之穷，汤武亦无如之何也。

【作者简介】

邹守益，字谦之，号东廓，江西安福县。明代著名理学家、教育家。正德六年会试会元，廷试探花，授翰林院编修。嘉靖年间，历任南京礼部郎中、南京吏部考功司郎中、司经局洗马、太常寺少卿兼侍读学士、南京国子监祭酒。

永平兵备叶梦熊祭文：夷齐二夫子，正气塞乎宇宙；大义无二日之天，亦自适其志耳！岂复顾周土之毛，缓一夕之死，以负初心乎？幽囚之辱，不怨饥饿之苦，不辞有道，仁人之家法也。太白之悬⑤不恤，漂杵之

---

① 伊尹：伊姓，名挚，小名阿衡，商朝贤相。辅助商汤灭夏朝，历事商汤、外丙、仲壬、太甲、沃丁五代君主五十余年。

② 夏癸商辛：夏癸，桀，姒姓，夏后氏，名癸，一名履癸，谥号桀，史称夏桀。商辛，即商纣王，子姓，名受，号帝辛。

③ 少康：姒少康，又名杜康，夏朝君主。姒少康的父亲姒相被寒浞所杀，姒少康逃至虞国（今河南商丘虞城县）任庖正。在虞国君主虞思和同姓部落的帮助下，攻灭寒浞，建都纶城（虞城县西三十五里），恢复了夏王朝的统治，史称"少康中兴"。

④ 太甲：子姓，名至。商汤嫡长孙，太丁之子，商朝第四位君主。太甲继位之初，由伊尹辅政。太甲在继位第三年起任意发号施令，一味享乐，暴虐百姓，朝政昏乱。伊尹虽百般规劝，都无济于事。伊尹将他放逐到桐宫（今河南省商丘市虞城县北），让他反省，自己摄政当国，史称"伊尹放太甲"。太甲在桐宫三年，悔过自责，伊尹又将他迎回亳都（今商丘谷熟镇），还政于他。重新当政的太甲能修德，诸侯都归顺商王，百姓得以安宁。

⑤ 太白之悬：《史记·周本纪》："武王持大白旗以麾诸侯，诸侯毕拜武王，武王乃揖诸侯，诸侯毕从。……至纣死所。武王以黄钺斩头，县大白之旗。"《史记·殷本纪》："周武王于是遂率诸侯伐纣。纣亦发兵距之牧野。甲子日，纣兵败。纣走入，登鹿台，衣其宝玉衣，赴火而死。周武王遂斩纣头，县之白旗。""大"，通"太"。"县"，通"悬"。

惨①不回，无怪乎后世之疑之深也。禅受之不得不变而为放伐，或者时势所流则然，而砥柱之不化而狂澜，其凛然不二，上帝所临矣！大风西来，物从东靡，挺乎硬草者为谁？人心日薄，大义日乖假，反经合道，为权之说，而莫知其浸淫也。熊岭外小子②谬承重任，谒夫子之里，低徊感慨，不能自弃而幸际圣明，得饱食廪粟，敢不矢心捐躯，以效封疆之节？庶几不愧滦河之波，阳山之岑，惟夫子不弃其顽懦，俨然而来歆。

【作者简介】

叶梦熊，字男兆，号龙塘，明代惠州府城万石坊人。嘉靖四十四年中进士，历任赣州知府、安庆知府，浙江副使，永平兵备道，山东布政使，巡抚贵州、陕西、甘肃。因战功擢左都御史，兼兵部左侍郎，赠太子少保，太子太保，升兵部尚书，转南京工部尚书。

胡其久《艺文志》叙曰：太史公传伯夷云：学者载籍极博，犹考信于《六艺》。乃其作《史记》则于《艺文》略焉而不详，仅仅屈原、贾谊、相如③辈存千伯于一二，迄班固撰《艺文志》，其所载者类皆诗书诸史百家书，下至阴阳医卜之事，不及词赋篇章流也。岂其繁集汗牛故？然删钗？今观北平当海滨山灵之会，淳质雄浑之风，自古已然，故读《采薇歌》，廪廪犹能廉顽起懦，而文起八代衰者，至今宗之，谓文无阅于世道盛衰，天岂通论耶？采自《夷齐歌》以下，及今名贤宦游于此而论著者，悉类载之，以为文献征，毋徒曰缣帛充栋，只少一秦火耳！

清永瑢、纪昀编《四库全书总目提要》

卷五十九　史部十五　传记类存目一

《夷齐考疑》四卷（浙江巡抚采进本）

明胡其久撰。其久，崇德人，隆庆丁卯举人，官龙南知县。是编以好

---

① 漂杵之惨：言牧野之战之惨烈，血流成河。漂杵，浮起舂杵。形容恶战流血之多。《尚书·周书·武成》："师逾孟津，癸亥，陈于商郊，俟天休命。甲子昧爽，受率其旅若林，会于牧野。罔有敌于我师，前徒倒戈，攻于后以北，血流漂杵。"

② 熊岭外小子：叶梦熊自称。万历十三年至十六年任永平兵备道、山东按察副使。

③ 相如：司马相如，字长卿，蜀郡成都人。西汉辞赋家、文学家。汉景帝时为武骑常侍，为梁孝王刘武写了著名的《子虚赋》。汉武帝刘彻召司马相如进京，又写了《上林赋》，被封为郎，后任中郎将。

事者所传《夷齐世系》，名字皆据《韩诗外传》《吕氏春秋》而附会之。并以叩马、耻粟等事亦多不实，因各为驳正，而以先贤论定之语及传记诗文附其后。其议论亦颇博辨。然传闻既久，往事无徵，疑以传疑可矣，不必尽以臆断也。

【作者简介】

胡其久，字懋敬。明代浙江崇德（今桐乡）人。隆庆元年（1567）举人，万历十七年（1589）选授龙岩县知县，上任一年即病卒于官。著有《宗辅录》四卷、《夷齐考疑》五卷、《刍尧子》一卷。万历九年编纂《崇德志》（清黄虞稷《千顷堂书目》）。

编后记

据清永瑢、纪昀编纂的《四库全书总目提要》记载，史上共有三部夷齐专著。2011年，我在帮助卢龙县档案局编辑《康熙卢龙县志校注》一书的过程中，先后征集到了明代张玭著《夷齐录》、明代白瑜著《夷齐志》，并对其进行了初步的校对整理。而明代胡其久编《夷齐考疑》大陆未见存书。作为夷齐故里之人，我觉得夷齐故事是一座精神宝库，故多年来我始终以搜集研究夷齐事迹为乐，凡是有新的发现，我都想收藏起来，不仅独自享受，也分享给他人。2012年初，我从互联网搜索到台湾"国家图书馆"藏有《夷齐考疑》后，就给他们发去邮件求索该书，他们回复说只能在本馆阅读，并不外借。我便委托东北大学秦皇岛分校的董劭伟老师帮助寻找这部书。恰巧这年春季，他的学生到台湾交流学习，遂得以在台湾复印了这部书，并于2012年年底转交于我。得到这部书以后，我十分欣喜。

2017年春节前，遵照董劭伟老师的嘱托，我开始校注整理《夷齐考疑》。由于这部书成书年代较早，收录的文章上起春秋战国，下迄明代中期，时间跨越幅度较大，涉及的史实、人物较多，而且八股气息相当浓厚，引用典故甚多，古人习惯上称字号不称名，使得年轻读者读起来如坠云雾中。

伯夷、叔齐是我们秦皇岛地区的两位历史名人，堪称中华民族的道德文化始祖，得到孔孟先贤的称颂，司马迁、韩愈的赞许。作为夷齐故里的秦皇岛人，倘若不了解夷齐故事，不懂得夷齐的礼让精神，算不上一位真正的秦皇岛人。为了帮助年轻读者了解夷齐故事，弘扬礼让精神，提高全社会公民的道德素养，推动精神文明建设的深入发展，构建"人人为我，我为人人"的和谐社会，我对原书稿进行了校注，对不易读懂之处加以注释，还特别增加了作者简介，使得具有初高中古汉语水平的读者都能够"读得懂"书中内容，切实起到"资政教化"的作用。

由于本人水平有限，加之时间较为仓促，书中或许还有一些瑕疵，敬请广大读者批评指正。

李利锋

2017 年 4 月 29 日

秦皇岛诗 10 首笺释

王红利

（秦皇岛日报社）

秦皇岛地区历史悠久，文化灿烂，这里南襟渤海，北倚燕山，东接辽宁，西望京津，可谓"京师屏翰，辽左咽喉"。秦皇岛以秦始皇求仙驻跸于此而得名，是中国唯一一座以帝王尊号而得名的城市。从秦始皇第四次东巡"之碣石，使燕人卢生求羡门高誓，刻碣石门"，到汉武帝"北至碣石，巡自辽西"；从魏武帝曹操"东临碣石，以观沧海"，到唐太宗"之罘思汉帝，碣石想秦皇"，中国封建社会四位最有作为的政治家都曾到达过秦皇岛这块古碣石之地，这充分说明秦皇岛是一个极富魅力的地方。

这里早在商周时期即为孤竹国中心区域，到了明代，中山王徐达守燕，相度地形，筑为关隘，是为山海关。因地势险要，山海关成为明清易代之际的主战场。明清两朝，去古未远，留下很多吟咏秦皇岛地区景物的诗作，他们或是到秦皇岛为官，或是途经这里的匆匆过客，都被秦皇岛的山海胜景所倾倒，譬如戚继光、梁梦龙、孙承宗、范志完、顾炎武、孙奇逢、尤侗、陈廷敬、高士奇、史梦兰、宋琬、吴兆骞、宋荦等人。当然，秦皇岛本地乡贤更是大力歌颂故乡风物，其中的代表人物有翟鹏、詹荣、萧显、佘一元等人。

降至光绪二十四年（1898），清政府宣布将北戴河海滨辟为"允中外人士杂居"的避暑地，于是中外名流、富商大贾以及外国传教士络绎前来，纷纷在此购地筑屋，兴建别墅。民国时期许多名人，诸如徐世昌、朱启钤、周学熙、许世英、袁克文、江庸、顾维钧、康有为、吕碧城、徐志摩等皆曾在这里或建别墅，或在此居住避暑。海天在目，江山胜景，自然诗兴勃发，形诸文字，付诸吟咏。

　　到了新中国时期，毛泽东的一阕《浪淘沙·北戴河》更是让秦皇岛名扬四海，章士钊、郭沫若、老舍、吴世昌、夏承焘、钟敬文、苏渊雷等文化名流皆留下诗章，用他们的生花妙笔提亮了我们这座城市的文化底色。

　　歌咏秦皇岛的诗作何其夥矣，观旧志所载的"艺文志"部分，未尝不废书而叹焉，感慨古人佳作如林，惜乎湮没无闻，虽然秦皇岛本地的各种诗集、诗选也会选录其中的部分作品，奈何多疏于注解，有鉴于此。笔者选录了歌咏秦皇岛的 10 首佳作，逐篇进行笺释，冀望读者可以豹窥一斑，尝鼎一脔，正如谢榛在《四溟诗话》中所云："诗有可解，不可解，不必解，若水月镜花，勿泥其迹可也。"笺释注解是一件吃力不讨好的事，笔者亦不敢强作解人，只是不揣浅陋，坦陈自己对诗的理解，以就教于方家，特别是"题解"部分，多为一孔之见，庶几有裨于诗教之昌明、地域文化之拓展，或可视作笔者为秦皇岛市创建"中华诗词之市"的一种贡献吧。

　　至于为何选录了 10 首，而非 9 首或是 11 首，恐不免鲁迅先生在《再论雷峰塔的倒掉》中所讥讽的"十景病"，当然，杜贵晨先生所提出的"文学数理批评"或可强为之辩吧。

曹操《观沧海》

【作者小传】

　　曹操（155—220），字孟德，小字阿瞒，沛国谯县（今安徽省亳州市）人。东汉末年著名军事家、政治家和诗人，三国时代魏国奠基者和主要缔造者。其子曹丕称帝后，追尊其为武皇帝，庙号太祖。

　　东临碣石，以观沧海。
　　水何澹澹，山岛竦峙。
　　树木丛生，百草丰茂。
　　秋风萧瑟，洪波涌起。
　　日月之行，若出其中；
　　星汉灿烂，若出其里。

幸甚至哉，歌以咏志。

【注释】

1. 临：登上，有到达的意思。

2. 碣（jié）石：山名，在今河北省昌黎县西北。公元 207 年秋天，曹操征乌桓时经过此地。

3. 沧：通"苍"，青绿色。

4. 澹澹（dàn dàn）：（水波）荡漾的样子。

5. 竦峙（sǒng zhì）：高高地挺立。竦，通耸，高起。峙，挺立。

6. 星汉：银河。

7. 幸甚至哉：庆幸得很，好极了。幸，庆幸。至，达到极点。

8. 歌以咏志：咏，歌吟，即表达心志。志，理想。以诗歌表达心志或理想。最后两句与本诗正文没有直接关系，是乐府诗结尾的一种方式。

【题解】

曹操存诗 20 余首，全部采用乐府古题，这些诗歌虽用乐府旧题，却并未因袭古人诗意，而是自辟蹊径，承继了"感于哀乐，缘事而发"的汉乐府精神。例如《薤露行》《蒿里行》本是挽歌，曹操用以哀叹国家丧乱，君王遭难，百姓受苦，正含痛悼、叹惋、感伤之意。

《观沧海》是曹操组诗《步出夏门行》的首章。《步出夏门行》又名《陇西行》。"夏门"原是洛阳北面西头的城门，汉代称夏门，魏晋称大门。曹操此篇，《宋书·乐志》归入《大曲》，题作《碣石步出夏门行》。从诗作内容看，与题意了无关系，因为《步出夏门行》原是感叹人生无常，须及时行乐的曲调，曹操却以之抒发一统天下的胸襟和抱负以及北征归来所见的壮丽景象。敖陶孙《诗评》评价曹诗"如幽燕老将，气韵沉雄"，可谓的评。《步出夏门行》共分《观沧海》《冬十月》《土不同》《龟虽寿》四章，前面有"艳"（序歌）。明人钟惺在《古诗归》里所说："《观沧海》直写其胸中眼中，一段笼盖吞吐气象。"《观沧海》堪称文学史上第一首完整意义上的山水诗，具有十分重要的文学史意义。同时也是秦皇岛地区最负盛名的一首诗作。

杨琚《秦皇岛》

【作者小传】

杨琚，字朝用，江西吉安府泰和县人，江西乡试第十名，明景泰五年（1454 年）殿试登进士第二甲第八十九名。天顺五年（1461 年）任山海关兵部分司主事。

　　峛崺神山峙海边，始皇曾此驻求仙。
　　羽轮飙驾今何在？方丈瀛洲亦杳然。
　　古殿远连云缥缈，荒台俯瞰水潺湲。
　　红尘不动沧溟阔，芳草碧桃年复年。

【注释】

1. 峛崺：lǐ yǐ，逦迤。连绵不断貌。汉扬雄《法言·吾子》："观书者，譬诸观山及水，升东岳而知众山之峛崺也。"

2. 神山：神话中谓神仙所居住的山。《史记·封禅书》："乃益发船，令言海中神山者数千人求蓬莱神人。"

3. 羽轮：以鸾鹤为驭的坐车，传为神仙所乘。

4. 飙驾：即飙车，传说中御风而行的神车。

5. 方丈：传说中海上神山名。《史记·秦始皇本纪》："齐人徐市等上书，言海中有三神山，名曰蓬莱、方丈、瀛洲。"

6. 瀛洲：亦作"瀛州"。传说中的仙山。《列子·汤问》："渤海之东，不知几亿万里……其中有五山焉，一曰岱舆，二曰员峤，三曰方壶，四曰瀛洲，五曰蓬莱……所居之人，皆仙圣之种。"

7. 杳然：形容看不到，听不见，无影无踪。

8. 红尘：指繁华之地或人世。

9. 沧溟：大海。《汉武帝内传》："诸仙玉女，聚居沧溟。"

【题解】

杨琚这首《秦皇岛》诗是"秦皇岛"作为地名首次出现在文献记载中，具有非凡的意义。特别是颔联"羽轮飙驾今何在？方丈瀛洲亦杳然"

一针见血，彻底揭露出始皇求仙的荒诞与虚妄。白云苍狗，世事翻覆，不论是帝王将相还是贩夫走卒，都逃不过年寿有时而尽这个自然法则。昔日的古殿荒台都已成为烟云过往，尾联宕开一笔，多么伟大的功业都会随风消逝，只有辽阔的大海波涛翻滚不休，只有芳草碧桃年复一年开放，让人心头不禁一阵悲凉。这首诗抛开其在文献方面的意义不谈，也是一首情景交融的上佳作品。

萧显《镇东楼》三首 其三

【作者小传】

萧显，字文明，号履庵，更号海钓，山海卫人。顺天府乡试第二名，成化八年（1472）进士，授兵科给事中，以正直称。累官福建按察佥事，正德元年卒，年七十六。萧显为诗清简有思致，书尤沉着顿挫，自成一家。萧显与张南安同时以狂草称，卷轴遍天下，甚至传至外国。有《海钓遗风》《镇宁行稿》《归田录》。

城上危楼控朔庭，百蛮朝贡往来经。
八窗虚敞堪延月，重槛高寒可摘星。
风鼓怒涛惊海怪，雷轰幽谷泣山灵。
几回浩啸掀髯坐，羌笛一声天外听。

【注释】

1. 危楼：高楼。
2. 朔庭：犹北庭。指北方异族政权。
3. 百蛮：古代南方少数民族的总称。后也泛称其他少数民族。《诗·大雅·韩奕》："以先祖受命，因时百蛮。"
4. 朝贡：古时谓藩属国或外国使臣入朝，贡献方物。《后汉书·乌桓传》："辽西乌桓大人郝旦等九百二十二人率众向化，诣阙朝贡，献奴婢牛马及弓虎豹貂皮。"
5. 经：经过。
6. 八窗：指四壁窗户轩敞，室内通彻明亮。
7. 堪：能，可以，足以。

8. 延：引进，请。

9. 重槛：一重又一重的栏杆。

10. 山灵：山神。《文选》录班固《东都赋》："山灵护野，属御方神。"

11. 啸：《说文解字》："吹声也"。具体何指说法不一，当是一种特殊的发声技巧。

12. 髯：两腮的胡子，亦泛指胡子。

13. 羌笛：古代的管乐器，长二尺四寸，三孔或四孔，因出于羌中，故名。唐王之涣《凉州词》（之一）："羌笛何须怨杨柳，春风不度玉门关。"

【题解】

山海关的四面均辟城门，东、西、南、北分别称"镇东门""迎恩门""望洋门"和"威远门"。四门上原先都筑有高大的城楼，但目前仅存镇东门门楼，即镇东楼。镇东楼为砖木结构的二层楼重檐歇山顶建筑，始建于明洪武十四年（1381），城楼高13.7米，建筑面积356平方米。城楼上层西侧有门，其余三面设箭窗68个，平时以朱红色的窗板掩盖。所悬挂匾额上书"天下第一关"五个大字，据传为明代进士萧显书写，每字高1.6米，字体苍劲浑厚，是山海关城的象征。

首联写镇东楼的地理位置之险要，地扼东北进入华北主要通道——辽西走廊的咽喉，关外即是蛮邦，藩属国到大明朝朝贡皆须从此经过。颔联写的是镇东楼的形制与规模，颈联则描摹了镇东楼附近的地形地貌，纵有海怪山灵也都慑服此楼。尾联写诗人心情闲适，长吟浩啸，掀髯坐于楼上，独听天外羌笛，悠然自得。

陈廷敬《夷齐庙》

【作者小传】

陈廷敬，原名陈敬，字子端，号说岩，晚号午亭山人，现山西省晋城市阳城县皇城村人，入仕五十三年。历任康熙朝经筵讲官、工部尚书、户部尚书、刑部尚书、吏部尚书。陈廷敬生平好学，诗、文、乐皆佳。与清初散文家汪琬，著名诗人王士禛皆有往来。康熙对陈廷敬有"房姚比雅韵，李杜并诗豪"的评价。乾隆皇帝亲书"德积一门九进士，恩荣三世六翰林"的楹联对陈廷敬及其家族予以褒奖。康熙四十九年（1710），皇帝命张玉书、陈廷敬领导编纂一部大型字典，即《康熙字典》，后张玉书病逝，陈廷敬独任总裁官。陈廷敬有《午亭文编》五十卷收入《四库全书》。

清圣祠堂沧海边，首阳往事尚依然。
峥嵘泰伯兴周日，寂寞成汤放桀年。
万世君臣今论定，古来兄弟几人传。
只将一勺滦江水，捋取山薇荐豆笾。

【注释】

1. 清圣：纯洁的圣人。语本《孟子·万章下》："伯夷，圣之清者也。"

2. 首阳：即首阳山，首阳山在今何地，旧说不一，诗中所咏首阳山在今卢龙。《论语·季氏》："伯夷、叔齐，饿于首阳之下，民到于今称之。"

3. 峥嵘：形容岁月逝去。

4. 泰伯：一作太伯，姬姓，是周部落首领古公亶父的长子。因古公亶父第三子季历的儿子姬昌有"圣瑞"，所以古公亶父希望以季历为继承人，然后传位给姬昌。于是长子泰伯带着次弟仲雍一同避居吴地，并纹身断发，以示不可用。姬昌能灭商兴周得益于伯父泰伯之让贤。《论语·泰伯篇》记载："子曰：'泰伯，其可谓至德也已矣！三以天下让，民无得而称焉。'"

5. 成汤：《尚书》记载："成汤放桀于南巢。"成汤，即商汤，夏桀无道，汤伐之，遂有天下，国号商。

6. 一勺：《中庸》记载："今夫天，斯昭昭之多，及其无穷也，日月星辰系焉，万物覆焉；今夫地，一撮土之多，及其广厚，载华岳而不重，振河海而不泄，万物载焉；今夫山，一卷石之多，及其广大，草木生之，禽兽居之，宝藏兴焉；今夫水，一勺之多，及其不测，鼋鼍蛟龙鱼鳖生焉，货财殖焉。"老龙头澄海楼下有"一勺之多"碑，乾隆八年（1743）十月，乾隆帝自盛京谒祭祖陵归来，途经老龙头，登澄海楼望海，作诗

《再题澄海楼壁》，其中有"我有一勺水，泻为东沧溟。无今又无古，不减又不盈"的诗句。

7. 捋取：捋 luō，摘取。

8. 山薇：伯夷、叔齐，孤竹国君的长子与三子，义不食周粟，隐于首阳山，采薇而食之，作《采薇歌》曰："登彼西山兮，采其薇矣。以暴易暴兮，不知其非矣。神农、虞、夏忽焉没兮，我安适归矣？于嗟徂兮，命之衰矣。"最终二人饿死首阳山下。

9. 荐：进献，祭献。

10. 豆笾：笾音 biān，祭器。木制的叫豆，竹制的叫笾。《尚书》："丁未，祀于周庙，邦甸侯卫，骏奔走，执豆笾。"

【题解】

孤竹城有夷齐庙，亦称清圣祠，陈廷敬此诗咏伯夷、叔齐兄弟之事，兄弟二人叩马而谏，阻止武王伐周，武王不听，遂义不食周粟，隐于首阳山下，采薇而食，后绝食而死，这就是所谓的首阳往事。回眸历史，古公亶父因为觉得三儿子季历的儿子姬昌有"圣瑞"，就打算传位给季历，长子泰伯带着次弟仲雍一同离开，也就是孔子所说的三让天下，所以才有日后的天下宗周，再往前看，当年商朝的开国君主汤灭夏，流放了夏桀。

这里存在着一个历史悖论，如果肯定了武王伐纣的先进性与正义性，那么劝谏武王不要伐纣的伯夷叔齐的行为又该如何论定呢？所以，君臣有定，朝代更迭乃历史发展之必然，就是暴政必然走向灭亡，民心所向，只有人民才是历史的主人。但是伯夷、叔齐兄弟让国的行为，特别是长子伯夷的境地与泰伯甚为相似，依然得到后世的肯定，所以诗人将滦河水与山薇作为祭品进献给伯夷、叔齐兄弟。

詹荣《角山精舍次吕峪野韵》

【作者小传】

詹荣（1450—1551），字仁甫，山海卫（今秦皇岛市山海关）人。嘉靖五年（1526），登进士，授户部主事，历任郎中。因战功升光禄寺少卿，再迁太常寺少卿。嘉靖二十二年（1543），以右佥都御史巡抚甘肃，后改大同巡抚，与总兵官周尚文及总督翁万达严兵战备阳和，抵御蒙古小王子俺答汗进攻。此后晋升兵部右侍郎、左侍郎，后兵部尚书赵廷瑞罢，其署部务，奏行秋防十事。因翁万达入为尚书，詹荣遂辞疾乞休。世宗大怒，夺职闲住，詹荣两年后去世。

百二泥封镇日闲，肩舆乘兴到空山。
萧疏野径蒙携酒，风雪柴门为启关。
绝调岂云齐唱和，高情劳忆旧追攀。
留君坐对寒宵月，木柝频催未许还。

【注释】

1. 百二：以二敌百。一说百的一倍。后以喻山河险固之地。《史记·高祖本纪》："秦，形胜之国，带河山之险，县隔千里，持戟百万，秦得百二焉。"

2. 泥封：《后汉书·隗嚣传》："元（王元）请以一丸泥为大王东封函谷关，此万世一时也。"此谓守关如封泥，后因以"封泥"喻据守雄关。

3. 镇日：整天，从早到晚。

4. 肩舆：抬着轿子，谓乘坐轿子。

5. 绝调：绝妙的曲调。

6. 木柝：柝，音 tuò，古代打更用的梆子。

【题解】

詹荣这首诗用的吕野的韵，当然就是吕野写诗在先，应该是诗人赋诗追忆与吕野相会的美好场景。吕野携酒到詹荣居处，即角山精舍，二人饮酒赏月，自然无比快乐，虽然夜色已晚，木柝频催，詹荣还是不肯放吕野离开，表现了二人真挚的友情。

宋琬《游韩御史钓台》

【作者小传】

宋琬（1614—1674），字玉叔，号荔裳，山东莱阳人。宋琬能作诗，古体拟汉魏，近体学盛唐，"一生遭遇，丰少屯多，故其诗多愁苦之音"，诗歌以"沉郁苍健"著称。王士祯《池北偶谈》谓:"康熙以来诗人,无出'南施北宋'之右,宜城施闰章愚山、莱阳宋琬荔裳也"。光绪五年(1879 年),莱阳知县茅芳廉为其故宅立碑,故居现改为莱阳市博物馆。

先生夙岁返丘园,选胜垂纶此结轩。
到海遥看千派入,倚云高见一峰尊。
月明华表松杉影,雨洗丹梯杖履痕。
谁谓风流难再嗣,客星今已属诸孙。

【注释】

1. 先生:这里指的是韩应庚。韩应庚登明万历丁丑年进士,官至御史,政绩甚著,然而韩应庚却急流勇退,47 岁即引疾而退,据说"七征不起"。还乡后韩应庚在滦河东岸钓鱼台建起月白楼,终日以琴棋书画自娱。"钓台月白"后为"卢龙八景"之一。

2. 夙岁,夙通早,夙岁即早年。

3. 丘园:家园;乡村。

4. 垂纶:垂钓。

5. 客星:《后汉书·严光传》:"(光武帝)复引光入,论道旧故……因共偃卧,光以足加帝腹上,明日太史奏,客星犯御座甚急。帝笑曰:'朕故人严子陵共卧耳。'"于是,客星就成了严光的代称,光武帝刘秀欲授予严光谏议大夫之职,最终严光也没有接受。诗文中常用为隐逸之典。

【题解】

这首诗是宋琬在永平府为官期间所作。宋琬于顺治十四年(1657 年)奉调直隶永平道,就任永平副使,管军饷。清顺治十五年(1658 年),宋琬在永平修订《永平府志》二十三卷。宋琬在卢龙曾与韩应庚的孙子韩子新交往,并为韩子新的父亲韩原瀇作传,这也是宋琬今传诗文集中所收录的唯一一篇传文,这篇《韩隐君传》也收录在《康熙永平府志》卷二十二。宋琬曾在《钓台图歌赠马兰台山人》一诗中这样称赞钓台的景致:"卢龙山水颇不恶,韩家钓台尤最奇"。原诗末有宋琬自注云:"先生孙桃平隐浙东,子新居密县,并有文名,称高士云。"

可见,韩应庚的不慕荣利、风流自适在其后代子孙中有很好的继承。

戚继光《观海亭》

【作者小传】

戚继光（1528—1588）字元敬，号南塘，晚号孟诸，谥武毅。山东蓬莱人。明朝军事家，官至左都督、太子太保加少保。嘉靖、万历年间，率戚家军于浙、闽、粤沿海诸地抗击来犯倭寇，历十余年，终于扫平倭寇之患，成为著名的抗倭将领。隆庆二年（1568），明廷特召戚继光总理蓟州、昌平、保定三镇练兵事，总兵官以下悉受节制。戚继光镇守蓟州期间，先后加固长城，议建墩台，整顿屯田，训练军队，制定车、步、骑配合作战的战术，形成墙、台、堑密切联络的防御体系，多次击退侵扰之敌。戚继光在蓟州十六年，军威大振，边备修饬，蓟门晏然。戚继光著有《纪效新书》《练兵实纪》和诗文集《止止堂集》等。

曾经泽国鲸鲵息，更倚边城氛祲消。
春入汉关三月雨，风吹秦岛五更潮。
但从使者传封事，莫向将军问赐貂。
故里苍茫看不极，松楸何处梦魂遥。

【注释】

1. 泽国：大海，这里指渤海。

2. 鲸鲵：雄曰鲸，雌曰鲵。晋崔豹《古今注·鱼虫》："鲸，海鱼也。……其雌曰鲵。"《左传·宣公十二年》："取其鲸鲵而封之。"杜预注："鲸鲵，大鱼名。"《文选·左思〈吴都赋〉》："长鲸吞航，修鲵吐浪。"刘逵注引杨孚《异物志》："鲸鱼长者数十里，小者数十丈，雄曰鲸，雌曰鲵。"

3. 氛祲：雾气。指预示灾祸的云气。比喻战乱，叛乱。

4. 汉关：指山海关。

5. 封事：密封的奏章。古时臣下上书奏事，防有泄漏，用皂囊封缄，故称。

6. 赐貂：《清稗类钞·恩遇类》记载："冬至赐貂，唐例也，国朝亦仿行之。南书房、如意馆、升平署供奉诸人，各得数张不等。"

7. 松楸：松树与楸树，墓地多植，因以代称坟墓。这里特指父母坟茔。

【题解】

观海亭在山海关城南十里长城入海处老龙头的宁海城，城台上可俯瞰大海。"海亭风静"为当时"榆关十四景"之一。观海亭于万历三十九年（1611）改建为澄海楼。万历七年（1579），戚继光主持修建了入海石城七丈。这首诗主要描写了戚继光作为边关统帅在观海亭俯瞰大海，但见苍茫一片，而心中所求的当然是天下太平，海不扬波，即首联的"曾经泽国鲸鲵息，更倚边城氛祲消"。戚继光为保卫边关做了巨大贡献，却并不居功自傲，也不渴求朝廷的封赏，心中所思所想只是故乡的父母，他们频频入梦。

吴兆骞《关上留别潘守戎》（代方詹事作）

【作者小传】

吴兆骞（1631 — 1684），字汉槎，号季子，江苏吴江人。吴兆骞"少颖悟，有隽才"，九岁作《胆赋》长达数千言，震惊当时，显示出超人的才气，与陈维崧、彭师度并称为"江左三凤凰"。顺治十四年（1657）以"丁酉科场案"流放宁古塔（今黑龙江宁安）。吴兆骞友人顾贞观作《金缕曲》（季子平安否）求援于纳兰性德，性德读毕，为之泣下。康熙二十年（1681），经纳兰明珠、徐干学、徐元文等朝廷重臣相救，纳资赎归，前后历经二十三年。《四库全书总目》称："兆骞诗天赋特高，风骨道上。"著有《秋笳集》。

塞天万里送征鞍，意气逢君欲别难。
侠客军中倾灌孟，故人门下识任安。
望乡台迥边云断，姜女祠空海气寒。
明发骊驹分手后，榆关风雪竟南看。

【注释】

1. 方詹事：方拱乾，字坦庵，一字肃之，明代崇祯元年（1628）进士，官左谕德，兼侍读。入清，官少詹事，故诗中称其为方詹事。以江南科场案，流放宁古塔，后释归，改字苏庵。著有《宁古塔志》《方詹事集》《绝域纪略》等。

2. 灌孟：颍阳人，灌夫的父亲，原名张孟，曾经做过颍阴侯灌婴的家臣，受到灌婴的宠信，官至二千石级，并赐姓灌，为灌孟。灌孟作战勇猛，"七国之乱"中，灌孟在与吴王刘濞军的战斗中不幸阵亡。

3. 任安：《史记·卫将军骠骑列传》载："举大将军故人门下多去事骠骑，辄得官爵，唯任安不肯。"《容斋随笔》载："卫青为大将军，霍去病才为校尉，已而皆为大司马。青日衰，去病日益贵。青故人门下多去事去病，唯任安不肯去。"

4. 姜女祠：《柳边纪略》卷一："又五里曰毛家山，南即望夫石。贞女祠在其上。……像一妇木盒中，作凄恻状，乃所谓徐氏孟姜也。有联云：秦王安在哉，万里长城筑怨；姜女未亡也，千秋片石铭贞。"高士奇《扈从东巡日录》："出关数里有姜女祠，祠前土丘为姜女坟，望夫石在其侧。"即此。

5. 明发：《诗·小雅·小宛》："明发不寐，有怀二人。"朱熹《集传》："明发，谓将旦而光明开发也。"此处指早晨起程。

6. 骊驹：纯黑色的马。亦泛指马。

7. 榆关：即山海关。

【题解】

诗题中的关上指山海关。吴兆骞因江南科场案与方拱乾相识于刑部大狱中，二人一见倾心，自此吴兆骞与方氏父子的情谊日渐浓厚，"情好殷挚，谈诗论史，每至夜分。"方拱乾与吴兆骞一道流徙宁古塔，途经山海关，因为潘守戒与方拱乾是旧相识，由此他们受到了潘守戒的热情招待，因此他在诗中将潘守戒比作勇猛的灌孟和有气节的任安。然而毕竟是流放途中，前途未卜，故而景致再美也无心欣赏，看到的是"边云断"，感到的是"海气寒"，无论如何，在落魄之际受到礼遇，主人的盛情款待令诗人心中倍觉温暖，就算明天启程分别，依然会感念这份真挚的友情。

顾炎武《永平》

【作者小传】

顾炎武（1613—1682），原名绛，字忠清；明亡后改名炎武，字宁人，亦自署蒋山佣。因故居旁有亭林湖，学者尊称为"亭林先生"，亦称"涂中先生"，南直隶苏州府昆山县人。他一生辗转，学识渊博，行万里路，读万卷书，创立了一种新的治学方法，成为继往开来的一代宗师，被誉为清代朴学"开山始祖"。梁启超曾说："论清学开山之祖，舍亭林没有第二人。"有《日知录》《天下郡国利病书》等著作。

流落天涯意自中，孤踪终与世情疏。
冯驩元不曾弹铗，关令安能强著书？
榆塞晚花重放后，滦河秋雁独飞初。
从兹一览神州去，万里徜徉兴有余。

【注释】

1. 永平：明清时府名，曾辖卢龙、迁安、抚宁、昌黎、乐亭、临榆六县及滦州一州，治设卢龙，诗虽名为永平，实际作于卢龙。

2. 冯驩：驩，又作谖或煖。冯驩求为孟尝君门下客，弹铗而歌曰："长铗归来乎，食无鱼。"要求得到满足后，后复弹"长铗归来乎，出无车。""长铗归来乎，无以为家。"事见《战国策》与《史记》。

3. 关令：指的是尹喜。《史记》："老子修道德，其学以自隐无名为务。居周久之，见周之衰，乃遂去。至关，关令尹喜曰：'子将隐矣，强为我著书。'于是老子乃著书上下篇，言道德之意五千余言而去，莫知其所终。"

4. 榆塞：即榆关或山海关。

5. 徜徉：徘徊或彷徨的意思。

【题解】

此诗正如王冀民先生在《顾亭林诗笺释》中所云："首尾两联系寻常行旅语，全诗着意处唯颔联两句。"顾炎武顺治十五年（1658）深秋抵永平府治卢龙，作此诗。当地官长郭造卿热情接待了顾炎武，并邀请他主持修撰《永平志》，称"府志稿已具矣，愿为成之"，顾炎武认为自己"无郭君之学，而又不逢其时，以三千里外之人，而论此邦士林之品第，又欲取成于数月之内，而不问其书之可传与否，是非仆所能。"（《营平二州史事序》）所以婉言谢绝了郭造卿请求修志之事。

尤侗《金人捧露盘·卢龙怀古》

【作者小传】

尤侗（1618—1704）明末清初著名诗人、戏曲家，字展成，一字同人，早年自号三中子，又号悔庵，晚号良斋、西堂老人、鹤栖老人、梅花道人等，苏州府长洲（今江苏省苏州市）人。顺治九年（1652），尤侗以乡贡谒选，得授永平推官，第一次踏足秦皇岛这块土地。康熙十八年（1679）举博学鸿儒，授翰林院检讨，参与修《明史》，分撰列传 300 余篇、《艺文志》五卷。康熙二十二年（1683）告老归家。康熙南巡，御书"鹤栖堂"赐尤侗，并得晋官号为翰林院侍讲。尤侗天才富赡，诗多新警之思，杂以谐谑，每一篇出，传诵遍人口。著述颇丰，有《西堂全集》《西堂余集》《鹤栖堂稿》等共一百四十二卷。康熙四十三年六月（1704），尤侗以疾而逝，享年 87 岁，朱彝尊为其撰墓志铭。

出神京，临绝塞，是卢龙。想榆关、血战英雄，南山身掳，将军霹雳吼雕弓。大旗落日，鸣笳起、万马秋风。　问当年，人安在？流水咽，古城空。看雨抛、金锁苔红。健儿白发，闲驱黄雀野田中。参军岸帻，戍楼上、独数飞鸿。

【注释】

1. 神京：帝都；首都。
2. 绝塞：极远的边塞地区。
3. 卢龙：这里指的是卢龙塞。
4. 榆关：即山海关。
5. 雕弓：刻绘花纹的弓；精美的弓。
6. 笳笛：古管乐器名。汉时流行于西域一带少数民族地区，初卷芦叶为之，后改用竹。

    7. 健儿：勇士；壮士。

    8. 岸帻：推起头巾，露出前额。形容态度洒脱，或衣着简率不拘。

    9. 戍楼：边防驻军的瞭望楼。

    10. 飞鸿：飞行着的鸿雁。

【题解】

    顺治九年（1652），在科举路上屡败屡战的尤侗终于迎来了生命中第一缕亮色，尤侗以乡贡谒选，得授永平推官，这首词即作于此年。尤侗从北京来到永平府任职，榆关自古即为著名关塞，此地距离京师不过数百里之遥，是京师通往辽东地区的咽喉要道，所以具有重要的军事战略意义，明清易代之际这里曾是主战场，故有血战英雄、霹雳雕弓之语。到了清代，长城已经不再是隔阻胡人的屏障，长城内外皆在清朝统治之下，因此有健儿白发、闲驱黄雀之语。尤侗这首《金人捧露盘·卢龙怀古》堪称登临怀古的一首佳作。

康有为《北戴河纪游诗》

【作者小传】

    康有为（1858—1927），原名祖诒，字广夏，号长素，又号更生，别署西樵山人、天游化人等。广东南海人，世称康南海。康有为"每诵读，过目不忘，七岁能属文，有神童之目"，长大以后于学无所不窥，是近代杰出的政治家、教育家、哲学家和思想家，同时也是近代著名的学者、诗人、书法家、艺术理论家。康有为一生著作宏富，经历极为复杂，生逢晚清没落之际，他亲历了那段波澜壮阔的历史，成为近代中国历史上有开创性的标志性人物之一。戊戌政变后流亡国外，辛亥革命后回国，1927 年 3 月 31 日，康有为病逝于青岛。

    万里波澜拍岸边，五云楼阁倚山巅。

    天开图画成乐土，人住蓬莱如列仙。

    暮卷涛声看海浴，朝飞霞翠挹山妍。

    东山月出西山雨，士女嬉游化乐天。

【注释】

1. 五云：五色瑞云，多作吉祥的征兆。古人用"五云乡"代指仙人居住的地方，五云楼阁也是仙人居所。

2. 天开图画：形容自然景色美好，如天生的画图。

3. 乐土：安乐的地方。《诗·魏风·硕鼠》："逝将去女，适彼乐土。"

4. 蓬莱：蓬莱山。古代传说中的神山名。亦常泛指仙境。《史记·封禅书》："自威、宣、燕昭使人入海求蓬莱、方丈、瀛洲，此三神山者，其傅在勃海中。"

5. 列仙：诸仙。《汉书·司马相如传》："相如以为列仙之儒居山泽间，形容甚臞，此非帝王之仙意也，乃遂奏《大人赋》。"

6. 挹：挹彼注兹。谓将彼器的液体倾注于此器。《诗·大雅·泂酌》："泂酌彼行潦，挹彼注兹，可以濯罍。"孔颖达疏："可挹彼大器之水，注之此小器之中。"后亦以喻取一方以补另一方。

7. 士女：泛指人民、百姓。

8. 嬉游：游乐；游玩。《史记·司马相如列传》："若此辈者，数千百处。嬉游往来，宫宿馆舍，庖厨不徙，后宫不移，百官备具。"

9. 化乐天：又称乐变化天。欲界天的第五层。此天众生于己身诸欲贪念自然不生，得自在乐。形容非常之快乐，乐不可言。

【题解】

康有为民国十二年（1923）曾到北戴河游览观光，因有此诗。这首诗的康有为真迹也留存世间。2015 年秋西泠印社以 621 万元（含佣金）的价格拍卖。这首《北戴河纪游诗》是康氏 66 岁时的作品。康有为享年 70 岁。此时康有为的书法已臻化境，可谓人书俱老，写得大气磅礴、恣肆开张、元气淋漓，当属他存世书法作品中的精品之作。

这首诗中的意象瑰丽而宏大，意境新奇开阔，因此充满气势，意蕴丰富，气象万千。一首诗之内既有宏观视野，如首联"万里波澜拍岸边，五云楼阁倚山巅"，将北戴河置于海波万里的壮阔之中，又有微观把握，如颈联"暮卷涛声看海浴，朝飞霞翠挹山妍"，融海山胜景于时空变幻之中，以情观物，以我观物，故物皆着我之色彩。颔联"天开图画成乐土，人住蓬莱如列仙"成为描写北戴河迷人景致的佳句，至今传唱不衰。

旧体诗欣赏

王红利

（秦皇岛日报社）

《山海关怀古》

关锁山河霸业成，千秋功过几能评。
戍楼惯看风云色，大海时听鼓角声。
马踏六军烽火冷，月明万里水天横。
将军一怒成灰土，只向红颜问死生。

　　南宋画家李唐《采薇图》，绢本，27.2 厘米×90.5 厘米，现藏于故宫博物院。

《咏桃林口清圣山夷齐像》

　　玄水悠悠百草芳，夷齐二子立苍茫。
　　曾经叩马悲禾黍，未若采薇登首阳。
　　北海清风传世范，西山孤节振纲常。
　　我今来拜桃林口，烈烈声名万古香。

张金龙教授《治乱兴亡：军权与南朝政权演进》简评

张　锐

（首都师范大学　历史学院）

　　首都师范大学张金龙教授新著《治乱兴亡：军权与南朝政权演进》于 2016 年 12 月由商务印书馆出版。该书是张金龙教授在《魏晋南北朝禁卫武官制度研究》、《北魏政治史》之后的又一力作。

　　《治乱兴亡：军权与南朝政权演进》一书以军权与政权演进为中心，以治乱兴亡为重点，对南朝政治史做了较为完整详细的研究，对于推进南朝史的研究具有重要意义。该书的内容及特色如下：

　　其一，引言提纲挈领，直扣主题。作为该书引言的《治乱兴亡论》详细梳理了中国古代"治乱兴亡"概念产生与发展的历史脉络，指出"治乱兴亡"体现了中国历史上王朝盛衰更替的特征，又全面评介了古圣先贤有关"治乱兴亡"问题的认识和讨论。在此基础上，作者高屋建瓴，提出"人类从部族社会进入国家社会之后，无论何时何地，军权都是国家政权存在的支柱"，以南朝为例，将军权与王朝的"治乱兴亡"紧密结合起来讨论，既一语中的，又点明全书主题。

　　其二，全书内容丰富，逻辑严密。该书共十五章，近九十万字，以翔实的史料、严谨细致的叙述，将南朝宋齐梁陈四代的治乱兴亡、军权与政权演进娓娓道来。如第二章第四节深入分析了"范晔谋反案"的前因后果，对历代学者的相关研究做了详细评述，找到了对这一问题最合理的解释，论证精到，鞭辟入里。能对这样一个聚讼千年的"公案"全面讨论，提出独到见解，足见作者深厚的史学功底与严谨的治学风格。

其三，始终把握军权这一关键线索展开论述。该书开宗明义的指出南朝"是认识军权与君主专制政治关系的典型时代"，更进一步说明"仅就禁卫军权而论，谓之古代专制帝国最重要的支柱亦不为过"，"能否有效控制禁卫军权及以何种方式进行控制，就成为衡量专制君权强弱兴衰的一个重要标志"。全书紧紧把握军权与政权，尤其是禁卫军权与专制君权展开讨论。如该书第六章对庞杂的史料进行了全面严格的考证，条理清楚地论述了刘宋后期"泰始"与"义嘉"两政权之间的战争，将对军权与政权关系的深刻认识融入对激烈政治军事斗争的具体叙述之中。要深入浅出、紧抓核心地叙述这样一场头绪繁杂、史料牴牾的大规模战争，若没有清晰明了的思路与多年著述积累的丰富经验，是不可能办到的。

其四，敢于突破旧说，提出新见解。该书不拘泥于前人的陈规旧说，不受史书编撰者的限制，在严密考辨基础上，大胆提出合理解释。如该书第十三章论绍泰元年十二月陈霸先与北齐定盟一事，作者结合相关史料与政治背景，通过细致分析与合理推断，指出"这次盟约的订立很可能是陈霸先主动'请和'的结果"，在这一盟约中，"确立了北齐与陈霸先控制的建康政权之间为宗主国与藩属国的关系，这显然是一种不平等的'国家'关系"，进而点明"相关记载的史源很可能均出自陈朝建立后官方史家的记载，不排除是对当时战斗的实际情形所作曲笔而使事实难以彰显的可能"。根据史料中若隐若现的蛛丝马迹，突破史书编撰者的曲笔隐讳，正体现了作者的真知灼见与缜密踏实。

总体来说，《治乱兴亡：军权与南朝政权演进》考证精彩，内容宏富，思考深邃，是近年来南朝史研究领域中一部不可多得的上乘之作，对于南朝史乃至整个魏晋南北朝史的研究都将产生积极影响。

征稿启事

东北大学秦皇岛分校学术集刊《中华历史与传统文化研究论丛》简介

  东北大学秦皇岛分校近年来对人文社科研究极为重视，创办了一系列以文科专业为主的学术机构，以进一步推动人文社科研究。历史学科发展是东北大学秦皇岛分校颇具特色的文科领域，有科技史、近现代史与区域经济学科下的区域社会史等硕士点或研究方向，等等，形成了具有学科发展、学术研究、教师队伍建设等多位一体的发展模式。历史学学科是秦皇岛地区高校整体而言较为薄弱的一个方面，与秦皇岛悠久的历史、灿烂的文化相比，加强历史学建设既是该校相关教师的科研任务，也有益于推动地域文化的繁荣发展。目前学校具有历史学及相近专业的博士学位的教师有二十余位，形成了一个具有朝气的学科队伍。

  历史学是对以往社会的科学研究，涵盖范围极为丰富，我校立足科研，并有强烈的社会责任感。习近平总书记指出，优秀传统文化是我们最深厚的文化软实力。在此基础上，教育部提出："中国特色社会主义道路是在对中华民族5000多年悠久文明的传承中走出来的，具有深厚的历史渊源和广泛的现实基础。"从学术研究角度去梳理和总结优秀传统文化，并服务于现实，是知识分子应该承担的社会责任。东北大学秦皇岛分校在学科建设多元发展的基础上，拟进一步加强对历史学学科的建设，2013年东北大学秦皇岛分校承办了河北省历史学年会暨首届秦皇岛地域历史文化研讨会，其会议成果《秦皇岛地域文化专题研究》（经济科学出版社）即将出版。为了密切与学术界的交流，定期推出研究成果，学校在综合考虑、求证学界专家、结合国家和社会的需要，拟定创办以历史学为主、兼及相关专业的学术集刊：《中华历史与传统文化研究论丛》。为了达到学术交流、保证学术品位，集刊聘请了历史学界的数位知名专家担任学术顾问。集刊以历史学为主，包括中国古代史、政治制度史、民俗文化史、社会经济史、科技史、史料汇集、名家访谈、学术动态，等等。

集刊以历史学为主，相关专业如法学、哲学、政治学等学科范围内中探究史学问题（如法律史）或与传统文化有关的论文皆欢迎投稿。除收录原创学术专题论文外，拟开辟书评、学者访谈、名家随笔、史料汇集等专栏。其中书评，欢迎对经典著作、新出著作等历史学等反映中华传统文化研究的书籍的深入剖析。学者访谈，可对学界泰斗、中青年学者进行深入且有启发意义的访谈。名家随笔，欢迎学者在学术之外中的人生思考。史料汇集，欢迎各界提供独家的新见史料，或档案、或碑刻、或契约文书等，只要为首次披露且为独家整理的资料皆可。以上文稿，原则上不限制字数，格式参照《历史研究》最新规定，并附中文摘要和作者详细信息。本集刊谢绝一稿多投，对于拟采用稿件给予相应稿酬，并请作者同意于中国知网全文收录。

联系邮箱：dqzhls@ sina. com、12965562@ qq. com。

联系人：董劭伟，手机 13933657102。

书法作品

陆启成

古今之成大事業大學問者必經過三種之境界昨夜西風凋碧樹獨上高樓望斷天涯路此第一境也衣帶漸寬終不悔為伊消得人憔悴此第二境也眾裏尋他千百度驀然回首那人卻在燈火闌珊處此第三境也

王國維人間詞話三境界 啟成